Philosophische Spaziergänge

N. Biographische Beilagen.

Ludwig Giesz

Philosophische Spaziergänge

Vorsichtige Antworten auf die Frage, wie man sich denn im Leben einzurichten hätte

Herausgegeben von Jan Jochum und Enno Rudolph

3. aktualisierte und erweiterte Auflage

 J.B. METZLER

Author
Ludwig Giesz
Heidelberg, Deutschland

Hrsg.
Jan Jochum
Heidelberg, Deutschland

Enno Rudolph
Neckargemünd, Deutschland

ISBN 978-3-662-69397-1   ISBN 978-3-662-69398-8   (eBook)
https://doi.org/10.1007/978-3-662-69398-8

Die Deutsche Nationalbibliothek verzeichnet diese Publikation in der Deutschen Nationalbibliografie; detaillierte bibliografische Daten sind im Internet über https://portal.dnb.de abrufbar.

© Der/die Herausgeber bzw. der/die Autor(en), exklusiv lizenziert an Springer-Verlag GmbH, DE, ein Teil von Springer Nature 1990, 2001, 2025

Das Werk einschließlich aller seiner Teile ist urheberrechtlich geschützt. Jede Verwertung, die nicht ausdrücklich vom Urheberrechtsgesetz zugelassen ist, bedarf der vorherigen Zustimmung des Verlags. Das gilt insbesondere für Vervielfältigungen, Bearbeitungen, Übersetzungen, Mikroverfilmungen und die Einspeicherung und Verarbeitung in elektronischen Systemen.
Die Wiedergabe von allgemein beschreibenden Bezeichnungen, Marken, Unternehmensnamen etc. in diesem Werk bedeutet nicht, dass diese frei durch jede Person benutzt werden dürfen. Die Berechtigung zur Benutzung unterliegt, auch ohne gesonderten Hinweis hierzu, den Regeln des Markenrechts. Die Rechte des/der jeweiligen Zeicheninhaber*in sind zu beachten.
Der Verlag, die Autor*innen und die Herausgeber*innen gehen davon aus, dass die Angaben und Informationen in diesem Werk zum Zeitpunkt der Veröffentlichung vollständig und korrekt sind. Weder der Verlag noch die Autor*innen oder die Herausgeber*innen übernehmen, ausdrücklich oder implizit, Gewähr für den Inhalt des Werkes, etwaige Fehler oder Äußerungen. Der Verlag bleibt im Hinblick auf geografische Zuordnungen und Gebietsbezeichnungen in veröffentlichten Karten und Institutionsadressen neutral.

Einbandabbildung: Wilhelm Busch: Schopenhauer und Butz © akg-images

Planung/Lektorat: Franziska Remeika
J.B. Metzler ist ein Imprint der eingetragenen Gesellschaft Springer-Verlag GmbH, DE und ist ein Teil von Springer Nature.
Die Anschrift der Gesellschaft ist: Heidelberger Platz 3, 14197 Berlin, Germany

Wenn Sie dieses Produkt entsorgen, geben Sie das Papier bitte zum Recycling.

Vorwort zur 3. Auflage

Die Erstellung einer neuen Auflage der *Philosophischen Spaziergänge* von LUDWIG GIESZ wurde veranlasst durch zwei unerwartete, aber durchaus erfreuliche Ereignisse: zum einen steigerte sich die Nachfrage nach den inzwischen vergriffenen beiden früheren Auflagen über Jahre hinweg stetig, und zum anderen sind kürzlich in den Archiven des Süddeutschen Rundfunks und des Hessischen Rundfunks sowohl unveröffentlichte Manuskripte von Rundfunkvorträgen als auch einige Audio-Dateien von LUDWIG GIESZ entdeckt worden, die umgehend für diese Publikation transkribiert worden sind. Sämtliche Texte fügen sich nach Auffassung der Herausgeber und des Verlags hervorragend ein in das thematische Profil der bereits in den beiden vorangegangenen Auflagen publizierten Dokumente – teilweise als neue »Spaziergänge« über zuvor nicht behandelte Autoren, wie VOLTAIRE und KARL JASPERS, teilweise als inhaltliche Ergänzungen zu bereits publizierten Aufsätzen, wie derjenige über SØREN KIERKEGAARD, und schließlich teilweise als sachliche Vertiefungen von zuvor schon behandelten Themen, wie derjenige zum Problembereich der philosophischen Anthropologie.

Letzteres gilt besonders für einen charakteristischen Schwerpunkt der Arbeiten von LUDWIG GIESZ, nämlich für seine Beschäftigung mit dem Thema ›Kitsch‹. GIESZ' These, dass Kitsch keine Eigenschaft ist, die bestimmten Gegenständen anzuhängen scheint – etwa Bildern, baulichen Verzierungen, Kunstobjekten etc. –, sondern Kitsch eine Eigenschaft von Menschen ist, die über diese Gegenstände das Urteil fällen, kitschig zu sein, findet in dem Beitrag über den »Kitschmenschen« erhellende und präzisierende Erläuterungen: Kitschig ist kein Prädikat von Objekten, sondern kitschig ist das emotionale Erleben des Menschen, der sein Gefühl auf Gegenstände projiziert, um dann gewisse Objekte als kitschig zu empfinden. GIESZ hat mit seiner vor Jahrzehnten bereits erschienenen Monographie unter dem Titel *Phänomenologie des Kitsches* ein international verbreitetes Echo gefunden. Das Buch wurde weltweit in mehrere Sprachen übersetzt und gehört seither zur Standardliteratur auf diesem Themengebiet, das sowohl in der Disziplin der Kunstwissenschaft als auch im interdisziplinär vernetzten Feld der Ästhetik rezipiert worden ist.

Die erwähnten für diese Auflage neu aufgenommenen Beiträge über VOLTAIRE und KARL JASPERS verdienen besondere Aufmerksamkeit. Denn die diesen beiden Primärautoren gewidmeten Texte eignen sich besonders als Schlüssel zum Verständnis der politischen Dimension sämtlicher Arbeiten von GIESZ, was sich speziell auch in der kulturkritischen Aktualität seiner Werke niedergeschlagen hat, und zwar gerade auch derjenigen, die – wie der Text über die Filmkunst – im weitesten Sinne in den Bereich der Ästhetik gehören. Das betrifft auch den Beitrag über VOLTAIRE in dessen Eigenschaft als einer der maßgeblichen Vertreter der europäischen Aufklärung, oder für den Beitrag über KARL JASPERS und dessen Rolle als prominenter Kritiker der politischen Entwicklung der Bundesrepublik Deutschland nach dem Ende des Zweiten Weltkriegs. Während die politische Relevanz dieser beiden Beiträge evident ist, muss die Leserschaft sie in den Texten über Film oder Kitsch erst aufspüren und freilegen: der Film als mediales Dokument der Präsentation vielfältiger Verfehlungen und Schattenseiten des menschlichen Alltagslebens, und der Kitsch als Darstellungsmittel von Reklamen, Werbung oder Manipulation.

GIESZ pflegt einen für ihn charakteristischen markanten, gelegentlich auch pikanten Stil, dessen brillante Ironie in jedem seiner Texte sofort wiederzuerkennen ist. Zugleich ist seine Sprache reich und flexibel, wodurch sie sich jedem Sujet adäquat fügt und so zum Element seiner Interpretationen von Werken der jeweils von ihm vorgestellten Autoren wird. Seine prägnanten Pointierungen und seine wohl dosierten versteckten Anspielungen sind eine Eigenart, durch die er sich weit über den Diskursraum der philosophischen Disziplin hinaus bei Lesern und Hörern innerhalb und außerhalb der Universität großer Beliebtheit erfreute. GIESZ hat ein Musterbeispiel an ästhetischer Qualität philosophischer Literatur hinterlassen.

Heidelberg
im Mai 2024

Jan Jochum
Enno Rudolph

Inhaltsverzeichnis

Philosophische Spaziergänge mit...

Epikur – Das Glück der Freundschaft	3
Seneca – Vom Glück der Resignation	17
Boethius – ... daß Wahrheit trösten kann	33
Erasmus – Von der Schwierigkeit, in heroischen Zeiten Kosmopolit zu sein	47
Francis Bacon – Der Kaufmann des Lichts	61
Voltaire – ... aber ich habe die Feder	75
Kierkegaard – Der Spion Gottes	89
Nietzsche – Die große Gesundheit	103

Von den Schwierigkeiten des Glücks

Weder Engel, noch Tier – Zur »Anthropologie« Pascals	119
Weder leugnen, noch glauben – Georg Christoph Lichtenberg und die Religion	139
Das Glück ist ein schwierig Ding – Bemerkungen zum Fall Schopenhauer	157
Sauer verdiente Weltbetrachtung – Aus Wilhelm Buschs Altersweisheit	175
Das Komische und die Philosophie	187

Kitsch und Kunst

Was ist Kitsch?	201
Der kitschige Mensch	215
Der »Kitsch-Mensch« als Tourist	223
Um den avantgardistischen Film: Die Heidelberger Filmkunsttage 1951	233
Zur Idee einer »Subjektiven Kamera«	237
Über Spiel und Ernst	243
Von Pontius zu Pilatus	259

Liebe und Sexualität

Kritik: Über SIMONE DE BEAUVOIR. Liebe als Freiheit (1951)	265
Genauso wie die Schmetterlinge	269

Anlässe

Entweder-Oder – Eine Hörfolge zum 100. Todestag von SØREN KIERKEGAARD	289
Zum 75. Geburtstag von PROF. DR. KARL JASPERS	307
Zum Tode von KARL JASPERS	311
Nachwort zur 1. und 2. Auflage	319
Editorische Notiz	323
Quellenverzeichnis	325

Philosophische Spaziergänge mit...

Epikur – Das Glück der Freundschaft

»Ich weiß nicht, was ich mir als das Gute vorstellen soll, wenn ich die Lust des Geschmackes, die Lust der Liebe, die Lust des Ohres beiseite lasse, ferner: die angenehmen Bewegungen, die durch den Anblick einer Gestalt erzeugt werden... und was sonst noch für Lustempfindungen im gesamten Menschen durch irgendein Sinnesorgan entstehen«. Lust! Lust! Lust! Dazu noch ausdrücklich sinnliche Lust, und das nicht zu knapp: soll sie doch den »gesamten Menschen« erfüllen! Wir begreifen, daß derartigen Äußerungen schon 300 Jahre vor Christi Geburt heftig widersprochen worden ist. Es gab noch keine Psychoanalyse, und der antike Weise mit seinem »Lustprinzip« scheut sich nicht, unumwunden zu erklären: »Ursprung und Wurzel alles Guten ist die Lust des Bauches; denn auch das Weise und Subtile bezieht sich darauf. Tugenden wählt man wegen der Lust, nicht wegen ihrer selbst, so wie auch die Medizin wegen der Gesundheit«.

Man nennt ihn denn auch einen Lustlümmel, sagt ihm nach, er übergebe sich zweimal täglich, weil er zuviel fräße, sei überhaupt – und das ist wohl das Schlimmste – ungebildet; Timon von Athen, jener Misanthrop – uns durch Shakespeare bekannt – gibt es ihm auch in seinem Zweizeiler: »Letzter der Physiker, säuisch und hündisch, aus Samos entsprossen, / kam er, ein Lehrer der Kleinen, ein Muster von mangelnder Bildung«.

»Säuisch und hündisch«, »schlechter Physiker«, »Lehrer der Kleinen« (eine böse Anspielung auf den Freund der Sklaven) und dazu noch in Samos geboren (statt in Athen!) – das alles ist Epikur, wie ihn die Kollegen von der Konkurrenz sehen. Statt das Seelenheil zu predigen und die Verketzerung der Sinnenlust, leugnet unser Philosoph die Existenz einer unkörperlichen Seele und meint sogar, daß es keine Unsterblichkeit gäbe, für die es sich lohnte, Asket zu sein! Selbst die Götter – falls man sie bei Epikur noch so nennen darf – sind nicht ewig, und zu ihren Lebzeiten bestenfalls glücklich und weise wie Epikur, desinteressiert an menschlichen Angelegenheiten. Nicht einmal ein Schicksal gibt es, wie etwa noch bei der Konkurrenz, den Stoikern! Gewiß gibt es Naturnotwendigkeiten, was oft übel genug ist, »aber es besteht keine Notwendigkeit, unter einer Notwendigkeit zu leben«.

Der Mann hat scheinbar vor nichts Respekt, nicht einmal den Tod fürchtet er. Wenn er ihn wenigstens dekorativer sterben wollte als die Stoiker! Aber nein: Epikur verherrlicht zwar das glückliche Leben in seiner Diesseitigkeit, aber das Sterben gilt ihm noch nicht einmal als Problem. Es heißt, fast so schlimm wie bei Sartre: »Für uns ist der Tod ein Nichts: solange wir da sind, ist er nicht da, und wenn er da ist, sind wir nicht mehr«.

Er hat eine wahre Abneigung gegen alles, was an jasperssche »Grenzsituationen« erinnert oder an tragisches Scheitern, ja schon das Ärgerliche versucht er sich und seinen Schülern auszureden. Kein Wunder also, daß man einen solchen Mann verachtete, sofern man nicht gerade sein Schüler und Freund war. Wie die Lehre – er hat schließlich 300 Schriften geschrieben – war auch das Leben von einer gewissen Aversion gegen das Großartige geprägt. Und das zeigt sich schon in seiner abschätzigen Art, über reputierte Denker zu sprechen. Ein Gymnasialdirektor und Professor moniert an Epikur: »Eine besonders abstoßende, aber höchst charakteristische Äußerungsweise seines Selbstgefühls ist die überaus gehässige Art, wie er alle anderen Philosophen nicht nur ihren Leistungen nach, sondern auch persönlich in kaum glaublicher Weise verunglimpfte«.

Tatsächlich: seinen Lehrer Nausiphanes, der die Lehre von der »Bestürzungsfreiheit« in seinem Werk *Der Dreifuß* vertrat: also man soll sich durch nichts bestürzen lassen, den nennt Epikur nach manchem Streit übermütig »Molluske, ungebildeter Geselle, Betrüger und Hurer«. Nicht ohne Witz berichtet Epikur über einen Streit: »Das brachte ihn so außer sich, daß er mich schmähte und sich – meinen Lehrer nannte!«

Plato nennt er schlicht einen »Goldjungen«, Protagoras einen Packträger usw. usw. Aber vergessen wir nicht: schon die alten Griechen kannten das kollegiale Schimpfen. Epikurs Feinde erfanden sogar falsche Briefe, die der Ataraxie des Meisters auf die Nerven gehen sollten. Hetären, also galante Damen mit Kosenamen wie Leontion (= kleine Löwin), Mammarion (= Brüstchen), Erotion (Liebchen), Boidion (= Kühchen) u. a., hatten regen, offenbar auch philosophischen Verkehr mit Epikur – so kann man dieser Korrespondenz entnehmen, die vielleicht auch echt ist. Wie dem auch sei: wollte man bloß die zeitgenössischen und späteren Gegner zu Wort kommen lassen, so wäre es niemals verständlich, wie man so einem Manne fast göttliche Ehren erwies, wieso noch der so strenge Augustin nach einem halben Jahrtausend ihn rühmt, als einziger griechischer Philosoph nicht an böse Geister und Hexen geglaubt zu haben. Ja, er würde dem Epikur die Palme reichen, wenn nicht Christus gekommen wäre! Wohlgemerkt demselben Epikur, der anderen zufolge angeblich nicht mehr und nicht weniger ist als ein Schwein, nur ohne dessen animalische Unbekümmertheit. Dante versetzt ihn denn auch fix in die Hölle – Epikur nämlich. Warum erregte dieser friedfertige Mann soviel

Anstoß und warum fand er so viele Freunde? Gibt es zwei verschiedene Träger dieses Namens? War er selbst so doppelzüngig? Oder gibt es nicht vielmehr zwei große Gruppen von Menschen, die jeweils »ihren Epikur« immer finden werden? Viel spricht für die letzte Vermutung.

Es gibt ein chinesisches Sprichwort: man solle seinem Feinde »interessante Zeiten wünschen«. »Interessante Zeiten« also als Fluch –, wer kannte das besser als EPIKUR! Bis zu seinem 37. Lebensjahr führte EPIKUR – attischer Herkunft, in Samos geboren – das unstete Leben eines Emigranten, bis er sich in Athen zur Ruhe setzen konnte: »interessante Zeiten« dank ALEXANDER DEM GROSSEN und dank dem Zerfall des Reiches waren hereingebrochen, und der Einzelne – in keinem Stadtstaat geboren – sah zu, wo er Unterschlupf fand. Ob Epikureer oder Stoiker, die schönen alten Fragen, nach dem »Sein selbst«, nach dem Wesen der Dinge, nach den ewigen Ideen schienen weniger aktuell als die hautnahen: wie kann ich in dieser »interessanten Welt«, die verrückt geworden ist, glücklich leben? Was ist das wahre Gute? Nicht als Idee wohlgemerkt, sondern in diesem meinem exponierten Dasein? – Am nächsten läge es, eben dieses ganze Dasein zu schmähen, als »bloße Erscheinung« herabzusetzen und sich an ein geglaubtes Jenseits, an einen religiösen Himmel oder an eine überirdische Idee zu halten. Hier seien wir bloß flüchtige Pilger, aber im Jenseits ist unsere »wahre Heimat«. Hier ist alles flüchtig und Täuschung, dort aber das bleibende, wahre Sein. So dachten viele. Aber dieses erhabene geglaubte Jenseits-Glück war nicht EPIKURS Ziel. Im Gegenteil! Und dies erklärt uns die Feindschaft gegen EPIKUR – bis auf den heutigen Tag: seine »*take-it-easy*-Philosophie« ruft die Unbedingten auf den Plan. Denkt man an seine konkurrierenden Zeitgenossen, so waren es die Stoiker, die sich zwar auch eine Art Glückseligkeit des »Weisen« ausdachten, aber dessen »Glück« war erkauft um den Preis der Anästhesie der Seele, der sogenannten *apatheia*. So standen den Stoikern am nächsten die Kyniker, die *à la* DIOGENES ihre geistige und physische Unabhängigkeit durch Unempfindlichkeit gegenüber dem Angenehmen und Unangenehmen erkauften:

> O ihr Mädchen, o ihr Weiber
> Arme, Beine, Köpfe, Leiber
> Augen mit den Feuerblicken,
> Finger, welche zärtlich zwicken,
> Und was sonst für dummes Zeug –
> Krökel, der verachtet euch.
> Mir ist alles einerlei.
> Mit Verlaub, ich bin so frei.

Natürlich ist von WILHELM BUSCHS Karikatur des Kynikers *Krökel* bis zu den kultivierten Stoikern ein weiter Weg: aber die lustlose Tugend der Enthaltsamkeit als Lebenszweck hat eben viele Eskalationsstufen. Und gegen alle richtet sich EPIKUR: »Ich spucke auf das Edle und auf jene, die es in nichtiger Weise anstaunen, wenn es keine Lust erzeugt«. Mag dieser Ausspruch nun echt sein oder nicht – von den 300 Schriften EPIKURS ist nur wenig erhalten –: apathisches Anstaunen des Guten erscheint EPIKUR auch in den als authentisch geltenden Äußerungen »nichtig«; ja, EPIKUR riskiert sogar das Paradox, daß allein die Tugend – wie er sie versteht – von Lust untrennbar sei!

EPIKUR erklärte, die Tugend allein sei von der Lust unabtrennbar, das andere dagegen sei abtrennbar, wie etwa die Speisen. Denn wenn man die Tugend habe, dann sei man glückselig. Aber die Tugend allein sei nicht hinreichend zum glückseligen Leben; denn dieses würde hervorgebracht durch die Lust, die aus der Tugend entstünde, nicht durch die Tugend allein. Auch leugnet er, daß es irgend eine Tugend geben könne ohne Lust.

Wieder wird der »Unbedingte« protestieren: das Gute müsse um seiner selbst willen getan werden, und je mehr es den eigenen Neigungen abgetrotzt sei, um so besser sei »bewiesen«, daß es um seiner selbst willen getan wurde. Wir kennen den Reim aus SCHILLERS spöttischem Distichon: »Gerne dien' ich den Freunden, doch tu' ich es leider mit Neigung. / Und so wurmt es mir oft, daß ich nicht tugendhaft bin«. Die unbedingte Sittlichkeit erinnert an schlichte Gemüter, die jede Medizin, die nicht bitter schmeckt, verdächtigen: es sei bloßes Naschwerk. SCHILLER beantwortet daher diesen rigoristischen Zweifel ironisch so: »Da ist kein anderer Rat: du mußt suchen, sie zu verachten, und mit Abscheu alsdann tun, was die Pflicht dir gebeut«.

Freilich: dies ist eine Karikatur des sturen Rigoristen, der nur mit »Abscheu« das Gute tut, um sicher zu gehen, daß die Tugend nicht mit Lust realisiert worden sei. Aber diese Karikatur dient uns zum Verständnis der epikureischen Gleichung von Tugend und Lust. Wollte nicht auch Jesus gegen die pharisäische Muffigkeit der »guten Werke« jene »Neigung« stellen, die Liebe »von ganzem Herzen, von ganzer Seele, von allen Kräften und von ganzem Gemüte«? Ferner: das Bild vom »guten Baum, der gute Früchte bringt«, so daß man an den Früchten den Baum erkennen könne – heißt das nicht: rückhaltlose Lust am Guten? Die »Unbedingten« sind nicht zufällig diejenigen, die den Menschen am entschiedensten in Leib und Seele aufspalten. Manche gingen so weit, daß sie den Leib das »Grab der Seele« nannten. EPIKURS Evangelium der Lust, der Freude und der Freundschaft behauptet das Gegenteil! Nur sieben Jahre nach PLATONS Tod geboren, kennt EPIKUR keine Zweiweltentheorie mehr und keinen in zwei entgegenstrebende Hälften gespaltenen Menschen, auch nicht die beiden Seelen-Rosse wie im *Phaidros*! Die großartig unsterbliche Seele und der elende, zum Bösen und zum Vergänglichen neigende Leib stehen sich nicht feindlich gegenüber bei EPIKUR. Das Verbindende ist eben die vielgeschmähte – »Lust«! Denn Lust ist sowohl leiblich wie seelisch. Und Leib wie Seele bestehen gleichermaßen aus »Atomen«, wie EPIKUR von DEMOKRIT und LEUKIPP gelernt hat. Physikalisch gesprochen heißt dies, »daß die Seele ein feinteiliger Körper ist, der sich auf die ganze Körpermasse verteilt, am treffendsten zu vergleichen mit einem von Wärme durchströmten Hauch, bald dem Hauch, bald der Wärme ähnlich«.

Es spielt da keine Rolle, ob wir diese Art »Atomphysik« heute nach 2200 Jahren *up to date* finden. Denn im Grunde kommt es EPIKUR auf die Naturwissenschaft als Selbstzweck gar nicht an, wenn er auch seine 37 Bücher *Über die Natur* geschrieben hat. In seinem Brief an HERODOT zum Beispiel, worin er seine wichtigsten Lehren ganz kurz referiert, heißt es denn auch: »Ich habe für dich diesen elementaren Grundriß meiner gesamten Lehre angefertigt, ich, der ich stets zum anhaltenden Eifer für die Naturforschung mahne und in einem derartigen Leben vor allem meinen inneren Frieden finde«. Mag EPIKURS Atomismus auch wissenschaftsgeschichtlich in der Neuzeit als Anregung fruchtbar gewesen sein: ihm selbst kam es vor allem auf jenen »inneren Frieden« an, der durch die Entmythologisierung der Natur gefördert wird: »denn es gibt in der unvergänglichen und glückseligen Natur nichts, was Zwiespalt oder irgendeine Beunruhigung hervorrufen könnte«.

Der alte Glaube an strafende, rächende, belohnende Götter, die mit Hilfe von beängstigenden Naturerscheinungen die Glückssache des Menschen dauernd inkommodieren, solcher Glaube wird einfach überflüssig: »Man darf die Bewegung der Himmelskörper, ihre Wendungen, Verfinsterungen, Aufgang und Untergang und was dazu gehört, nicht als Werk eines Verwalters betrachten, der ordnet und ordnen wird und der doch gleichzeitig die gesamte Glückseligkeit und Unvergänglichkeit haben soll. Denn Geschäfte, Sorgen, Zorn und Gunst stimmen nicht überein mit der Glückseligkeit der Götter, sondern zeigen Schwäche, Furcht und Abhängigkeit«.

Mittels Naturwissenschaft wird also zweierlei erreicht: erstens wird die Furcht vor den rätselhaft-unheimlichen Naturerscheinungen genommen, auf daß der Mensch beruhigt sein kann und glückselig. Zweitens wird den Göttern – wie EPIKUR meint – mehr Ehre zuteil, wenn man sie nicht anthropomorph als geschäftige, besorgte, zornige und leutselige Übermenschen denkt: von Göttern wie von Weisen gilt der Satz aus EPIKURS Katechismus (*Kyriai doxai*): »Was glückselig und unvergänglich ist, hat weder selber Sorgen, noch bereitet es anderen solche. Es hat also weder mit Zorn noch mit Gunst etwas zu schaffen; denn alles derartige gehört zur Schwäche«.

Weder der religiös Unbedingte noch der moralisch Unerschütterliche kommen bei solchen Göttern und bei solcher »Natur« auf ihre Kosten: die großartige Pose des »Hier stehe ich, ich kann nicht anders...«, oder auch die unbedingte Unterwerfung unter ein heiliges Pflichtgebot, das »um seiner selbst willen« erfüllt werden müßte, das ganze erhabene Sich-am-Riemen-Reißen werden lässig damit abgetan: daß die seligen Götter auf derartiges keinen Wert legten und daß die sauertöpfische Unlust am Guten, das »dennoch« geschafft wird, nicht »Tugend« sei. Da kann man sich schon ärgern! Meint dieser »säuische und hündische« EPIKUR doch nicht mehr und nicht weniger als: »Die Tugenden sind von Natur verbunden mit dem lustvollen Leben, und das lustvolle Leben ist von ihnen untrennbar!«

So heißt es in dem Brief an MENOIKEUS. Und der bereits erwähnte Katechismus mit seinen vierzig Aphorismen bestätigt dies in lapidarer Form. Ist das nicht tatsächlich »Hurenphilosophie«, wie manche Stoiker meinten? Ist das nicht ein Freibrief für alle Triebverbrecher, Lüstlinge, Schlemmer und Prasser? Wenn es kein Zittern vor dem Gesetz, vor Gott, dem Schicksal oder zumindesten vor der Polizei mehr gibt: wie soll da das Gute gedeihen, das man sich abtrotzt – sprich: das man mit Unlust verrichtet? Besteht nicht ein Großteil unserer Erziehung und Zivilisation darin, daß man schon frühzeitig an die Notwendigkeit unangenehmer guter Taten gewöhnt wird? So gesehen erscheint es fast überflüssig, auf EPIKURS Lust- und Glückseligkeits-Philosophie überhaupt einzugehen! Und dennoch – wir sagten es schon: der gestrenge Kirchenvater Augustin würde ausgerechnet EPIKUR »die Palme geben, wenn nicht Christus gekommen wäre«, und der milde Menschenfreund ERASMUS VON ROTTERDAM geht ebenso weit, indem er sagt, der wahre Christ sei »der wahre Epikureer«! Stimmt unser bisheriger Bericht vielleicht gar nicht, obwohl wir EPIKUR zitiert haben? Nun: der »philosophische Spaziergänger« tut wohl gut daran, sich vorübergehend hinzusetzen und etwas nachzudenken, unbeirrt die schillernde Giftpflanze »Lust« zu analysieren, um dann vielleicht festzustellen, daß es sich dabei um ein Heilmittel handelt –, vorausgesetzt, man dosiert richtig und findet die »Indikation«. Man störe sich nicht an solchen medizinischen Bildern, sie sind uralt. Schon der Lehrer EPIKURS, DEMOKRIT, sagte: »Die Arzneikunst heilt des Leibes Krankheiten, die Weisheit befreit die Seele von den Leidenschaften«.

Auch SOKRATES gebrauchte oft medizinische Bilder, spricht von philosophischer »Diät«, vom Weisen, der zwar heile, aber sich nicht anstecken lasse usw. Vollends aber EPIKUR: »Leer ist die Rede jenes Philosophen, die nicht irgendeine Leidenschaft des Menschen heilt. Wie nämlich eine Medizin nichts nützt, die nicht die Krankheiten aus dem Körper vertreibt, so nützt auch eine Philosophie nichts, die nicht die Leidenschaften aus der Seele vertreibt«.

Ja, die kürzeste Zusammenfassung der epikureischen Lehren nennt sich geradezu *Tetrapharmakos*, d. h.: Arznei in vier Teilen! Darin sind vier »Ingredienzien« enthalten: die vier wichtigsten philosophischen Einsichten, die die Gesundheit der Seele bewirken können. Es sind – sagen wir es kurz, die vier wichtigsten Beruhigungsmittel, »Psychosedativa« sagen heutige Pharmazeuten; Beruhigung der Seele – das ist das erste – durch naturwissenschaftliche Erkenntnis, die uns die Angst vor den Himmelserscheinungen nimmt. In den *Kyriai doxai* heißt es: »Wenn wir nicht beunruhigt würden durch den Verdacht, es möchten uns die Himmelserscheinungen und der Tod irgend etwas angehen, ferner durch die Tatsache, daß wir die Grenzen von Schmerz und Begierde nicht kennen, dann bedürfen wir der Naturwissenschaft nicht«.

Naturwissenschaft also soll uns beruhigen und alle als tückisch geglaubten Götter, die zu unserer Angst ihr launisches kosmisches Spektakel vorführen, in die sogenannten »Intermundien« (Zwischenwelten) versetzen. Denn ganz modern glaubt EPIKUR nicht mehr an eine einzige irdische Welt, sondern weiß, daß auch die Milchstraße z. B. aus Sternen besteht, wie unser Planetensystem! – Aber auf zur zweiten »Beruhigung« des *Tetrapharmakos*: der Hades und der Tod verlieren ihren Stachel, wenn wir die wahre Beschaffenheit unserer sterblichen »Seele« erkannt haben. Sie wissen es bereits: »Das schauerlichste Übel, der Tod, geht uns nichts an; denn solange wir existieren, ist der Tod nicht da, und wenn der Tod da ist, sind wir nicht da, existieren wir nicht mehr. Er geht also weder die Lebenden an noch die Toten. Die Menge freilich flieht bald den Tod als das ärgste Übel, bald sucht sie ihn als Erholung von den Übeln im Leben. Der Weise dagegen lehnt weder das Leben ab, noch fürchtet er das Nichtleben. Denn weder belästigt ihn das Leben, noch meint er, das Nichtleben sei ein Übel. Wie er bei der Speise nicht einfach die größere Menge vorzieht, sondern das Wohlschmeckendste, so wird er auch nicht eine möglichst lange, sondern eine möglichst angenehme Zeit zu genießen trachten«.

Damit haben wir schon angedeutet, was das dritte »Heilmittel« leisten soll: es soll all unsere falschen Begierden eingrenzen, wohlgemerkt unter dem Gesichtspunkt der wahren »Lust«. Wir nähern uns unserem Ziel: wollten wir doch wissen, was es mit dieser so arg verketzerten »Lust« (*hedonē*) auf sich habe! Allen Schimpftiraden und -kanonaden der »Unbedingten« zum Trotz: EPIKUR ist weder für »säuisch und hündisch« noch für sauertöpfisch-wacker. Das »kannibalische Wohl«-Sein in Auerbachs Keller ist sowenig epikureisch wie verdrießliche »Dennoch«-Tugend. Aber, wir geben zu: dieses dritte »Heilmittel« EPIKURS ist das umstrittenste. Setzt es doch eine ganze »Lust-Philosophie« voraus, deren Subtilitäten es begreiflich machen, daß man den bequemeren Weg des »unbedingten« Schimpfens vorzog. Die Vorteile des Verketzerns sind mindestens zwei: erstens, es ist bequem, da subtilere Analysen vermieden werden; zweitens, als Anti-Epikureer gilt man als tugendhaft. Wir erwähnen nur am Rande, daß ausgerechnet »bequeme Tugendhaftigkeit« – welch ironischer Zirkel – fast die Definition des Vulgär-Epikureismus ist!

Schließlich erwähnen wir noch das vierte »Beruhigungsmittel«, das den größten Widersacher der Lust betrifft: den Schmerz nämlich. Tröstlich – uns will scheinen allzu tröstlich! – beruhigt EPIKUR: »Jeder Schmerz ist leicht zu verachten. Bringt es intensives Leiden, so ist seine Zeit kurz bemessen, hält er sich lange im Fleisch auf, dann ist er matt«.

Blicken wir noch einmal auf die vier Heilmittel EPIKURS zurück, so kommen wir zum selbstverständlichen Fazit: alle vier wollen beruhigen, nicht etwa lüstern machen und aufgeilen. Vor EPIKUR gab es unter den Philosophen auch schon solche Beruhigungs-»Ärzte« –, aber sie verführen oft so wie weiland DOKTOR EISENBART. Mit ihrer Roßkur verekelten sie entweder das ganze Leben – z. B. es sei besser, nie geboren worden zu sein – oder sie rieten nicht zur Beruhigung, sondern zur Totalnarkose: religiös durch ausschließliche Hinweisung auf ein »ewiges Leben«, oder durch die Moral der Dickfelligkeit wie die Kyniker. Der Narkotisierte kennt weder Schmerz noch Lust, sondern hält sich eben an seine Apathie als höchste Tugend. Und manche fanden sogar eine pervers masochistische Lust am Yogitum. Freilich nannten wir nur die extremen Möglichkeiten der philosophischen Anästhesisten.

Unsere Absicht ist klar: wir wollen das Besondere des so umstrittenen EPIKUR begreifen. Und da hilft am besten das Rezept des amerikanischen Philosophen JOHN DEWEY: um eine Philosophie zu verstehen, sei es am besten, sich zu fragen, wogegen sie sich wende! Nutzanwendung: EPIKUR wendet sich vor allem gegen die Philosophen, die Anästhesie und Narkose predigen, angefangen von den bettelnden, bedürfnislosen Gammlern, die als schockierende Tabubrecher auf den Märkten Athens öffentlich ihre Not verrichteten und mit vulgärphilosophischem Kommentar masturbierten bis hin zu den großartig über das »wahre Sein«, »die Idee der Gerechtigkeit an sich« philosophierenden Denkern, denen die höchst konkreten Nöte und Freuden des Einzelnen banale Nebensächlichkeiten waren, verglichen mit der Schau der ewigen Ideen. – Nun begreifen wir die epikureische Reizthese von der Lust als dem »höchsten Glück«! Wir werden bald erkennen, wie wenig »Lust« bei EPIKUR identisch ist mit »Wollust«, »Begierde«, »Appetit« usw., ferner: wie falsch es ist, sich unter einem »Epikureer« vorzustellen – nun, wir zitieren LUDWIG MARCUSE: »einen älteren lustigen Herrn mit gepolsterten weingeröteten Wangen«.

Unsere Alltagssprache nuanciert viel zu wenig, und EPIKUR muß dies büßen. Leider nicht nur zum Schaden EPIKURS, sondern auch der von ihm vertretenen »Sache«. Dabei machen die Gelehrten da oft keine Ausnahme! Kaum ein psychologisches Gebiet ist stiefmütterlicher behandelt worden als die Affektenlehre und überhaupt die Gefühlspsychologie. Dabei macht gerade unser antiker Philosoph eine rühmliche Ausnahme, und zwar mit seiner Lust-Philosophie! Für EPIKUR und AUGUSTINUS z. B. wäre es selbstverständlich, zwischen »Lust« und »Wollust«, ja zwischen »Lust« und »Genuß«, »Lust« und »Begierde« zu unterscheiden. Unsere Alltagssprache indes, die »für uns dichtet und denkt«, findet derartige Subtilitäten – sehr zum Nachteil nicht nur der EPIKUR-Interpretation – allzu spitzfindig. Wagen wir es aber trotzdem, solche »Spitzfindigkeiten« Ihrer werten Aufmerksamkeit – wenn auch nicht dem Maul des Mannes auf der Straße – nahezulegen! Sie werden dann bald begreifen, wie tiefsinnig ein epikureischer Satz ist, über den man so leicht hinwegliest mit »Na-und?«-Reaktion: »Tugend allein ist von der Lust unabtrennbar, anderes dagegen ist von der Lust abtrennbar, z. B. die Speisen«.

Vorausgesetzt zum Verständnis eines solchen Satzes – und man muß ihn verstehen, wenn man EPIKUR verstehen will – ist die Unterscheidung z. B. von »Lust« und »Genuß«, erst recht von »Lust« und »Begierde«. Um es kurz zu machen, können wir sagen: »Lust« ist ein ruhender Zustand, ein Verbleiben, nicht aber ein »Bewegtes« wie die Begierde –, aber auch nicht ein sich halb Distanzierendes wie der »Genuß«. »Genieße« ich etwas, so bin ich halb bei meiner Lust, halb beim »Gegenstand«, während ich im Zustande der Lust bzw. des Glücks verharre ohne lüsternes Distanznehmen. Paradigma des halb lustvoll, halb distanziert Genießenden wäre der – sagen wir mal – französische Schlafzimmerspiegel. Da habe ich sozusagen Lust am distanzierten Engagement. Es ist eine Art »schielender Lust«, d. h. also kein totales Aufgehen oder Dabei-Sein. Vergleichbar ist auch der Appetit in Gesellschaft, wie ihn schon Gänse kennen, denen man zum Zwecke der Mast einen Spiegel am Trog anbringt, damit sie sich »genießerischer« verhalten. In der puren Lust »gehe ich auf«, »verweile doch, du bist so schön«, sage ich zum glücklichen Augenblick. Oder bei NIETZSCHE: »Alle Lust will Ewigkeit«, dagegen »Weh spricht: Vergeh!« Im Genuß verschmelze ich nicht »ganz«, sondern ich genieße ein *Vis-á-vis,* d. h. eben den Genuß-»Gegen-Stand«, der mir entgegensteht. Genießend nehme ich »Stellung«, das heißt ich habe ein distanzierendes Wohlgefallen am Gegenstand des Genusses. Korrekterweise dürfte ich – jetzt spreche ich nicht deutsch, sondern »phänomenologisch« – dürfte ich nicht sagen, ich »habe« Lust, sondern ich »bin« Lust: denn mein Bewußtsein ist in seinem Glück total »eingenommen«; »haben« aber setzt Distanz voraus zwischen dem Habenden und dem gehabten Etwas des Genusses. Wer genießt, hat bereits – epikureisch zu sprechen – ein Etwas von der Lust »abgetrennt«. Das Lust-»Objekt« ist bereits Genuß-Gegenstand. Wir bringen ein grobes, für sich betrachtet vielleicht zartes Beispiel: die erotische Lust. Der erotische Genuß distanziert den Partner, macht ihn zur Sache, zum Ding, - in diesem Falle ist die Alltagssprache phänomenologisch recht sensibel - zum »hübschen Ding«. Die Lust jedoch distanziert nicht und versucht zu retten, was zu retten ist, indem sie auf die einzige Weise, die die Sprache nahelegt, »entdinglicht«; sie »kost« durch Diminutiva (Kosewörter): die Dinge der »Dinger« werden zärtlicherweise zu – möchte ich sagen – »Ding-Babys« reduziert. Frauen wissen hierüber mehr, ohne deswegen epikureisch zu philosophieren. Aber der Stoiker SENECA hat ja gesagt – vielleicht einer der wenigen Stoiker, die EPIKUR gegen seine Feinde in Schutz nahmen –: »Epikur war ein Held –, aber in Frauenkleidung«.

Aber zurück zur Lust! War schon Genuß eine gewisse Beeinträchtigung der reinen Lust, so ist dies vollends der Fall bei der Begierde. Die Begierde ist – wie die Wollust und die Geilheit – eine Bewegung zum Lustgegenstand hin. Sie ist selbst nicht Lust! Sie hetzt, verweilt aber nicht. Sie hat einen *»stress«* in Richtung des Gegenstandes, der gehabt werden soll. SØREN KIERKEGAARD hat sehr schön *Don Giovanni* bei MOZART als stürmende Begierde interpretiert. Lust aber finden wir eher musikalisch ausgedrückt in RICHARD STRAUSS' *Don Juan*: die bekannte Stelle mit Solo-Geige! Lust ist insofern »passiv« zu nennen gegenüber der hetzenden, hechelnden, jagenden usw. Begierde, die »aktiv« ist. In der sexuellen Lust nun, die SARTRE – nur scheinbar grob, tatsächlich subtil – als sado-masochistisches Verhältnis beschreibt, liegt nur – auch dies sagt SARTRE – scheinbare »Aktivität« vor, es ist eigentlich so wenig »Handlung« im Spiel wie bei der Lust des Trinkers, der seine Zunge träge sich bewegen »läßt«. In der Tat, Liebende stellen insofern einen Sonderfall von Genuß dar, als sie – fast »rein genießend« – ihre Lust an der Lust des anderen und umgekehrt haben. Also das stoische und kynische (im Grunde genießerisch-sadistische) »ich habe, aber man hat mich nicht!« ist der größte Widersacher der Liebeslust, die in Passivität das vom andern Gehabtwerden beglückt! Bedarf es da noch weiterer Erörterungen über die Kosenamen, diese »Ding-Babys«, wie wir sagten? Selbst Kindern bereiten Mütter und Ammen Lust auf Speisen, indem sie vom Breichen, Süppchen usw. sprechen und damit dem Kinde fast ein erotisches Gegenseitigkeitsverhältnis zur Nahrung suggerieren! – Man entschuldige diesen phänomenologischen Exkurs über die Lust, seine Methode und Sprache sind ungewohnt –, aber »epikureisch«. Jedenfalls werden uns nun schlagartig scheinbare »Widersprüche« EPIKURS als sinnvolle und kohärente Lehrstücke einleuchten. Ist der Unterschied von Lust – Genuß – Begierde klar, dann macht es z. B. keine Schwierigkeiten mehr, zu begreifen, wieso die Lust und das Glück als Ruhe bzw. »Schmerzlosigkeit« qualifiziert werden: »Wenn wir also sagen, daß die Lust das Lebensziel sei, so meinen wir nicht die Lüste der Schlemmer und das bloße Genießen, wie einige aus Unkenntnis und weil sie mit uns nicht übereinstimmen oder weil sie uns mißverstehen, meinen, sondern wir verstehen darunter, daß wir weder Schmerz im Körper noch Beunruhigung in der Seele empfinden. Denn nicht Trinkgelage und ununterbrochenes Schwärmen und nicht Genuß von Knaben, Frauen und Fischen und allem anderen, was ein reichbesetzter Tisch bietet, erzeugt das lustvolle Leben, sondern die nüchterne Überlegung, die die Ursachen für alles Wählen und Meiden erforscht und die leeren Meinungen austreibt, aus denen die schlimmste Verwirrung der Seele entsteht«.

So besteht denn die Hauptaufgabe der Philosophie – ihre Heilwirkung gewissermaßen – darin, daß sie durch »nüchterne Überlegung« zur Einsicht in das Wesen unserer vier wichtigsten Seelenregungen führt: Lust, Schmerz, Begierde und Furcht. Das ist nicht neu: schon in der Sophistik gibt es diesen »Kanon der vier Leidenschaften«. Neu freilich ist die fundamentale Einsicht EPIKURS, daß »Lust« keine »Leidenschaft« sei! Zweitens: daß gerade im Namen der »Lust« und Glückseligkeit des Menschen die drei übrigen – also: Schmerz, Begierde und Furcht zu überwinden seien. Sie verstehen nun, warum wir soviel Aufmerksamkeit der – offenbar auch bei den Griechen landläufigen – Verwechslung von Lust und Begierde zuwenden mußten. Lust ist ruhig, Begierde, die auf einem Mangel, einem Bedürfnis beruht dagegen ist bewegt. Lebensnotwendige Bedürfnisse, die begierig und auch mit Lust befriedigt werden wollen und sollen, lehnt EPIKUR nicht etwa ab. Allein, die erwähnte »nüchterne Einsicht« soll da wählen und gegebenenfalls verzichten.

Es ist zu beachten, daß die Begierden teils natürliche, teils nichtige sind. Von den natürlichen sind die einen notwendig, die anderen bloß natürlich. Von den notwendigen endlich sind die einen notwendig zur Glückseligkeit, die anderen zur Ungestörtheit des Leibes, die dritten zum Leben überhaupt. Eine unverwirrte Betrachtung dieser Dinge weiß jedes Wählen und Meiden zurückzuführen auf die Gesundheit des Leibes und die Beruhigtheit der Seele; denn dies ist die Erfüllung des seligen Lebens. Um dessentwillen tun wir nämlich alles: damit wir weder Schmerz noch Verwirrung empfinden. Sobald einmal dies an uns geschieht, legt sich der ganze Sturm der Seele.

Also, weit entfernt davon, nach jeder nur möglichen Lustbefriedigung begierig zu sein, fordert EPIKUR – darin gar nicht so weit entfernt von den rivalisierenden Stoikern – genaueste Unterscheidungen. Wir deuteten an: die natürlichen, notwendigen usw. Bedürfnisse und Befriedigungen. Allein jene selig-frohe Gemütsstimmung, jene »Meeresstille der Seele«, da sich der »ganze Sturm legt«, verdient, Glück genannt zu werden. Und dazu verhelfen diejenigen Begierden nicht, die selbst der unepikureische Alltag für selbstverständlich und unverdächtig hält! Wie bescheiden klingt z. B. der dritte Satz im Katechismus des EPIKUR: »Das Höchstmaß der Freude ist erreicht, wenn alle Schmerzen beseitigt sind: denn wo die Freude eingezogen ist, da gibt es, solange sie herrscht, weder Schmerzen noch Qualen noch gar beides. Selbst bei einem längeren Leiden aber ist die Freude noch immer etwas größer als der Schmerz im Fleische«.

Dagegen ist die Begierde nach Macht, nach Ruhm, Reichtum usw. unweise. »Gemessen an den Absichten der Natur ist Armut ein großer Reichtum, dagegen Reichtum, der keine Grenzen kennt, eine große Armut«. Also Selbstgenügsamkeit erst schafft jene »Lust«, die EPIKUR meint: »Die schönste Frucht der Selbstgenügsamkeit ist Freiheit«. Freiheit von überflüssigen Begierden und Lüsten, die die »Natur« gar nicht vorgesehen hat: »Dank sei der gepriesenen Walterin Natur, daß sie das Notwendige leicht erreichbar schuf, das Schwererreichbare aber als nicht notwendig!«

All diese Sentenzen, die wir beliebig ergänzen könnten, unterstreichen nur die These, daß die Freude, die Lust EPIKURS außerordentlich bescheiden ist und sehr verinnerlicht. Ja, wir kennen bei den Stoikern fast wörtliche Übereinstimmungen mit EPIKUR –, sofern es sich um die »Verzichtsethik« handelt. Nur die »Gründe« EPIKURS sind radikal entgegengesetzt; ein Paradebeispiel für viele: »Man kann nicht in Freude leben, ohne vernünftig, edel und gerecht zu leben«. Dem könnte der Stoiker nur zustimmen. Nicht aber der Fortsetzung: »Aber man kann auch umgekehrt kein vernünftiges, edles und gerechtes Leben führen, ohne in Freude zu leben!«

Dieser Zusatz ist epikureisch! EPIKUR kann sich eben eine apathische Tugend nicht vorstellen. Herzlose Korrektheit zählt bei ihm nicht. Schwärmerei ist ihm ebenso verhaßt wie unbeteiligte »Tugend«. Vielleicht verstehen wir ihn am besten, wenn wir den geistesverwandten NIETZSCHE zitieren: »Daß eure Tugend euer Selbst sei und nicht ein Fremdes, eine Haut, eine Bemäntelung... Aber wohl gibt es solche, denen Tugend der Krampf unter einer Peitsche heißt. Und andere gibt es, die heißen Tugend das Faulwerden ihrer Laster. Andere gibt es, die kommen schwer und knarrend daher, gleich Wägen, die Steine abwärts fahren: die reden viel von Würde und Tugend –, ihren Hemmschuh heißen sie Tugend. Und andere gibt es, die sind gleich Alltags-Uhren, die aufgezogen wurden; sie machen ihr Tiktak und wollen, daß man Tiktak – Tugend heiße«.

»Daß eure Tugend euer Selbst sei und nicht ein Fremdes...«, diese Forderung Zarathustra-NIETZSCHES, Jesu Forderung nach der Einheit von gutem

Baum und guten Früchten, sein »von ganzem Herzen, von ganzer Seele, von allen Kräften und von ganzem Gemüte« – das ist's, was EPIKUR mit seiner Tugend-Freude oder Freuden-Tugend meinte. Und AUGUSTINUS, der große Denunziant der lüsternen *concupiscentia*, der Geschlechtsgier als Index des erbsündigen Menschen, kann sich die ewige Seligkeit nur als große Lust denken. Wie schon der Psalmist »epikureisch« fordert: »Schmecket und sehet, wie freundlich der Herr ist«, so hält der Kirchenvater nichts von einem Gottesverhältnis, bei dem man – mit noch so guten Werken – Gott »gebrauche« –, nein, man soll Lust an ihm haben: *frui Deo* und nicht: *uti*! – Trotz dieser Verstehensbrücken ist unser Ausflug bei EPIKUR papierene Literatur, solange wir nicht seinen Garten besichtigen mit den Freunden! Nicht weil wir nun den von DIOGENES LAERTIUS so hochgepriesenen edlen Menschenfreund EPIKUR zur »Auflockerung des Manuskripts« ver-featurn wollen, sondern weil wir der Ansicht sind, daß EPIKURS »Lob der Freundschaft« die notwendige Krönung seiner ganzen Philosophie ist. Und das scheint auf Anhieb gar nicht so selbstverständlich. Sagt der Philosoph nicht überdeutlich: »Jede Freundschaft, so sehr sie auch an sich erstrebenswert sein mag, ist zuletzt doch auf den Nutzen gegründet«.

Das ist ein ernüchternder Satz, provozierend wie jener andere von der »Lust des Bauches als Wurzel und Ursprung alles Guten«! Aber lassen wir uns nicht schockieren: wissen wir doch mittlerweile, daß es geradezu eine Methode EPIKURS ist, von einer elementaren Basis auszugehen und dann die Sublimationen – oder wenn man will: Differenzierungen – daraus zu entwickeln. Eine Methode, die in bewußtem Gegensatz steht zu beliebteren Philosophen, die vom Sein selbst, dem »Urgrund« beginnend zum Deftig-Alltäglichen sich herablassen! Von der »Lust des Bauches« bis hin zum »einsichtigen« Glück des Weisen ist ein weiter Weg – die wichtigsten Schritte haben wir angedeutet vom banalen »Nutzen« einer Freundschaft bis zum Freundschaftshymnus ist der Weg auch weit. Dennoch wollen wir wenigstens auch hier einige Stufen andeuten. Besonders CICERO kann uns dabei helfen, da er an der gleichen Stelle stockte wie wir; aber er sieht sehr klar den Zusammenhang der ganzen Lustphilosophie EPIKURS mit seinem Freundschaftskult: »Es bleibt das Problem der Freundschaft. Ihr erklärt, wenn das höchste Gut die Lust sei, dann könne die Freundschaft überhaupt nicht bestehen. Epikur dagegen sagt über sie, daß von allen Dingen, die die Weisheit zum glückseligen Leben zubereitet hat, nichts größer, reicher und lustvoller sei als die Freundschaft. Dies hat er nicht nur durch seine Lehre, sondern noch viel mehr durch seine Taten, sein Leben und Lebensweise bewiesen«.

Was den »Nutzen« angehe, so meint CICERO, gebe es mehrere Stufen. Zunächst sei es »vernünftig«, Freunde zu haben, gerade der Lust wegen, »da die Einsamkeit und ein Leben ohne Freunde voll von Bedrohungen und Ängsten ist, so empfiehlt die Vernunft selbst, Freundschaften zu erwerben; wenn wir sie besitzen, wird die Seele gefestigt und läßt sich von der Hoffnung auf neue Lustempfindungen nicht lösen«.

EPIKUR selbst sagt dies schlichter so: »Weder wer in allem nur den Nutzen sucht, ist ein Freund, noch der, der überhaupt nie mit der Freundschaft den Nutzen verknüpft. Denn der eine verkauft sein Wohlwollen gegen Entgelt, der andere schneidet die zuversichtliche Erwartung des Künftigen ab«.

Wieder also haben wir jene Gegenseitigkeit, die wir anläßlich der erotischen Lust besprochen haben: es ist nicht bloß Lust, den Freund zu haben, sondern der Freund käme sich ungeliebt vor, wenn man ihn nicht zuverlässig brauchte. – Wohlgemerkt: nicht: »gebrauchte«! Wir stehen beim alten »ich habe, man hat aber mich nicht«. So denkt kein Freund, meint EPIKUR zu Recht. Daher schwächt er den ersten Ausspruch über die Nützlichkeit von Freunden zwar nicht ab, aber er vertieft ihn so: »Wir brauchen Freunde, nicht um sie zu brauchen, sondern um die Gewißheit zu haben, daß wir sie brauchen dürfen«.

Also: das Glück der Freundschaft besteht in der Reziprozität; wie Liebende ihr Glück darin finden, daß sie nicht bloß geben, sondern auch nehmen dürfen, daß das »Brauchen« ein gegenseitiges sei, so heißt es vom Freunde: »Wer ständig Hilfe fordert, auch wer sie niemals leistet, ist kein Freund«. Wir verstehen nun den Zusammenhang von EPIKURS Freundschaft und der epikureischen Gleichung Lust = Tugend. Denn wie in der Liebe, so ist in der Freundschaft, da sie es mit einem mitmenschlichen Du zu tun hat und keiner Sache –, die Speise, die ich »genieße«, so hörten wir, kann ich »abtrennen« von der Lust, nicht aber die Tugend. Wieso nicht? Antwort: weil die Tugend sich auf den Freund bezieht, auf keine »Sache« also. Die »Lust am Freunde« ist bereits Tugend für EPIKUR, gleichwie seine Lust an mir meine Lust ist. Die Speise – auch wenn man ihr kindlich Kosenamen gibt – dagegen hat bestimmt keine Lust an mir: beides, Lust und Speise, sind »abtrennbar«. – Also: Wir erkennen, daß die Freundschaft und deren Glück für EPIKUR das Modell für Tugend = Lust darstellt. CICERO sagt das gleiche so: »Wir freuen uns an der Freude der Freunde ebenso wie an unseren eigenen und leiden ebenso an ihren Schmerzen. Also wird der Weise gegen den Freund ebenso gestimmt sein wie gegen sich selbst, und was er an Mühen um der eigenen Lust willen auf sich nimmt, das wird er auch um der Lust des Freundes willen auf sich nehmen. Und was von den Tugenden gesagt war, auf welche Weise sie stets in den Lustempfindungen vorhanden sind, dasselbe ist von der Freundschaft zu sagen«.

Nochmals also: EPIKURS Lust-Ethik hat ihre Krönung in seinem Freundschaftskult. Es ist da nicht die Rede von Begierden, von Wollust und dergleichen mehr, sondern von jenem glückseligen Füreinandersein, bei dem jeder Geber und Nehmer ist, ohne daß wie bei den »Gelüsten« eine »Abtrennung« von Lust und ihrem »Gegenstand« möglich wäre... EPIKUR kann diese zärtliche Weisheit auch auf »stoisch« sagen: »Der Schmerz des Weisen ist nicht größer, wenn er selber gefoltert wird als wenn sein Freund gefoltert wird«. Keine falsche Sentimentalität wird da geduldet: »Nicht durch Mitklagen, sondern durch mitsorgende Hilfe beweist man dem Freunde seine Teilnahme«.

Wir haben auch hier wieder gesehen: EPIKUR schätzt das Untertreiben, z. B. wenn er scheinbar banal von »Nutzen der Freundschaft« spricht. Wie es sich mit dem »Nutzen« verhält, das zeigt am besten sein letzter Brief, den er auf seinem Sterbebette schrieb, an den Freund IDOMENEUS: »Indem ich den glückseligen Tag meines Daseins erlebe und zugleich beende, schreibe ich euch dies. Harnzwangsbeschwerden folgen einander und Durchfallschmerzen, die keine Steigerung in ihrer Heftigkeit übrig lassen. Als Gegengewicht gegen alles dies dient die freudige Erhebung der Seele bei der Erinnerung an die zwischen uns gepflogenen Gespräche. Bitte sorge in einer Weise, die deines von Jugend an bewiesenen Eintretens für mich und die Wahrheit würdig ist, für die Kinder des Metrodoros«.

EPIKURS Sterben scheint stoisch, aber bis zuletzt herzlich undekorativ. Bis zuletzt erfüllt und tröstet ihn sein Credo: »Die Freundschaft tanzt den Reigen um die Welt und ruft uns allen zu, aufzuwachen zum Preise des glückseligen Lebens!«

Seneca – Vom Glück der Resignation

»Er hatte einen großen und männlichen Geist, wenn ihn nur nicht das Glück entnervt hätte!« Das sagt Seneca von Maecenas. Daß das Fleisch schwach, der Geist aber willig sei, ist dem sündenbewußten Christen selbstverständlich, daher sein Angewiesensein auf Gnade. Seneca aber – der Zeitgenosse Christi – er lebte von 4 vor Christi Geburt bis 65 n. Chr. – ringt als Heide um eine Geschlossenheit von Leben und Denken, wie sie ihm als Ideal des stoischen »Weisen« vorschwebte – aber er ist an diesem Ideal gescheitert. Auch von ihm selbst kann man sagen: »Er hatte einen großen und männlichen Geist, wenn ihn nur nicht das Glück entnervt hätte«. Er war zu männlich-stolz, um sich als Sünder in die vergebenden Arme eines Erlösers zu flüchten –, obwohl er den Kampf von »Geist und Fleisch«, wie Paulus schreibt, nur zu gut kennt; es ist sein literarisches und existentielles Hauptproblem, aber nie heißt es bei ihm: »Ich elender Mensch! Wer wird mich erlösen vom Leibe dieses Todes? Ich danke Gott: durch Jesus Christus unsern Herrn«. Seneca bleibt bestenfalls bei der Tragödie des Scheiterns stehen, weil hier noch Haltung möglich ist. Eine Haltung, wie sie der vielleicht letzte Stoiker unserer Zeit, Oswald Spengler, rühmte: »… der Soldat, dessen Gebeine man vor einem Tor in Pompeji gefunden hat, der starb, weil man beim Ausbruch des Vesuvs vergessen hatte, ihn abzulösen. Das ist Größe, das heißt Rasse haben. Dies ehrliche Ende ist das einzige, was man dem Menschen nicht nehmen kann«.

So Oswald Spengler in seinem Buch »Jahre der Entscheidung«, erschienen 1933, und höchst unwillkommen einem Regime, das andere Vorstellungen von »Rasse« hatte, weder christliche noch stoische… Seneca aber ist kein stiller Gelehrter gewesen, wie Spengler, sondern einer der mächtigsten Staatsmänner des römischen Reiches, allen Versuchungen der Macht ausgesetzt – und ihnen auch erliegend, wenn auch mit dem klaren Bewußtsein: Tugend sei etwas anderes… Wie erbaulich könnte eine Blütenlese aus

SENECA – wir meinen den Schriftsteller – wirken und auch »ankommen«, wenn wir es unterließen, auf den großen inneren Zwiespalt dieses Mannes hinzuweisen, der so schön überspielt wird im literarischen Werk! Noch die theologisch und dogmatisch großzügigen frühen Kirchenväter rühmen ihn; ja, man erfindet sogar einen Briefwechsel zwischen dem Philosophen und dem Apostel PAULUS. So verwandt erscheinen die beiden. Wir meinen: zu Unrecht; nicht nur »sachlich«, weil die typisch-römische Willenshaltung des Stoikers mit PAULUS wenig zu tun hat, sondern weil man ohne Berücksichtigung des Mannes und seines Lebens den gestrengen Sittenprediger einfach »falsch würdigen« könnte! Die Verdienste eines EINSTEIN oder NEWTON hängen von deren faktischem Leben nicht im geringsten ab: allein, der beredte Ethiker verliert an Glaubwürdigkeit, wenn zwischen Leben und Lehre eine Kluft besteht, die um so störender wirkt, als die »Philosophie« hier ausdrücklich verstanden wird als die Wissenschaft vom Leben. Ferner: die Fülle an schriftlichen Äußerungen, Briefen, Traktaten, Tragödien usw. ist so groß, daß man den Anspruch, der allein schon in der Vielschreiberei liegt, mit Gegenansprüchen beantworten muß. Zumal dann, wenn fast hinter jeder Zeile jenes Selbstbewußtsein steht: »Ich will nichts anderes sein wie der vereinzelte Fels auf seichtem Meeresgrunde, an den die Wogen, wo sie sich erheben, unaufhörlich schlagen, ohne daß sie ihn deshalb von seiner Stelle rücken, oder ihn durch ihr so viele Jahrhunderte wiederholtes Anprallen verzehren«.

Es ist – wohlgemerkt – der gleiche Mann, der recht »dialektisch« und zwielichtig in seiner *Ermahnung zur Philosophie* schreiben kann: »Der Weise wird, auch was er nicht billigt, tun, um zum Höheren den Übergang zu finden, und er wird seine guten Sitten zwar nicht aufgeben, aber der Zeit anpassen; und die Dinge, die anderen zum Ruhm oder zum Vergnügen dienen, wird er zum praktischen Handeln gebrauchen«. Der »Weise« als »vereinzelter Fels«, »unverrückbar«, so ist das Ideal – der »Weise« als Konformist und Praktikus (versteht sich: »nur um zum Höheren den Übergang zu finden«), das ist die Wirklichkeit. Eine Wirklichkeit dazu, die stets zweideutig bleiben muß: denn welches ethische Versagen ließe sich nicht – bei der brillanten Rhetorik SENECAS zumal – als, bloß schwer zu erkennender, »Übergang zum Höheren« interpretieren? *Primum vivere, deinde philosophari*, zuerst leben – dann philosophieren, diese Devise aller existentiellen Appellierer gerät auf ebenjenen »seichten Meeresgrund«, von dem sich der »vereinzelte Fels« ja so großartig abheben sollte. NIETZSCHE wird richtig wütend gegen *Seneca et hoc genus omne*, gegen SENECA und seinesgleichen:

> Das schreibt und schreibt sein
> unausstehlich weises Larifari,
> als gält' es *primum scribere,*
> *deinde philosophari!*

Erst schreiben, dann philosophieren – so verkehrt erscheinen also NIETZSCHE, SENECA und sein moralistisch-literarischer Eifer. Er schreibt und schreibt, gewiß. Aber war es wirklich ein *primum scribere, deinde philosophari*? Tatsächlich verdanken die wichtigsten seiner Schriften und Briefe ihre Entstehung einem konkreten Anlaß. Wir geben einige Beispiele, die freilich nicht etwa »beweisen« werden, daß SENECA seine Lehren auch »gelebt«, wohl aber, daß er nicht sozusagen »ins Blaue« hinein philosophiert habe.

In früher Jugend reizt ihn ein Aufenthalt in Ägypten zu einer ethnographischen Schrift über dieses Land. Der Tod des Vaters regt SENECA an, ihm ein literarisches Denkmal zu setzen. SENECAS Vermählung und das Buch *De matrimonio* hängen eng zusammen. Von den unberechenbaren Launen CALIGULAS bedroht, schreibt SENECA später unter CLAUDIUS sein Werk *Über den Zorn*, freilich mit recht zwiespältigem Erfolg – CLAUDIUS bezichtigt sich zwar offiziell dieses abscheulichen (typisch römischen) Affekts, verbannt SENECA schließlich dennoch für acht Jahre nach Korsika. Hier schreibt SENECA – also wiederum »aus gegebenem Anlaß« – seine Trostschrift an MARCIA sowie an seine Mutter HELVIA, worin er das Glück der Resignation preist, freilich will er – menschlich-allzumenschlich – in der Trostschrift an POLYBIUS weniger eigentlich »trösten«, als den einflußreichen POLYBIUS veranlassen, sich beim Kaiser einzusetzen, damit dieses fragliche Glück der Verbannung möglichst bald zu Ende gehe! Der moralische Ertrag dieser Jahre im unwirtlichen Exil findet sich vor allem in seiner Schrift *De brevitate vitae* (Über die Kürze des Lebens). Die Pointe heißt etwa so: während in Rom die meisten Menschen ihr Leben »äußerlich«, im genießerischen Müßiggang, verbrächten, hätte er, der Exilant, Anlaß über die Kürze des Daseins nachzudenken und ein freies »persönliches Leben« zu führen. Freilich hat auch diese Gelegenheitsschrift einen kleinen Makel: sie entstand bereits nach seiner Rückkehr! – Da nicht erst eine desillusionierte Spätzeit an der fehlenden Einheit von asketisch-verzichtendem Lehren und luxuriösem Leben Anstoß nahm, sieht sich der mit Reichtümern gesegnete SENECA veranlaßt, die Schrift *Vom Glückseligen Leben* zu schreiben, worin er haarscharf beweist, wie gut Reichtum mit einer stoischen Verzichts-Ethik Hand in Hand gehen könne. Zwar fehlt es nicht an Seitenhieben gegen die Epikureer und deren freies Bekenntnis zur Lebensfreude und Lust, aber bei aller Selbstgenügsamkeit sei schließlich Reichtum, wenn auch kein »Gut«, so doch ein trefflicher »Vorteil«: »Es ist ein Zeichen von Schwäche, wenn man den Reichtum nicht vertragen kann«. Jesus mit seiner Parabel vom reichen »Obersten« war noch keine 25 Jahre tot: »Es ist leichter, daß ein Kamel gehe durch ein Nadelöhr, denn daß ein Reicher in das Reich Gottes komme!«

So könnten wir noch lange fortsetzen. Es fehlte bei SENECA bestimmt nicht an konkreten Anlässen, die ihn zum Schreiben reizten: der Tod eines Freundes, eine Feuersbrunst, der Anblick einer reichen Villa unterwegs – natürlich nicht der eigenen! –; stets gewinnt er einen resignierenden Trost: wie wenig braucht der Mensch doch zu seinem Glück. Ist nicht die Bedürfnislosigkeit das einzige Gut, das gerühmt zu werden verdiente? Wie entsetzlich treiben es die Reichen!

»... da warten sie auf ihrem Rosenlager, bis es Zeit ist für die Garküche; ihr Ohr weiden sie an den Tönen der Gesänge, ihr Auge an Schauspielen, ihren Gaumen an wohlschmeckenden Dingen. Mit sanften, linden Wärmemitteln wird über den ganzen Körper ein Reiz verbreitet, und, damit zugleich die Nase etwas zu tun habe, so wird der Ort selbst, wo man der Üppigkeit opfert, mit mancherlei Wohlgerüchen angefüllt...«.

Es ist nun eine Frage, an der sich die Geister stets scheiden werden, ob DIOGENES in seiner Tonne das Recht hatte, über die überflüssigen und darum unsittlichen Genüsse der Reichen die Nase zu rümpfen – oder der steinreiche Mann mit den vielen Villen, Gärten und, nicht zu vergessen, jenen 500 Elfenbein-Tischen, die im römischen Reich so berühmt gewesen sind? LUDWIG MARCUSE, in seiner *Philosophie des Glücks*, schreibt z. B.: »Seneca fand, was auch andere vor ihm schon gefunden hatten: das Vergnügen, die Lust, die Freude – alles, was man gemeinhin ›Glück‹ zu nennen pflegt, ist nichts als ein Nebenbei. Es kommt eigentlich nicht darauf an. Seneca benimmt sich zum Glück herablassend-liebenswürdig; etwa wie ein sehr beschäftigter Geschäftsmann, dem man ein schönes Bild an die Wand seines Arbeitszimmers hängt – er hat zwar keine Zeit für so etwas, aber ist durchaus nicht gegen die Kunst. Er hat andere Sorgen. Er predigte: ›Wir wissen gar nicht, wie viele Dinge, an die wir gewöhnt sind, überflüssig sind – bis wir anfangen, auch ohne sie auszukommen.‹... Aber er hatte bis zu diesem Tage nicht damit angefangen... Nur manchmal kommt ein höchst gereizter Kostverächter zum Vorschein. Der spricht von den ›kleinlichen nichtswürdigen und unhaltbaren Trieben des elenden Körpers‹. Dem ist es wahre Wollust, die ›Wollust zu verachten‹...«.

In der Tat, DIOGENES und die Kyniker, die faktisch alles Überflüssige an Annehmlichkeiten des Lebens nicht nur verachteten, sondern auch sich selber versagten, haben für uns eine größere Glaubwürdigkeit als der reiche Mann, der – fast möchte man sagen: – aus Diätgründen den ihm möglichen Luxus schmäht und dabei soweit geht, nicht nur die »tierischen Schlemmer und Prasser« zu schmähen, sondern das Lob der Armut zu singen!

»Tugend ist etwas Hohes, Erhabenes, Königliches, Unüberwindliches, Unermüdliches; das Vergnügen etwas Niedriges, Sklavisches, Kraftloses, Hinfälliges, dessen Niederlassung und Heimat Hurenhäuser sind und Garküchen. Die Tugend wirst du finden im Tempel, auf dem Forum, auf der Kurie, vor Mauern stehend, in Staub gehüllt, frischen Blutes, die Hände voll Schwielen; das Vergnügen oft in Winkeln steckend und die Finsternis suchend, um Badehäuser und Schwitzstuben umherstreichend, und um Orte, wo man die Sittenpolizei nicht gern hat; weichlich, nervenschlaff, von Wein und Salben triefend und von Arzneien verdorben...«.

Fassen wir unser Ungenügen an SENECA noch einmal kurz zusammen: ein geradezu besessener Sittenrichter wendet sich in zahllosen literarischen Äußerungen – wozu die vielen Briefe auch gehören – an die Zeitgenossen und an die Nachwelt; satirische Geißelung der moralischen Mißstände, beschönigende Selbstdarstellung und das oft lehrhafte Rühmen der stoischen Tugend des Verzichts auf verweichlichende Annehmlichkeiten des Daseins – das ist der vorwiegende Inhalt seiner Schriftstellerei, gepriesen bis zum heutigen Tage. Dem aber steht gegenüber: ein ehrgeiziger, wenn auch nicht immer erfolgreicher Günstling, der in der Wahl seiner Mittel zum Erfolg alles andere als zimperlich gewesen ist. Nur zwei Beispiele seien hier erwähnt: die Beseitigung des Kaisers CLAUDIUS, die SENECA – wohl auch nur, »um zum Höheren den Übergang zu finden« – mit schönen Worten kaschiert hat. Der junge NERO, SENECAS Schüler, deklamiert die ergreifenden Sätze. Und als der Kaiser NERO seine Mutter AGRIPPINA den niedrigen irdischen Sphären – mittels Mord – entrückt, weiß wiederum SENECA in seiner Adresse an den Senat das Ereignis zu würdigen, u.zw. in schönstem Latein. Daß solche Handlangerdienste mehr als reichlich belohnt wurden, und zwar durch Reichtümer unvorstellbaren Ausmaßes, versteht sich zwar, nicht aber: daß der auf diese Weise mit irdischen Schätzen ausgestattete Mann zum Prediger des Verzichts wird – er, der nicht verzichtet hatte. Ebenso wenig, daß er nun nicht bloß seine Schätze verteidigt, sondern einsichtig machen will, wie hoch er als Tugendbold seine Kritiker überrage! Die Einzelsätze z. B. seiner Schrift *Vom glückseligen Leben* sind schön, aber durfte sie ausgerechnet SENECA schreiben? Und wenn er sie schon schreiben mußte, warum mit soviel pharisäischer Selbstgerechtigkeit?» ... ich dahingegen, von meiner Höhe herabschauend, sehe, welche Ungewitter euch entweder drohen oder schon näher an euch herangekommen sind, um euch und eure Habe hinwegzuraffen. Und wie? Treibt nicht auch jetzt – freilich wißt ihr selbst nicht, wie euch geschieht – ein Wirbelwind eure Seelen im Kreise herum und verwirrt sie, so daß ihr das Nämliche zugleich flieht und sucht und bald in die Höhe gehoben, bald in die Tiefe geschmettert werdet?«

»Ich dagegen, von meiner Höhe herabschauend...« – so kann der wahre »Weise« sprechen, der, wie die Stoa lehrt, »von der Vernunft geleitet, nichts mehr wünscht und nichts mehr fürchtet«; wogegen die »Toren« es sind, die von den sinnlichen Vergnügungen – wie von einem Gewittersturm – hin und her geschüttelt werden, weil sie als »Unfreie« nicht etwa »die Vergnügungen haben«, sondern »das Vergnügen hat sie selbst«, sie sind Getriebene. – Schön und gut, aber ist das die angemessene Replik gegen den Vorwurf daß SENECA eine asketische Tugend lehre, aber nicht lebe? Wer SENECA gegenüber auf der Einheit von Leben und Lehre beharrt, wird von vornherein als »Feind« und »Neider« gebrandmarkt und wird mit der moralisierenden Retourkutsche überfahren: er sei eben nicht auf der Höhe SENECAS, welches selbstgegebene Stichwort wiederum automatisch ebenjene moralisierende Suada auslöst, gegen die sich die Kritiker ja gewandt hatten! Es ist fast immer das Gleiche: ob Lob, ob Tadel – SENECA antwortet von oben herab, sondert Sentenzen ab auf jeden Reiz und begründet sogar zirkelhaft dieses sein Verfahren, ebenfalls selbstgerecht moralisierend: es gehe ihm ja gar nicht um seine eigene – gewiß nicht vollkommene – Person, sondern um etwas viel Größeres: um die Tugend nämlich. Dies hindert ihn aber nicht im geringsten daran, sich selbst dennoch mit anderen zu vergleichen und selbst zufrieden festzustellen:

»... mit eurem Gehwerk verglichen, bin ich Gebrechlicher noch ein Läufer!« Auf Vorwürfe wird mit Pose, mit Haltung reagiert! Und an dieser Haltung prallen – und dies scheint uns das Interessanteste am Fall SENECA zu sein – an dieser reaktiven Haltung des »Überlegenen« prallen die Attacken der Gegner ab, offenbar überzeugend! SENECA weiß selbst, das Argument trägt nicht allzuweit: Reichtum ist gut, weil man dann den Armen besser helfen könne, oder: Luxus, auf den man gegebenenfalls verzichte, setze mehr Kraft voraus, als Armut, die verzichtet, weil ihr nichts anderes übrig bleibe, im Sinne von WILHELM BUSCH: »Enthaltsamkeit ist das Vergnügen an Sachen, welche wir nicht kriegen«. Der gewitzte Rhetor weiß genau, die Selbstrechtfertigung wirkt schwächer als die selbstbewußte Haltung des *a priori* Überlegenen. Man beachte z. B. die rhetorische »Vorwärtsverteidigung« SENECAS in *De beata vita*, die in einem so bezeichnenden Nebensatz, getarnt gewissermaßen, zum Zuge kommt: »Da möchte nun einer von jenen, die die Philosophie anbellen, wie sie zu tun pflegen, sagen: ›Warum bist du im Reden stärker als im Handeln? Warum ordnest du dich in deiner Meinung einem Vornehmeren unter, achtest das Geld für ein dir notwendiges Mittel?...‹« usw. Man beachte den Nebensatz »einer von denen, die die Philosophie anbellen, wie sie zu tun pflegen«. Rhetorisch ist es nun fast gleichgültig, was solche, »die die Philosophie anbellen«, im einzelnen nun auch vorbringen könnten. Alles, was sie sagen, richtet sich dann nicht mehr gegen einen Mann namens SENECA, sondern gegen die hohe Philosophie selbst! Diese in den Nebensatz hineingemogelte Identifikation von »Seneca-Kritiker« = »Philosophie-Anbeller« entschärft alle möglichen Angriffe zu – »Gebell«, das man nun zum Lächerlich-Machen des doch bloß Bellenden sogar besonders ausführlich vortragen kann; der Nebensatz hat die Perspektive des Lesers bereits fixiert: hier, bitte schön, das Gebell der Philosophie-Feinde, und dort der Überlegene, der es sich sogar gelassen leisten kann – ist er doch der Philosoph! –, solches Gebell besonders ausführlich einem durch den Nebensatz bereits gelenkten Publikum zu referieren: »Warum bist du im Reden stärker als im Handeln? Warum ordnest du dich in deiner Meinung einem Vornehmeren unter, achtest das Geld für ein dir notwendiges Mittel, wirst durch einen Verlust beunruhigt, vergießest Tränen bei der Nachricht vom Tode deiner Gattin oder eines Freundes, achtest darauf, was die Leute über dich sagen und lässest dich durch boshafte Reden anfechten? Warum ist dein Feld besser angebaut, als es das natürliche Bedürfnis erheischt? Warum speisest du nicht nach deiner eigenen Vorschrift? Warum hast du so glänzenden Hausrat? Warum wird bei dir Wein getrunken, der älter ist als du selbst? Wozu wird er nach Jahrgängen geordnet? Wozu werden Bäume gepflanzt, die nichts als Schatten geben? Warum trägt deine Frau das Vermögen eines wohlhabenden Hauses an ihren Ohren? Warum ist deine Dienerschaft so kostbar gekleidet? Warum...«. Und so weiter... Aber – rhetorisch betrachtet –: diese langweilende, *ad libitum* heruntergespulte Sequenz von Fragen über Fragen, sehr ungleichen Gewichts (und sich daher gegenseitig aufhebend!) ist raffinierte Imitation des »Gebells«

der Philosophen-Feinde. Sie ist noch länger als unsere Textprobe, hat aber nur den einen Zweck, die »Neider« und Philosophiefeinde dem »überlegenen« Manne Seneca wirkungsvoll gegenüberzustellen, der denn auch mit lässiger Souveränität schließt – man höre das »Scherz beiseite« zwischen den Zeilen heraus –: »Ich will dir selbst später noch helfen; ich will mir selbst Vorwürfe machen, und mehr als du glaubst: für jetzt erwidere ich nur folgendes: Ich bin kein Weiser...«.

Dieses – nach all unseren Bedenken – so überraschende, weil bescheiden klingende Bekenntnis finden wir auch in zahlreichen Briefstellen bei Seneca; die Seneca-Forschung meint, darin unterscheide sich Seneca von vielen anderen Stoikern, die in der Regel kraß zwischen dem »Weisen« und dem »Toren« unterschieden, während der weniger dogmatische Seneca zahlreiche Übergänge zwischen dem Toren und dem Weisen zulasse. Tatsächlich ist dieses scheinbar »bescheidene« Eingeständnis, selbst kein Weiser zu sein, viel weniger selbstkritisch zu interpretieren, wenn wir den Zusammenhang kennen. Denn es ist – so können wir das Eingeständnis kurz charakterisieren – eine »weise« Haltung der Bescheidenheit, die sympathieheischend ins Feld geführt wird, mit der sehr wohl selbstbewußten Hinterabsicht, die Kritiker als »böswillige« Anschwärzer der »Trefflichsten« an den Pranger zu stellen. Der »nicht weise« Seneca steht ganz prächtig in der erlauchten Reihe der Platos, Epikur und Zeno! Lesen wir also weiter: »... ich bin kein Weiser, und, um deiner üblen Meinung noch mehr Nahrung zu geben – ich werde es auch nie sein. Fordere also von mir nicht, daß ich den Besten gleich sei, sondern nur besser als die Schlechten. Das ist mir schon genug, wenn ich täglich etwas von meinen Fehlern ablege und mir meine Verirrungen vorwerfe. Ich bin noch nicht zur Gesundheit gelangt und werde auch nicht dazu gelangen; ich bereite mir mehr Linderung als Heilmittel für mein Podagra, zufrieden damit, wenn es mich nur seltener befällt und weniger zwackt. Freilich mit eurem Gehwerk verglichen, bin ich Gebrechlicher noch ein Läufer«. Und jetzt kommt die »Aktion Bescheidenheit« so richtig in Gang: »Das rede ich nicht in meinem Namen, denn ich treibe noch auf dem Meere aller Laster, sondern im Namen eines solchen, der schon etwas ausgerichtet hat. ›Anders‹, sagt man, ›sprichst du, anders lebst du‹. Dies, ihr böswilligen und gerade den Trefflichsten feindlichsten gesinnten Menschen, hat man dem Plato, dem Epikur, dem Zeno vorgeworfen. Denn diese alle sprachen ja nicht davon, wie sie selbst lebten, sondern, wie man leben sollte. Von der Tugend rede ich, nicht von mir, und wenn ich die Laster schmähe, so schmähe ich zuerst meine eigenen...«. Auch hier denkt man unwillkürlich an Wilhelm Busch: wir meinen sein Gedicht über die Selbstkritik: »... So kommt es denn zuletzt heraus, daß ich ein ganz famoses Haus«.

Quod erat demonstrandum. – Aber darauf kommt es uns weniger an, aufzuzeigen, daß Seneca – welch ethischer Selbstwiderspruch! – »dekorativ-bescheiden« ist, ja, sich sophistisch gegen alle Kritik damit zur Wehr setzt, daß er, bei Gott, nicht seine eigene Person, aber die erhabene Tugend allein für wert hält, in Schutz genommen zu werden. Das sind advokatorische Eigenheiten, die man durchschaut und dem zeitgeschichtlichen Phänomen »Rhetorik« unterordnet. Was uns aber interessiert, ist die viel wichtigere Tatsache, daß hier spontane, ursprüngliche Sittlichkeit durch moralische Pose, durch »Haltung«, wie wir sagten, offenbar glaubhaft ersetzt wird! Was heißt das? Wir meinen dieses: die dekorative Selbstdarstellung eines »Ideals« – der Weisheit, der Tugend, der Freiheit usw. – ersetzt hier die *hic et nunc* zu leistende ethische Tat. Oder anders gesagt: das ethische Muskelspiel vor einem Publikum tritt an die Stelle ethischen Verhaltens. Das Denkmal ersetzt den kategorischen Imperativ. So können mittels Deklamation und Rhetorik bloß pragmatische Klugheitsregeln, wie sie zur Regelung des möglichst reibungslosen Ablaufs unseres Daseins notwendig sind, zu erhabenen Spitzensätzen einer Moral hochgejubelt werden, die eigentlich in den banalsten Sprichwörtern stilgerechter ausgedrückt ist. Viele der *Moralischen Briefe an Lucilius*, aber auch ganze Passagen aus den Traktaten über die Gemütsruhe, über den Zorn, über die Kürze des Lebens u. v. a. m. könnten – ohne Substanzverlust – überschrieben werden mit: »Zuwenig und Zuviel verdirbt das beste Spiel«, »Alles zu seiner Zeit«, »Tue recht und scheue niemand«, »Saure Wochen, frohe Feste«, »Nichts dauert ewig«, »Wer hoch steigt, fällt tief«, »Zeit eilt, teilt, heilt«, »Wo viel Licht, ist viel Schatten«, »Wer weiß, wofür das gut ist«, »Der Spatz in der Hand ist besser als die Taube auf dem Dach«, »Wie gewonnen, so zerronnen«, u. dgl. m. SENECA aber will Philosoph sein, ohne jedoch das moralische Niveau solcher Alltagsweisheiten, wie sie im Sprichwort ihren Ausdruck finden, übersteigen zu können. Darum muß wenigstens das »höhere«, »erhabene« Pathos ersetzen, was an faktischer Substanz einfach fehlt. Rhetorisch-deklamatorische Stilmittel, erfundene oder hochstilisierte Briefempfänger, weitschweifige aber »gutgeschriebene« »Belege« aus dem Leben oder aus Büchern, täuschen einen Fortgang des Gedankens vor, der – wie gesagt – in einem trivialen Sprichwort vollständig zur Stelle wäre. Aber das Dekorum fehlte. So gibt es keine dialektische Entwicklung, sondern Paränesen, Ermahnungen, Trost, Apologien, Appelle, um so wenigstens die Darstellungsweise von irgendeiner – angeblich existenten – Situation her zu rechtfertigen. Denn die moralische »Lehre« für sich wäre – dies scheint SENECA selbst sehr deutlich zu empfinden – allzu nichtssagend. Eine kleine Blütenlese von charakteristischen Sätzen, wahllos herausgegriffen, möge dies bestätigen. Die Überflüssigkeit jeglichen Kommentars beweist unsere These: »... Wer einmal den Weg verfehlt hat, entfernt sich immer weiter davon... So viele Bewunderer, so viele Neider... Ich will lieber etwas suchen, was als gut erprobt ist, nicht etwas, womit ich prunken kann... Glückseligkeit hängt nicht unbedingt von äußeren Gütern ab... Wie ein Mensch bei kleinerer Statur vollständig sein kann, so kann auch das Leben bei kürzerer Dauer ein vollständiges sein... Auch die Geistesnahrung muß man verdauen, sonst wird sie nur ins Gedächtnis, nicht aber in den Geist eingehen... Alles wandelt sich... Alles geht nach bestimmten Zeiten; es muß entstehen, wachsen und vergehen... Nichts wird schneller verhaßt als der Gram... Erkenne dich selbst, um dich bessern zu können... Auch Sklaven sind Menschen... Wahre Freude ist eine ernste Sache... Ist auch der Weise sich selbst genug, so wünscht er sich doch Freunde...«. Und so weiter und so weiter... Abstraktere, das heißt »philosophischer« wirkende Sätze, mit all ihren möglichen Folgesätzen, seien hier nur angedeutet. So der vielleicht wichtigste: je toter, um so weniger Schmerz; abgehärtete Körper vertragen mehr als zimperliche und verwöhnte. Da SENECA im Gegensatz zu den strengen Stoikern – auch dies deuteten wir schon an – kleine Konzessionen an EPIKUR macht, hat er sich eine Fülle von Aussagen gesichert etwa dieser Art: man darf sich ruhig seiner guten Taten freuen. Selbst Gefühle wie Gattenliebe darf sich der Philosoph gestatten. So sind auch Tränen beim Verlust von Angehörigen und lieben Freunden erlaubt. Manchmal erhebt sich SENECA bis zur kühnen – selbstverständlich um das »Riskante« wissenden – Aussage: lieber reich und gesund als arm und krank. Aber, wie gesagt, solch ein ketzerischer Satz muß nach allen Seiten abgesichert werden wäre er doch sonst allzu mißverständlich, besonders bei Ungebildeten!

Aber zurück zu unserem Hauptinteresse: es ist die Frage, wieso eine derartige Sittenlehre, und für SENECA ist Philosophie in erster Reihe Ethik, so stark wirken konnte! – Bei aller intellektuellen Dürftigkeit und bei allem moralischen Pragmatismus, der typisch römisch ist, teilt sich dem Leser (immerhin zwei Jahrtausende lang) ein ganz spezifisches Pathos mit, weniger eine Philosophie. Und dies Pathos, scheint uns, ist fundiert in einer Lebenshaltung, die OTTO REGENBOGEN sehr schön folgendermaßen beschreibt: »Bei Seneca vollzieht sich eine Verengung, gleichsam eine Einschrumpfung des großen geistigen Bereichs der Philosophie. Er ist sozusagen immer im Aufbruch, wie ein Soldat, der ins Feld geht und sein Gepäck zusammennimmt. *Vivere militare est* – Leben heißt Kriegsdienst tun. Und wie der Soldat an Gepäck nur das Nötigste mitnehmen kann, so findet bei Seneca, um ein Wort Diltheys anzuwenden, ein deutlich wahrnehmbarer Rückgang aus dem ›metaphysischen Luxus‹ der Griechen auf ein einfaches System statt«. Freilich müßte man hinzufügen, daß diese Simplifikation des Denkens keineswegs zu einer Verknappung der Mitteilung führte. Im Gegenteil, es ist wie bei der Inflation: je weniger das Geld wert ist, um so mehr Scheine kommen in Umlauf! Oh, hätte SENECA wenigstens wahrgemacht, was er im *38. Brief an Lucilius* schreibt: »Die Philosophie ist ein guter Rat; einen guten Rat gibt niemand mit erhobener Stimme. Nicht viele Worte sind nötig, aber wirksame...«.

Um bei REGENBOGENS SENECA-Deutung zu bleiben: der »metaphysische Luxus« der viel differenzierteren Griechen hat einen viel knapperen Ausdruck gefunden als die »eiserne Ration« SENECAS, die ohne den unüberschaubaren Philologen-Konvoi, diese so selbstlos arbeitenden Nachschubleute, kaum den Weg bis zum 20. Jahrhundert hinter sich gebracht haben würde! – Die Schrumpfung der »Sache« freilich läßt sich nicht leugnen. Allerdings ist »Schrumpfung« keine »Konzentration«, geschweige denn aufs Wesentlichste der Moral! Vielmehr geht es – und darin dürfte SENECA in der Tat militärisch gedacht haben – um die *efficiency*, um die »Moral der Truppe«, wie es heißt. Dieser Begriff von »Moral« ist tatsächlich weitgehend eine Frage der »Stimmung«, des »Pathos«, des organisierten Gefühls, weniger aber eine des – allzu individuell-innerlichen – »Gewissens«. Und hier ist der Ort, Senecas Leistung wirklich zu würdigen. Gerade dasjenige, was uns an ihm so störte: das Pathos, die Durchhalte-Parolen, die Fähigkeit, gar nicht allzu pingelig zu argumentieren, sondern lieber zu »exerzieren«, also seine Art »Schulungsabend für die Truppe«, trifft haargenau das Bedürfnis nach weniger fundierter als vor-exerzierter Unterweisung. Die mehrfach erwähnte »Pose«, die »Haltung« als Quasi-Argument stimmt gut mit dem Bedürfnis einer »Truppe« überein. *Animo milita*: sei Soldat im Geiste, schreibt er in *De beata vita*. Bereit sein, gerüstet sein ist das erstrebte Ziel im Feld wie im Dasein. Das Schicksal geht um (*circumit*). Also gilt es zu überleben durch Tapferkeit. Und wiederum werden wir an jene Worte Oswald Spenglers zu Beginn erinnert: »Auch mit abgehauenen Händen findet der Mann in der Schlacht, was er als seinen Beitrag den Kameraden geben kann – wenn er trotzdem steht und durch Kampfruf hilft. So tue auch du: wenn dich das Schicksal aus der ersten Reihe weist, steh trotzdem und hilf durch deinen Zuruf; und drückt dir einer die Kehle zu, steh trotzdem und hilf durch dein Schweigen«.

Wir sehen immer klarer: Seneca hilft nicht den schwachen Gewissen; nicht den Einzelnen, die von der Frage bedrängt werden, was denn das »Gute«, das höchste Gut, die wahre Tugend sei, und die, hypersensibel, sich mit Katechismen oder eisernen Rationen, grob konzipiert für einen »Tag X«, nicht abspeisen lassen, weil dort seelische Handgriffe, Stellungen, Operationen für jedermann, primitiv aber verständlich vorgeschrieben werden. Daß Sieg »gut«, Niederlage »böse« sein sollen –, leuchtet nur der »Truppe« ein, nicht dem Einzelnen, der z. B. vollkommen deplazierterweise fragt, ob der Verfasser der Dienstvorschrift denn selbst ein »guter Mensch« sei. Ja, wir müssen erkennen, daß unser Umweg zu Seneca – ein Umweg über einige Ärgernisse – bis zur Bedeutung des Mannes als Ausdruck römischer Willenshaltung eigentlich »verfehlt« war. Wir neigen dazu, nach Kant, bei römischen Begriffen wie: dem *vir sapiens*, dem *vir bonus*, dem *vir magnus* nach einer höchsten moralischen Instanz zu fragen. Dabei vergessen wir zu leicht, wieviel für den Römer schon sozusagen vorentschieden gewesen ist: vor allem das uns Heutigen so fragwürdig gewordene Tapfersein um jeden Preis, eine – wie uns scheinen will – außermoralische Qualität; ebenso steht es mit der *virtus* des Römers, die er *actio* nennt: tätig das Leben meistern, beherrschen. Auch dies ist uns Heutigen ein mehr »vitales Prä« als eine »Tugend«, wie übrigens uns ja auch die Etymologie von Tugend = Tüchtigsein zu etwas... leicht befremdet. Ebenso wie Nietzsches Lob der »moralinfreien Tugend gleich *virtù*«, jener Renaissance-Tugend der Borgias »jenseits von Gut und Böse«.

Geben wir also zu: ein Großteil der Befremdung, die eine nähere Beschäftigung mit Seneca auslöste, entspringt unserer mehr griechischen als römischen Suche nach dem »höchsten Gut«. Was uns als Pose, dekorative Haltung, Gleichgültigkeit gegenüber der Einheit von Lehre und Leben so sehr gestört hat bei SENECA, hat seinen Ursprung in einer andersgearteten Moralauffassung. Viel Prämoralisches rangiert bei SENECA bereits fraglos als Tugend. Und gerade die deutsche Geschichte vor und während des 2. Weltkrieges hat uns hellhörig gemacht für die nicht bloß akademische Frage: sind bloß daseinstüchtige Qualitäten, diesseits von Gut und Böse, schon moralische Qualitäten? Also: Durchstehvermögen, Ausdauer, Einsatzbereitschaft, Begeisterungsfähigkeit –, gröber gesprochen: Drillbarkeit, Härte im Geben und Nehmen –, ganz grob gesprochen: zäh wie Leder, flink wie Windhunde, hart wie Kruppstahl? – SENECAS »mächtiger sein als das Schicksal« ist ebenso wie SPENGLERS »Soldat von Pompeji«, der zeigte, was das heiße, »Rasse haben«: ein Pathos, von dem wir nicht ganz sicher wissen, ob es ein sittliches ist. (PLATO hätte hier entschieden auf seine »ganz andere« Idee des Guten verwiesen!) Aber nun verstehen wir auch die Rolle der Pose, des Dekorum, der Haltung! Vormoralischen Qualitäten – so scheint es uns – kommen sehr wohl solche »Realisationen« zu wie »Haltung« und auch »Pose«, welch letzteres Wort dem repräsentationsfreudigen Römer noch keineswegs anrüchig war. (Etwas so Neutrales wie eine Photographie nennt der Rumäne heute noch »Pose«!) Heroische Haltungen sind es, in denen sich »vitale Tugenden« verwirklichen – die meisten Steinmetze, die Kriegerdenkmäler verfertigen, wissen das, und die streitbaren Kriegsopfer, die in den Kirchen solche Denkmäler nicht missen möchten, empfinden wohl ebenso. – Und doch: uns ist die Pose, die Haltung suspekt geworden. Selbst der bereits mehrfach zitierte OTTO REGENBOGEN, SENECAS römischer Willenshaltung innerlich so aufgeschlossen, spricht anläßlich der Tragödien (nicht schon der moralischen Schriften) SENECAS vom »stoisch versteinerten Schmerz, der stereotyp unerschütterlichen Haltung, die SENECA Kindern und Frauen so gut zuerteilt wie seinen Helden: das wirkt mehr athletisch als menschlich«. Ja, eben dieses »versteinert«, »mehr athletisch als menschlich« macht uns bange – wenn wir uns auch noch daran erinnern, wie unsere guten humanistischen Studienräte passende SENECA-Worte fanden, als es galt, fraglichen Kriegszielen unseren »männlichen« Einsatz nicht zu versagen. Im Gegenteil. War es Ethik, war es Humanismus, –? Wir wissen es: diese Frage scheint recht ungewöhnlich; zu oft hat man uns eingeredet, es sei höchste Sittlichkeit, »zu allem bereit« zu sein. Aber vergessen wir nicht: SENECAS Rekurs auf bestimmte Haltungsmuster, wie wir sagen könnten, ist nicht nur eine »Einschrumpfung«, wie OTTO REGENBOGEN feststellte, sondern auch Ausdruck einer Resignation und Skepsis, wie sie z. B. bei CICERO noch nicht festzustellen ist; wir meinen die Vernachlässigung der Fragen nach der bestmöglichen Staatsform, deren Gründung, deren Ideal und Ordnung. SENECA denkt darüber kaum nach. »Es mag sein, daß darin ein gutes Stück einsichtiger Resignation steckt, die Erfahrung der überwältigenden Stellung des Kaisers, die Erlebnisse unter CALIGULA und CLAUDIUS, die Konzession des Hof- und Staatsmannes unter NERO, und letztlich die Überzeugung von der Endgültigkeit der Entscheidung, die über die Staatsform des Weltreichs getroffen war«.

Also: »Leben bedeutet Soldat sein«, daran gibt es keinen Zweifel, aber Schicksal, Zufälle, die Herrscher, also alles was man »Obrigkeit« nennt, ist wie es ist! Die sittliche Unterweisung zielt also nur darauf ab, bestimmte Haltungsmodelle des Wackeren, Tüchtigen, Freien immer wieder einzuüben, mit dem Ergebnis, daß trotz aller kasuistischen Vielfalt der »philosophischen Ratschläge« – kaum eine mögliche Lebenslage wird übergangen – die Sittlichkeit immer wieder darauf hinausläuft: »unablässig Stärkung aller Kräfte, Aktivierung des ganzen Menschen, Mobilisierung seines gesamten Daseins«. Wir denken nicht von ungefähr auch an des früheren ERNST JÜNGERS Parole von der »totalen Mobilmachung«. Eine solche – wir sind versucht zu sagen – eigentlich »vor-ethische« Anspannung »überhaupt« führt zwangsläufig zu demonstrativen, repräsentativen, im römischen Sinne »dekorativen« (*à la* »*dulce et decorum*«) Haltung. Also Versteifungen, Versteinerungen des Wesens, unendlich weit entfernt von der griechischen Differenzierung des ethischen *esprit de finesse!* Was Wunder, daß SENECA im Leben und im Werk zwangsläufig fast, möchte man meinen, jene letzte Erstarrung und Versteinerung des zu »allem« entschlossenen Menschen am liebevollsten lehrte und lebte, die das Leben samt seinen ethischen Einzelanforderungen eigentlich aufhebt: wir meinen den Tod! Es ist nicht nur die Todvertrautheit der römischen Aristokratie, die sich in zahllosen Schlachten bewährt hat, ebenso wie im Märtyrertum der römischen Kaiserzeit, sondern auch eine private »Krönung« des Daseins, wie wir aus zahlreichen Äußerungen SENECAS wissen, besonders auch aus seinen Trostbriefen und -schriften, z. B. an MARCIA: »Er hat sich freigesprochen, ihn hat aufgenommen großer und ewiger Frieden«. Oder: »Du fragst mich, welches der Weg zur Freiheit sei? Ich antworte jede Ader in deinem Körper«. Dennoch wäre es verfehlt, SENECA eine Art deutschromantische Todessehnsucht oder -verliebtheit zu unterstellen! Denn in dieser Frage denkt SENECA wie EPIKUR. An LUCILIUS schreibt er: »Epikur tadelt nicht weniger die, welche den Tod wünschen, als die, welche ihn furchten, und sagt: ›Lächerlich ist es, aus Überdruß am Leben in den Tod zu rennen, wenn man es durch seine Lebensweise dahin gebracht hat, in ihn rennen zu müssen...‹. Selbst wenn die Vernunft uns rät, dem Leben ein Ende zu machen, dürfen wir doch nicht unbesonnen und mit hastiger Eile den Anlauf dazu nehmen. Der mutige und weise Mann darf nicht aus dem Leben fliehen, sondern gehen...«. Vielleicht wäre es sinngemäßer zu sagen: »schreiten«. Denn die Stunde des Todes wird sozusagen zelebriert: *hic Rhodos hic salta*. Jetzt gilt es in letzter Großartigkeit zum eigenen Denkmal zu werden, sich und den unverzichtbaren Teilnehmern zum erbaulichsten Spectaculum: nicht bloß ein Leben, sondern die gesamte Summe der sittlichen Persönlichkeit hat jetzt aufs »ehrenvollste«, das heißt ja »*decorum*«, wirklich *aere perennius* zu erstarren. So heißt es im *26. Brief an Lucilius*: »Ich wenigstens, in der Erwägung, daß die Prüfung herannaht und daß jener Tag, der das Urteil über alle meine Jahre fällen wird, kommt, ich richte meinen Blick auf mich selbst und spreche so zu mir: noch ist nichts geleistet mit allem, was ich gesagt und getan habe; die Pfänder wiegen leicht und können trügen; sie sind mit mannigfachem Kuppelwerk des Daseins umgeben. Was ich geschafft habe, werde ich dem Tode glauben. So rüste ich mich ohne Furcht auf den Tag, wo aller Flunkerkram abfällt, wo ich das Urteil über mich sprechen kann, ob ich tapfer rede oder fühle, ob es Heuchelei oder Theater war, was ich an trotzigen Worten gegen das Schicksal geschleudert habe. Tue ab die Schätzung der Menschen, sie ist immer zweifelhaft und teilt sich in gut und schlecht. Tue ab auch die geistigen Bestrebungen, die du in deinem ganzen Leben immer wieder gepflegt hast. Der Tod ist es doch, der über dich sein Urteil sprechen will. – Ich meine es so: Disputationen und gelehrte Gespräche, Worte, aus den Lehren der Weisen gesammelt, und gebildete Unterhaltung: sie zeigen nicht die wahre Kraft des Geistes; denn die Rede ist auch bei ganz Ängstlichen kühn. Was du ausgerichtet hast, wird sich zeigen, wenn du den letzten Atemzug tust. Gut denn; ich nehme die Bedingung an; ich schrecke nicht zurück, auch nicht vor diesem Urteil«.

Sowenig man sich dem Imponierenden solcher Entschlossenheit zum eigenen Sterben entziehen kann, zumal SENECA in diesem Falle – wie wir wissen – seinen Worten nichts schuldig geblieben ist, sowenig kann man die störende Assoziation verscheuchen, daß hier mit Regieblick und choreographischem Ästhetizismus eine Selbstapotheose vorweggenommen wird –, ein wenn auch nicht in Schönheit, so doch in Würde Sterben, das nun Ersatz sein soll für alles, was man an sittlichen Leistungen im Leben schuldig geblieben ist. Also wiederum: Pathos und Haltung als Ersatz für ein lebenlang überwaches ethisches Gewissen. Der »gute Wille«, den KANT als das einzig »Gute« gelten läßt, wird von der erhabenen spektakulären Haltung in der Todesstunde verdrängt. Durch den gekonnten Tod – der ausdrücklich als die entscheidende »Prüfung« angesehen wird – soll ein ganzes Leben wettgemacht werden. Über folgenden Satz SENECAS sollte man doch stutzig werden: »Ich will mit derselben Miene die Ankündigung meines Todes anhören, mit der ich ihn über einen anderen verhänge und Zeuge davon bin«. Bei allem Takt vor SENECAS eigenem, mit Recht zwei Jahrtausende später noch ergreifenden Sterben muß gefragt werden: stimmt hier ethisch alles so gut wie der stilistisch gekonnte Satz suggeriert? Ist die stoische Miene des verurteilten SENECA ein Äquivalent für das Blut derer, die der Hof- und Staatsmann ebenso imponierend »ungerührt« sterben ließ und sterben sah? SENECA meint, mit seinem gekonnten Sterben, also durch Haltung, sei dieses Problem »überspielt«, übertroffen. Unsere jüngsten historischen Erfahrungen haben uns ernüchtert und damit die Frage einer »Haltungsethik« wiederum zum Problem werden lassen, also den ganzen kantianischen Fragenkomplex von »Haltung und Würde« als »Freiheit in der Erscheinung«, wie SCHILLER wollte –, akademische Fragen gewiß, aber das Phänomen SENECA drängt sie uns ebenso auf wie die jüngere Geschichte. Die ästhetische Selbstentfremdung im dekorativen Tod ist vielleicht eine besonders gefährliche Anfechtung für eine bewundernde Nachwelt: die Majestät des Todes verbietet zu leicht den tränenlos nüchternen Blick, verscheucht kritisches Analysieren des unbetroffenbohrenden Verstandes, und läßt ästhetisch-ethisches *quid-pro-quo* feierlich gestimmt leicht in Kauf nehmen. – TACITUS hat bekanntlich im 15. Buch der *Annalen* SENECAS Ende ausführlich beschrieben und damit die Blickweise auf das Gesamtphänomen SENECA für fast zweitausend Jahre adjustiert. – Wir erinnern kurz an die wichtigsten Vorkommnisse: anläßlich der pisonischen Verschwörung gegen NERO wird SENECA denunziert, mit im Spiele zu sein. TACITUS glaubt, zu Unrecht. Am Tage der geplanten Verschwörung freilich hat sich SENECA tatsächlich in eines seiner Landhäuser vier Meilen vor der Stadt einquartiert. Hier trifft ihn am Abend der Tribun GAVIUS SILVANUS bei der Mahlzeit im Kreise seiner Freunde und seiner Gattin, um SENECA die Verdächtigungen des Kaisers NERO zu überbringen. Gefaßt und würdig reagiert SENECA. NERO ist enttäuscht, weil SENECA sich nicht sofort tötet, wie das damals Landesbrauch gewesen ist. Darum schickt er nun einen Todesbefehl an SENECA. Wiederum reagiert SENECA würdig und macht Anstalten, sich auf den längst eingeübten Tod vorzubereiten. Freilich fehlt es auch hier nicht an kleinen Ungereimtheiten, bei denen das Pathos die Niederungen störender kleiner Fakten stolz übertönt. SENECA, der ja bekanntlich den Muttermord NEROS so schön gerechtfertigt hatte, erklärt z. B.: »Wenn einer seine Mutter und seinen Bruder erschlagen hat – wie Nero – dann bleibt ihm schließlich nicht viel mehr übrig als auch noch seinen Lehrer zu ermorden«.

Auch dies ein gut formulierter Merksatz! Jedenfalls macht SENECA nun sein Testament, das heißt: er möchte Zusätze anbringen zugunsten seiner Freunde. Als ihm das versagt wird, erklärt SENECA, dann hinterlasse er seinen Freunden eben nur das, was er als das einzige und doch schönste besitze: das Bild seines Lebens! Er tröstet seine Freunde, die um ihn weinen, mit dem Hinweis, was denn von den Lehren (*praecepti* seiner Philosophie – also der »vernunftgemäßen Haltung«) – nun angesichts seines Sterbens übriggeblieben sei? – SENECAS Sterben war grausam, denn weder das Durchschneiden der Adern, noch der Schierlingsbecher bringen den erlösenden Tod. Erst im Dampfbad, wohin man ihn bringt, erstickt er endlich. Dann wird er, wie er es im Testament gewünscht hatte, schlicht verbrannt. Bis zuletzt war SENECA bei Sinnen und diktierte noch herbeigerufenen Schreibern letzte Worte, die TACITUS aber nicht überliefert hat. – SENECA hat seine Philosophie in seinem Tode wirklich erfüllt. Er hat testamentarisch, wenn auch im übertragenen Sinne, das »Bild« seines Todes den Freunden vermacht und der Nachwelt. Sein bester Interpret schreibt: »Wenn über dem Ende des römischen Stoikers auch nicht die beinahe heitere Schlichtheit seines Vorbildes Sokrates liegt, jener Abschiedsstunde eines Genius, die Platon in ihrem rätselhaft weihevollen Schwingen zwischen nüchtern-klarer Geistigkeit, lächelnder Anmut, gelassener Todesbereitschaft und ruhigem Vertrauen in den Sinn des Schicksals in seinem Dialoge *Phaidon* gültig für alle Zeiten gespaltet hat, wenn auch des Römers und zugleich des Spätgeborenen Haltung bewußter, geformter war, nicht ohne einen Hinblick auf Vorbild und Nachwelt, wenn man ob des Grauens, das die vielfältige Qual dieses Übertritts umwittert, erschauert, den erbittert zähen Kampf um die endliche Erlösung durch den Tod gladiatorisch nennen könnte: so lebt darin doch echte Römerkraft und echtes Römerpathos«.

Hatten wir also zu Beginn Senecas Wort, Maecenas habe einen großen männlichen Geist gehabt, »wenn ihn nur nicht das Glück entnervt hätte«, auf den Kritiker selbst bezogen, so müssen wir, mit Senecas Sterben konfrontiert, den darin liegenden Vorwurf zurückziehen. Vom glücklich lebenden und schreibenden Seneca dagegen gilt es. Indes Senecas Leben, Schriften und sein Tod sind uns ein »Vermächtnis«, nicht im Sinne der bloßen Pietät, sondern als Stoff unfeierlicher Auseinandersetzung mit uns selber. Insofern bleibt er auch heute aktuell: denn das »Glück der Resignation«, zu dem wir – wenn auch weniger heroisch – leicht gestimmt werden können, bleibt problematisch in vieler Hinsicht...

BOETHIUS – ... daß Wahrheit trösten kann

»Nachdem die Wonne meiner Seele für mich verloren war, überkam mich Einsamen die Trauer, so daß kein Trost mir half. Jedoch nach einiger Zeit suchte mein Geist, der auf Genesung sann – denn weder eigener noch fremder Trost konnten helfen – nach einem Weg, den andere Trostlose, um sich zu trösten, gegangen waren. Und wie es nun geschieht, daß jemand Silber sucht und Gold findet, so fand ich, der ich mich zu trösten suchte, nicht nur ein Heilmittel für meine Tränen: ich begann jenes vielen unbekannte Buch des Boethius zu lesen, mit dem er sich in Gefangenschaft und Verbannung getröstet hatte...«. Diese Worte aus DANTES *Convivio* werden oft zitiert, und die Wirkungsgeschichte von BOETHIUS' *De Consolatione Philosophiae* bestätigt uns, daß die gleiche tröstende Wirkung dieses merkwürdigen Buches aus dem Jahre 524 nach Christus viele Geister im Laufe von fast anderthalb Jahrtausenden empfunden haben. Über 400 Handschriften, vom zehnten Jahrhundert an, sind uns überliefert, und die Übersetzungen sind fast nicht mehr zu überschauen. – Und dennoch hat der heutige Leser es gar nicht so leicht zu begreifen, wieso ausgerechnet dieses Werk fast mit der Bibel konkurrieren kann. Handelt es sich doch – oberflächlich betrachtet – um eine dialogisch aufgelockerte, von einigen (ästhetisch gar nicht überwältigenden) Gedichten unterbrochene philosophische Abhandlung erbaulichen Inhalts, in der es um Fragen geht, die in der Antike spätestens seit PLATON gründlicher, systematischer, und – besonders, was PLATON angeht – auch ansprechender behandelt worden sind. Einige Beispiele: Was ist das höchste Gut? Was die Glückseligkeit des Weisen? Wie kann ein gütiger allmächtiger Gott in der Welt das Böse zulassen? (Also das alte Problem der sogenannten Theodizee). Wie verhalten sich Schicksal und Vorsehung zueinander? Gibt es Zufälle? Und schließlich: wie ist Willensfreiheit trotz der göttlichen Vorsehung zu denken? – Es ist also ein Erbauungsbuch für Gebildete, die das ihnen längst Bekannte, »alte

Wahre«, noch einmal lesen, und zwar in Gestalt jener damals üblichen Mischform von Prosa und Gedicht, die dem Philologen als »Satura menippea« bekannt ist.

Soweit der oberflächliche Eindruck –, der aber unverständlich macht, wieso zum Beispiel schon um 900 der König ALFRED die *Consolatio* ins Angelsächsische übertragen hat »um der Gesittung seines Volkes willen«. Man komme nicht voreilig mit dem Argument: BOETHIUS sei eben als christlicher Märtyrer verehrt worden, der wegen seines Glaubens vom arianischen Ostgotenkönig THEODERICH DEM GROSSEN hingerichtet worden sei. Vom christlichen Glauben ist ausgerechnet in dieser Schrift sehr wenig zu bemerken, und die Gründe für die Verurteilung und qualvolle Hinrichtung des Philosophen waren sicherlich politischer Natur, wenn man auch über ihre Berechtigung streiten kann. Gewiß, die Legende hat ihn gefeiert –, aber wieviele Märtyrer blieben trotz Verehrungswürdigkeit ungelesen!

Daß BOETHIUS wegen zahlreicher anderer Werke auf die Philosophiegeschichte des ganzen Mittelalters sehr starken Einfluß gehabt hat – es sind zum Teil sehr subtile logische Untersuchungen –, machte die *Consolatio* für breitere Kreise bestimmt nicht attraktiv, wohlgemerkt sogar VERGIL steht im Schatten des BOETHIUS der *Consolatio*! Also: unsere Frage bleibt berechtigt: was hat an dieser Schrift so viele Menschen, und so lange Jahrhunderte hindurch, zu fesseln vermocht?

Etwas allgemein, aber im Grunde doch richtig erscheint uns die Antwort: daß Wahrheit trösten kann! Diese pointierte Behauptung schließt aus: zunächst einmal die drei christlichen Haupttugenden »Glaube, Hoffnung und Liebe«. Nicht Christus tröstet hier, sondern die Philosophie; der am Schluß Getröstete hat sich ja eigentlich selbst, und zwar mit Hilfe seiner Vernunft, getröstet. Die Philosophie wiederum tritt nicht etwa milde und sanftmütig in Erscheinung, sondern zunächst geradezu als nüchterne und – wie es heißt – »durch meine Klagen unbewegte« Ärztin. Sie spricht auch von keinem Gott, der – mit der Johannesapokalypse – »abwischen wird alle Tränen« von seinen Augen; vielmehr ist der »unbewegte Beweger« ein – sagen wir – philosophischer Gott, ein »höchstes Gut«, mit dem ich mich durch vernünftige Einsicht, also »Wahrheit« in Verbindung setze, nicht durch »Glauben«! Keine Erlösung, keine Gnadengaben, keine Sakramente – und doch Trost!

Vergessen wir nicht: dies ist ein hoch-modernes, geistesgeschichtlich und politisch aktuelles Exponiert-Sein des Einzelnen, ein viel behandeltes Thema auch der modernen Literatur: der »Mann in der Zelle«, die »Freiheit des Gefangenen«. Auf sich selbst gestellt in aussichtsloser Lage, ohne religiöses und ideologisches Korsett standzuhalten und man selbst zu bleiben in unerbittlicher Redlichkeit sich selbst und seiner eigenen Situation gegenüber, dabei aber weder zu resignieren mit nihilistischen Dös- und Gähn-Befindlichkeiten, noch ästhetisch zur Pose zu erstarren, wie es dem stolzen Stoiker ziemte! Kein Pathos, keine Attitüde, kein Dahindämmern... Das alles ist – negativ ausgedrückt – BOETHIUS! Aber gehen wir der Reihe nach vor: erst am Schluß dürfen wir so etwas wie einen »Rückblick« versuchen, das »Tröstliche« des philosophischen Trostes zur Sprache bringen. Denn zunächst – wir sagten es bereits – hat der »Trost« sehr wenig von dem, was man landläufig unter diesem Wort versteht. Das Erste nämlich ist entsprechend der ganz und gar unerbaulichen Terminologie BOETHIUS' eine alles andere als »tröstliche« Diagnose. Die personifizierte Philosophie nämlich spricht bewußt nicht zu einem »Unglücklichen«, sondern zu einem »Kranken«! Daher streichelt und schmeichelt sie nicht: »Hier ist Arznei mehr am Platz als Klage«. Der Trost besteht nicht in einer wohltuenden Teilnahme oder gar mitleidigen Identifikation mit dem Unglücklichen, der über sein Schicksal nur allzu menschlich Klage führt und sich seinem Schmerz überläßt, das heißt aber: weinerlich seinen Kummer ästhetisch vergegenwärtigt. Er dichtet: »Wehe, wie drängt das Geschick traurige Weisen mir auf. Also schreiben mir voll Schmerz die verwundeten Musen, Tränen von echtestem Leid haben ihr Antlitz genetzt. Konnte sie doch allein der Schrecken nimmer besiegen. Als Gefährten nur sie folgten allein meinem Pfad…«.

Mitten im Dichten – diesem selbstquälerischen und selbstbemitleidenden Affekt – erscheint die »Philosophie« hoheitsvoll, alterslos, keine abstrakte Wissenschaft: allegorisch ausgedrückt durch die beiden griechischen Buchstaben im Gewande: oben ein »Theta«, unten ein »Pi«, das heißt: praktische und theoretische Philosophie gehören zusammen. Sie ist nicht lebensfremd – hehr. Daher ihre erste Reaktion: Abwehr der Musen, dieser Sinnbilder ästhetisch-larmoyanten Selbstgenusses im Jammer: »Als sie die Dichtermusen, die mein Lager umstanden und meiner Tränenflut Worte liehen, erblickte, sprach sie etwas erregt, entflammt, mit finsteren Blicken:

›Wer hat diesen Theaterdirnen den Zutritt zu diesem Kranken erlaubt, ihnen, die seinen Schmerz nicht nur mit keiner Arznei lindern, sondern ihn obendrein mit süßem Gifte nähren möchten? Sind sie es doch, die mit dem unfruchtbaren Dorngestrüpp der Leidenschaften die fruchtreiche Saat der Vernunft ersticken, die der Menschen Seelen an die Krankheit gewöhnen, nicht sie davon befreien… Hinweg, ihr Sirenen, die ihr süß seid bis zum Verderben, überlaßt ihn meinen Musen zur Pflege, zur Heilung…‹«.

Also: als erstes wird die »Normalreaktion« eines Unglücklichen, »Gebrauch zu machen von seinem Jammer« sich seinem Gefühl ästhetisch zu überlassen, als unzüchtig, als Unkraut für die Vernunft, wir könnten sagen: ästhetische Unwahrhaftigkeit schonungslos angeprangert. Keine Elegien! Das Unglück ist weiß Gott schlimm genug, bedarf es da noch der inneren Unwahrhaftigkeit, wehleidig den eigenen Schmerz schön zu objektivieren im Gefühl, im Gedicht? »Wehe, wie sinkt zum Boden nieder die Seele; also erschlafft, vergißt eigenen Lichts sie, sucht mit schwankendem Schritt draußen das Dunkel…«. Als gelernter Philosoph sollte sich BOETHIUS eigentlich schämen, meint die Philosophie, der Versuchung des sentimentalen Schöngeistes nachzugeben: Leiden zu besingen. »Warum schweigst du? Bist du vor Scham oder vor Staunen verstummt? Lieber wollte ich: vor Scham…«. Der unglückliche Philosoph faßt sich, und da erst wird die Philosophie, vorhin noch so streng, nachsichtig, da sie erkennt, daß seine ästhetische Selbstvergessenheit heilbar ist. Erst dieses Erwachen seiner selbst stimmt sie mild: »Und wie sie mich nicht bloß schweigend, sondern völlig sprachlos sah, legte sie ihre Hand sanft auf meine Brust:

›Es ist keine Gefahr: er leidet an schlaffer Anspannung der gewöhnlichen Krankheit verblendeter Geister. Er hat ein wenig seiner selbst vergessen, er wird sich leicht auf sich besinnen, wenn er zuvor uns erkannt hat. Auf daß er dies könne, wollen wir ein wenig seine Augen abwischen, die verschleiert sind von der Wolke irdischer Dinge.‹

So sprach sie, nahm eine Falte ihres Kleides und trocknete meine tränennassen Augen... Meine Augen fanden wieder ihre alte Kraft...«.

Wie mißverständlich ist diese Stelle! Nicht der wohltuende Brutdunst des Animalischen, wie er im Zärtlichsein liegen könnte, hilft hier: das hätten die »Theaterdirnen« besser geleistet, die Musen der Dichtkunst. Nein: hier ist das Tränenabwischen ganz und gar un-, ja antisentimental zu verstehen. Eine aktuelle Verstehensbrücke erspart uns einen weitschweifigen Exkurs: GÜNTHER ANDERS warnt vor der modischen Redensart »Bewältigung der Vergangenheit« und der beliebten Lektüre der *Anne Frank*: »Wenn sie uns dazu aufrufen, das Gestrige zu beweinen, so deshalb, weil sie wissen, daß das Auge, das von Tränen verschleiert ist, Gegenwärtiges und Zukünftiges niemals erkennt, und daß es für sie kein besseres Versteck gibt als die Gesellschaft von Zerknirschten...«. BOETHIUS freilich, kaum in der Gefahr larmoyanter Zerknirschung – er hatte ja Unrecht erlitten – aber in der Gefahr ästhetisch im Jammer zu ersticken, den andere ihm bereiteten, sieht nun klar: »Da verließ mich das Dunkel, es wichen die nächtlichen Nebel, und meine Augen fanden wieder ihre alte Kraft...«. Nach dieser ersten, eher herben als sanften »Tröstung«, nämlich Des-Illusionierung des tränenreichen und schöngeistigen Strauchelns, ist die zweite Stufe erreicht: Philosophie und Philosoph quasi unter sich, nüchtern wissend: »Unser oberster Daseinszweck ist es, bei den üblen Elementen in schlechtem Ruf zu stehen... Wir aber lachen herab: Wer heiteren Herzens sein Lebensschiff steuert, wer das unerbittliche Geschick unter seine Füße zwang, wer das wankelmütige Glück unverwandten Blickes fest im Auge hält, dabei auch nicht mit der Wimper zuckt, den wird nichts aus der Ruhe bringen«.

»Brave Stoa«, wird der Gebildete korrekt buchen – und doch unrecht bekommen. Denn kaum hat die Philosophie so wacker heitere Solidarität zwischen sich und ihrem entsentimentalisierten Partner hergestellt, muß sie erkennen, daß es nichts ist mit SENECA; jetzt weint ihr Partner erst recht: »›Spürst du denn nichts? Oder stellst du dich wie der Esel zur Leier? Warum strömen deine Tränen? Wenn du Hilfe des Arztes erwartest, so offenbare deine Wunden?‹ Da sammelte ich alle meine Kräfte im Geiste...«.

Und was BOETHIUS nun erzählt, das ist die Geschichte seines wirklichen, ganz und gar unliterarischen Unglücks selber. Wie er als PLATON-Jünger sich nicht bloß mit theoretischer Philosophie beschäftigt, sondern dem Staate gedient hat, mit großer Hingabe und Redlichkeit; wie er gerade deswegen so viele Feinde auf sich nehmen mußte, daß man ihn, der im Range eines *magister officium* – eines Kanzlers würden wir sagen – dem Ostgotenkönig THEODERICH diente, schließlich denunzierte: er sollte ein Majestätsverbrechen gegen ihn gedeckt haben. Er stürzte aufgrund von Verdächtigungen der Höflinge in tiefstes Unglück, ohne die Möglichkeit der Verteidigung, fünfhundert Meilen vom Ort seiner Verurteilung entfernt. Jetzt ist er im Kerker, ohne Aussicht auf Gerechtigkeit; seine Hinrichtung ist ihm sicher. Dies seine Lage, die er – wir betonen dies – sehr nüchtern referiert, unglücklich über seine Hilflosigkeit zwar, aber noch viel mehr über die Gottheit, die das alles zugelassen habe.

»Als ich diese Worte unter zunehmenden Klagen herauspreßte, sah sie mich mit freundlichem Blicke an und sprach zu mir unbewegt durch meine Klage…«. Wir stellen nochmals fest: die »Trösterin« hat zunächst das Aufgehen im Jammer verworfen und ihrem Patienten die Augen geputzt von wehleidigem Selbstmitleid, jetzt nun ist sie – obwohl der Bericht historisch-authentisch ist – »unbewegt«.

Es ist nicht die stoische »Unbewegtheit« der *apatheia,* jener anästhesierten Seele, die als trotziger Fels im stürmischen Meere des Lebens und der Leidenschaften unerschüttert bleibt, sondern die »Unbewegtheit« des Diagnostikers: die Philosophie nämlich hat erkannt, daß BOETHIUS' »Krankheit doch tiefer sitzt«, als sie angenommen hatte. – Merkwürdig, wie hier, fast bis in die Terminologie hinein, BOETHIUS' *Consolatio* und KIERKEGAARDS *Krankheit zum Tode* über 1300 Jahre hinweg kommunizieren: bekanntlich besteht bei KIERKEGAARD die »Krankheit zum Tode« in der »Verzweiflung« des Menschen. »Verzweiflung« heißt aber jenes Mißverhältnis des Menschen, daß sein Selbst sich »nicht zu sich selbst in Durchsichtigkeit« verhält. – Die Ärztin Philosophie bei BOETHIUS stellt eben diese Diagnose der Verzweiflung fest. Nicht das äußerliche Unglück des BOETHIUS, so schrecklich es auch sein mag, ist das Schlimmste. Freilich, BOETHIUS klagte: »Da nahm ich mich zusammen. Ich sagte: Wozu diese Ermahnung – wegen meiner Tränen –, da die ganze Schwere des Schicksals spürbar genug über mich hereinbricht? Sagt dir hier der Ort, dieser Kerker, noch nicht alles? Ist's etwa meine Bibliothek, die du mir in meinem Hause zum sicheren Ort gemacht hattest, und wo du so oft mit mir zusammen saßest…?«

Aber die Philosophie ist »unbeweglich«, weil sie erkennen muß, daß das »innere Unglück«, die Verzweiflung, mit KIERKEGAARD zu sprechen, viel schlimmer ist; sie sagt: »Ich erschrecke nicht so sehr über den Anblick dieses Ortes als über dein Antlitz und sehe mich vergeblich um – nicht so sehr nach den mit Elfenbein und Kristall geschmückten Wänden deiner Bibliothek, als nach dem Sitz deines Geistes; dort habe ich nicht Bücher, sondern, was Büchern erst Wert verleiht, den Sinn meiner Bücher niedergelegt. Du hast zwar, was deine Verdienste um das Gemeinwohl angeht, die Wahrheit gesagt, aber im Verhältnis zu deinen Taten nur wenig!« Die wahre Krankheit ist BOETHIUS'

Verzweiflung: »Dich hat der äußerste Aufruhr der Leidenschaften befallen, Zorn, Schmerz, Trauer reißen dich hin und her; da helfen dir – wie du jetzt gesinnt bist – stärkere Arzneien nichts«. Um den »Zustand seines Geistes« zu erkunden, der »verzweifelt« ist, versucht die Philosophie den Kranken erst »in ein durchsichtiges Verhältnis zu sich selbst« zu bringen, und zwar durch die Frage: wer er denn selber sei? Er antwortet: »Ein sterbliches Wesen mit Vernunft«. Die Philosophie: »Bist du denn auch davon überzeugt, daß du nicht noch etwas anderes bist?« – »Nichts anderes!« – »So, nun ist mir auch die andere wichtigste Ursache deiner Krankheit völlig klar: du hast vergessen, welches dein Wesen ist! Deine Unklarheit über dich selber brachte dich in Verwirrung«.

Und nun versucht die Philosophie genau dasjenige an BOETHIUS' Verzweiflung zu enthüllen, was KIERKEGAARD in seiner *Krankheit zum Tode* den Typus »Verzweiflung über das Irdische oder etwas Irdisches« genannt hat, eine – wie KIERKEGAARD sagt, »weibliche Form der Verzweiflung«, oder »passive Verzweiflung«, genauer: »Er findet seine Lage zum Verzweifeln; in Wirklichkeit ist sein Zustand verzweifelt: das nämlich, daß er als ewiges Selbst seine zeitliche Lage zum Verzweifeln findet. Er verzweifelt über das Zeitliche, weil er das Ewige verloren hat. Er ist der Mensch, der sein Leben nicht in sich selber hat«. Nichts anderes will die Philosophie BOETHIUS klarmachen, indem sie ihm nämlich in den folgenden beiden Büchern der *Consolatio* den Unterschied zwischen dem äußeren Glück, der *fortuna,* und dem inneren der »Glückseligkeit«, *beatitudo,* klarmacht. Die »Fortuna« gibt Güter, die man hat, die wahre Glückseligkeit aber ist ein Zustand, ein Sein des Menschen, nicht ein Haben. Wie KIERKEGAARD die »Verzweiflung über das Irdische« als eine Krankheit beurteilte, bei der man hinsiecht, weil man etwas »haben« möchte, das einem nicht zuteil wird, oder das man verloren hat, so sagt auch die Philosophie: »Wenn ich nun Grund und Art deiner Erkrankung richtig beurteile, so ist es das sehnsüchtige Verlangen nach deinem früheren Glücks-Zustande, das dich so hinsiechen läßt. Aber du hast Fortuna zu deiner Herrin gemacht. So bleibt dir nichts, als dich ihrem Gehaben zu fügen. Du hättest überhaupt nichts verloren, wären die Dinge, deren Verlust du beklagst, in Wirklichkeit dein gewesen. – Vielmehr hat das Glück sich verhalten wie immer: dir gegenüber hat es sich nur in seiner Veränderlichkeit als besonders beständig erwiesen«. Und nun fast wörtlich wie bei KIERKEGAARD: »Weshalb, ihr armen Menschenkinder, sucht ihr das Glück, das ihr in euch habt, draußen irgendwo? Kennst du etwas, das kostbarer wäre als du selbst? Nichts ist schlimm, außer, was man als schlimm ansieht, und andererseits ist jedes Geschick für den ein glückliches, der es mit Fassung zu tragen weiß. Dieser Ort, den du ein Exil nennst, ist für seine Bewohner: – die Heimat!«

Sehr schön zeigt nun die Philosophie nicht nur die Flüchtigkeit des von außen gewährten Glücks der Fortuna, sondern auch dessen Relativität. Was bedeutet selbst angeblich »weltweiter« Ruhm, wenn der auch als Astronom bekannte BOETHIUS doch weiß, wie klein selbst unser Planet im Himmelsraum sich ausnimmt! Auch das herrliche römische Reich – was ist es schon? »Als Cicero lebte, war, wie er selbst bemerkte, die Kunde vom Bestehen des römischen Staates noch nicht einmal über den Kaukasus gelangt, und dabei stand dieser Staat schon damals in voller Kraft und war ein Schrecken für die Parther und für die übrigen Völker dieser Gegenden...«. Nicht anders ist es mit den kleineren Gütern Fortunas, die dem einzelnen soviel bedeuten, weil er vergißt, daß er von äußeren Gütern Glückseligkeit erwartet, die sie ihm gar nicht geben könnten, selbst im besten Falle nicht... »Wenn es einmal soweit ist, daß jegliches Gut kostbarer ist als sein Besitzer, dann würdigt ihr euch unter die Güter herab. Das ist ja das Besondere der menschlichen Natur, daß sie nur dann über alles übrige erhaben ist, wenn sie sich selbst erkennt –, daß sie aber noch unter das Tier herabsinkt, sobald sie aufhört, sich selbst zu erkennen«.

Vorläufiges Fazit also: der wegen äußeren Unglücks Verzweifelte erkennt nicht sich selbst, hat also kein Verhältnis zu sich selbst! Das beständige, wahre Glück hat der Verzweifelte gar nicht verloren, da er sich an das unbeständige gehalten hatte: an die äußeren Glücksgüter der launischen Fortuna. Infolgedessen wird er nicht etwa damit »getröstet«, daß er nun das Versprechen bekommt, er werde all das Verlorene schon wieder erhalten, im Sinne von Hiobs Wiedergutmachung: der Herr hat's gegeben, der Herr hat's genommen und dann wieder gegeben! Die ganze Grundeinstellung des Kranken war schon falsch: zu meinen, er sei glücklich, wenn ihm Fortuna äußerliche Annehmlichkeiten – Reichtum, Macht, Ansehen – gewähre. So kommt es darauf an, ihn selbst, nicht aber seine Lebensumstände umzuschaffen! Wie wenig es sich dabei um asketische Enthaltsamkeit handeln kann, die sauertöpfisch die vorenthaltenen Trauben eben »sauer« finden soll, geht aus der unerwarteten These der Philosophie hervor: nicht Gleichgültigkeit und Abstumpfung der Seele soll das Ziel sein, sondern die Suche nach dem wahren Glück! Trotz der gelegentlichen Angriffe auf die »Meute Epikurs« wird – übrigens ähnlich wie bei AUGUSTINUS – die Suche nach dem Glück nicht etwa *a priori* verketzert, im Gegenteil! Alle Wesen suchen das Glück, und das ist auch in Ordnung: »Alles Mühen der Menschen, so verschiedenartig ihre Interessen auch sein mögen, gilt nur dem einzigen Ziel, dem echten Glück, der wahren Glückseligkeit«.

Freilich erweist es sich, daß dieses wahre Glücksstreben bei den meisten Menschen – eine überraschende Wendung des Gedankens! – sich allzu bescheiden bei sehr partiellen Befriedigungen festrennt, das heißt: sich auf einen sehr schmalen Glückssektor »spezialisiert«. Dies ist ein sehr interessanter Gedanke: diese bescheidene Spezialisierung muß in Kauf nehmen, daß jedes erlangte Glücksgut zwangsläufig auf Kosten anderer – leer ausgehender – Bedürfnisse überbewertet, immer wieder zu einem Ungenügen führt; der Reiche zum Beispiel verkneift sich oft Ruhm, der Ruhmsüchtige begibt sich der Vergnügungen, der Freund der Lüste verzichtet auf Ansehen usw. Schon hieraus ergibt sich, daß Fortunas stets partielle Begünstigungen notwendig immer auch einen Mangel, das heißt aber Unbefriedigtheit mit sich führen. Da hilft es auch wenig, wenn man, wie so oft, Ursache und Ziel verwechselt, zum Beispiel durch Reichtum sich eigentlich Vergnügungen verschaffen will und ähnliches mehr: denn die Glücksgüter in ihrer einseitigen Vereinzelung haben die Tendenz – sagen wir es grob – zwar mit dem Speck nach dem Schinken zu werfen, allein das Ungenügen bleibt, da jeder Sektor sich doch verabsolutiert, verselbständigt und das große universale Glück, die »wahre Glückseligkeit« in der Regel gar nicht erlebt. Der Reiche zum Beispiel wird mit seinem Besitz und dessen aufwendiger Wahrung und Mehrung vollauf beschäftigt bleiben... Dabei ist – und auch dies erinnert an EPIKUR – das Streben nach der wahren Glückseligkeit für die Philosophie, und das heißt doch: für das bessere Wissen des BOETHIUS selbst, ein Streben nach dem Guten! Dieses Streben aber und das wahre Glück umfassen alle erstrebten Güter: »Aber, was einfach und von Natur ungeteilt ist, das trennt der Mensch in seiner Verblendung, so führt er es von der Wahrheit und Vollkommenheit hinweg zur Falschheit und Unvollkommenheit. Die Begriffe Selbstgenügen, Macht, Glanz, Verehrungswürdigkeit und Freude sind wohl dem Namen nach unterschieden, stimmen aber ihrem Wesen nach völlig überein«.

Wir könnten diesen Gedanken auch so umschreiben: das Unglück der Menschen rührt daher, daß sie – zwar von einem besseren Wissen um das einfache große umfassende Glück getrieben – sich einem einzigen, dazu noch von Fortuna so launisch geschenkten und wieder weggenommenen, Glückstypus zuwenden, und wegen dieser – wie wir sagten »Bescheidenheit« – förmlich dem Unglück als Zielscheibe anbieten. Dabei ist Gott selber der Inbegriff der Glückseligkeit und daher auch des Guten (ein epikureischer und spinozistischer Gedanke!). Die Irdischen aber treiben es ebenso wie *Orpheus* im Hades. Dieser hat zwar das höchste Glück in *Eurydike*, aber:

> ... ach, noch bevor der Morgen erschien,
> sah sich der Sänger nach der Gattin um,
> – schon war sie entschwunden, und mit ihr sogleich starb auch er.
> Ihr seid mit dieser Geschichte gemeint,
> die stets ihr trachtet, den Geist zum höchsten Licht zu erheben.
> Wer unterliegt und nach dem Hades sein Auge wendet,
> dem wird genommen, was immer er Köstliches mit sich führt...

Wir sehen, wie hier subtile spekulative Gedanken zum Beispiel über das eine, einfache Sein Gottes, der gleichzeitig glückselig und gut ist, Hand in Hand gehen mit höchst vernünftigen Gedanken über das menschliche Leben und Erleben, die dem einfachsten Leser sogar von alltagspraktischer Evidenz sind. Das gilt auch von den »Tröstungen«, die sich auf das naheliegende Problem der Theodizee beziehen. Sie kennen jene Anfechtung Hiobs und auch des BOETHIUS: wieso gibt es das Böse in der Welt, wenn doch Gott gut ist? Ja, mehr noch, warum geht es den Bösen oft so gut in dieser Welt, wenn doch Gott der Herrscher ist? Scheinbar nur durchschlägt die Philosophie den gordischen Knoten mit dem rein formalen Argument: wenn Gott das Sein, der Gute und Glückselige sei, dann könne das Böse nur als »Nichts« gedeutet werden. Dieser schon neuplatonische Gedanke – das Böse als Nichts, oder: *to kakon* als *mē on* – wird nun mit geradezu dostojewskischer Psychologie untermauert: der Böse in seiner lasterhaften Besessenheit tut eigentlich das, was er im Grunde nicht will. SARTRE sagt dasselbe so: Laster sei die Lust am Untergang seiner selbst. Faktisch verliert der Böse sein »Selbst«, vergleichbar dem Diener Fortunas: seine Leidenschaften bringen ihn in Konflikt mit seinem besseren Wissen um sich selbst; er geht sich gewissermaßen durch. Und wie oft bei DOSTOJEWSKI zeigt die Philosophie – wir denken da an *Raskolnikow* oder *Stawrogin*: »Du solltest verstehen, daß ein Böser, der zu Unrecht straflos davonkommt, unglücklicher ist als einer, den die gerechte Strafe trifft. Daraus folgt, daß die Bösen gerade dann die härtesten Strafen zu erdulden haben, wenn man glaubt, sie blieben ohne Strafe«.

Was wir hier in gedrängter Kürze nur referieren, klingt im Kontext natürlich überzeugender, aber immer wieder unterbricht der Patient – mit dem unüberzeugten Leser solidarisch – etwa so: »Wenn ich deine Überlegungen so bedenke, dann glaube ich, es könnte nichts Wahreres geäußert werden. Kehre ich aber wieder zum menschlichen Urteilen zurück, so muß ich dich fragen: wem erscheint all das auch nur hörenswert, von glaubwürdig gar nicht zu reden...«.

Die »tröstende« Philosophie aber, die sich noch nicht auf Psychoanalyse berufen kann, braucht da nur PLATON zu zitieren, der dem in eigene Denk-Klischees eingefangenen Menschen die Schwierigkeiten des »Umdenkens« in seinem »Höhlengleichnis« nahebringt. »Ja, es ist so, daß die Menschen nicht in der Lage sind, ihre ans Dunkel gewöhnten Augen zum Licht der kristallklaren Wahrheit zu erheben; sie gleichen jenen Vögeln, deren Auge die Nacht sehkräftig macht, während der Tag sie erblinden läßt. Sie sehen nämlich nicht auf die Ordnung der Dinge, sondern denken nur an ihre eigenen Leidenschaften und halten Willkür, Straflosigkeit und Verbrechen für ein Glück!«

Eine der Psychoanalyse und – trotz aller Merkwürdigkeit – dem Apostel PAULUS vertraute Erwägung erläutert den Gedanken: nämlich, daß der Bösewicht eigentlich schon mit seiner Tat bestraft ist, daß also, dostojewskisch zu argumentieren: die Schuld bereits selbst Sühne, Strafe, sei! Wir denken an den *Römerbrief*, 1. Kapitel, Vers 24: »Darum hat Gott sie dahingegeben in ihrer Herzen Gelüste...«, oder Vers 26, womit der sogenannte »Lasterkatalog« beginnt: »Darum hat Gott sie dahingegeben in schändliche Lüste...«.

Für die Philosophie, das heißt doch immer BOETHIUS selbst, ist diese nicht gewohnte Denkweise – primäre Verzweiflung führe sozusagen sekundär zur bösen Tat – nicht nur einleuchtend, sondern er zieht daraus auch persönliche Konsequenzen. Wenn dem Missetäter schon das Schuldigwerden im Grunde bereits eine Strafe sei, dann müßte man von Rechts wegen auch den Bösen eigentlich bemitleiden und nicht etwa bestrafen! Er soll gebessert werden, nicht aber in seinem verzweifelten »Nichtsein« – unseretwegen, und im Sinne des BOETHIUS – »Nicht-er-selbst-sein« fixiert bleiben durch die Strafe! Ein unerhörter Gedanke, nicht nur wegen seiner »Modernität«: »Die Unrecht tun, sind unglücklicher als jene, die es erleiden. Trotzdem handeln die Redner bei Gericht heute in der entgegengesetzten Weise; für jene nämlich, die Schweres und Übles hinnehmen mußten, wollen sie das Mitleid der Richter anrufen, während man doch mit mehr Fug und Recht das Mitleid den Tätern zuwenden sollte; diese sollte man nicht von zornergrimmten, sondern vielmehr von gnädigen und teilnehmenden Klägern wie Kranke zum Arzte führen lassen, um die Krankheiten der Schuld durch die Strafe zu heilen. Betrachten wir die Dinge so, dann würde das Bemühen der Verteidiger entweder ganz belanglos werden, oder es würde, falls sie es vorzögen, der Menschheit zu nützen, zur Anklage sich wandeln. So kommt es, daß die Weisen nicht hassen. Die Bösen mit Haß zu verfolgen wäre vollends unsinnig. Denn, wenn die Bosheit eine Krankheit der Seele ist, so wie körperliches Siechtum eine Krankheit, wenn wir ferner für körperliches Kranksein keinen Haß, sondern Mitleid aufbringen, dann muß man doch jene, statt sie zu verfolgen eher bedauern, deren Herzen von der Bosheit bedrängt werden, die viel schlimmer ist, als alle körperliche Hinfälligkeit. Liebe die Guten, den Bösen aber schenke dein Mitleid!«

Wir sagten es schon: diese Apologie des Bösen – ein Kernstück der hier geführten »Theodizee« – sei nicht bloß wegen Modernität unerhört. Nebenbei: es ist nicht christliche »Nächstenliebe«, die solche Erwägungen anstellt! Aber wichtiger erscheint uns die Tatsache, daß BOETHIUS, der sich als Opfer eines Justizirrtums im Gefängnis befindet und seinem qualvollen Tod entgegensieht, hiermit in einem seine wirklich bösen Denunzianten, Ankläger und Richter – nicht zuletzt den speichelleckerischen Senat, für den ja BOETHIUS eingetreten war – eigentlich nicht zu hassen vermag. Seine Feinde haben sein Mitleid! Solchen Sinneswandel verdankt er keiner religiösen Anwandlung, sondern – philosophischer Einsicht. Nicht am grünen Tisch, sondern in seiner Todeszelle! Nur an wenigen Stellen der *Consolatio* scheint er es seinem verantwortlichen »obersten Dienstherrn«, THEODERICH DEM GROSSEN, zu geben, und auch da nur, um die philosophische These zu beweisen, daß das Böse niemals zur Glückseligkeit führen könne; die Philosophie spricht im Metrum folgendes:

> Könige siehst du stolz und erhaben thronen,
>   umglanzt von Purpur, ruhmbekrönt, von Waffen wild umstarrt
>   mit wuterfüllter Miene drohend, aus ihrem Herzen dringt ein grimmig
>   Schnauben.
>   Doch, wenn man sie des eitlen Scheins entblößt und ihnen ihren Aufputz
>   nimmt,
>   wird man gewahr, daß diese Herrn in ihrem Innern schwere Ketten tragen.
>   Dem einen frißt der Wollust brennend Gift am Herzen,
>   des anderen Geist bekommt des Zornes Peitsche hart zu spuren, der
>   jählings aufwallt.

Bald sucht sie Trauer heim in ihren Fesseln, bald quält sie trugerisch die
Hoffnung.
Wenn du nun siehst, welch furchterliche Tyrannei ein einzig Haupt
bestehen muß,
dann wirst du einsehn, daß in solcher Zwingherrschaft kein freies
Handeln möglich ist.

Man kann, selbst bei der Annahme, daß sich hier BOETHIUS gegen THEODERICH »abreagieren« wollte – einige Forscher nehmen dies an –, nicht leugnen, daß die Pointe dieses Gedichts fast auf eine Apologie des letztlich »unfreien« Königs hinausläuft, der – wir wiederholen – auch als Böser nicht Haß, sondern Mitleid empfängt: trägt er doch in seinem »Innern schwere Ketten«. In der Situation des BOETHIUS ist solcher »Trost« freilich unerhört, und – falls es sich tatsächlich um eine an die Adresse THEODERICHS gerichtete »Botschaft« handeln sollte, ein zusätzlicher Beweis dafür, daß BOETHIUS mit seiner *Consolatio* nicht etwa das Mitleid des Königs zu wecken suchte. Im Gegenteil: die *Consolatio* scheint uns vollkommen frei von irgendwelcher Hoffnung auf Wendung des traurigen Geschickes zu sein. Dies wird vollends klar in der vielleicht schwierigsten Erörterung des Buches, die um die Fragen kreist: gibt es eine Willensfreiheit, falls die – wiederum mehr stoisch als christlich gedachte – Vorsehung wirklich existiert? In diesem Abschnitt gewinnt BOETHIUS eine für seine Zeit erstmalige Klärung dieses Problemkreises, der in modern – säkularisierter Fassung auch heute noch beschäftigt; auch dann, wenn wir fragen: wenn alle Ereignisse kausal determiniert sind –, gibt es dann noch eine Freiheit des Willens? Gäbe es nämlich keine, dann wären die Folgen sehr weittragend, zum Beispiel gäbe es dann auch keine Verantwortlichkeit für ein Vergehen: die ganze Menschheit bekäme wegen »Unzurechnungsfähigkeit« Freispruch und nicht nur »mildernde Umstände«! BOETHIUS' Lösung lautete (da werden wir an KANT erinnert mit seiner Unterscheidung von »empirischem« und »intelligiblem Charakter«): die *providentia* – die Vorsehung – weiß, da sie an keine zeitlichen Grenzen gebunden sei, wie die endlichen Menschen mit ihrem Verstand, was geschehen wird –, aber sie bringt es nicht hervor. Denn das Hervorbringen ist menschlich gesehen ein zeitgebundenes Geschehen. BOETHIUS' für die Folgezeit sehr fruchtbare Unterscheidung von Vorsehung und Vorherbestimmung ist nicht nur eine Absage an den Determinismus des Schicksalsglaubens, sondern für ihn selbst das Innesein der eigenen Freiheit in der Todeszelle! Der spekulativ so schwierige Gedankengang der *Consolatio* hat also eine eminent »existentielle« Bedeutung. Der Schicksalsglaube, der stoische Fatalismus hätte es doch BOETHIUS »leichter« gemacht: mit »Haltung«, »mächtiger als das Schicksal«, durch das erstarrte »Aushalten« sich als »unerschütterlicher Fels im Sturm des Meeres« zu bewähren, wie SENECA zum Beispiel. Allein, BOETHIUS kommt es gerade darauf nicht an! Er will als »er selbst«, in Übereinstimmung mit der Vorsehung und doch als freier Mann, nüchtern und einsichtig, ohne solipsistischen Jammer, der sich in sich selbst verkapselt, jenseits ästhetischer Verzweiflung sein. Denn nach KIERKEGAARD ist auch der stolze Trotz »Verzweiflung«: »Während der in der Schwäche Verzweifelnde, der Unglückliche also, der sich vom äußeren Glück abhängig macht, nicht glauben kann, daß die Ewigkeit einen Trost für ihn hat, will der Trotz, diese Verzweiflung der Männlichkeit, vom Troste der Ewigkeit nichts hören: der würde ja sein Untergang als Verzweifelter sein. Er will nun einmal ein Einwand sein gegen das ganze Dasein. Es ist so, um bildlich zu reden: wie wenn sich bei einem Schriftsteller ein Schreibfehler einschliche (vielleicht ist es jedoch gar kein Fehler, sondern gehört in einem viel höheren Sinne wesentlich mit zur ganzen Darstellung), und dieser Schreibfehler sich nun seiner Fehlerhaftigkeit bewußt, gegen den Schriftsteller empören würde, ihm aus Haß gegen ihn verbieten würde, das Geschriebene zu verbessern, und in wahnsinnigem Trotz zu ihm sagte: ›Nein, ich will nicht ausgelöscht werden; ich will als ein Zeuge gegen dich dastehen, als ein Zeuge dafür, daß du ein schlechter Schriftsteller bist!‹«

Im stoischen Trotz steckt etwas von dieser kierkegaardschen »Verzweiflung des Trotzes, verzweifelt man selbst sein zu wollen«, sozusagen als ein pathetisches Justamentum gegen die ganze Weltordnung. – Auch davon ist BOETHIUS frei: dies unterscheidet ihn vom früheren ERNST JÜNGER zum Beispiel, ebenso von SARTRE oder BECKETT. Seine Freiheit unter der Vorsehung vermeidet diese literarisch oft imponierende Trotzreaktion des tragischen Helden, wie ihn besonders die Moderne so liebt. BOETHIUS' Vorsehungsglaube, der sich mit der individuellen Willensfreiheit verbindet, befreit ihn von diesem pathetischen Ästhetizismus, macht ihn wahrhaftig. So wie eingangs die ästhetische Gefahr des »schön-im-Unglück«-Aufgehens durch die Vertreibung der »Theaterdirnen« radikal beseitigt worden ist, so zum Schluß die ebenfalls ästhetisch »großartige« Monumentalität des stolz ins »Nichts Hineingehaltenen«, um HEIDEGGER zu zitieren. Vielmehr will der sich selbst Durchsichtige frei, er selbst seiend, die komplette Wahrhaftigkeit auch in der Todesstunde erreichen. Der nüchterne Schluß der *Consolatio* läßt vergessen, daß hier – gebetet wird:

»Da dem so ist, bleibt es für die Menschen bei der unverletzlichen Freiheit des Willens, und es ist nicht mehr als recht und billig, wenn die Gesetze Lohn und Strafe aussetzen. Es bleibt auch das Auge, das von oben auf alles herabsieht, Gott, der alles im voraus weiß. Und nicht vergebens wenden wir unser Hoffen und Beten zu Gott; ist es von rechter Art, dann muß die Erfüllung kommen. Entsaget also der Sünde, pflegt die Tugend, erhebt den Geist zum rechten Hoffen und richtet voll Demut euer Gebet zum Himmel! Wenn ihr der Wahrheit die Ehre gebet, dann obliegt euch eine gewichtige Notwendigkeit gut zu sein, verbringt ihr doch euer Leben unter den Augen des Richters, dem nichts verborgen bleibt. FINIS«.

So schließt BOETHIUS, ohne Schmerz, ohne Krampf – des Jammers etwa oder des Stolzes – und ist sich durch Wahrheit durchsichtig geworden und damit – frei. Fast unvermeidlich stellt sich hier die vollständige Formel KIERKEGAARDS ein, die jetzt verständlich wird: »Dies nämlich ist die Formel, die den Zustand des Selbst beschreibt, wenn die Verzweiflung ganz ausgerottet ist: Indem es, sich zu sich selbst verhaltend, es selbst sein will, gründet sich das Selbst, sich selbst durchsichtig, in der Macht, die es setzte«.

Da es sich – wie man weiß – um die Formel dessen handelt, was man seit KIERKEGAARD »Existenz« nennt, erkennen wir auch philosophiegeschichtlich: die »Tröstung« des BOETHIUS durch die Wahrheit hat nicht nur darin ihre Modernität, daß wir von heute die Exponiertheit des Mannes in der Zelle kennengelernt haben, sondern auch unser sogenanntes »modernes Denken« steht diesem »durch Wahrheit getrösteten letzten Römer« gar nicht so fern, wie wir zu Beginn vermutet hatten. Sein »Gott« stört uns selbst als Atheisten kaum: denn wie die »Philosophie« selbst in der *Consolatio* das unerbittliche Ringen des BOETHIUS selbst darstellt, so ist auch sein Gott vor allem der Appell an letzte Wahrhaftigkeit: das »Auge, das von oben auf alles herabsieht«, das »Auge des Richters, dem nichts verborgen bleibt«. Nicht viel anders definiert BOETHIUS einmal – in einer früheren Schrift – die Philosophie: »Die Philosophie ist die hingebende Liebe, gleichsam die Freundschaft für die Weisheit, doch nicht jene Weisheit, die in gewissen Künsten, in Geschicklichkeit und Gewandtheit besteht, sondern die, die völlig bedürfnislos, lebendiger Geist und allein der Urgrund aller Dinge ist... Sie ist das Streben nach Weisheit, das Vertiefen in die Gottheit und die Freundschaft zum reinen Geist. Aus ihr entspringt die Wahrheit der Erkenntnisse und Gedanken und die heilige reine Lauterkeit des Handelns«. Sie ist also – wie im Gewände der Philosophie der *Consolatio* – das Theta und das Pi, die *vita contemplativa* und die *vita practica*. Zwischen beiden aber besteht eine enge Verbindung, wie es heißt: »Und zwischen beiden Buchstaben schienen wie an einer Leiter etliche Stufen eingezeichnet, die von dem unteren zum oberen Schriftzug emporstiegen...«.

Es ist nicht bloß eine – wie man gern sagt – typisch neuplatonische »Hierarchie der Seinsstufen«, die damit allegorisch angedeutet werden sollte: – es ist nicht mehr und nicht weniger als die Verbindung, die BOETHIUS zwischen dem Leben und Lehren und Sterben besser bewiesen hat als ein Syllogismus beweisen kann. Und darum lesen wir auch heute noch die *Consolatio Philosophiae*. DANTE singt es im zehnten Gesang des *Paradiso*:

> Wenn du bedächtigen Auges weiterziehst
> von Licht zu Lichte meinem Lobspruch nach,
> so bist du jetzt begierig auf das achte.
> In ihm erglänzt, vom Anblick alles Heils
> beglückt, die heilige Seele, die den Trug
> der Welt dem aufmerksamen Hörer kundtut,
> Der Leib, aus dem man sie verjagte, liegt
> begraben in Cieldauro; aus Verbannung
> und Marter erhob sie sich zu diesem Frieden.

ERASMUS – Von der Schwierigkeit, in heroischen Zeiten Kosmopolit zu sein

»Einst trieben Korybanten und Pauken- und Flötenlärm Menschen zur Raserei. Aber schrecklicher tönen *unsere* Pauken, die bald im Anapäst – tatabum – bald gemessen, halb vor, halb zurück – tabum, bumta – erklingen. Aber die brauchen die Christen jetzt als Kriegsposaunen, wie wenn es da nicht genüge, tapfer zu sein, sondern man rasen müsse! Wir brauchen sie bei Hochzeiten, bei Festen, im Gotteshause. Auf jenen zur Raserei treibenden Klang hin eilen die Jungfrauen auf die Straße, nach ihm tanzt die Neuvermählte, er macht das Fest zum Feste, das dann den Gipfelpunkt der Freude erreicht, wenn den ganzen Tag ein mehr als korybantischer Lärm die Stadt durchtobt – ich glaube, anders feiert selbst die Hölle nicht ihre Feste, wenn es da überhaupt welche gibt. Platon meint, es komme sehr darauf an, welche Musik ein Staat pflegt, was würde er sagen, hätte er diese Musik unter Christen gehört?! Schon ist diese Musik im Gotteshause üblich, gewissen Leuten gefällt sie nicht, wenn sie nicht die Kriegsposaune weit übertrifft. Der Priester erhebt seine Stimme zu Donnergetöse, und einige deutsche Fürsten wollen nur solche Priester – so sehr gefällt uns nun irgendwie Kriegerisches. Doch genug!«

ERASMUS, der »Unzeitgemäße«, schreibt dies aus Basel, mitten in der lärmenden, rasenden, hysterischen Zeit, die wir, im Fernblau der Geschichte, als »Zeitalter der Reformation« rekognoszieren. Er schreibt aus Basel im Jahre 1526. Katholiken stehen gegen Protestanten (der Torgauer gegen den Dessauer Bund), KARL V. hat die Hände frei, um gegen die deutschen Ketzer einzuschreiten, der (erste) Reichstag von Speyer hat stattgefunden – er läßt alles beim alten –, mittlerweile, im August 1526, hat aber die Schlacht bei Mohács gegen die Türken stattgefunden, die nun unmittelbar an die habsburgische Macht grenzen, eine gehässige Streitschrift hetzt die andere, Katholiken gegen Ketzer, die Protestanten gegen die Katholiken und gegen die Bauern und

Wiedertäufer. LUTHER hetzt »*Wider die mörderischen und räuberischen Rotten der Bauern*«, THOMAS MÜNZER »*Wider das geistlose sanftlebende Fleisch in Wittenberg*«. Und so weiter und so weiter: alles ist wacker, eifrig, versteht sich: »in Gottes Namen«, nur ERASMUS leidet unsäglich und sitzt angewidert von soviel Paukenlärm zwischen den Stühlen seiner Zeit. Auch körperlich leidet er entsetzliche Qualen. An JOHANN FRANCIS, den Arzt und Freund, schreibt er ausführlich über sein Nierenleiden: »Was der Priester für die Seele, ist der Arzt für das Körperchen... Ich wundere mich, daß mein Körperchen den vielen Qualen standgehalten hat... Es ist ein ständiges Unbehagen. Der Urin aber bleibt gipsig-trübe, er enthält auch Steine. Dieses ständige Unbehagen ist mir lieber als meine unerträglichen Koliken von Zeit zu Zeit. Hätte sich nicht die Art der Erkrankung geändert, so läge Erasmus ja längst begraben. So steht es mit meiner Krankheit, wie sie ausläuft, weiß Gott...« Und alles komme davon, so meint ERASMUS, daß er so viel Zeit an seinem Schreibpult stehend schreibe. Es sind nur wenige Streitschriften darunter, meist handelt es sich um seine *bonae litterae:* also um die klassische Literatur, Wissenschaft und Bildung, die er kennt wie kein Zweiter. Auch die Bibel-Studien sind ihm vor allem Philologie. Die reinste klassische Antike verbindet sich bei ihm zwanglos mit christlicher Ethik. Der wahre Christ ist der wahre Epikureer! Er will studieren, zu den Quellen – *ad fontes* – gehen und da die wahre Lehre des Christentums erforschen. Nicht um dann hier zu stehen und nicht anders zu können, nicht um dann – unter Berufung auf ein irrationales Gewissen – die Welt zu verändern oder gar Religionskriege zu begrüßen. Nein, wie NIETZSCHE meint er auch, daß »Blut der schlechteste aller Zeugen« sei. Alle Begeisterung und Leidenschaft, die sich – und sei es auch im Namen von »Idealen«, Gottesstimmen und dergleichen – austoben möchte, gilt ihm als »heidnisch«, ja schlimmer, als Barbarei – ERASMUS sagt gerne: »gotisch«. »Gotisch« ist ihm die Sturheit der Alten, die in Gottesnamen von Bildung nichts wissen wollen, »gotisch« sind aber auch die Reformatoren, sobald sie schimpfen, statt zu argumentieren, sobald sie zum Schwert statt zur Feder – wohlgemerkt zur Feder der *bonae litterae* – greifen wollen. Das Hektische und Heftige haßt er bei den Alten wie bei den Neuen. Er mag daher die antiken Chöre nicht. Und LUTHER unterstützt er nur solange, als er in ihm einen tüchtigen Bibelübersetzer und -kommentator sieht. Der politische Parteimann LUTHER aber, der mehr unbedingt als gebildet auftritt, ist ihm ein Gräuel wie die konservativen Widersacher LUTHERS auch, diese *magistri nostri*.

»Ich spreche so oft mit dir und du mit mir, Erasmus, unsere Zierde und unsere Hoffnung, und wir kennen einander noch nicht! Mein Erasmus, du liebenswürdiger Mann, anerkenne, wenn es dir gefällt, auch diesen kleinen Bruder in Christo, der dich sicherlich bewundert und dir zugetan ist, der im übrigen um seiner Unwissenheit willen nichts verdiente, als unbekannt in einem Winkel begraben zu liegen«. So schreibt LUTHER 1519 an ERASMUS, den er für die Reformation gewinnen will. Wohlgemerkt, der gleiche LUTHER, der schon seit zwei Jahren durch seine 95 Thesen berühmt-berüchtigt ist. Dennoch durchschaut ERASMUS diesen »kleinen Bruder in Christo« und traut trotz aller Sympathie für LUTHER, den Humanisten und Bekämpfer kirchlicher Mißstände, dieser devoten Bescheidenheit nicht ganz. Er distanziert sich und ahnt, was in diesem Manne an »tragischem« Stoff angelegt ist. An FRIEDRICH DEN WEISEN VON SACHSEN, LUTHERS Schirmherrn also, schreibt er – wie in den kommenden Jahren noch oft –: »Luther ist mir vollkommen unbekannt, ich kann also nicht in den Verdacht kommen, ich begünstigte einen Freund. Seine Schriften zu verteidigen ist ebenso wenig meine Aufgabe wie sie zu mißbilligen«. Was er an LUTHER rühmt, ist dessen »Reinheit der Sitten«, vor allem aber dessen humanistische Aversion gegen die alten Scholastiker, und – so jedenfalls in diesem Brief – LUTHERS Wunsch, über die 95 Thesen zu diskutieren. LUTHER, den Bekenner, läßt er aus dem Spiel. Dem geistesverwandten MELANCHTHON, den er einen »zweiten Orpheus« nennt und Antibarbaren, schreibt er freilich ahnungsvoll: »An gewisse Dinge mahnt Luther mit Recht – möchte es nur in ebenso glücklicher Weise geschehen sein, wie es freimütig ist!«

Tatsächlich aber ahnt auch LUTHER, daß er in ERASMUS wohl kaum einen brauchbaren Ritter trotz Tod und Teufel für seine Sache finden werde. Schon vor seinem großen Auftritt 1517 äußert er sich über ERASMUS: »Die menschlichen Dinge bedeuten ihm mehr als die göttlichen«. In der Tat, ERASMUS war weder zum Märtyrer noch zum Reformator geeignet. Bei aller Sympathie für den Volksmann, der sich gegen die widerliche Ablaßpraxis wandte, hat ERASMUS schon 1517 seine Bedenken: »Ich sehe, daß die Monarchie des Papstes zu Rom, so wie sie jetzt ist, die Pest des Christentums ist... aber ich weiß nicht, ob es nützlich ist, offen an dies Geschwür zu rühren. Das wäre eher Sache der Fürsten...«.

Wenn man – mit MAX WEBER – den Unterschied zwischen Verantwortungsethik und Gesinnungsethik machen kann, dann ist ERASMUS zweifellos der zurückhaltende Verantwortungsethiker, der sich stets fragt: was kommt dabei bestenfalls heraus? Wird durch die noch so fromme Einstellung – »und wenn die Welt voll Teufel wär'...« – der faktische Friede in der Welt – für ERASMUS die höchste christliche und antike Tugend – bedroht, dann ist es besser zu schweigen, zumal dann, wenn die wohltuende Förderung der *bonae litterae* auf dem Spiel steht. Der charakterlich angeblich so zwielichtige ERASMUS – CARL JACOB BURCKHARDT spricht vom »Drückebergergesicht des Erasmus« – sagt dies LUTHER ganz offen: »Ich habe in Löwen erklärt, nachdem deine Schriften eine wahre Tragödie verursacht hatten, daß du mir ganz unbekannt seiest, daß ich deine Bücher noch nicht gelesen habe und also nichts billige und nichts verwerfe... Ich suche nach Kräften, mich zu erhalten, um für die wieder aufblühenden Studien von Nutzen zu sein. Mir scheint, durch gewinnende Bescheidenheit werde mehr erreicht als durch Ungestüm. So hat auch Christus die Welt unterworfen!«

Ja keinen Tumult, keine »Tragödie«, wie ERASMUS Lieblingsvokabel in diesem Zusammenhang lautet! Dem Lutherfreunde JOHANNES LANG sagt er es sehr deutlich: »Jeder wirklich Gute hat Freude an Luthers Freimut; doch er mag sich hüten, daß es nicht auf einen Parteienstreit hinauslaufe. Mit Personen zu streiten hilft nichts, solange man nicht die Tyrannei des römischen Stuhls und seiner Satelliten, der Dominikaner, Franziskaner und Karmeliter, aufheben kann. – Doch dies könnte niemand ohne ernsten Tumult versuchen«. Darum möchte ERASMUS auch nicht mit LUTHERS Partei verwechselt werden. Es langte ihm schon, daß sein Kampf gegen die barbarisch – gotischen Scholastiker viel zu viel Scherereien machte. Seinen guten Namen soll man nicht mißbrauchen für Tumulte und Parteienhader, wie MATTHIAS CLAUDIUS in seinem »Kriegslied« »'s ist Krieg, 's ist Krieg« nur den einen Wunsch hat: »und ich begehre nicht schuld daran zu sein«, so fürchtet auch ERASMUS nichts mehr, als daß ihn die Partei LUTHERS als Standarte ihres Aufruhrs mißbrauchen könnte –, und wäre ihre Sache noch so gottgefällig! »Ich sehe, daß die Sache zu einem Aufruhr hindrängt. Es ist vielleicht nötig, daß Ärgernisse kommen, aber ich will nicht ihr Anstifter sein«.

So kann er sich in London dafür einsetzen, daß man LUTHERS Schriften nicht verbrenne. Er hat als Ratgeber KARLS DES V., als höchste Autorität in wissenschaftlichen Fragen, als Freund bzw. Feind der erlauchtesten Geister seiner Zeit Anfechtungen zu widerstehen, denen ein sogenannter *homo politicus* sicher nachgegeben hätte. Gott sei Dank, daß ERASMUS – trotz des leichten Tadels selbst seines Landsmannes JOHAN HUIZINGA eben ein »unpolitischer Mann« gewesen ist: religiöse, nationale, machtpolitische Leidenschaften stießen ihn ab. Daher seine Aversion schon gegen die Pauke! Man soll ihn in Ruhe lassen. Wer laut ist, hat schon unrecht, das ist seine tiefste Überzeugung. Leidenschaften sind ihm, wie seinen geliebten antiken Philosophen, Platonikern, Stoikern und Epikureern, *a priori* suspekt. Der LUTHER, der disputieren mag, ist ihm verwandt; der von Gott und dem Teufel gerittene große Volksmann mit dem demagogischen Zungenschlag – im Namen Gottes – bereitet ihm Unwohlsein. Diese Hypersensibilität, ja Idiosynkrasie gegen alles »Rasen«, dämonisches Besessensein, das die Menge so fasziniert und die Puritaner und Rigoristen – also die »Unbedingten« – von »absoluter Wahrheit« schwärmen läßt, hat bei ERASMUS ganz tiefe Wurzeln. Er selbst drückt es schlicht so aus: er sei bloß Kritiker, aber kein Prophet. Seine Feinde dagegen –, meist frühere Freunde, die ihn nur allzu gern benutzen wollten für ihre »Sache« – sprechen von seiner Charakterlosigkeit, seiner »Proteus«-haftigkeit, so LUTHER, seiner Doppelgesichtigkeit, so selbst der feinsinnige HUIZINGA; fast alle sind sich darin einig, ihm eine Art Trägheit des Herzens nachzusagen, Angst vor jeglichem hundertprozentigen Engagiertsein, bei gleichzeitiger Eitelkeit und innerem Komfort. Ist denn nicht tatsächlich seine Angst vor allem Verbindlichen, Unwiderruflichen, Absoluten – Schwäche? Mangelnde Vitalität? Unmännlichkeit? Mit andern Worten: er hat Angst vor Feinden, vor Leiden seines von Jugend an geplagten »Körperchens«, vor jeglicher Unfreiheit durch voreilige Bindung, dazu seine mädchenhafte Scheu und Scham, die ihn zum Meister der Tarnung und Reserve werden ließ. Kein Jaja, und Neinnein; keine eindeutige Exhibition dessen, wies »da drin aussieht«, lieber zehn klassische Zitate als ein eigenes verbindliches Wort, lieber feinsinniges Polieren der Nuancen, als pastoses Verkündigen von extremen *Entweder-Oder*-Alternativen. – Fast alle Autoren vor 1945 bemühen sich, vordergründig-psychologisch den Fall ERASMUS mit nachsichtigem oder nachtragendem *esprit de finesse* den »eigentlicheren« Geistern seiner Zeit gegenüberzustellen: *comprendre – pardonner*... Aber ist ERASMUS darauf angewiesen? FRIEDRICH NIETZSCHE, allen Viel-zu-Vielen geistige eiserne Ration im Tornister der Unbedingtheit, weiß es meines Erachtens besser: im Kapitel »Von den Fliegen des Marktes« in *Also sprach Zarathustra* finden wir vielleicht die beste Interpretation des Phänomens »Erasmus«, eine Apologie des »schaffenden Einzelnen« gegenüber dem Markt der Weltgeschichte mit ihren popanzigen Denkmälern: »Fliehe, mein Freund, in deine Einsamkeit! Ich sehe dich betäubt vom Lärm der großen Männer und zerstochen von den Stacheln der kleinen... Wo die Einsamkeit aufhört, da beginnt der Markt... In der Welt taugen die besten Dinge nichts, ohne einen, der sie aufführt: große Männer heißt das Volk diese Aufrührer... Umwerfen – das heißt dem Aufrührer: beweisen. Toll machen – das heißt ihm: überzeugen. Und Blut gilt ihm als aller Gründe bester. Eine Wahrheit, die nur in feine Ohren schlüpft, nennt er Lüge und Nichts. Wahrlich, er glaubt nur an Götter, die großen Lärm in der Welt machen! Voll von feierlichen Possenreißern ist der Markt – und das Volk rühmt sich seiner großen Männer: das sind ihm die Herrn der Stunde. Aber die Stunde drängt sie: so drängen sie dich. Und auch von dir wollen sie Ja oder Nein. Wehe, du willst zwischen Für und Wider deinen Stuhl setzen? Dieser Unbedingten und Drängenden halber sei ohne Eifersucht, du Liebhaber der Wahrheit! Niemals noch hängte sich die Wahrheit an den Arm eines Unbedingten. Dieser Plötzlichen halber gehe zurück in deine Sicherheit: nur auf dem Markte wird man mit Ja? oder Nein? überfallen«.

Die großen Passionen sind dem antik gebildeten ERASMUS – wie wir noch hören werden – Torheit. Die Übermächtigkeit eines Affekts oder einer Begierde, mag sie nun sinnlich oder mehr zerebral sein, hat für ihn noch keine Beweiskraft, sowenig wie für NIETZSCHE der »Blasbalg der Wahrheit«: wahr sei das, was große Gefühle in Wallung bringt, zum Beispiel in WAGNERS Musik. Eben diesem Blasbalg in unserem Busen mißtraut der angeblich so zwielichtige Proteus ERASMUS: *apollinisch*, nicht *dionysisch* ist sein Wesen. Eine Briefstelle für unzählige ist bezeichnend, zumal sie sich noch an den etwas pathetisch-verworrenen »Aufrührer« ULRICH VON HUTTEN wendet. ERASMUS – HUTTEN: gibt es einen größeren Kontrast? Also an HUTTEN, den ritterlichen Humanisten schreibt ERASMUS: »Doch was höre ich? Hutten will vom Kopf bis zu den Füßen gepanzert in Reih' und Glied kämpfen? Ich sehe klar: du bist für den Krieg geboren, nicht nur mit Feder und Zunge, sondern auch mit Kriegswaffen zu kämpfen...«. Und nun versucht der Pazifist ERASMUS den schäumenden Mars-Jünger ironisch mit dessen eigenen Kategorien zu persiflieren, indem er den Kriegsmann an jene Szene erinnert, da HUTTEN sich in Bologna allein gegen fünf händelsüchtige Franzosen verteidigt hatte: »Freilich, was ist es Besonderes, wenn du es jetzt wagst, unter so vielen gegen einen zu kämpfen, wo du einst in Bologna ganz allein so viele niederwarfst?

Ich lobe das tapfere Herz, doch, wenn du auf mich hörst, so erhalte Hutten den Musen. Denn wenn dir etwas zustieße, wer gäbe uns wieder ein solches Genie? Die Himmlischen mögen es verhüten! Du kennst die Laune des Mars, er ist den guten Geistern nicht gerade gewogen, denn er ist der törichtste unter allen Göttern. Sei's drum!...«. Und als ganz Deutschland, einschließlich seiner Humanisten jubelte, weil Luther auf dem Reichstag zu Worms 1521 sein berühmtes »Gott helfe mir, amen!« sprach, der Kaiser die Reichsacht über ihn verhängte, bleibt Erasmus maßvoll: »Wenn ich dabei gewesen wäre, hätte ich mein möglichstes getan, daß diese Tragödie durch maßvolles Verhalten so beigelegt worden wäre, daß sie nicht später noch einmal zu noch größerem Schaden der Welt neu ausbrechen kann. Die Luther-Tragödie ist hier bei uns zu Ende; ach daß sie nie auf der Bühne erschienen wäre!« Auch dann bleibt Erasmus gefaßt, als das Gerücht aufkam, Luther wäre tot. Da schreibt Albrecht Dürer in sein Tagebuch: »O, Erasme Roterdame, wo wilt du bleiben? Hör, du Ritter Christi, reit hervor neben den Herrn Christum, beschütz die Wahrheit, erlang der Kron; du bist doch sonst ein altes Männiken, ich hab von dir gehört, daß du dir selbst noch zwei Jahre zugeben hast, die du noch taugest, etwas zu thun. Dieselben leg wol an, dem Evangelio und dem wahren christlichen Glauben zugut... Oh, Erasme, halt dich hie, daß sich Gott dein rühme«.

Erasmus waren solche Töne sehr bekannt –, auch katholischerseits. Bücherverbrennungen schienen ihm – siehe sein Eingreifen in London – eine unangemessene Antwort im Zuge geistiger Auseinandersetzungen; gleichzeitig kann er aus Vernunftgründen der Ansicht sein: »Man sollte sie nicht herausgeben, hauptsächlich, weil ich Unruhe davon furchte. Luther hat vieles mehr unklug als unfromm geschrieben...«. Und die »Unklugheit« Luthers teilt der »doppelzüngige« Erasmus – Luther selbst mit! »Ich bin, lieber Luther, nicht der Mann, dir einen Rat zu geben, doch wenn du alle Philosophie schlechthin verwirfst, wirst du es nicht nur mit allen Universitäten schlechthin zu tun bekommen, sondern mit den Alten insgesamt, und auch mit deinem Augustinus, dem du ja so gerne folgst. Angenommen, die Philosophie müsse wirklich gänzlich verworfen werden, so dürfte es doch nicht geraten gewesen sein, so viel auf einmal anzupacken. Eins nach dem andern wäre besser. Der König von England ist mild und gütig. Er bat mich um meine Meinung über dich. Ich gab zur Antwort, du seist zu gelehrt als daß ich wenig gebildeter Mensch ein Urteil über dich abgeben könnte. Er wünschte, du hättest etwas klüger und bescheidener geschrieben. Eben das, lieber Luther, wünschen diejenigen, die es gut mit dir meinen. Doch ich will Dir nicht entgegentreten, um nicht dem Geiste Christi entgegenzutreten, wenn er es ist, der dich treibt...«.

Wir erkennen, welcher Art die angebliche »Doppelzüngigkeit« des Erasmus ist; er ist – wir wiederholen seine Worte – kein Prophet, sondern Kritiker, das heißt: er will das Beste machen, aber hat begründete Bedenken, daß die bloß fanatisch-schwärmerischen Seelen, auch wenn sie Löbliches im Sinne haben, »Tragödie« zustande bringen. Auch wenn er Ratschläge gibt, so geschieht das mit soviel ansteckendem *esprit de finesse*, daß der Getadelte nachdenklich, nicht aber polemisch gestimmt wird. platonische Nüchternheit, *phronesis*, nicht aber monumentalische Großartigkeit, die nach seiner Meinung immer übertreibt und entstellt, will er bewirken. Und das gerade ist im Zeitalter der hinreißenden Slogans, die wie Fahnen geschwenkt werden, eben zu »fein«, bis 1945 sagt man: charakterlos, intellektuell. (Letzteres, wenn man besonders bissig sein wollte!) Nein, ERASMUS war nicht »zeitgemäß«! Fast kann man seinen Ruhm nicht verstehen. Er stellt das Paradoxon des »berühmten Stillen im Lande« dar, zu einer Zeit, da Stille den Beigeschmack von Feigheit hatte.

Fragen wir uns aber, was zu seiner Zeit bis zum heutigen Tage am meisten gelesen wurde, das heißt: Weltliteratur war und geblieben ist, so sind es eigentlich gar nicht seine Hauptwerke, sondern *opera aliena*, nämlich besonders seine seit 1500 erscheinenden *Colloquia*, die ERASMUS, wie er sagt, als »Kleinkram« bloß seinen Freunden zuliebe geschrieben habe: Gespräche über alles und jedes. Zum andern aber die Gelegenheitsschrift *Encomium Moriae*, das *Lob der Torheit*, ebenfalls eine schnell verfaßte halb-satirische, halb-humoristische Scherzschrift, auf dem Wege über die Alpen ausgedacht und unter heftigen Nierenschmerzen im Hause des THOMAS MORUS in wenigen Tagen niedergeschrieben 1509. Hält ERASMUS seine *Colloquia*, die er immer wieder fortsetzt, für Kleinkram und lateinische Stilübungen, so ist das *Lob der Torheit* – sehr bald in fast alle bekannten Sprachen übersetzt – eine »kleine Stilübung«, wie es im Vorwort an THOMAS MORUS heißt: »So wird dir denn diese kleine Stilübung als Andenken an deinen Studienfreund nicht unwillkommen sein. Bald werden sich Kritikaster finden, die dem kleinen Ding nachreden, es sei teils zu wenig und schicke sich nicht für einen Theologen, teils sei es zu boshaft und widerspreche dem Gebot christlicher Milde. Meine gestrengen Richter mögen sich bloß vorstellen, ich hätte statt meine Feder spazieren zu lassen, zum Vergnügen eine Partie Schach gespielt oder ein Rittchen auf dem Besenstiel gewagt«.

Das *Lob der Torheit* ist nicht nur seiner Entstehungsgeschichte wegen ein »philosophischer Spaziergang« – besser wäre: Spazierritt –, sondern enthält eigentlich das, was ERASMUS unter »Philosophie« versteht. Denn all das, was die Scholastik seinerzeit und auch heute noch Philosophie nennt, liegt dem ERASMUS fern. Ihm sind die zünftigen Philosophen verhaßte Streithähne mit der Feder, ihre Syllogismen haben mit dem wirklichen Leben – so scheint ihm – nichts zu tun. So sagt er es nicht nur in satirischer Verfremdung im *Lob der Torheit*, sondern auch in seinem *Enchiridion*, wo er von seiner »christlichen Philosophie« handelt. »Wie kommt es denn, daß man sich mit den Kuriositäten allerlei abgelegener philosophischer Systeme zu schaffen macht, statt sich zu den Quellen des Christentums zu begeben! Zumal da man diese Weisheit, die so unübertrefflich ist, daß sie einst die Weisheit der ganzen Welt als Torheit erwiesen hat, aus diesen wenigen Büchern wie aus kristallklaren Quellen schöpfen kann, mit wieviel geringerer Mühe als die Weisheit des Aristoteles aus soviel dornigen Büchern, und mit wieviel mehr Frucht!«

Nein: originale Beiträge zur Philosophie hat ERASMUS keine geliefert und wollte es auch nicht. Denn Philosophie ist ihm ein *way of life*, eine Daseinsform, eine Gesinnung. Und dafür reicht ihm das Christentum, das alle Weisheit der Welt zur »Torheit« machte, *ad absurdum* führte. Freilich kein dogmatisch festgelegtes Christentum: ein solches wäre ja Anmaßung – insofern ist ERASMUS Skeptiker, aber religiös-ethischer Skeptiker. Und darum kann er »seine Philosophie« tatsächlich am besten auf paradoxe Weise – eben als »Lob der Torheit« vortragen. Denn seine *philosophia Christi* ist das Gegenteil der zünftigen »Anstrengung des Begriffs«, wie HEGEL sagt. »Die Ausrüstung zu dieser philosophischen Reise ist einfach und steht für jeden bereit. Christus will, daß seine Mysterien soweit wie möglich verbreitet werden. Ich möchte, daß alle Weiblein das Evangelium und die paulinischen Briefe läsen. Daß sie in alle Sprachen übersetzt würden. Daß doch der Bauer daraus sänge bei seinem Pflug und der Weber sich daraus vorsummte an seinem Webstuhl, daß mit solchen Geschichten der Wanderer sich den Weg kürzte! Diese Art der Philosophie liegt mehr in einer Gesinnung als in Syllogismen, es ist mehr ein Leben als ein Standpunkt, mehr eine Beseelung als eine Belehrung, mehr eine Verwandlung als eine Vernunft... Was ist die Philosophie Christi, die er selbst ›*renascentia*‹ nennt, denn anderes als eine Wiederherstellung der gut erschaffenen Natur? – Schließlich, obschon uns niemand diese Philosophie unbedingt und so wirksam gelehrt hat wie Christus –, sehr viel ist auch in den heidnischen Büchern zu finden, was damit zusammenstimmt«.

Also: wirklich große Philosophie studiert man nicht, indem man die Lehrsätze der Stoiker und Peripatetiker auswendig kann, sondern indem man »philosophisch lebt«! Hier geht das alte stoisch-epikureische Ideal des »Weisen« Hand in Hand mit dem christlichen Lebenswandel. Das *Enchiridion militis christiani* (»enchiridion« heißt sowohl Dolch, als Handbüchlein) wendet sich – wie auf verfremdende Weise auch das *Lob der Torheit* – gegen alle »Radikalinskis«, vorher sagten wir mit NIETZSCHE »Unbedingten«, sei es in der zum Aberglauben tendierenden mechanischen Frömmigkeit, sei es gegen die sture Begriffsgläubigkeit oder gegen die theologische Streitsucht. Alle Unbedingten sind Narren, die eigentlich – dank ihrer närrischen Brille – Gotteswort für Narrheit halten müssen. Der große Gelehrte ist nicht aus geistiger Bequemlichkeit Skeptiker, sondern weil er überscharfen Begriffen und Definitionen in Philosophie und Theologie mißtraut. Und dieses Mißtrauen hat vor allem zwei Gründe: einmal zweifelt er daran, daß der schwache menschliche Verstand – es sei denn er wäre arrogant, das heißt närrisch – durch Hyperexaktheit der Wahrheit näherkommen könnte; zum andern erkennt ERASMUS im streitbaren Philosophen und Theologen nur die sündhafte Lust am Polemisieren, was für ihn nur eine törichte Variante der allgemeinen Lieblosigkeit und Eitelkeit darstellt: »Was gibt es, das frei wäre vom Irrtum? All die subtilen Streitfragen der theologischen Spekulation entspringen einer gefährlichen Neugierde und führen zu einer gottlosen Vermessenheit. Was haben all die großen Kontroversen über die Dreieinigkeit und Maria geholfen? Wir haben so vieles definiert, was man ohne Gefahr für unser Seelenheil hätte entweder ungewußt oder unentschieden lassen können. Die Hauptsache in unserer Religion ist Friede und Einmütigkeit. Diese können kaum bestehen, es sei denn, daß wir über so wenig Punkte wie möglich Definitionen aufstellen und in vielen Dingen jedermann sein Urteil frei lassen. Manche Streitpunkte werden jetzt auf das ökumenische Konzil aufgeschoben. Es wäre viel besser, derartige Fragen aufzuschieben bis auf jene Zeit, da Gleichnisse und Rätsel hinweggenommen sein werden und wir Gott schauen werden von Angesicht«.

Antik-klassische Skepsis verbindet sich hier wieder einmal bruchlos mit der religiösen Demut des PAULUS zum Beispiel in dem ersten *Brief an die Korinther*, Kap. 13: »Denn unser Wissen ist Stückwerk, und unser Weissagen ist Stückwerk. Wenn aber kommen wird das Vollkommene, so wird das Stückwerk aufhören. Wir sehen jetzt durch einen Spiegel in einem dunkeln Wort; dann aber von Angesicht zu Angesicht. Jetzt erkenne ich's stückweise; dann aber werde ich erkennen, gleichwie ich erkannt bin«. Auch PAULUS sprach vom Evangelium des Kreuzes als einer Torheit für den vernunftgläubigen Griechen. Ebenso ist die Torheit, *stultitia*, in der scheinbar nur frechübermütigen Schrift des ERASMUS gegen Schluß des Büchleins das Gegenteil ihrer vordergründigen Fassade: zuerst taucht die *moria* auf als jene Narrheit, die die ganze Welt und das ganze Leben beherrscht, dann aber ist die »Torheit« – in sehr tiefsinniger Verkehrung! – nichts anderes als die Weisheit Gottes selber, der gegenüber die Vernünftigkeit dieser Welt als Torheit erscheinen muß. Wenn man diese Umkehr, diesen unerhörten Doppelsinn der Torheit nicht sieht, hat man ERASMUS nicht verstanden. So unterscheiden wir denn eine – man möchte fast sagen – karnevalistische Torheit, die vom einfachsten Volk, Männlein wie Weiblein, als verborgene oder auch offen zugegebene Herrscherin »dieser Welt« verehrt wird: es ist die gleiche Torheit, die SEBASTIAN BRANT in seinem *Narrenschiff* schildert; wir könnten auch sagen, es sei auf dieser Ebene ERASMUS als Satiriker gegenwärtig. Und dann die höhere Ebene, wo »Torheit« wie bei PAULUS und wie in KIERKEGAARDS »paradoxem« Christentum die eigentliche Weisheit bedeutet: nämlich jene Weisheit Gottes, die »höher ist als alle menschliche Vernunft«, und deshalb von der bloß menschlichen Vernunft für Torheit gehalten wird! Auch bei NICOLAUS CUSANUS, ja schon bei SOKRATES gibt es eine *docta ignorantia*, eine »gelehrte Unwissenheit«, die erst dazu befähigt, das weltlich-vernünftige Wissen in Frage zu stellen, den »Laien« (bei CUSANUS: *idiota*), die »unmündigen Kinder« (so das Evangelium), das »wissende Unwissen« (so bei SOKRATES) höherzustellen als die menschlich-allzumenschliche Vernunft in ihrer Anmaßung. Auf dieser – zweiten – Ebene wird die erasmische »Torheit« etwas ganz anderes als die satirisch-ironisch sich selbst lobende Weltmacht »Torheit«: hier nämlich ist »Torheit« nicht mehr Narretei, sondern jener paradoxe »Friede Gottes, der höher ist als alle menschliche Vernunft«. (Von deutschen Dichtern und Denkern haben HAMANN und JEAN PAUL hierüber am meisten gewußt). Vielleicht war ERASMUS nie »philosophischer« als in seinem *Lob der Torheit*, sofern man unter Philosophie nicht Begriffshaarspaltereien und Systembeflissenheit um jeden Preis versteht, sondern jene seltene Fähigkeit des Menschen, sich selbst und den ganzen menschlichen Käfig »Welt« zu transzendieren, zu übersteigen, und so die Begrenztheit unseres Verstandes und unserer Vernunft zu vergegenwärtigen. Geschehe solches Übersteigen seiner selbst nun philosophisch-vernünftig oder gläubig-religiös: in jedem Falle wird der Mensch sich und seine ganze Welt demütig als »eitel«, als »närrisch« erfahren steht er doch nun einem »ganz Anderen«, einer »höheren Vernunft« gegenüber, mag diese auch weltlich betrachtet als »höhere Torheit« diffamiert werden. – Noch einmal also: ERASMUS' »Torheit« hat diese beiden Aspekte, den geläufig satirischen, gerichtet gegen die bewußten oder unbewußten Narreteien der Leute; und den zweiten – sollen wir sagen »humoristischen«, wie JEAN PAUL und KIERKEGAARD es täten –, der die religiöse oder metaphysische »höhere Torheit«, besser »höhere Vernunft«, betrifft. Jedenfalls Besseres hat nach fast einmütigem Zeugnis der Erasmus-Forscher und nach einmütigem Echo der 400jährigen Geistesgeschichte nach ihm dieser Philosoph im Clownsgewande nicht wieder geschrieben.

Interessant bleibt nur: daß vor allem der ERASMUS der zweiten, der »höheren« Ebene von seinen Zeitgenossen Widerspruch erfahren hat! Und da waren es ausgerechnet die Theologen, die ihm geradezu Blasphemie vorgeworfen haben. Daß sie auf der ersten Ebene wegen der satirischen Behandlung der – bis heute? – ersten Fakultät böse waren, kann man verstehen, läßt er doch die »Moria« sagen: »Nun zu den Theologen! Gescheiter wäre es wohl, in dieses Wespennest nicht zu stechen und um diese stinkende Hoffart einen Bogen zu machen. Denn die Leute sind hochnäsig und empfindlich und reiten am Ende mit ihren Schlußsätzen schwadronsweise Attacke, um mich zum Widerruf zu zwingen, und weigere ich mich, so schreien sie gleich: ›Ketzerei!‹ Im Handumdrehen schleudern sie diesen Blitz, um den zu schrecken, der es mit ihnen verscherzt hat. Kein Mensch zwar will so wenig wie sie davon wissen, daß ich – die Torheit – ihnen Gutes tue; und doch stehen sie, auch sie, mit einer erklecklichen Schuld bei mir zu Buch. Denn, beglückt von ihrer Einbildung tun sie, als wohnten sie im dritten Himmel, und sehen auf die übrige Menschheit wie auf Vieh, das auf dem Boden kriecht. Sie verschanzen sich hinter einer so dichten Hecke von magistralen Definitionen, Konklusionen, Korollarien und Propositionen bald *explicite*, bald *implicite* zu verstehen, und halten sich ein so raffiniertes System von Schlupflöchern offen, daß auch die Netze Vulkans sie nicht zu fangen vermöchten: immer wieder beißen sie sich mit ihren Distinktionen heraus und eine Unzahl neuersonnener Wörtchen und ungeheuerlicher Ausdrücke kommt ihnen zu Hilfe. Die heiligen Geheimnisse erklären sie frei aus dem Kopfe: sie wissen genau, wie die Welt erschaffen und eingerichtet, durch welche Kanäle das Gift der Erbsünde in die Kinder Adams geflossen, wie, in welcher Größe und wie schnell Christus im Leibe der Jungfrau gereift ist und wie in der Hostie die Gestalten von Brot und Wein auch ohne Substanz bestehen. Solche Haarspaltereien kennen sie Tausende...«. Aber auch die mehr praktischen Mönche sind Kinder der Torheit: »Kaum weniger glücklich als die Theologen leben die Menschen, die sich fromme Brüder und Klosterleute nennen, wobei der erste Name so falsch ist wie der zweite; denn ein gut Teil von ihnen ist alles andere als fromm, und niemand trifft man so häufig auf allen Straßen und Gassen. Unsagbar kläglich wäre ihr Leben, käme nicht ich ihnen hundertfach zu Hilfe. Denn während jedermann diese Gesellschaft ins Pfefferland wünscht, ja, eine zufällige Begegnung als übles Vorzeichen ansieht, haben sie selber an sich eine göttliche Freude. Zunächst gilt es ihnen als frömmster Gottesdienst, sich der Wissenschaft so tapfer zu enthalten, daß sie nicht einmal lesen können. Dann glauben sie, den Ohren der Heiligen einen gar herrlichen Schmaus zu bieten, wenn sie ihre abgezählten, aber unverstandenen Psalmverse mit ihren Eselsstimmen in den Kirchen herunterplärren. Manche wissen aus Unsauberkeit und Bettlerpose Kapital zu schlagen und heischen vor den Haustüren mit lautem Muhen ein Stück Brot. Dergestalt, unsauber, unwissend, unflätig, vermeinen diese köstlichen Leute uns die Apostel wieder vorzulegen... Aber, Christus wird dazwischenfahren!«

Und so geht es weiter, die Pointe ist immer wieder: alle, aber auch wirklich alle, vom Kinde bis hinauf zu Christi Stellvertreter bestätigen Salomos Wort: »Die Zahl der Toren ist unendlich«. Amüsant, gut gelaunt, eher witzig als bösartig – wohlgemerkt zu einer Zeit, da das gröbste Schimpfen zum guten Ton gehörte! – lobt sich die Torheit selbst, indem sie klarmacht, daß alle Menschen Toren seien. – Aber nun zur »höheren Torheit«! Wir könnten auch sagen: heilsamen Torheit, die tatsächlich die wahre Weisheit ist: »Paulus sagt: ›Laßt mich euch als Toren gefallen...‹ und an anderer Stelle: ›Wir sind Toren um Christi willen!‹ Da hört ihr, wie laut ein solcher Zeuge mein Lob kündet! Aber noch mehr: dieselbe Autorität verordnet klar und deutlich Torheit als unentbehrliche und unfehlbar wirkende Arznei mit den Worten: ›Wer unter euch weise scheint, soll töricht werden, damit er weise sei.‹ Ja, sogar dem lieben Gott spricht Paulus sein Quantum Torheit zu, sagt er doch: ›Was töricht ist an Gott, ist weiser als die Menschen.‹ Und Christus will von den Weisen, die auf ihre Klugheit pochen, nichts wissen und verdammt sie. Das bezeugt Paulus so klar wie möglich, wenn er sagt: ›Was töricht ist in der Welt, hat Gott erwählt.‹ Des Herrn Wort: ›Wehe euch, ihr Schriftgelehrten und Pharisäer!‹ bedeutet nichts anderes als ›Wehe euch, ihr Weisen!‹ An den Kleinen aber, an den Frauen und an den Fischern hat er offenbar seine größte Freude gehabt, nicht zu vergessen, daß der Herr die Seinen, die er zum ewigen Leben bestimmt hat, Schafe nennt; daß aber das Schaf das allerdümmste Tier ist, sieht man nur schon aus dem sprichwörtlichen Ausdruck bei Aristoteles ›sich wie ein Schaf benehmen‹. Und der Täufer weist auf Christus mit den Worten: ›Siehe, das ist Gottes Lamm!‹«

Fragen wir uns nun, woran sollen wir uns denn halten: an die Torheit Numero eins oder zwei? – dann ist die Antwort schnell gegeben. Um der Torheit Nummer eins willen ist Gottes Weisheit als Torheit erlösend in die Welt gekommen. Uns aber bleibt nichts anderes übrig, als Christi, des »Lammes Gottes« Friedensreich mit ebenso törichter, weil unverdienter, Liebe in der

Welt zu suchen. Alles, was Partei, Schule, strenge Observanzen, Rollen, Nationen, Grenzen –, sagen wir es ruhig banal – Krieg bedeutet, zu bekämpfen. Stilgerecht endet denn auch die Torheit recht versöhnlich: »Und jetzt, ich seh's euch an, erwartet ihr den Epilog. Allein, da seid ihr wirklich zu dumm, wenn ihr meint, ich wisse selber noch, was ich geschwatzt habe, schüttete ich doch einen ganzen Sack Wörtermischmasch vor euch aus. Ein altes Wort heißt: ›Ein Zecherfreund soll vergessen können.‹ Drum Gott befohlen, brav geklatscht, gelebt und getrunken, ihr hochansehnlichen Jünger der Torheit – FINIS«. Oder lateinisch: »*Valete, plaudite, vivite, bibite!*«

So ist das »Lob der Torheit« mehr als ein fröhlicher Scherz, es sei denn, man versteht unter Fröhlichkeit jene friedfertig-milde Stimmung, wie sie die wahre Menschenliebe schenkt, für die ERASMUS zeitlebens – mal mehr epikureisch, mal mehr stoisch – schreibt und schreibt und schreibt. Fast unbekannt ist jene Schrift geblieben, in der ERASMUS – ähnlich wie in dem *Lob der Torheit* – den Frieden (*pax*) persönlich auftreten läßt, diesmal aber nicht mit Lob, sondern klagend. Selten hat ERASMUS so ergreifend die kriegerische Welt seiner Zeit mit dem Friedensreich Gottes konfrontiert wie hier. KANTS Schrift *Vom ewigen Frieden* und KONRAD LORENZ' Buch über das sogenannte Böse wirken in ihren Spitzensätzen wie eine Wiederholung von ERASMUS' *Querela pacis*. Ohne die Verhaltensforschung und deren Beobachtungen der »intraspezifischen Aggression« zu kennen, klagt der Frieden über die noch nicht einmal tierische Feindseligkeit des Menschengeschlechts: »Ist's nicht so, daß die Menschen die wilden Tiere an Wildheit übertreffen! Es kämpfen ja gar nicht alle Tiere, und auch die Bestien kämpfen nur gegen solche anderer Art! Wir haben das schon erwähnt, aber man kann nicht genug davon sprechen, damit es besser in den Köpfen haftet. Die Viper beißt die Viper nicht und der Luchs zerreißt den Luchs nicht. Und schließlich, wenn sie kämpfen, so tun die es mit ihren angeborenen Waffen, mit denen sie die Natur ausgestattet hat! Doch, unsterblicher Gott! Mit was für Waffen bewaffnet die Wut die Menschen, die doch wehrlos geboren sind! Wahre Höllenmaschinen lassen Christen gegen Christen los. Wer würde glauben, daß Kanonen von Menschen erfunden worden seien! Und die Tiere stürmen nicht in solchem Massenaufmarsch zum Verderben der anderen los! Wer hätte jemals beobachtet, daß zehn Löwen zum Kampf gegen zehn Stiere antraten? Aber wie oft sind 20.000 Christen mit gezücktem Schwert gegen ebensoviel Christen losgegangen! So viel liegt ihnen daran, weh zu tun und Bruderblut in Strömen fließen zu lassen! Die Tiere führen auch nur Krieg, wenn sie der Hunger oder die Sorge für ihre Jungen zur Wut reizt. Ist aber nicht für die Christen das kleinste Unrecht genug, um einen Vorwand zum Kriege abzugeben?!«

Berater mehrerer Könige und Fürsten, schließlich auch des durchaus »soldatisch« gesonnenen Papstes – auch die Stellvertreter Christi machen »die Posaune des Evangeliums zur Posaune des Mars« –, ist unser »Drückeberger« ERASMUS lebenslänglich unbelehrbar und lobt sogar friedfertige Heiden, die es besser wußten: »Ovid sagt: ›Eine Schmach ist ein ergrauter Soldat!‹, sie – die Christen – aber finden einen 70jährigen Krieger eine wundervolle Sache.

Es schämen sich nicht die Priester, es schämen sich nicht die Theologen, die Bischöfe, die Kardinäle, die Stellvertreter Christi schämen sich nicht, Urheber und Anstifter dessen zu sein, was Christus über alles verabscheut hat. Reiße dir doch die Maske vom Gesicht und wasche die Schminke ab: gehe in dich und du wirst sehen, daß dich Zorn, Ehrgeiz und Dummheit dahin getrieben haben und nicht die Notwendigkeit, es sei denn, daß du schließlich das als Notwendigkeit betrachtest, kein Gelüste unbefriedigt zu lassen. Vor dem Volk magst du prunken, aber Gott kannst du durch deine Verstellungskünste nicht zum Narren halten... Unterdessen veranstaltet man feierliche Bittgänge... Aber bedenke: Ein Friede kann nicht so ungerecht sein, daß er nicht auch dem gerechtestem Kriege vorzuziehen wäre!« Am schlimmsten aber ist es, ausgerechnet im Namen Christi; dieses »Lammes Gottes«, kriegerisch zu werden, ja schon Parteien zu stiften. Ferner: »Das Wort ›Vaterland‹ halten wir schon für Grund genug, warum ein Volk das andere zu vernichten trachtet. Und nicht einmal damit sind einige Kriegsgurgeln zufrieden!« Nun verstehen wir, warum ERASMUS sich grundsätzlich jeder Partei entzieht, sobald er merkt, es bereite sich eine »Tragödie« vor. Und noch am Ende seines Lebens, als man ihn katholischerseits bittet, maßgeblich an einem Konzil mitzuwirken, fürchtet er – entgegen seinen eigenen Worten: mehr Prophet als Kritiker – dadurch Parteimann eben »der andern Seite« zu werden. Wiederum einmal versagt er sich der großen Politik. Sein Ausspruch – nicht *ubi bene ibi patria*, sondern: wo meine Bibliothek ist, da ist mein Vaterland – wirkt uns Heutigen vielleicht nicht mehr so schrecklich charakterlos. Das Luthertum hatte ihn enttäuscht, wie möglicherweise LUTHER selbst spätestens nach den Bauernkriegen und den Ausschreitungen der Wiedertäufer. ERASMUS seinerseits sieht immer klarer, wohin die »Freiheit eines Christenmenschen« führt, sobald sie obrigkeitshörig wird, mit der Welt, den Landesfürsten paktiert, und tatsächlich bloßes Ventil zum »gläubigen Sich-gehen-Lassen« wird. Wo blieben die Humanisten, als das Luthertum »Geschichte zu machen« begann? »Überall, wo das Luthertum regiert, erschlafft das Studium der Wissenschaften... Vergleiche nur einmal die Universität von Wittenberg mit der von Löwen oder Paris! Die Buchdrucker versichern, daß sie – bevor dieses Evangelium aufkam – von einem Werk schneller 3.000 Exemplare angesetzt hätten als jetzt 600. Ob das auch beweist, daß die Studien blühen? ... Sieh einmal das evangelische Volk an, ob sie in irgend etwas besser geworden sind! Geben sie weniger der Üppigkeit nach, oder der Wollust oder der Geldgier? Zeige mir jemanden, der durch dieses Evangelium aus einem Trinker zu einem Mäßigen, aus einem Wüstling zu einem Sanftmütigen wurde... Ich kann dir viele zeigen, die noch schlechter geworden sind, als sie waren. Ich habe sie zuweilen von der Predigt zurückkehren sehen, wie von einem bösen Geist angehaucht; aus dem Antlitz aller sprach ein merkwürdiger Grimm und eine Wildheit...«.

ERASMUS ist nicht »zeitgemäß« gewesen. Trotz Überdeutlichkeit erscheint er seinen Zeitgenossen undurchsichtig, und dies plappert man ihnen noch nach, über vier Jahrhunderte später! »Hineinzusehen in das Herz des Erasmus ward niemand vergönnt, und es ist doch voll sprechenden Inhalts«. So dichtet wenigstens ein Freund des ERASMUS aus Dalmatien. Fast alle andern aber sind sich bloß einig im Zweifel: »*cernere non licuit facundum pectus Erasmi*«. »Es ist mein Schicksal, von beiden Seiten gesteinigt zu werden, während ich bemüht bin, für beide besorgt zu sein«. Ja, selbst Heutige fragen sich, ob ERASMUS überhaupt »Charakter« besessen hätte! Ein uralter Vorwurf. LUTHER – wir ahnen es – nennt ihn »einen Feind aller Religion und einen sonderlichen Feind und Widersacher Christi«, ferner: »Erasmus ist ein vollkommenes Konterfei und Ebenbild Epicuri und Luciani«. Andere greifen zu Bildern aus der Tierwelt: er sei ein Fuchs, ein Affe, ein Chamäleon. Man dämonisiert ihn sogar: er sei ein »Dämon mit hundert Angesichten von ganz verschiedenem Ausdruck und Mienenspiel«. Ebenso falsch beurteilen ihn spätere: ERASMUS als »Voltaire des 16. Jahrhunderts«, als »Begründer der Aufklärung und des Rationalismus«. Die aus jeder Zeile sprechende *humanitas erasmiana* dagegen, diese wahrhaft »Abendländische Einheit von bester Antike und Christentum« war zur Zeit scharfer Frontenbildung nicht gefragt, es fehlte ihm eben die rasende Leidenschaft der Unbedingten, die ERASMUS an vielen Stellen seiner Werke und Briefe für den tiefsten Grund aller Bestialität und also auch der Krieg durchschaut. Immer auf Maß und Vernünftigkeit milde drängend, macht er sich suspekt: ihm fehle der »wahre Glaube«, der Sinn für das Mystische und Irrationale der Religion. Eine Bemerkung für viele, wiederum LUTHER: »Erasmus hat das Neue Testament übersetzt, aber nichts dabei empfunden«.

Aber das ist der »Charakter« des ERASMUS, daß er von seinen Empfindungen – mit THOMAS MANN zu sprechen – eben keinen »Gebrauch macht«. Er will seine Subjektivität nicht »von Herz zu Herz« aufdrängen. Denn – wir sagten es schon – gerade in der Vorherrschaft der eigenen Gefühle, Begierden, *prima vista* – Reaktionen und – Affekte erblickt er das Hauptübel: sowohl in der Einzelseele als in der Weltgeschichte! Daß er deswegen kein »Olympier« wird, haben wir zur Genüge gesehen, weshalb denn GOETHE mit seinem etwas zu »kollegialen« Bonmot wohl unrecht hat: »Erasmus gehört zu denen, die froh sind, daß sie selbst gescheit sind, und keinen Beruf finden, andere gescheit zu machen, was man ihnen auch nicht verdenken kann«.

Mag er sich auch nicht für Parteien entschieden haben – er hatte gute Gründe, dies zu unterlassen in seiner »Neutralität« war er entschieden, auch auf die Gefahr hin, von beiden Seiten gesteinigt zu werden. Trotz seiner angeblichen Eitelkeit vermied er es bewußt, der Mann seiner Zeit zu werden. Wahrscheinlich ist sein Los, allezeit unzeitgemäß zu bleiben. Ganz unpathetisch klingt sein Wunsch: »... daß ich im Urteil guter Männer als einer lebe, der Christus und seinem eigenen Gewissen gemäß gehandelt hat«.

Francis Bacon – Der Kaufmann des Lichts

»Da ich mich zum Dienste an der Menschheit geboren glaubte und die Sorge um das Gemeinwohl als eine der Aufgaben ansah, die das Recht der Öffentlichkeit bilden und jedermann offen stehen wie die Meere oder die Luft, fragte ich mich, was der Menschheit am dienlichsten wäre und für welche Aufgaben die Natur mich geschaffen habe. Als ich aber nachforschte, fand ich kein verdienstlicheres Werk als die Entdeckung und Entfaltung der Künste und Erfindungen, die zur Zivilisation des menschlichen Lebens führen... Sollte es vor allem jemand gelingen, nicht bloß eine besondere Erfindung zu machen – mag diese noch so nützlich sein –, sondern in der Natur eine Leuchte zu entfachen, die am Anfang ihres Aufstiegs etwas Licht auf die gegenwärtigen Schranken der menschlichen Entdeckungen werfen und später, wenn sie noch höher gestiegen wäre, jeden Winkel und jedes Versteck der Finsternis deutlich aufzeigen würde, so würde, wie mir scheint, dieser Entdecker verdienen, ein wahrer Erweiterer der menschlichen Herrschaft über die Welt genannt zu werden, ein Held der menschlichen Freiheit und ein Befreier von dem Zwang, der den Menschen gegenwärtig in Fesseln hält...«.

So schreibt Francis Bacon in seiner *Erklärung der Natur* und er meint es auch. Denn ihn erfüllt nicht etwa bloß ein ehrgeiziges Pathos, als großer Helfer der Menschheit, durch wissenschaftliche Leistung zivilisatorischen Segen zu bringen, also »Licht« in der bisherigen Finsternis zu sein; »Held der Freiheit« für eine rückschrittliche Sklaverei zu werden, ist und bleibt Bacons wirkliches Ziel. Darüber sollte man nicht streiten, wie dies in der gesamten Literatur über Francis Bacon faktisch geschieht. Ebensowenig darüber, ob Bacon subjektiv wirklich davon überzeugt gewesen ist, daß er – wie kaum ein anderer Zeitgenosse – auch die Gaben besitze, ein solches hohes Ziel zu erreichen. Mit der meist herabsetzend gemeinten Vokabel »Ehrgeiz« wird das eigentliche Problem Francis Bacon, allem Anschein zum Trotz, verharmlost.

Etwa so: ein »typischer Renaissance-Engländer« des elisabethanischen Zeitalters (er lebte von 1561 bis 1626) berauscht sich an der beginnenden Naturwissenschaft, ja, will ihr hervorragendster Repräsentant sein, als Propagandist, als Grundlagenforscher und auch sogar als experimentierender Forscher. Da aber hinsichtlich der Einschätzung seiner tatsächlichen Leistung die extremsten Urteile – von verherrlichender Überschätzung bis zur verachtenden Verurteilung – 350 Jahre lang vorliegen, versucht man es mit dem biographisch-psychologisch gut belegbaren Etikett »Ehrgeiz«. So wenig dieser Ehrgeiz, wie allgemein bekannt, im elisabethanischen Zeitalter allein zu lokalisieren ist, so wenig ist er schlüsselhaft für den Interpreten BACONS. Daß BACON außerordentlich ehrgeizig gewesen ist, wissen wir freilich und werden auch noch darauf zurückkommen. Aber hier kommt es darauf an, gleich zu Beginn der Versuchung zu widerstehen, das ganze geistesgeschichtliche »Phänomen Francis Bacon« auf einen, zumal noch gar nicht spezifischen, psychischen Sachverhalt zu reduzieren! Etwa so – und da lassen wir einen besonders kompetenten Interpreten zu Wort kommen: »In der Tragödie dieser Periode, und zwar nicht nur in Shakespeares ›Macbeth‹, wird immer wieder der schrankenlose Ehrgeiz als Motiv gewählt, weil er im barocken Zeitalter sozusagen als die ›heroische Leidenschaft‹ an sich gilt. Auch Bacons Aufstieg und Fall ist ein Drama des Ehrgeizes, aber es mindert die tragische Wirkung, daß zwar der Ehrgeiz außerordentlich, aber das heroische Moment schwach ist«… und so weiter. Wie gesagt: es kann hier weder auf eine ästhetisierende, noch moralisierende Subsumption BACONS ankommen. Wir stellen vor allem eines fest: er hat von Anfang an ein Ziel fest ins Auge gefaßt – die Förderung eines bestimmten Typus »Wissenschaftlichkeit«; zweitens: er hält sich selbst – ob zu Recht oder nicht – für besonders geeignet, diesem Ziel erfolgreich nachzustreben: »Ich habe meine eigene Natur zur Beobachtung der Wahrheit für besonders geeignet gefunden. Denn mein Geist war sowohl hinreichend beweglich für jenen wichtigsten Gegenstand – ich meine für die Wahrnehmung von Ähnlichkeiten – als auch genügend gesetzt und konzentriert für die Beobachtung der feinsten Abschattungen der Verschiedenheit. Ich verfügte über Forscherleidenschaft, über die Fähigkeit, mein Urteil genügend aufzuschieben, dachte mit Genuß nach, stimmte nur vorsichtig zu, berichtigte irrige Eindrücke bereitwillig und ordnete meine Gedanken mit peinlicher Sorgfalt«. Wir haben keinen Grund, an der subjektiven Überzeugung BACONS zu zweifeln, daß er sich für prädestiniert hält, die erwähnten Talente, die zu einer Wahrheitsfindung ganz bestimmter Art notwendig sind, wirklich zu besitzen. Ein weiterer – wie BACON meint – Vorzug besteht darin, daß er sich von den extremen beiden Gruppen von Gelehrten seiner Zeit gleichermaßen weit entfernt weiß: nämlich von den meist noch scholastisch denkenden und argumentierenden Traditionalisten, die der mächtig aufstrebenden jungen Naturwissenschaft wesensfremde Gegner sind, aber auch von den voreilig verallgemeinernden empirischen Forschern selbst, die im Rausche ihrer Entdeckerfreude partielle Erkenntnisse sogleich als kosmische Naturgesetze betrachten möchten: »Ich besaß kein Verlangen nach Neuerungen und keine blinde Bewunderung für das Alte. Betrug in jeder Gestalt war mir gründlich verhaßt. Aus all diesen Gründen dachte ich, daß meine Natur und meine Anlagen sozusagen eine Verwandtschaft und Verbindung mit der Wahrheit aufwiesen«.

Soweit BACON. Er gibt ein recht getreues Abbild dessen, was er als Wissenschaftler wollte und sich zumuten zu dürfen glaubte. Zumal ihn schon in früher Jugend ELISABETH VON ENGLAND nicht nur ihren »kleinen Lord-Siegelbewahrer« nannte – väterlicherseits und mütterlicherseits bestanden enge Beziehungen zum Hofe – sondern auch »ihr Nachtlicht«: das sollte eine Anspielung auf die geistige Überwachheit des schwächlichen Knaben sein. Freilich hatte BACON, solange ELISABETH regierte, nicht viel Gunst erfahren dürfen. Und das mußte dem jungen BACON, dem schon biographisch eine zweigleisige Begabung und auch Karriere mitgegeben war, ein geradezu prägendes Handicap geworden sein. Sein Vater war mehr als zwanzig Jahre lang ELISABETH Ratgeber gewesen als Lord Keeper: »Meine Geburt, Erziehung und Bildung deuteten nicht auf Philosophie, sondern auf Politik hin; ich war von Kindheit an mit Politik sozusagen getränkt. Und wie es jungen Leuten oft ergeht, wurde manchmal mein Geist von fremden Anschauungen erschüttert. Ich glaubte auch, daß meine Pflicht gegen das Vaterland besondere Ansprüche an mich stelle, die andere Lebenspflichten nicht geltend machen könnten. Schließlich erwachte in bezug auf meine Pläne die Hoffnung, daß ich für meine Arbeiten sichere Hilfe und Unterstützung erhalten könnte, wenn ich ein ehrenwertes Amt im Staate bekleidete. Aufgrund dieser Motive wandte ich mich der Politik zu«.

Diese – wie wir sagten – vorgezeichnete Zweigleisigkeit und auch Zweideutigkeit, die es sehr schwer hatte, in Harmonie gebracht zu werden, ist der vorwiegende Grund für das, was man BACONS »Ehrgeiz« zu nennen pflegt. Frühreif verläßt er das Trinity College in Cambridge und wird schon mit 16 Jahren an der englischen Botschaft in Frankreich angestellt. Mit 18 aber steht der junge Diplomat vaterlos und mittellos da. Verwöhnt durch das wohlhabende Elternhaus sowie durch seine frühen gesellschaftlichen Erfolge, ist seine jetzige Stellung alles andere als »standesgemäß«. So sehr er sich auch als Anwalt und ab 1583 als Parlamentsangehöriger bemüht die ihm »ideal« erscheinende, sichere Staatsstellung als Sinekure, um ungestört wissenschaftlich arbeiten zu können, bleibt ihm lange versagt. ELISABETH nimmt dem Parlamentarier BACON übel, daß er als Vertreter der Opposition Erfolg hat. Er vertritt gegen die Krone die Interessen seiner Wähler. BEN JONSON rühmt den Abgeordneten BACON überschwänglich: »Niemand sprach sauberer, gedrängter und inhaltsreicher als er, und niemand sprach weniger leer und müßig. Kein Wort seiner Rede, das nicht ohne eigenen Reiz gewesen wäre. Seine Zuhörer konnten nicht hüsteln und beiseite schauen, ohne sich selbst zu schädigen. Seine Rede war Befehl... Niemand hatte stärkere Gewalt über die Gemüter der anderen. Jeder, der ihn hörte, fürchtete, daß er bald aufhören könnte«.

Die Königin aber äußert ihr Mißfallen gegen »Leute, die mehr ihre Grafschaft als die Bedürfnisse der Zeit im Auge haben«. Darunter sollte BACON noch lange leiden. Selbst ELISABETHS Günstling ESSEX gelingt es kaum, etwas für seinen Freund BACON zu tun: die sonst so launische Königin bleibt distanziert. Und die einflußreichen Familienmitglieder BACONS, die hohe Stellungen bei Hofe und in der Öffentlichkeit einnehmen, tun für ihn fast nichts. – Es scheint uns also kein typisches Laster des »elisabethanischen Zeitalters« zu sein, wenn BACON – übrigens ganz im Stile seiner Zeit (ist es nicht auch die unsere?) – sich um eine Karriere bemüht, und dies »ohne Heroismus«. Er schmeichelt, lobt, bringt sich alleruntertänigst zur Geltung usw. »Das Wachstum der Wissenschaften an seinem Teile befördern, heißt, an Euer Exzellenz eigenem Interesse arbeiten; denn dieses ist mit jenen, nicht bloß durch den erhabenen Posten eines Beschützers, sondern durch das viel vertrautere eines Liebhabers und erleuchteten Kenners innigst verbunden. Deswegen bediene ich mich auch des einzigen Mittels, das gewissermaßen in meinem Vermögen ist, meine Dankbarkeit für das gnädige Zutrauen zu bezeigen, womit Euer Exzellenz mich beehren... Dessen gnädigem Augenmerke widme ich nun diese Schrift... und bin mit tiefster Verehrung Euer Exzellenz untertäniggehorsamster Diener usw.«.

Mögen die gewogenen Leser dieser Stelle gütigst entschuldigen, das Zitat stammt nicht von BACON, sondern vom wegen seiner standfesten Unbestechlichkeit so hochgerühmten Diener IMMANUEL KANTS, fast zwei Jahrhunderte nach BACONS ach so »ehrgeizigen« Liebedienereien vor den Höchsten! KANT meinte »nur« einen Staatsminister, den bloßen Freiherrn VON ZEDLITZ, dem er die *Kritik der reinen Vernunft* widmete mit besagten Worten... Nichts gegen KANT! – aber mit fast gleichlautenden Zitaten aus BACON pflegt man dessen charakterlosen »Ehrgeiz« zu »belegen«. Der Kuriosität halber zitieren wir FRANCIS BACONS Worte aus seinem Hauptwerke *Instauratio magna* (deutsch: »Große Erneuerung der Wissenschaften«), welche Worte übrigens der gleiche KANT den »untertänigstgehorsamsten« Widmungsworten vorausschickte: »Von unserer Person schweigen wir. Was aber die Sache angeht, um die es sich hier handelt, so wünschen wir, daß sie nicht bloß als eine Meinungsäußerung, sondern als ein rechtschaffenes Werk angesehen werde, bei dem man überzeugt sein kann davon, daß es sich nicht etwa bloß um die Gründung einer Sekte oder um die Rechtfertigung eines gelegentlichen Einfalls handelt, sondern um die Grundlegung der menschlichen Wohlfahrt und Würde überhaupt...«.

»Von unserer Person schweigen wir« (*de nobis ipsis silemus*): diesen Satz isoliert stehen zu lassen, wäre freilich auch nicht korrekt; folgt doch auch BACONS Widmung der *Instauratio* an König JAKOB I. dem Knigge der ersten Hälfte des 17. Jahrhunderts, ebenso wie KANTS Huldigung an den preußischen Staatsminister auch seiner Zeit und ihrem Komment folgte. – Immerhin sind wir zur Vorsicht ermuntert worden, aus Zitaten nicht schon den speichelleckenden »Ehrgeiz« herauszulesen. Auch ist zu unterscheiden, ob ein kleiner Professor seinem Kultusminister oder ein Lord-Siegelbewahrer seinem König etwas widmet. »Unheroisch« klingen indes wohl beide Widmungen...

Um auf die Hauptsache zurückzukommen: viel einschneidender ist die Frage, ob nicht vielleicht ausgerechnet in der »Sache« der größere »Ehrgeiz« liege, also in BACONS Wissenschaftsprogramm. Ist nicht der schlimmste »Ehrgeiz« jene – uns Heutigen so selbstverständlich gewordene – »Herrschaft des Menschen« über die Natur, die schließlich zur Herrschaft der Apparate über den Menschen wird? »Wissen ist Macht«, ein Pathos, das sich bei BACON noch auf die Bibel selbst beruft, führt – wir wissen dies – zum mörderischen, wenn nicht gar selbstmörderischen Wettbewerb der Technokraten. Der – wir zitierten es bereits – »Held der menschlichen Freiheit«, »ein wahrer Erweiterer der menschlichen Herrschaft über die Welt«, begreift wie wir von heute Wissenschaft als »wissenschaftliche Forschung« zu zivilisatorischen Zwecken-, alles andere ist (wir zitieren damit nicht nur BACON) leerer Wortkram. Ist BACON mit seinem empiristischen Fortschrittsglauben nicht viel aktueller als alle philosophiegeschichtlichen Zänkereien um seine »wahre Stellung« zu Beginn der Neuzeit voraussetzen? Tatsächlich heißt es in der Bibel: »Und Gott sprach: lasset uns Menschen machen, ein Bild, das uns gleich sei, die da herrschen über die Fische im Meer und über die Vögel unter dem Himmel und über das Vieh und über die ganze Erde und über alles Gewürm, das auf Erden kriecht...«.

Wir wollen nicht theologisch erörtern, ob diese »Herrschaft der Menschen« auch für den Adam nach dem Sündenfall gilt, also für denjenigen Menschen, der sich auch vom Schöpfer nicht mehr beherrschen lassen will, sondern sein wollte »wie Gott«. Uns genügt die sehr profane Frage: wie denn eine Welt primär begriffen werden soll, die der Mensch »beherrscht«, ohne für solche Herrschaft auch reif zu sein. BACON zitiert die Bibel sehr häufig, wenn er prinzipielle Fragen erörtert, von ihm stammt ja das berühmte, oft wiederholte Wort: »Ein wenig Philosophie macht den Menschengeist dem Atheismus geneigt, aber philosophische Tiefe führt ihn zur Religion«. Aber war dieser Ausspruch wirklich so gemeint, war BACON nicht gerade alle Art »philosophischer Vertiefung« höchst suspekt? Wußte er es nicht besser, wenn er sehr hellsichtig vermutet, daß gerade in der Aufklärung – seines Zuschnitts wohlgemerkt! – alle »höheren Instanzen« über den Menschen verlören? »Gebildete Zeiten« könnten wohl zum Atheismus führen: »... besonders wenn sie friedlich und wohlhabend sind, denn Unglück und Sorgen machen den Geist des Menschen der Religion geneigter«.

In merkwürdig-sophistischer Verkehrung kann der gleiche BACON gerade solche Philosophien der sündigen Hybris zeihen, die allzu grundsätzliche Fragen stellen. Nein, heißt es dann, so tief zu gehen, steht dem armen sündigen Menschengeiste nicht zu. Also halte man doch – als endlicher und sündiger Mensch – die naheliegenderen praktischen Fragen für die einzig angemessenen. Das klingt bescheiden, ist aber *de facto* gerade der Verzicht auf

»philosophische Vertiefung«. Konsequent ist es dann wiederum, den Primat des unmittelbar Nützlichen, also des der Herrschaft über die Natur Förderlichen, sozusagen diesseits von Gut und Böse zu behaupten. – Wir deuteten mit solchen Bemerkungen spezifische Züge von BACONS »Philosophie« an, stets mit dem Hintergedanken: ist der angeblich so »ungewöhnliche Ehrgeiz« BACONS, in seiner Biographie wie in seinem Charakter, nicht vielleicht harmlos gegenüber der Hybris seines Wissenschaftsbegriffs, seiner »Herrschaft des Menschen«, seines »Wissen ist Macht«-Prinzips?

Machen wir die Probe: Fast alle Autoren stoßen sich mehr oder weniger am persönlichen Ehrgeiz BACONS, der besonders in zwei biographischen Tatsachen – wie es scheint – mit Händen zu greifen ist. Einmal: seine Undankbarkeit gegenüber seinem Gönner und Freund, dem Grafen ESSEX; ferner: seinen Sturz von höchster Stellung, er war schließlich doch Lordkanzler und Baron von Verulam, Vicegraf usw. geworden. Er stürzt, weil er sich als Richter der passiven Bestechung schuldig gemacht hatte... Wir könnten beide Begebenheiten übergehen mit dem üblichen Hinweis: dies seien damals durchaus übliche Vorfälle gewesen, also: der Zeitgeist entschuldige ihn. Uns will jedoch scheinen, als sei BACON auf solch soziologisches *comprendre* gleich *pardonner* gar nicht angewiesen. Vordergründig betrachtet sieht die Sache in der Tat sehr schlimm für BACON aus. Graf ESSEX, der 1595 das Gut Twickenham an BACON verschenkte, der als Günstling der Königin – so schreibt er schon 1593 an BACON – nach »steter Tropfen höhlt den Stein«-Methode sich immer wieder für seinen Freund einsetzte, wenn auch ohne Erfolg, dieser Graf VON ESSEX wird von ELISABETH – nicht zu Unrecht übrigens – des Hochverrats beschuldigt, nach einem Gerichtsverfahren schließlich zum Tode verurteilt. Am 25. Februar 1601 wird er enthauptet. Der Hauptankläger, von ELISABETH bestellt, war kein anderer als BACON! So dargestellt, klingt die »Untat« BACONS unverzeihlich. Tatsächlich aber war BACON erstens mit ESSEX nicht eng befreundet, vielmehr hatte jeder vom anderen seinen Nutzen: BACON die Protektion und Unterstützung wirtschaftlicher Art, ESSEX dagegen die für ihn so wichtige juristische und sonstige Beratung durch BACON. Zweitens: Vergessen wir nicht, ESSEX war der Nachfolger seines Stiefvaters bei Elisabeth; die damals bereits 55jährige Königin gewährt dem 21jährigen schönen, aber launisch-hitzigen Jüngling ihre Gunst, zwischen Zärtlichkeit und heftiger Eifersucht hin- und herpendelnd. Der Jüngling seinerseits, beliebt bei den Damen und dem Volke, frühzeitig durch hohe Stellungen und militärische Erfolge verwöhnt, macht es seinem Berater FRANCIS BACON nicht leicht. Je steiler die Karriere des erfolgreichen ESSEX war, um so schwieriger war sein Ehrgeiz zu zähmen. ESSEX' Unbotmäßigkeit gegenüber seiner Gönnerin war gleichzeitig eine Kompromittierung seines Freundes und Beraters FRANCIS BACON. Drittens: Nicht nur aus BACONS Verteidigungsschrift wissen wir, daß ESSEX – selbst als er offenkundig schon gegen seine Königin Hochverrat geübt hatte – von BACON stets verteidigt wurde, zum Teil sogar unter Verwendung gefälschter Briefe, die für ESSEX einnehmen sollten. Viertens:

ELISABETH, als alternde Frau, war der Dialektik ihres eigenen Gefühls unterworfen, wollte den Geliebten mal mehr demütigen als bestrafen, dann wiederum ihn unbedingt aus der Welt geschafft sehen. Ein psychoanalytisch sehr weites Feld! (Der alten Dame kamen z. B. in kritischer Zeit Worte ihres ESSEX zu Ohren wie: schließlich sei er trotz allem nicht ihr Sklave, er wolle sich nicht so behandeln lassen von einem alten Weibe, dessen Körper ebenso krumm sei wie der Geist u. a. m.) Und stets BACON als Vermittler zwischen beiden politisch-erotischen Protagonisten. Fünftens: Schließlich war es soweit, daß BACON durch den noch immer nicht belehrbar gewordenen ESSEX selbst ebenso gefährdet war wie ELISABETH, die sein Freund ESSEX stürzen wollte. BACON kämpfte in seinem Plädoyer um sich selbst mindestens ebenso wie um die Königin. ESSEX hatte ja beide hintergangen. Der Philosophiehistoriker KUNO FISCHER kommt nach eingehender Erörterung aller Pro- und Contra-Instanzen zum Ergebnis: »Die Welt hat Bacons Freundespflichten gegen Essex überschätzt, sie hat seine Überzeugung entweder nicht gekannt oder zu gering angeschlagen, und darum unbillig und oberflächlich beurteilt, daß er aus bloßem Eigennutz die Freundschaft schnöde verraten habe. Man darf sich über ein solches Urteil nicht wundern, denn die Freundschaft ist allemal populärer als die Staatspflicht«.

Die Details der ganzen ESSEX-Affäre, einschließlich der historischen Tatsache, daß die »gerächte« ELISABETH schon zwei Jahre später in tiefer Schwermut verstarb, zeigen weniger die Undankbarkeit BACONS als die wirklich wenig dankbaren Verhältnisse, in die BACON durch seine Freundschaft mit ESSEX hineingerissen worden ist. – Vielleicht wirken manche Äußerungen BACONS über die Freundschaft in seinen Essays weniger abgebrüht, wenn man seine Erfahrungen berücksichtigt: »Es gibt nicht viel Freundschaft auf der Welt, der man hohes Lob spenden könnte, wenigstens nicht unter Gleichgestellten... Wer nach Freunden sucht, um sich ihnen zu eröffnen, ist ein Kannibale seines eigenen Herzens... Liebe deinen Freund, als ob er dein Feind werden sollte, und deinen Feind, als sollte er dein Freund werden...«. Dieses letztere Wort ist schon von dem Weisen Bias überliefert, aber es charakterisiert die skeptische Offenheit auch BACONS.

Die zweite BACONS Ehrbarkeit verdunkelnde Geschichte ist seine Verurteilung wegen Bestechung und der damit verknüpfte Sturz aus höchster Staatsstellung. Allein, heute wissen wir nicht nur, daß seine Ankläger seine politischen Gegner waren, die des gleichen – landesüblichen – Vergehens hätten beschuldigt werden können, sondern wir wissen auch, daß die Verurteilung BACONS aufgrund eines Geständnisses erfolgte, das – auch dies erinnert uns an analoge Dinge mitten unter uns – den König decken sollte. Deshalb die erstaunliche Freilassung BACONS aus dem Tower schon nach zwei Tagen, die Erlassung aller Schuld, ja sogar die Möglichkeit einer – wenn auch reduzierten – politischen Tätigkeit danach! Wir wiederholen: die persönliche Eitelkeit, Herrschsucht, Putzsucht usw. scheinen uns bei BACON fast wie Nebensächlichkeiten gegenüber dem Anspruch seiner »neuen Wissenschaftlichkeit«.

Darin wird er uns so zeitgemäß, ja modern. Man mag – vollkommen zu Recht – seine *Essays* als wahre literarisch-psychologische Meisterwerke schätzen, aber auch in ihnen goutieren wir eigentlich unsere eigene Tendenz: ja, praktisch, rational, mit *common-sense,* aber ohne Philosophie über unsere Mitmenschen nachzudenken, das heißt: nur insoweit wir sie manipulieren wollen, bzw. auch uns – wegen der damit verbundenen Vorteile – manipulieren lassen könnten... Der so moderne ethische »Hautgout« ist – recht gesehen – nur ein Pendant zur pragmatischen Aversion gegen alle *prima philosophia*; das unmittelbar Nützliche, Brauchbare allein zählt. Darüber hinauszugehen ist – so will es diese sophistische »Bescheidenheit« – unbescheidene Anmaßung unserer kleinen Vernunft. So gibt es freilich – eben aufgrund der pragmatischen »Selbstbescheidung« keine allzu hohen ethischen Prinzipien. Sagen wir es kürzer: es ist die Philosophie des Kaufmanns, des aktiven Politikers, der wie jener Vater aus dem Berner Oberland denkt: als sein Sohn ihn fragt, ob es jenseits der Berge noch »Lüt« gebe, kommt nach langem Schweigen die Antwort: »Büble, du sollst nicht grübeln!« Wie nach einem Goethewort der Handelnde »kein Gewissen habe«, so ist hier die Selbstbegrenzung des Denkens und Wissens aufs unmittelbar Alltags-Praktische (ohne Grübeln!) und nur auf dieses, eine Art Ausschaltung des philosophischen »Gewissens«. Die Aufmerksamkeit gilt noch besseren, noch ökonomischeren, wirksameren, bequemeren Mitteln der Daseinserhaltung statt den altmodischen Sinnfragen und Begründungen. Daher auch die Aversion gegen die Antike, nicht etwa nur gegen die zur Zeit Bacons ohnehin schon altersschwache Scholastik!

Freilich ist nicht etwa die Wissenschaftstheorie Francis Bacons Grundlage der modernen Naturwissenschaft geworden. Das weiß man schon lange. Aber Bacon macht seine Mängel als Grundlagenforscher wie als Experimentator wett durch sein durchaus modernes Fortschrittspathos. Schon in der frühen Schrift Bacons *Lob der Wissenschaft* fällt eine eigentümlich kommerzielle Terminologie auf: »Sollen wir nicht den Reichtum des Warenhauses Natur genau so beachten wie die Schönheit des Ladens? Ist Wahrheit nutzlos? Werden wir nicht durch sie Würdiges erreichen? Das menschliche Leben mit unendlich vielen Bequemlichkeiten ausstatten können?« Bacon lobt zwar die Vernunft zunächst wie Platon es nicht schöner vermöchte: »Vernunft macht den Menschen, und Erkenntnis die Vernunft... Ist nicht die Erkenntnis allein, was den Geist von Verwirrung befreit?« Aber dann spricht er gleich vom Reichtum des »Warenhauses Natur«, der »Schönheit des Ladens«, der Profitlichkeit des Wahrheitsstrebens, der Ausstattung des menschlichen Lebens mit unendlich vielem Komfort! 300 Jahre vor dem amerikanischen Pragmatismus eines William James, der auch in seiner Wahrheitstheorie hemmungslos die Business-Formeln »*cash-value*« (Kaufwert), »*profits*«, »*results*« u. a. gebraucht, schickt sich die Philosophie schon bei Francis Bacon an, ihren würdigen Talar abzulegen, wobei wir die biographische Tatsache übergehen wollen, daß im *Lob der Wissenschaft* die Königin Elisabeth noch viel mehr gelobt wird als die philosophische Vernunft... Jedenfalls hat die Philosophie sich an praktische Ziele zu halten: »Es ist keine bloße Meinung, die man haben soll, sondern eine Arbeit, die man verrichten soll, und ich arbeite nicht an der Grundlegung einer Schule oder Lehre, sondern an den Grundlagen der Nützlichkeit und der Macht«. Es geht nicht um die höchsten, »letzten« Erkenntnisse, sondern um praktisch verwertbare, zivilisationsfordernde Regeln: »Die Wissenschaft soll nicht ein Ruhebett sein für von Neugierde gequälten Geist, oder ein Spaziergang zum Vergnügen, oder ein hoher Turm, von dem man verächtlich herabblickt, sondern ein reicher Warenbehälter, eine Schatzkammer zur Ehre des Werkmeisters aller Dinge und zum Nutzen der Menschheit, um die Macht und Herrschaft des Menschen über die Natur (besser?) zu begründen und zu erweitern«.

Gott wird mehr und mehr eine Art »Chef« der Firma Welt, der Gelehrte aber zu einem Kaufmann, die Gelehrtenstube zu einem Kontor. Unsere Formulierungen scheinen übertrieben, von einem modischen, zeitkritischen Pessimismus diktiert zu sein. Aber dem ist nicht so. Es verhält sich umgekehrt: BACONS Verständnis der Philosophie machte Schule, obgleich seine allzu empiristischen Methoden, seine arge Vernachlässigung der Theoriebildung, vor allem aber der Mathematik – von der er nicht viel hält, jedenfalls viel weniger als von der Alchimie – dem modernen Naturforscher (nicht erst seit JUSTUS VON LIEBIGS Kampf gegen BACON) ungenügend erscheinen. Es ergibt sich das paradoxe Bild, daß die wissenschaftliche Methode BACONS von der erfolgreichen Naturwissenschaft selbst als bedenklich qualifiziert wird, daß BACON selbst gerade diejenigen Geister seiner Zeit, die das wirklich leisteten, was er versprach, zum großen Teil ignoriert und unterschätzt hat. – Aber das Fortschrittspathos des Programmatikers und Propagandisten BACON machte Schule. Er hat die großen, wissenschaftsgeschichtlich fortschrittlichsten Geister – KOPERNIKUS, GALILEI, KEPLER, HARVEY, GILBERT und viele andere – zum Teil ignoriert, zum Teil getadelt. Nach BACONS Methoden wurde nicht geforscht, im Gegenteil: die großen Genies seiner Zeit schätzten und praktizierten das mathematisch-deduktive Verfahren. KEPLER z. B. hätte mit seiner *Neuen Astronomie* von 1609 BACON eines Besseren belehrt haben müssen, nämlich daß die reichlich dilettantische »Enumerations-Methode« BACONS zu fleißig unfruchtbarem Experimentieren führt, während die kühnen Hypothesenbildungen BACONS stets verhaßt – nebst der mathematischen Formulierung von Naturgesetzen auch vom Standpunkt des »Profits« und der »Naturbeherrschung« außerordentlich erfolgreich gewesen ist. Aber nein. BACON nimmt diese wirklichen Errungenschaften kaum zur Kenntnis. Den großen Anatomen VESALIUS hat er überhaupt nicht gekannt, den Leibarzt JAKOBS I. VON ENGLAND, HARVEY, der den Blutkreislauf entdeckt hatte, bekämpft BACON. So bleibt er nicht nur in seiner Methode unter dem Niveau seiner eigenen Zeit; HARVEY sagt, von seinem Standpunkt aus zu Recht: »Bacon schreibt Philosophie wie ein Lordkanzler«. Dennoch meldet sich in BACON etwas zu Wort, das bleiben sollte, wir sagten es schon: eine schnell populär werdende Hoffnung und Erwartung, ja, man müßte sagen: ein Glaube an die Nützlichkeit der Wissenschaft für die Zivilisation. Sie erhält einen demokratischen »*cash-value*« – obgleich die Wissenschaftstheorie und Methodenlehre BACONS unzureichend sind. Es ist das Pathos: Wissenschaft fordert – falls sie überhaupt einen Sinn haben soll – die Zivilisation, die Zivilisation aber macht die Menschen glücklich und gut. Da BACON natürlich nicht aus dem Rathaus des 20. Jahrhunderts kommt, kann er seinen Fortschritts- und Wissenschaftsglauben am besten als Programm bzw. als Utopie darstellen. Zwei Jahre vor seinem Tode schreibt er das literarisch und wissenssoziologisch so interessante Fragment *Nova Atlantis*, eine Utopie, in der bildkräftig alles das, was wir bisher feststellten, in zauberflötenhafter Tempelstimmung, einschließlich eines freimaurerischen Rituals, »Ereignis« wird. Gott, der »Vater des Lichts« – das Licht ist ja die erste Schöpfungstat Gottes – hat auf dieser Insel *Nova Atlantis* seine schönste Niederlassung, fast hätten wir »Filiale« gesagt. Hier entwickelt BACON ein Bild der Zukunftsgesellschaft, in der die Wissenschaft endlich den ihr gebührenden Platz erhält. Fast alle technischen Errungenschaften des 20. Jahrhunderts kennt man da; kein Wunder, denn die Insel wird nicht von Politikern regiert – BACON schreibt übrigens als abgesetzter Politiker seine Utopie –, sondern von Gelehrten: Technikern, Architekten, Astronomen, Geologen, Biologen, Ärzten, Chemikern, Volkswirten, Soziologen, Psychologen und Philosophen. Das Herzstück ist ein Orden, eine Gesellschaft, die »Salomons Haus« genannt wird. Statt zu regieren, beherrscht man die Natur. Es ist interessant festzustellen, wie hier das *regnum hominis*, dieses Bild von der totalen Herrschaft des Menschen sich kurioserweise einen religiösen Nimbus gibt. (Dabei ist hier wirklich Adam »geworden wie unsereiner«!) – »Es handelt sich um die Gründung oder Einrichtung eines gewissen Ordens oder einer Gesellschaft, die wir das Haus Salomons nennen. Es ist das, sage ich euch, unserer Meinung nach die großartigste Gründung aller derartigen auf der Erde und eine große Leuchte dieses unseres Landes. Dieses Haus ist der Erforschung und Betrachtung der Werke und Geschöpfe Gottes geweiht. Diese Gesellschaft wird bald ›Haus Salomons‹ genannt, bald das ›Kollegium der Werke der sechs Tage‹. Deshalb bin ich der Überzeugung, der hervorragende König, der sie gegründet hat, habe von den Hebräern gelernt, daß Gott diese Welt und alles, was auf ihr lebt, innerhalb von sechs Tagen geschaffen hat und deshalb als er jenes Haus zur Erforschung und Erkenntnis des wahren und inneren Wesens aller Dinge begründete, damit Gott als ihr Schöpfer um so größeren Ruhm ob ihres Baues empfange, die Menschen aber in ihrer Auswertung um so reichere Früchte ernteten, ihm auch jenen zweiten Namen des ›Kollegiums der Werke der sechs Tage‹ gegeben hat.

Der König verordnete jene Bestimmung: Alle zwölf Jahre sollen aus diesem Lande zwei Schiffe in die verschiedenen Gegenden des Erdkreises geschickt werden. Mit beiden Schiffen sollen jeweils drei Männer der Bruderschaft des Hauses Salomons ausfahren. Diesen ist aufzutragen, uns von den Einrichtungen und den Verhältnissen in jenen Ländern, in denen sie landen, vor allem aber von den Wissenschaften, Künsten, Handwerken und Erfindungen der gesamten Erde Kunde zu bringen und bei ihrer Rückkehr Bücher, Instrumente und Unterlagen jeder Art mitzuführen... Ihr seht jedenfalls, daß wir einen Handelsverkehr unterhalten, nicht um des Goldes, des Silbers und der Edelsteine, nicht um Seide und Gewürze und auch nicht um sonstiger einträglicher und wertvoller Dinge willen, sondern nur wegen der ersten Schöpfung Gottes: also des Lichtes wegen, des Lichts sage ich, das ja schließlich an jeder Stelle der Erde hervorbricht und Leben zeugt. – Als er dies gesagt hatte, schwieg er. Aber auch wir schwiegen eine Weile. Denn wir waren wahrhaftig alle erstaunt, als wir so wunderbare Dinge in einer so lichtvollen Darstellung hörten«.

Wir brechen hier ab, nicht ohne zu erwähnen, daß man dem berichtenden Insulaner ehrerbietig auch noch die Fransen seines Umhangs küssen will... Wichtig erscheint uns vor allem dies zu sein: diese religiös gefärbte Begeisterung für die *mercatores lucis*, das heißt: »Kaufleute des Lichts«, wie wir *pars pro toto* die Dienste der Ordensbrüder betiteln wollen (sie kennen freilich eine ganze Serie von weiteren Spezialisten) nimmt in der Tat eine Zukunft vorweg, die bei uns schon begonnen hat:

»Zweck unserer Gründung ist Erkenntnis der Ursachen und Bewegungen sowie der verborgenen Kräfte in der Natur und die Erweiterung der menschlichen Herrschaft (*regnum hominis*) bis an die Grenzen des überhaupt Möglichen«. Das Fragment schließt mit der Schilderung zweier Kultstätten: »Wir haben zwei geräumige und schöne Säulenhallen. In der einen von ihnen stellen wir der Reihe nach Musterstücke aller seltenen und hervorragenden Erfindungen auf in der anderen aber die Standbilder berühmter Erfinder. Dort ist das Standbild eures Columbus zu sehen, der als erster das westliche Indien entdeckte, ebenso das des ersten Schiffbauers, ferner das eures Mönchs, der als erster das Pulver und die Schießgewehre erfand usw. Wir haben auch bestimmte Hymnen und liturgische Formeln, die wir täglich singen und wiederholen und in denen Lob, Preis und Dank zu Gott widerklingt, um seiner wunderbaren Werke willen...«. Und ganz zum Schluß folgt die – eigentlich überraschende – Wendung: die bisher so geheimgehaltene Organisation und ihre Errungenschaften werden der ganzen Menschheit zugänglich gemacht! »Er legte seine Rechte auf mein Haupt, als ich auf die Knie fiel und sagte: ›Es segne dich Gott, mein Sohn! Ebenso möge er den Bericht, den ich dir gegeben habe, segnen! Ich gebe dir die Erlaubnis, ihn zum Wohl anderer Völker zu verbreiten...‹«.

Verglichen mit seines Landsmannes THOMAS MORUS *Utopia,* in der zwar auch ein vernünftiger Wohlfahrtsstaat entworfen wurde, aber unter platonischem Einfluß: denn der höchste Wert ist die Gerechtigkeit, ist BACONS *Nova Atlantis* trotz allem religiösen Beiwerk – schließlich war BACON wegen Ketzerei und Atheismus mehrmals angeklagt! – in jedem Sinne »moderner«: der Glaube, daß Zivilisation und Technik allein ausreichen, den Menschen glücklich und gut zu machen, beherrscht die ganze *Nova Atlantis*. Weit im Hintergrund ahnen wir den platonischen Philosophen als König; heißt es doch in PLATOS *Staat*: »Wofern nicht entweder die Philosophen Könige werden in den Staaten, oder die, welche jetzt Könige und Herrscher heißen, echte und gründliche Philosophen werden, und dieses beides in einem zusammenfällt, Macht im Staate und Philosophie gibt es, mein lieber Glaukon, keine Erlösung vom Übel für die Staaten, ich glaube aber auch nicht für die Menschheit«.

Freilich, der Philosoph als König ist – bei PLATON – kein Machtmensch; im Gegenteil: fast unwillig tut er seine Pflicht. Ferner: Bei BACON ersetzt die demokratische Verfassung die Herrschaft eines Einzelnen. Es ist ein Team von wählbaren und auch ersetzbaren gelehrten Beamten, das organisiert das *regnum hominis* vorantreibt. Und schließlich ist nicht die Idee der Gerechtigkeit, sondern die *efficiency* der allgemein zivilisatorischen Wohlfahrt das höchste Ziel! So verschwindet auch die Bedeutung des Einzelnen und seiner Freiheit, die Bedeutung des Gewissens als höchster Instanz zugunsten des Glücks der meisten als dem wahren Ziel aller Wissenschaft. BACON wollte »zeitgemäß« sein. Sein frühes Werk *Die größte Geburt der Zeit* ist verloren gegangen, aber das Wort »Die Wahrheit ist die Tochter der Zeit« stammt von ihm. Wir glauben dem Hegelianer KUNO FISCHER nicht, wenn er dieses Wort als Selbstrelativierung BACONS interpretiert: als ob er sich der Abhängigkeit von einer ganz spezifischen Epoche bewußt gewesen wäre. Uns scheint im Gegenteil: die »Zeitgemäßheit« der Wahrheit BACONS ist im Sinne einer Über-Zeitlichkeit zu verstehen; ab jetzt – spricht FRANCIS BACON – beginnt eine Neue Zeit; die Zeit der Kaufleute des Lichts. Sein Selbstbewußtsein spricht aus den Worten seines Testaments: »Ich hinterlasse meine Seele Gott..., meinen Leib stiller Beisetzung und meinen Namen kommenden Zeiten und fremden Völkern«.

In der Tat: unser Zeitalter ist weitgehend *Nova Atlantis,* ob wir dies nun positiv oder negativ werten wollen. Dies reicht bis in die Details unseres heutigen Daseins hinein: die Herrschaft der Apparate und der Technokraten; die Geisteswissenschaften, die zu einem Luxusbetrieb werden, einem Naturschutzpark vergleichbar; die Selbstverständlichkeit, unter Wissenschaft zweckgebundene Naturbeherrschung zu verstehen; die besonders in den USA und in der Sowjetunion als notwendig empfundene Propaganda fürs »Weltraum-Bewußtsein«. Überhaupt das ganze Weltraumgefühl, das man als kosmische Gemütlichkeit bezeichnen könnte; man denke etwa an den Zwiegesang russischer Astronauten bzw. an die Telefonate der »Gemini-4«-Piloten WHITE und MCDIVITT, die – um den »Spiegel« zu zitieren – beweisen, »daß Küche und Kosmos so weit nicht auseinander sind«. – Gewiß, dies hat mit PLATOS altmodischen »letzten Fragen« »höchsten Ideen« nichts mehr zu tun. Wir sind vielmehr im baconschen »Warenhaus Natur«. Nur von Zeit zu Zeit erschrecken wir darüber, daß die technisierte Welt einem Menschen verfügbar gemacht wird, der dieses Aussparen der alten Fragen nach letztem Sinn und Grund mit einer schizophrenen Zweigleisigkeit bezahlt.

Grundlagenforscher weinen, weil ihre Erfindungen nicht vom eigenen Volk zuerst als Kriegswaffe eingesetzt worden sind, um Millionen Menschen zu töten, später weinen sie, weil sie so etwas Entsetzliches gar nicht erfinden wollten. Schließlich weinen sie, weil andere – Kollegen also – überhaupt nicht daran denken, über derartiges zu weinen, sondern vielmehr wacker weiterhin »Kaufleute des Lichts«, und sei es eines Lichts, das tausendmal heller ist als die Sonne selbst, bleiben. Nietzsche schon wußte: »Die Gewässer der Religionen fluten ab und lassen Sümpfe und Weiher zurück; die Nationen trennen sich wieder auf das feindseligste... Jetzt wird auf Erden nur noch durch die gröbsten und bösesten Kräfte bestimmt, durch den Egoismus der Erwerbenden und die militärischen Gewaltherrscher...«. Und die Sensibelsten leiden unter alledem, sie finden – wie Günter Anders –, daß statt des *regnum hominis* nun der selbständig gewordene Zauberbesen Apparat den Menschen übertrifft, so daß ihn eine prometheische Scham erfüllt, wenn er bedenkt, daß selbst Entscheidungen über Krieg und Frieden dem Schlaumeier Computer überlassen werden. Nein, uns scheint: mit Bacon sind wir noch lange nicht fertig. Und zwar nicht mit dem brechtschen Kalendergeschichten-Bacon, sondern mit uns, denen zwar bewußt ist, daß Wissen Macht bedeute –, aber wir wissen überhaupt nicht: Macht wozu? Sollte man nicht doch grübeln?...

VOLTAIRE – ... aber ich habe die Feder

(Es folgt ein für den Rundfunk mit verschiedenen Sprecherrollen konzipierter Text.)

VOLTAIRE [aus dem *off*]: Ich habe kein Szepter, aber ich habe eine Feder.

A: Man kann es eigentlich kaum fassen, dass es so einen Trauerzug für einen Mann der Feder geben konnte. Sie nannten ihn zwar den *roi* VOLTAIRE, aber er sagte mit Stolz von sich:

VOLTAIRE [aus dem *off*]: Ich habe kein Szepter, aber ich habe eine Feder.

A: Den Leichenzug dieses Mannes begleiteten sage und schreibe hunderttausend Männer und Frauen. Sechshunderttausend standen Spalier, flüsterten sich zu: »*L'homme Calas*«, und lasen ergriffen die Schleife am Leichenwagen: »Er verlieh dem Menschengeist den starken Impuls, er bereitete uns auf die Freiheit vor«. »Ja, dieses galt dem verrunzelten Etui der Seele VOLTAIRES«, wie FRIEDRICH VON PREUSSEN gelegentlich VOLTAIRES kümmerlichen Leib liebevoll bewitzelte. Auch dem entseelten Etui hatte man keine Ruhe gelassen und unser Leichenzug war die letzte Fahrt ins Pariser *Panthéon*. Dem Franzosen, dessen *ancien régime* VOLTAIRE verkörpert und dessen Revolution er maßgeblich vorbereitet hatte – den Franzosen genügen die drei Worte auf dem Grabstein: »Hier liegt *Voltaire*«.

B: *Hier liegt Voltaire.* »Er ist der Genius seiner Nation«, wie GOETHE sagt. Aber uns Deutschen besuchendes *Panthéon* fällt da ein Nachruf LESSINGS ein auf eben diesen VOLTAIRE, ein weniger würdiger Nekrolog, an den wir aber auch dann denken, wenn wir in den unzähligen Bänden der VOLTAIRE-Ausgabe blättern: »Hier liegt, wenn man euch glauben wollte, ihr frommen Herrn, der längst hier ruhen sollte. Der liebe Gott verzeihe aus Gnade ihm seine *Henriade* und seine Trauerspiele und seine Verschen viele. Denn was er sonst ans Licht gebracht, das hat er ziemlich gut gemacht«.

A: Hm, ziemlich gut gemacht. Hier liegt meines Erachtens das Problem Voltaire. Halten wir dem gestrengen Herrn Lessing zugute, dass in seinem Munde, wie ein Kritiker sagte, »ziemlich gut besser sei als manches *summa cum laude* akademischer Größen«. Zudem ist Voltaire mehr als die neunundneunzig Bände, wie er selbst weiß.

Voltaire [aus dem *off*]: Mit so viel Gepäck kommt man kaum in die Unsterblichkeit.

A: Voltaire war mehr, nämlich vor allem er selbst – Voltaire. Damit meine ich nicht bloß eine besonders kauzige Type, ein geistesgeschichtliches Original, nein, sondern eine ausgezeichnete menschliche Möglichkeit. In ihm verkörpert sich nicht bloß eine ganze Epoche, sondern etwas durchgehend Menschliches – Aufklärung im besten und schlechtesten Sinne.
B: Und dabei doch so viel Zeitbedingtes. Nicht nur Menschliches, sondern allzu Menschliches. Ich denke immer wieder an das Zeugnis des Jugendlichen Voltaire, da hieß er noch Arouet, das ihm in dem vornehmen Jesuitengymnasium von seinen Erziehern ausgestellt worden ist. »Der Junge hat Geist und Witz, ist aber ein hervorragender Windbeutel«. Oder an das, was sein Vater gerufen hat, als ihm sein ungehorsamer Sprössling eine große literarische Überraschung bereitete: »Der Spitzbube, oh der Spitzbube«, rief der Vater bei der sensationellen Aufführung von Voltaires Trauerspiel *Oedipe*.
A: Spitzbube und Windbeutel, oh ja, das ist er auch, aber nicht nur das. Vor allem überlegen Sie, die Windbeuteleien, wie sie die Voltaire-Anekdoten und Biographien berichten, gelten im Rokoko-Zeitalter manchmal geradezu als *chique*. Wie strotzt die Atmosphäre von kleinen Hochstapeleien, etwa bei der uns überlieferten Begegnung zwischen den beiden Repräsentanten des Rokoko, Voltaire und Casanova? Das Ganze aber hat einen Spielcharakter, besonders wenn andere dabei sind. Man möchte Bonmots führen, selbst auf Kosten der Wahrheit. Also, da treffen sich Casanova und Voltaire, beides falsche Adelige, die übrigens beide um ihren angemaßten Adelstitel wissen. Casanova als der nun sechsunddreißigjährige Chevalier de Saint-Gall und François-Marie Arouet als sechsundsechzigjähriger Monsieur de Voltaire.

[Einspielung Hörspielszene]

Casanova: Ich lasse bitten. Dieser sehr schönste Augenblick meines Lebens, Herr von Voltaire: Seit zwanzig Jahren bin ich Ihr Schüler. Mein Herz ist voller Glück, meinen Lehrer zu sehen.
Voltaire: Mein Herr, ehren Sie mich weitere zwanzig Jahre. Und versprechen Sie mir, nach Ablauf dieser Zeit mir mein Honorar zu bringen. [Gelächter]
Casanova: Sehr gerne. Wenn Sie mir nur versprechen, auf mich zu warten.
Voltaire: Ich gebe Ihnen mein Wort. Und ich würde lieber mein Leben verlieren, als mein Wort zu brechen. [Gelächter]

A: Tja, der Beifall ist verdient. Ein hübsches Paradox, so aus dem Handgelenk. »Lieber mein Leben verlieren, als mein Wort brechen«. Das heißt nämlich:

lieber sterben als sterben. So, das war ein Beispiel. Aber so geht es noch lange weiter, nachzulesen im 9. Kapitel des 4. Bandes der *Memoiren* CASANOVAS. Sehr hübsch auch das bekanntere Bonmot VOLTAIRES:

[Einspielung Hörspielszene]

> VOLTAIRE: Und woher kommen Sie denn jetzt, Herr von St. Gallen?
> CASANOVA: Direkt vom Großen Haller. Auf meinen ausgedehnten Wanderungen pflege ich nämlich allen großen Zeitgenossen zu huldigen. Sie, Monsieur de Voltaire, sind aber mein bester Bissen. Freilich bei Herrn Haller habe ich drei meiner schönsten Tage verbracht.
> VOLTAIRE: In der Tat. Vor diesem großen Manne müsste man niederknien.
> CASANOVA [räuspert sich]: Schade nur, dass Herr Haller dieses ihr löbliches Gefühl nicht erwidern mag.
> VOLTAIRE: Och ja, es ist schon gut möglich, dass wir beide uns täuschen. [Gelächter]

A: Sie sehen, man spielt miteinander. Aber – und das vergessen wir heutigen wilden besseren Menschen – man weiß, dass man spielt. Ohne Klag' haben sich VOLTAIRE und CASANOVA ganz anders unterhalten.

B: Na, vielleicht auch nicht so ganz anders. CASANOVA erzählte zum tausend und dritten Male seine Abenteuer, vor allem seine Flucht aus dem Bleikammern Venedigs; VOLTAIRE aber rächt sich in aller Bescheidenheit, indem er ihm seine Sammlung von 50.000 – jawohl 50.000 – Briefen nebst eigener Antwort zur Schau stellt. Briefe mit angekrönten und ungekrönten Häuptern der Welt – so war das.

Zugeben will ich gerne, dass man weiß, wir alle spielen an einem Gesellschaftsspiel mit. Ob es nun ein literarisches Quiz ist – man zitiert sehr viel und gern –, oder als an einem Lebensspiel.

A: Ja, aber das ist doch sehr wichtig, was Sie da sagen. Mit dieser Einsicht scheint mir sehr viel gewonnen zu sein. Die schweren Geschütze vieler Zeitgenossen gegen die lose Zunge und Feder, aber auch gegen die lose Geschäftsmoral unseres *Pseudo*-VOLTAIRE treffen ihn meist gar nicht.

B: Unser preußisches VOLTAIRE-Bild, könnte man sagen.

A: Sehr richtig, der wendige, welsche Windbeutel gemessen am *Friederikus*-Mythos. FRIEDRICH, der stramme Recke und VOLTAIRE, der charakterschwache, wenn auch literarisch begabte Windhund. Unser deutscher Anekdotenschatz könnte da leicht von uns strapaziert werden. Aber das sind nur Halbwahrheiten, mit Ausnahme ganz weniger, die das Verhältnis richtiger schildern als die meisten Hohenzollern-Historiker. Darf ich da eine besonders schöne Anekdote herausgreifen, die mir darum so gut gefällt, weil sie in Kürze anschaulich macht, was man nur langwierig philologisch-historisch belegen könnte? Dass nämlich beide spielten, keiner etwa fairer als der andere. Die Hintergründe der Anekdote sind historisch.

Da fuhren FRIEDRICH DER GROSSE und VOLTAIRE über Land. Sie sprachen kein Wort miteinander. Sie waren zwar nicht verfeindet, aber auch nicht richtig versöhnt. Jeder schmollte in seiner Ecke. Und das war so gekommen: Zum Kameraden DE VOLTAIRE kam ein General und wünschte, dass der Franzose ihm eine literarische Arbeit korrigiere. VOLTAIRE darauf:

VOLTAIRE [aus dem *off*]: Monsieur, sehen Sie nicht, dass Sie stören. Erst muss ich Ihrem großen König seine schmutzige Wäsche waschen, dann kommen die Generale dran.

A: Natürlich erfuhr FRIEDRICH von dieser despektierlichen Bemerkung. Aber auch FRIEDRICH hatte etwas sehr Unschönes über VOLTAIRE geäußert:

FRIEDRICH II. [aus dem *off*]: Herr Lamettri, glauben Sie mir, ich werde Voltaire höchstens noch ein Jahr brauchen. Man presst die Orange aus und wirft dann die Schale weg.

A: Und das erfuhr wiederum VOLTAIRE prompt. Es ging ihm sehr nach. Er schreibt darüber:

VOLTAIRE [aus dem *off*]: »Die Orangenschale verfolgt mich im Traume. Jener Mann, der vom Kirchturm stürzte und das Fallen durch die Luft weichfindend sagte: ›Gut, vorausgesetzt, dass es von Dauer ist, ähnelt mir nicht wenig‹.«

A: Darum fuhren sie jetzt so stumm, und jeder schmollte in seiner Ecke. FRIEDRICH hatte zwar einen Schritt zur Versöhnung versucht, eine goldene Tabaksdose mit herrlichen Edelsteinen anstelle des Schnupftabaks. VOLTAIRE konnte nicht gut »Nein« sagen, als er das sah. Aber innerlich war er noch nicht versöhnt: die Orangenschale. FRIEDRICH war gereizt, weil er den ersten Schritt zur Versöhnung gewagt hatte. Der Franzose aber schmollte kokett. Man fährt durch ein kleines preußisches Dorf. Und da passiert es: Die Dorfbewohner drängen auf die Seite der Kutsche, wo der berühmte VOLTAIRE saß. Der hässlichste Mensch der Welt, hieß es von ihm. Den ohnehin schon gereizten König packt jetzt die Wut. Er lässt halten und steigt aus. Dann fasst er einen langen Bauernlümmel, der die Nase an der Scheibe der Kutsche – natürlich an VOLTAIRES Seite – plattdrückte.

FRIEDRICH II. [aus dem *off*]: Jochen, geh' er jetzt seine Kuh melken. Sonst setze ich ihm den alten Affen da drin auf den Hals.

A: VOLTAIRE verstand so viel Deutsch, um zu wissen, was »alter Affe« heißt. Man fuhr ungehindert weiter, keineswegs redseliger, wie sich versteht, aber jetzt ergriff VOLTAIRE die Initiative, so schwer es ihm fiel. Er nahm die goldene Tabaksdose aus der Tasche und gab sie dem König wortlos zurück. Und da, da kommt die Pointe unserer Anekdote. FRIEDRICH nimmt die Tabatiere ebenso wortlos an sich, allerdings nicht, ohne sie erst zu öffnen, festzustellen, dass das Wertvollste, die Edelsteine, fehlten. Erst dann steckte er sie schmunzelnd in die Tasche.

B: Wenn auf diese Weise Spiel zur Lebensatmosphäre schlechthin wird wie im Rokoko, geht dies nicht auf Kosten der Wahrheit, oder sagen wir besser auf Kosten der Wahrhaftigkeit, auf Kosten des Gemüts und der Tiefe, wie unser SCHILLER besonders in seinem letzten Brief an GOETHE bemerkt hat?!

A: Ja, Sie fragen also, ob es denn nicht auch einen Ernst gibt, vor dem dieses konventionelle Rollenspiel aufhört. Einen Ernst, da die im höfischen Lebensstil, im Ideal des *honnête homme* entspringende Lebensmanier wegfällt, sodass man endlich auf einen Kern stößt, der stimmt, nicht wahr?

B: Ja, das meine ich. Mir ist zum Beispiel durchaus bekannt, dass FRIEDRICH DER GROSSE und VOLTAIRE schon vor ihrer Begegnung in Potsdam einander was vormachten und dass sie dies wussten. VOLTAIRE bemerkt jetzt, so später in seinem Pamphlet *Mein Aufenthalt in Berlin*:

> VOLTAIRE [aus dem *off*]: Da Friedrichs Vater eben wenig Anteil an den Staatsgeschäften gab – in diesem Lande gab es ja kaum Staatsgeschäfte, da alles aus Paraden bestand, benutzte er seine Muße, um den französischen Schriftstellern zu schreiben, die in der ganzen Welt bekannt waren. Die Hauptlast fiel auf mich. Es waren Briefe in Versen oder metaphysische, historische und politische Abhandlungen. Er behandelte mich als einen göttlichen Menschen – ich ihn als Salomon. Die Epitheta kosteten uns nichts. Man hat einige dieser Abgeschmacktheiten in der Sammlung meiner Werke abgedruckt. Zum Glück hat man nicht den dreißigsten Teil gebracht.

B: Und FRIEDRICH treibt es nicht besser. Schon zu Anfang schreibt er in einem Brief:

> FRIEDRICH II. [aus dem *off*]: Der Geizhals Voltaire soll noch 1300 Thaler bekommen. Von den sechs Tagen, von welchen er sich hier gezeigt, kostet mich jeder Tag 550 Thaler. Das nenne ich einen Lustigmacher teuer bezahlen. Und niemals hat der Hofnarr bei irgendeinem großen Herren eine solche Bezahlung gehabt.

B: Wohlgemerkt: Hofnarr und Lustigmacher nennt er ihn; den gleichen VOLTAIRE, den er braucht und dann mit »Apollo, dem schönsten Geist Frankreichs, der den Homer übertraf« und so weiter betitelt. Da soll einer durchsehen.

A: Ja, ich will gerne zugeben, dass das sehr schwer ist. Aber gelegentlich können wir schon einen gewissen Einblick in die wahren Einstellungen der Menschen finden – gelegentlich nur. Aber mir will scheinen, dass diese Sparsamkeit, ja dieser Geiz *in puncto* Selbstenthüllung, mir persönlich lieber ist, als die inflatorischen Exhibitionen der Romantiker. Deren Wollust, das pochende Herzdauern zur Schau zu stellen, macht sie in meinen Augen keineswegs glaubwürdiger als die beiden großen Spieler FRIEDRICH und VOLTAIRE. Nehmen wir eines der wenigen Beispiele, »wo hinter der herben Fassade des konventionellen Getändels ein Herz abgedrückt wird«, wie SCHILLER in einer seiner VOLTAIRE-Kritiken sagt. Da schreibt FRIEDRICH an VOLTAIRE am 12. Mai 1760:

> FRIEDRICH II. [aus dem *off*]: Hätten wir es nicht mit einem Narren zu tun gehabt, der in Ihr schönes Genie verliebt war, keinem anderen hätten Sie sich so leicht aus der Affäre gezogen.

A: Und nicht minder ernst ist es VOLTAIRE ein Jahr zuvor:

> VOLTAIRE [aus dem *off*]: Ich liebe Ihre Verse, Ihre Prosa, Ihren Geist, Ihre kühne und kraftvolle Philosophie. Ich habe ohne Sie nicht leben können, aber mit Ihnen kann ich es auch nicht. Ich spreche jetzt nicht zu Ihnen als einem König, als zu einem Helden, das mögen die gekrönten Häupter tun. Ich spreche zu dem, der mich verzaubert hat, den ich geliebt habe und gegen den ich immer wieder voller Groll bin. Sehen Sie, an solchen Stellen bekommt die Spielfassade einen Riss und ein Herz kommt zum Vorschein. Ja, wir denken fast an eine innige Verliebtheit, die aus einer übergroßen Verletzbarkeit es vorzieht, im Spiel des Plänkelns das Risiko allzuberedter Offenheit zu vermeiden.
> Sprache und Lebensstil des Rokoko aber stellten großzügig Möglichkeiten für solches Versteckspiel der Innerlichkeit.

B: Wir standen bei der Frage, ob es hinter der Rokoko-Fassade mit allen seelischen Schnörkelchen, aber auch Windbeuteleien denn keinen Ernst gäbe bei VOLTAIRE.

A: Oh doch, und der schönste Fall – ein Paradefall sozusagen – ist mir immer ein Brief VOLTAIRES an einen Selbstmörder. Einen Selbstmörder, der jedoch vor seiner Tat ein ergreifendes Gedicht schreibt und an VOLTAIRE – man höre und staune – zur stilistischen Korrektur schickte. Dieser Selbstmörder *in spe* nun war kein anderer als FRIEDRICH DER GROSSE selbst. FRIEDRICH also, den die preußische Anekdote so gern als den ernstzunehmenden, gefühlstiefen Germanen dem verspielten Franzosen und seinen Firlefanzereien gegenüberstellt. FRIEDRICH, nach der unglücklichen »Schlacht bei Kolin«, will seinem Leben ein Ende setzen. Und diesen Vorsatz teilt er in seiner Versepistel drei Menschen, darunter auch VOLTAIRE, mit. Sie beginnt mit: *ami le sort d'honnêteté* – Freund, die Würfel sind gefallen. Und ausgerechnet dieses lange Abschiedsgedicht schickt der preußische König an VOLTAIRE zur Korrektur. Da aber hört bei VOLTAIRE das Spiel, der Spaß auf. VOLTAIRE fehlt es weiß Gott nicht an Sinn für Komik. In seinen *Memoiren* heißt es dazu:

> VOLTAIRE [aus dem *off*]: In seiner Bedrängnis hatte der König den Einfall, sich zu töten. Er schreibt seiner Schwester, der Markgräfin von Bayreuth, dass er seinem Leben ein Ende machen wolle. Aber ohne einige Verse wollte er das Stück nicht enden lassen. Es ist unmöglich das ganze Gedicht wiederzugeben, so viele Wiederholungen enthält es. Aber es gibt darin manche Stücke, die für einen nordischen König recht gut sind. Mehrere Halbverse sind vom Abbé Chaulieu und mir gestohlen. Die Gedanken sind unzusammenhängend, die Verse ziemlich schlecht im Allgemeinen, aber auch einige gute darunter. Und es ist allerhand für einen König, in dem Zustand, in dem er damals war, einen Brief von zweihundert Versen zu machen. Er wollte, man sollte sagen, er hätte alle Geistesgegenwart und Unabhängigkeit in einem Augenblick bewahrt, wo andere Menschen keine haben. Der Brief, den er mir schrieb, war von denselben Empfindungen erfüllt, aber es gab weniger Myrten und Rosen, weniger von Ixionen und tiefen Schmerz darin. Ich bekämpfte seinen Entschluss zu sterben in Prosa. Und es kostete mich nicht allzu große Mühe, ihn

dazu zu bestimmen, am Leben zu bleiben. Ich riet ihm, Verhandlungen mit dem Marschall Richelieu einzuleiten.

B: Entschuldigen Sie, aber ich sehe hier nichts vom Ernste VOLTAIRES.

A: Hier in den Memoiren wohl nicht, obschon es Ihnen aufgefallen sein könnte, dass VOLTAIRE sich über den Unernst FRIEDRICHS reichlich lustig macht: »Ich bekämpfte seinen Entschluss, zu sterben in Prosa«. Das ist sehr schön gesagt. Hören wir aus dieser Prosa einige Sätze.

> VOLTAIRE [aus dem *off*]:
> Oktober 1757.
> Sir, Ihre Erfurter Epistel ist voll bewundernswerter und ergreifender Stellen. Aber es handelt sich jetzt nicht darum, mit eurer Majestät darüber zu diskutieren, was dieses Bekenntnis einer großen Seele und eines großen Geistes stilistisch noch vollkommener machen könnte. Es handelt sich um sie selbst.

A: Das ist eine Kritik am Unernst des Rollenspiels, dieser inneren Unwahrhaftigkeit, wie sie ein KIERKEGAARD nicht besser hätte formulieren können, scheint mir: »Es handelt sich um sie selbst«. Das ist eine Antwort in Prosa.

B: Überschätzen Sie nicht VOLTAIRE, dem es ja eine wahre Lust gewesen ist, seinen gegnerischen Freund einmal so richtig trösten zu können?

A: Sie haben insofern nicht ganz Unrecht, als das Verhältnis VOLTAIRES zu FRIEDRICH damals sehr gespannt gewesen ist. Aber ich glaube, dass VOLTAIRES Antwort gerade deshalb noch sympathischer wirkt, zumal er keinerlei Triumphgefühle in sich aufkommen lässt, sondern auf die taktvollste Weise fortfährt, es dürfe niemand über seinen Freitod triumphieren.

> VOLTAIRE [aus dem *off*]: Sie wollen sterben. Ich will nichts sagen über das schmerzliche Entsetzen, das dieser Entschluss mir einflößt. Ich beschwöre Sie aber, sich wenigstens Gedanken darüber zu machen, dass Sie sich bei dem hohen Rang, den Sie einnehmen, wohl kaum ein klares Bild von der Meinung der Menschen und vom Geist der Zeit zu machen in der Lage sind. Da Sie König sind, sagt man Ihnen davon nichts. Da Sie Philosoph sind, sehen Sie nur die Beispiele der großen Männer des Altertums. Sie lieben den Ruhm und wollen nun ihren Ruhm da reinsetzen, auf eine Art zu sterben, die die gewöhnlichen Menschen nur selten wählen und an die noch kein Souverän Europas seit dem Untergang des Römischen Reiches gedacht hat. Aber ach, Sire, wenn Sie den Ruhm so sehr lieben, wie können Sie sich dann auf einen Entschluss versteifen, der Sie um diesen Ruhm bringen wird? Ich habe Ihnen schon von dem Schmerz Ihrer Freunde gesprochen, von dem Triumph Ihrer Feinde und von den Schmähungen gewisser Leute, die sich in ihrer Nichtswürdigkeit ein Vergnügen und eine Pflicht daraus machen werden, eine solche Tat trotz edler Motive zu bespötteln.
> Ich darf weiterhin bemerken, denn jetzt muss alles gesagt werden, dass niemand in Ihnen einen Märtyrer der Freiheit erblicken wird. Sie müssen sich über Ihre Situation klar sein. Sie wissen, an wie vielen Höfen man hartnäckig ihren Einfall in Sachsen als einen Bruch des Völkerrechts

betrachtet. Was wird man an diesen Höfen sagen? Dass sie wegen dieses Völkerrechtsbruchs sich selbst das Urteil gesprochen haben, dass der Kummer nicht mehr aller Welt kommandieren zu können, sie getötet hat. Alles, was ich hier vorbringe, ist nichts als die Wahrheit. Aber der Mann, den ich den Salomon des Nordens genannt habe, wird sich im Grunde das Gleiche sagen. Er fühlt, dass er, wenn er diesen traurigen Entschluss ausführt, nach einer Ehre strebt, deren er sich überhaupt nicht mehr erfreuen kann. Er fühlt, dass ihm nur daran gelegen ist, von seinen persönlichen Feinden nicht gedemütigt zu werden. Es wäre also nichts anderes als ein verzweifelter Akt der Eigenliebe.

A: Nein, VOLTAIRE triumphiert hier nicht. tröstet auch nicht von oben herab, sondern spricht jenseits aller Rollen und Masken von Mensch zum Mensch, nicht als Höfling zum König, nicht als Untertan zum Souverän. Und das wollten wir ja zeigen. VOLTAIRE kennt einen Ernst, da alles Spiel aufhört. Und dieser Ernst beginnt für ihn immer da, wo der Mensch als Mensch, nicht als Rollenträger auf dem Spiel steht. Darin liegt seine umstrittene Größe. Ich sage umstritten, weil der Schriftsteller VOLTAIRE ein Rollenzerstörer und Maskenlüfter *par excellence* ist, darin mit NIETZSCHE vergleichbar, der sich auf diesen lachenden Löwen so oft und so gern beruft. Ja, es ist immer bedenklich, wenn man im Namen einer unfeierlichen Menschlichkeit großartige Denkmäler abstaubt und durch respektloses Abklopfen feststellt, dass sie sehr wohl aus Gips sein könnten. Unser großer SCHILLER – GOETHE übrigens kaum – hat ihm diese Frivolität übel genommen, diesen mangelnden Sinn fürs Pathetisch-Edle.
Bekannt ist sein Gedicht über VOLTAIRES *Jungfrau von Orléans*, seine *Pucelle*.

> SCHILLER [aus dem *off*]
> Das edle Bild der Menschheit zu verhöhnen.
> Im tiefsten Staube wälzte dich der Spott.
> Krieg führt der Witz auf ewig mit dem Schönen.
> Er glaubt nicht an den Engel und den Gott.
> Es liebt die Welt, das Strahlende zu schwärzen
> und das Erhabene in den Staub zu ziehen.
> Den lauten Markt mag Mommus unterhalten,
> ein edler Sinn liebt edlere Gestalten.

A: Allein VOLTAIRES Spott und Witz, seine Frivolität und seine Abneigung gegen ein Pathos, das so leicht falsch und unwahr wird, hängen eng zusammen.
B: Sie meinen damit gewissermaßen, dass sein Witz eigentlich ernst sei und umgekehrt sein Ernst sich witzig gäbe?
A: Natürlich ist das bei VOLTAIRES quecksilbriger Vitalität und Produktivität...
B: Ja, die neunundneunzig Bände.
A: Ich meine, natürlich ist es nicht immer so, aber *ridentem dicere verum aut severum*, lachend die Wahrheit zu sagen, ist bei ihm letztlich der Grundimpuls. Sein bekannter Wahlspruch, *rire – faire rire*, lachen und lachen machen, weist auf etwas hin, was wir erkennen müssen, vielleicht zum eigenen Vorteil – Ernst braucht sich nicht unbedingt ernsthaft zu geben. Der falsche Ernst gibt

sich ja gewöhnlich sehr ernsthaft; aber es ist unernst, nämlich die bloße Rolle des Ernstes.
Und da ist das Revier unseres witzig-ernsten VOLTAIRE – überhaupt die Rolle. Sei es die der Nation, der Konfession, des Regiments, der Schulrichtung. Überall, wo Rollen und Gipsdenkmäler mit ihrem Pseudo-Ernst drohen, da greift er zur Feder. Nicht umsonst bringen fast alle seine auch heute noch nicht veralteten philosophischen Romane diese Relativität aller Rollen des Lebens durch einen sehr bezeichnenden Trick zum Bewusstsein. Ein Wesen aus einer ganz anders gearteten Welt, vom Sirius, aus Babylon, aus Kanada oder sonst woher, stößt auf höchst komische Weise mit unseren Rollensystemen zusammen. Freilich kann man diese Zersetzungsarbeit VOLTAIRES, dieses Relativmachen aller Konvention, die sich absolut gebärden möchte, charakterlos nennen. Aber dann müsste man sagen, Charakter sei Rolle. Nun, was wir meinen, sagt VOLTAIRE viel schöner und knapper in folgendem Ausspruch.

> VOLTAIRE [aus dem *off*]: Führt ein Domherr ein skandalöses Leben, so sagt man ihm: »Ist es denn möglich, dass du die Würde eines Domherrn verletzt?« Einen Richter erinnert man daran, dass er die Ehre hat, im Namen des Königs zu sprechen und dass er deshalb ein gutes Beispiel zu geben habe. Einem Soldaten, dem man Mut machen will, sagt man: »Denk daran, dass du zum Regiment Champagne gehörst«. Kann man ihnen allen denn nicht richtiger sagen, denkt daran, dass ihr die Würde eines Menschen zu wahren habt?

> A: Es gibt eben eine Menschlichkeit, die nicht im Rollenspiel der Nationen, Konfessionen, Vaterländer, Klassen, Rassen und so weiter und so weiter aufgeht, sondern quer durch sie hindurch geht. Solche Menschlichkeit ist freilich zu allen Zeiten von den Rollen, Katechismen und Katecheten als Charakterlosigkeit oder Würdelosigkeit gebrandmarkt worden. Dabei besitzen wir, sofern wir über VOLTAIRES Witz und Spott zu lachen vermögen, durchaus einen Sinn für seine nur scheinbar zersetzende Menschlichkeit. Auch hier stehe nur eine kleine Begebenheit anstelle einer Abhandlung: VOLTAIRE war in London, fühlte sich recht wohl, wenn man auch die Franzosen damals nicht gerade gern sah. Und da passierte ihm folgende charakterlose Geschichte. Der Pöbel hatte ihn trotz seines guten Englisch als Franzosen erkannt, worauf er auf sehr witzige Weise aus der Rolle fällt.

> [Einspielung Hörspielszene]
> ONE GUY: Go there. Come on boys. Let's lead him to Goethes Frankfurt.
> VOLTAIRE [verschafft sich Gehör]: Nein, nein. Nicht. Halt, Gentleman! Meine braven Engländer. Bin ich nicht schon unglücklich genug, dass ich nicht in eurem Land geboren bin, müsst ihr mich auch noch prügeln?!
> THIS GUY: That's right [allgemeines Gelächter]. Come on, let's go lads, now.

Die Wilden waren so besänftigt, dass sie ihn auf ihren Schultern heimtragen wollten. Und diese Geschichte ist so hübsch, weil sie in Form der Schmeichelei, die ja nur ironisch gemeint ist, die richtige menschliche Dimension jenseits der konventionellen nationalen Grenzen geltend macht. Macht er im Grunde etwas anderes, wenn er zynisch die Geschichte entzaubert?

> VOLTAIRE [aus dem *off*]: Mein Essay über die Sitten ist keine Weltgeschichte, sondern nur eine Schilderung der Hauptdummheiten dieser Welt.

A: Und was sind diese Hauptdummheiten nach VOLTAIRE? Fanatismus und Krieg; hier aufzuklären, Licht zu bringen, das sieht VOLTAIRE als seine Hauptaufgabe im Dienste der Menschheit und der Menschlichkeit an. Als Aufklärungsphilosoph ist er optimistisch.

B: Trotz allem, muss man sagen.

A: Ja, mit der Waffe der Vernunft gegen Dummheit, Aberglauben und Kriegstreiben bringt viel Feind, aber wenig Ehr'. VOLTAIRE weist optimistisch und kämpft gerne. Dabei entfaltet er ein Pathos, das die Rokoko-Tändelei mit ihrem anmutigen Respekt gegenüber leeren Formen immer wieder durchbricht. Daher hat man VOLTAIRE wohl mit Recht auch zu den Vätern der Französischen Revolution gesellt. Er tritt unerschrocken, aber auch mit jesuitischer Gewandtheit in die Arena, kämpft offen, heimlich, heimtückisch sogar, wie es gerade kommt. Seine Gegner sind ja auch nicht wählerisch in der Wahl ihrer Waffen. Er macht sogar den Papst zum Bundesgenossen, weil er den Zuspruch der Kirche vorübergehend braucht, um in die Akademie gewählt zu werden, ist aber noch heiser von dem obstinaten Kampfruf »*écraser l'infâme*«, den er bei der ersten Gelegenheit wieder aufnimmt. Dabei hat er nur ein Ziel:

> VOLTAIRE [aus dem *off*]: Wenn man den Völkern nur einmal richtig die Augen öffnet, wenn man sie von ihrer Leichtgläubigkeit, ihrer Knechtseligkeit und ihrer dumpfen Verdrossenheit kuriert, kurzum: wenn sie vernünftiger geworden sein werden, dann werden sie Ihrem Unglück nicht mehr so leicht zustimmen.

B: Leichtgläubig? Knechtselig? Dumm verdrossen? Na, das war VOLTAIRE gewiss nicht. Vielleicht war er nur leichtgläubig hinsichtlich der Macht der Vernunft.

A: Im Großen und Ganzen vielleicht ja. Aber Zweifel kommen auch dem Aufklärungsoptimisten VOLTAIRE oft genug.

> VOLTAIRE [aus dem *off*]: Wir werden die Welt genauso dumm und so schlecht zurücklassen, wie wir sie vorgefunden haben, als wir darin anlangten.

A: Aber das geht vorüber. Und dann sucht er sich wieder einen Gegner, und zwar möglichst einen Prominenten, und sei es der König. Tja, FRIEDRICH DER GROSSE, der zuerst den MACHIAVELLI so heftig kritisierte, ihn dann als König aber treulichst befolgt, muss sich von VOLTAIRE sagen lassen:

VOLTAIRE [aus dem *off*]: So sind die Könige. Kommt ihnen eine fremde Provinz gerade zu Pass, so sind sie darüber her wie die in eine Katze verwandelte Frau in der Fabel des Lafontaine. Der Fürst wirft den Philosophenmantel ab und beim ersten Trompetenstoß flattern die guten Vorsätze in die Lüfte. Da verlasse sich einer auf die Philosophie. König bleibt König. Lebt wohl, ihr Fürsten. Ich danke für euch. Ich will nur Freunde haben.

A: Und in seinem *Dictionaire philosophique* wird VOLTAIRE noch schärfer und geißelt vor allem die Kirche, die Fahnen segnet:

VOLTAIRE [aus dem *off*]: Das Tollste an dieser höllischen Sache ist, dass jedes Mörderoberhaupt seine Fahnen einsegnen lässt und Gott feierlich anruft, ehe er hingeht und seinen Nächsten umbringt. Hat ein solcher Häuptling nicht mehr fertiggebracht, als zwei- bis dreitausend Menschen umzubringen, so schenkt er sich den Dank gegen Gott. Aber wenn zehntausend und mehr mit Feuer und Schwert ausgerottet wurden, und wenn man gar das Glück hatte, eine blühende Stadt von Grund aus zu zerstören, dann singt man vierstimmig ein langes Lied zum Preise dieses Gottes und öffentliche Redner treten auf in langen schwarzen Röcken, um die mörderischen Tage zu feiern und aus Anlass einer Schlacht in der Wetterau Dinge zu zitieren, die ehemals in Palästina passiert sind. Das übrige Jahr hindurch ereifern sich dieselben Leute gegen die sogenannten Laster und verkünden, dass die Damen, die ganz leicht ein bisschen Karminrot auf ihre frischen Wangen legen, das ewige Ziel der ewigen Rache des Ewigen sind. Aber sie sagen nichts gegen die Geißel des Krieges, der doch alle Geißeln und Verbrechen in sich fasst. Denn alle Laster aller Zeiten und Zonen zusammen kommen dem Unheil eines einzigen Feldzuges nicht gleich. Was für einen Wert hat für mich Menschlichkeit, Wohltätigkeit, Mäßigung, Sanftmut, Frömmigkeit, Weisheit, wenn doch ein halbes Pfund Blei, das auf sechshundert Schritt abgefeuert wurde, mir den Körper zerschmettert, sodass ich mit zwanzig Jahren in unaussprechlichen Qualen mitten unter fünf- bis sechstausend sterben und verröcheln muss, während meine brechenden Augen meine Geburtsstadt durch Feuer und Schwert zerstört sehen. Und während die letzten Töne, die an mein Ohr dringen, die Schreie von Frauen und Kindern sind, die unter Tränen ihr Leben aushauchen. Und alles das für die angeblichen Interessen, für die Eitelkeit eines einzelnen Menschen, der uns auf der Gotteswelt nichts angeht.

A: Sehen Sie nun, warum er nichts von jenen edlen Helden wissen will, deren Verherrlichung jeder Klassiker sich zum vornehmsten Anliegen macht? Ist VOLTAIRE deshalb so unedel wie SCHILLER singt, weil ihm auf dem Schlachtross nicht so wohl auf Kameraden ist?

SCHILLER [aus dem *off*]: Von hundert Schlachten, die geschlagen sind, kommt nichts auf das Menschengeschlecht. Die großen Männer, von denen ich im Gegensatz zu den Helden spreche, haben reine und dauerhafte Vergnügen für die Menschen vorbereitet, die zu ihrer Zeit noch gar nicht geboren waren. Die Schleuse eines Kanals, der zwei Meere verbindet. Ein Gemälde von Poussin, eine schöne Tragödie, eine endlich enthüllte Wahrheit sind tausendmal wertvoller als die Annalen eines Hofes oder die Berichte eines Feldzuges. Sie müssen wissen, dass für mich die großen Männer diejenigen sind, die sich im Nützlichen und Angenehmen ausgezeichnet haben. Die Eroberer von Provinzen sind für mich nur Helden.

A: Es ehrt FRIEDRICH DEN GROSSEN, dass er VOLTAIRE, wenn auch nur ein einziges Mal, Recht gab. Als er nämlich über die wahre Ursache des *schlesischen Krieges* gestand:

FRIEDRICH II. [aus dem *off*]: Die Ehrsucht, der Eigennutz, das Verlangen, die Welt auf mich aufmerksam zu machen, behielten die Oberhand und der Krieg war beschlossen.

A: Es ehrte aber auch VOLTAIRE, wenn er zu diesem Geständnis sagte:

VOLTAIRE [aus dem *off*]: Ein so seltenes Geständnis sollte auf die Nachwelt kommen. damit die Menschen endlich einmal einsehen, worauf fast alle Kriege gegründet sind. Wir anderen, Gelehrte, Dichter, Geschichtsschreiber, akademische Redner, rühmen diese herrlichen Taten. Und da ist ein König, der sie vollbringt und sie verdammt.

A: Diese Worte VOLTAIRES haben umso mehr Gewicht, als sie in einer Schmähschrift gegen den Preußenkönig stehen. Sie zeigen uns, dass der *filou* VOLTAIRE jenseits von aller Freude an Satire und Polemik im besten Sinne charaktervoll wird, wenn es um sein Hauptanliegen geht: um die Menschlichkeit der Welt. Dann vergisst er großzügig alle Ressentiments. Dann wird er selbstloser Wohltäter der Verfolgten. Ja, er versagt sich sogar das Lachen drei Jahre lang, wenn es wie im Falle des gefolterten *Calas* gilt, Unschuldige vor dem Tribunal der Weltöffentlichkeit mühselig zu verteidigen.
Alle menschliche Not und Bedürftigkeit, die ja in Dummheit und Herzensträgheit wurzelt, packt ihn so intensiv, dass es ihm schier den Atem verschlägt. Er klärt auf, weil er muss. Dann vergisst er, dass Literatur Kunst ist. Sie wird ihm zur Waffe, wichtig nur, soweit sie wirklich hilft. Aber er vergisst auch seine eigene Sicherheit, das ihm sonst so selbstverständliche Klatschen, Intrigieren, Bonmots erfinden, ja, die ganze Koketterie seines Zeitalters. Er wird überzeitlich, nicht als Literat, sondern als Mensch. FRIEDRICH war groß genug, auch diesen Zug an ihm zu schätzen. Es kam nicht so, wie VOLTAIRE vermutete.

VOLTAIRE [aus dem *off*]: Sie werden das Vergnügen haben, auf meinem Grab ein boshaftes Couplet zu machen. Ich werde nicht böse darüber werden und erteile Ihnen dafür zum Voraus Absolution.

A: Nein, es kam anders. Ausgerechnet der Preußenkönig findet in seiner Gedächtnisrede in der Berliner Akademie bis heute unübertroffene Worte:

[BEETHOVEN: *Trauerkantate auf den Tod Kaiser Josephs II*, WOo87 bis zum Ende der Sendung]

FRIEDRICH II. [aus dem *off*]: Wie schön ist es, wenn ein Philosoph aus seiner Zurückgezogenheit die Stimme erhebt, wenn die Menschlichkeit, deren Anwalt er ist, die Richter zwingt, ungerechte Urteile umzustoßen. Hätte Voltaire nur diesen einzigen Zug für sich, er verdiente unter die wahren Wohltäter der Menschheit versetzt zu werden.
Philosophie und Religion lehren übereinstimmend den Weg der Tugend. Urteilen Sie selbst, wer christlicher ist. Die Behörde, die eine Familie grausam aus dem Vaterlande stößt, oder der Philosoph, der sie aufnimmt und unterstützt?
Solche Züge werden das Andenken Voltaires für ewig allen denen teuer machen, die mit gefühlvollen Herzen geboren sind und am Los ihrer Mitmenschen teilnehmen. Wie köstlich die Gaben des Geistes und der Phantasie auch seien, wie hoch der Genius fliegen mag, wie umfassend die Kenntnisse sein mögen, diese Geschenke, die die Natur in diesem Maße nur selten austeilte, erheben uns doch nie über die Taten der Menschenliebe und Wohltätigkeit. Jene werden bewundert, diese aber verehrt und gesegnet.

KIERKEGAARD – Der Spion Gottes

(Es folgt ein für den Rundfunk mit verschiedenen Sprecherrollen konzipierter Text.)

[Musik einer Spieluhr]

A: Ich weiß, 1813 liegt weit zurück. Erst recht 1813 im verträumten Kopenhagen oben und die Geschichte, die ich Ihnen erzählen möchte, ist gar nicht sensationell in irgendeinem alltäglichen Sinne. Und doch scheint mir, handelt es sich dabei um die größte Spionageaffäre des Jahrhunderts. Die Auswirkungen des Falles reichen bis in unsere Tage hinein, auch wenn die Magazine und Filmproduzenten mit unserem Spion nichts anzufangen wissen.

B: Darf ich Sie unterbrechen? Ganz unbekannt ist mir der Fall ja auch nicht. Aber Spionage kann man das doch nicht gut nennen. Schlagen wir doch der Sicherheit halber mal im Lexikon nach. Bitte hören Sie:

Stimme [aus dem *off*]: SØREN KIERKEGAARD, geboren am 5. Mai 1813 in Kopenhagen, gestorben daselbst am 11. November 1855; bedeutendster dänischer Philosoph und Theolog'; Begründer der sog. *Dialektischen Theologie* (s. da selbst) und der sog. *Existenzphilosophie* (s. da selbst). Vergleiche auch unter *Existenzialismus*, SARTRE.

A: ... und so weiter und so weiter und so weiter. Aber von Spionage steht da nichts.

B: Natürlich nicht. Auch nichts von Abenteuerlust, Gewinnsucht, Geltungstrieb. Obwohl die Akten darüber noch lange nicht abgeschlossen sind.

A: Na, na, na! Aber der Fall ist doch schon ziemlich verjährt. Ich bitte Sie, hundert Jahre tot. Was für Lexika und Professoren, bestenfalls...

B: Mein Lieber, täuschen Sie sich da nicht. Er ist freilich tot, aber der Fall ist viel lebendiger, als Sie meinen. Der geht noch um. Bedenken Sie nur die Macht – soll ich sagen Großmacht –, für die er tätig war? Vielleicht gibt es die heute noch? Die Geheimnisse, denen er unter so großen Anstrengungen auf der Spur war.

A: Geheimnisse? Von was für Geheimnissen sprechen Sie denn da?

B: Einen Augenblick. Hören Sie mal zu: [MOZARTS *Don Giovanni*]

A: Ja, was ist denn das eigentlich? Ach ja, ich glaube, das ist ja aus MOZARTS *Don Juan*.

B: Ja.

A: Ah, das ist doch immer wieder ein liebenswürdiges Werk. Ihr Spion, wie Sie sagen, ist musikalisch gewesen.

B: Ja, das weiß ich schon. Oder vielleicht gar selbst ein *Don Juan*.

A: Ah, das kennt man: Spion als Schöngeist, he?! Na ja, er lebte doch auch in einer romantischen Zeit. Das Kopenhagen CHRISTIAN ANDERSENS, Spitzweg-Giebel, errötende Mädchen hinter dem Fenstervorhang am Spion; diesem kleinen Spiegel, der diskret, indiskret ausplaudert – was die Kleinstadt interessiert, was?

B: Wissen Sie, ich fürchte, Sie missverstehen unseren Spion ebenso wie MOZARTS *Don Juan*.

A: So?! Na ja, das kann schon sein. Aber dann bringen Sie mir doch bitte wenigstens einen Fall, ich meine, so einen richtigen.

B: Ich bringe Ihnen sogar den Fall *Don Juan*. Damit hat es nämlich angefangen. Höret *Don Juan*! Und könnt ihr durchs Hören keine Vorstellung von ihm bekommen, so könnt ihr es überhaupt nie; höret die Musik sein Leben erzählen, wie der Blitz aus dunkler Wetterwolke, so bricht er hervor aus dem unergründlichen Ernst des Lebens, schneller als der Blitz, in wilderem Zickzack und doch ebenso treffsicher; höret, wie er sich hineinstürzt in die ewig wechselnde Flut der Erscheinung, wie er anstürmt gegen die festen Dämme des Lebens; höret die leichten, schwebenden Violintöne, das perlende Lachen der Freude, den Jubel der Lust, die seligen Feste des Genusses; höret, wie er dahin jagt, an sich selbst vorbei, immer wilder, immer flüchtiger; höret die Leidenschaft in der Hut des zügellosen Begehrens; höret das Rauschen der Liebe, das Flüstern der Versuchung, den Wirbelsturm der Verführung. Höret, höret, höret MOZARTS *Don Juan*! So hat der Fall *Don Juan* angefangen. SØREN KIERKEGAARD schreibt:

> KIERKEGAARD [aus dem *off*]: In mancher Hinsicht kann ich von *Don Juan* sagen, was Elvira zu ihm sagt: »Du, meines Glückes Mörder.« Denn in Wahrheit, dies Stück hat mich so diabolisch ergriffen, dass ich es nie mehr vergessen kann. Dieses Stück trieb mich heraus aus des Klosters stiller Nacht.

[Musik Ende]

B: So hat es angefangen, sagte ich. Aber das ist insofern nicht ganz richtig, als er damals bereits im Dienste seines geheimnisvollen Auftraggebers stand. Was Sie soeben von ihm hörten, ist zum guten Teil bereits Maske, Tarnung; er arbeitete bereits mit gefälschten Ausweispapieren.

A: Das verstehe ich nicht ganz.

B: Passen Sie auf: zu dieser Zeit – er war keine 30 Jahre alt – schreibt er eine Reihe glänzender Abhandlungen, ganz in Geiste der Romantik, deren Ziel im verfeinerten Lebensgenuss bestand. Natürlich, nicht primitives Wein, Weib und Gesang, nein, aber doch eine kultivierte, gebildete Begeisterung für's Schöne, wenn es nur pikant, spannend, sensationell und interessant war.
A: Ja ja, ich weiß schon. Das war so in der damaligen Zeit. Hatte das aber nicht doch auch sein Gutes? So eine kultivierte Lebensfreude ist doch auch unser Ideal – um nicht zu sagen, noch unser harmlosestes. Wenn man bedenkt...
B: Ja, KIERKEGAARD hat es bedacht in allen seinen Büchern.
A: Ja, leider kenne ich diese Bücher nicht. Ich kenne nur ein einziges von ihm. Das ist das *Tagebuch des Verführers*.
B: Und ist Ihnen da nichts Besonderes aufgefallen?
A: Nee.
B: Dann hören wir ihn mal selbst. Vielleicht kommen wir dann der Sache näher.

> KIERKEGAARD [aus dem *off*]: Man lasse sich nie auf die Ehe ein. Eheleute geloben einander Liebe auf ewig. Das ist leicht, hat aber auch nicht viel zu bedeuten. Denn wird man mit der Zeit fertig, wird man mit der Ewigkeit schon fertig. Wenn daher der Betreffende anstatt für ewig sagte, bis Ostern oder bis zum ersten Mai, dann hätte die Rede einen Sinn. Denn erstens sagte man damit etwas und zweitens etwas, das man vielleicht auch halten könnte.

A: Ganz hübsch, aber...
B: Keine Spionage, ich weiß. Aber überlegen Sie doch: dieses *Tagebuch eines Verführers* ist das einzige Buch, das nicht nur Sie als einziges kennen, sondern das auch in seiner Zeit, 1843, beim Publikum ankam, wie man heute sagt. Und was glauben Sie, hatte sein Verfasser damit vor?
A: ... doch wohl anzukommen beim Publikum.
B: Sehen Sie, ausgerechnet das nicht. Es sollte alle Leser abstoßen, nachdem es sie angezogen hatte.
A: Hören Sie mal, das ist ja...
B: Jawohl, das ist nicht üblich. Stellen Sie sich vor: da schreibt tatsächlich ein – dazu noch so genial begabter – Verfasser Bücher und will damit erreichen, dass man ihn ablehne. Ich muss mich genauer ausdrücken, dass man sich selber ablehne, sofern man sich im Werk wiedererkannt hat, und zwar in der Meinung, man lehne eigentlich den Verfasser ab.

> LICHTENBERG [aus dem *off*]: Solche Werke sind Spiegel. Und wenn ein Affe hineinguckt, kann kein Apostel herausschauen.

A: Aha! Man soll also sich selbst im Werk verstehen, das man liest. Das meinen Sie doch, wie?
B: Ja, und verstehen heißt demnach, sich mit sich selber auseinanderzusetzen. Dabei will der Autor in seinen verschiedenen Masken helfen. Er schreibt nämlich in den verschiedensten Pseudonymen, von denen jedes eine andere Lebensanschauung verkörpert. Schon darum ist es notwendig, sie alle zu kennen. Erst die verschiedenen Töne zusammen machen die Gesamtmelodie aus. Und der Verführer ist eben nur eine Taste, ein Ton.
A: Ja, wie soll aber der Leser das wissen?

B: Gewiss, es wird ihm nicht leicht gemacht. Aber das Tagebuch zum Beispiel erscheint ja in einem größeren Pseudonymenwerk mit dem so bezeichnenden Titel: *Entweder – Oder.* Und dies ist auch das Kennwort unseres Spions.

A: Jetzt sagen Sie schon wieder Spion. Und dabei haben Sie mir den Fall *Don Juan* noch immer nicht gebracht.

B: Oh, wir sind ja gerade mittendrin. Bedenken Sie doch nur einmal, wie sorgfältig ein Spion zu Werke gehen muss und ihn dabei zu verfolgen, ist oft noch schwieriger. Also, seien Sie geduldig. Halten Sie zunächst fest: Erstens den Titel, zweitens den ersten Satz des Buches.

A: Na ja, meinetwegen. Also, erstens der Titel – den weiß ich ja bereits: *Entweder – Oder.*

B: Gut, aber es geht ja weiter: »*Ein Lebensfragment,* herausgegeben von Victor Eremita«. Und schon da gibt es Einiges zu knobeln.

A: Ein Lebensfragment?

B: Das soll heißen, es geht hier um den Teil eines Lebens. Nicht um eine bloß erfundene Geschichte, aber eben nur um einen Teil. Herausgegeben heißt?

A: Nicht selbst geschrieben.

B: Richtig, und Victor Eremita heißt auf Deutsch »der siegreiche Einsiedler«. Das will sagen: der Herausgeber ist ein ganz anderer als die übrigens ebenfalls pseudonymen Verfasser des Werkes.

A: Also, komplizierter geht's wohl nicht mehr.

B: Ich glaube nicht. Es ist, wie der Autor selber sagt, ein chinesisches Schachtelspiel – so vertrackt und so verschlungen. Aber wir sind der Sache jetzt auf der Spur. Kommen wir zum ersten Satz des Buches:

> Kierkegaard [aus dem *off*]: Es sind Dir, lieber Leser, vielleicht schon hin und wieder Zweifel aufgestiegen an der Wahrheit des bekannten philosophischen Satzes, dass das Äußere das Innere, das Innere das Äußere sei.

A: Ja, das verstehe ich gut – ist übrigens auch meine Meinung, dass das Äußere und das Innere etwas Grundverschiedenes sind. Aber was soll das?

B: Das soll vor allem darauf hinweisen, dass es unserem Spion darauf ankommt, hinter dem Äußeren das Innere zu entdecken.

A: Na ja, also dann bringen Sie mir doch mal ein Beispiel, einen richtigen Fall, wo...

B: Eben, den Fall *Don Juan.* Was äußerlich bloßer Lebensgenuss scheint, elegantes Spiel, begreift Kierkegaard von innen. Die Antwort auf das *Tagebuch des Verführers* mit seinem romantischen Don Juanismus ist die »Verteidigung der Ehe« - sie erst ist wirkliche Liebe.

A: Hören Sie mal, das ist aber eigentlich recht brav. Offen gesagt, es enttäuscht mich ein bisschen.

> Kierkegaard [aus dem *off*]: Gerade die eheliche Liebe ist ästhetischer als die romantische, wenn sie sich auch künstlerisch nicht so leicht darstellen lässt wie diese. Die romantische Liebe erobert und hat deswegen nur eine äußere Geschichte. Sobald diese aus ist, stirbt sie, denn ihre Ewigkeit ist illusorisch; die eheliche Liebe fängt da an, wo die romantische aufhört.

A: Na, das mag ja schon so sein, aber mit solchen gewiss tiefsinnigen Sprüchen zerrt man den romantischen Verführer noch nicht zum Standesamt.

B: Das vielleicht nicht, aber nachdenklich machen kann man ihn schon. Auch als »Verteidiger der Ehe« ist KIERKEGAARD ja nicht zahm. Mit »Ironie« spricht er den Verführer an:

> KIERKEGAARD [aus dem *off*]: Du schreibst: »Wie ekelhaft, matt, schläfrig, äußerlich wird alles in der Ehe gemacht. Fast alles nach der Uhr, alles *a tempo* und programmmäßig. Die Jesuiten fanden in Paraguay einen Stamm, dessen Angehörige so schläfrig waren, dass sie es für nötig fanden, um Mitternacht eine Glocke zu läuten und so die Ehemänner an ihre Pflichten zu mahnen. Dieser schöne Brauch möchte sich auch für andere Gegenden empfehlen«.

A: Weiß Gott, da hat der Verführer recht. Ich bin nur gespannt, wie sich da der Ehemann aus der Schlinge zieht.

> KIERKEGAARD [aus dem *off*]: Mein Lieber, des Dummen und Lächerlichen gibt es freilich in dieser Welt genug. Aber sehen wir doch erst zu, ob es notwendig ist. Ist das der Fall, so können wir uns immer noch von Dir aus dem Sumpfe herausziehen lassen. Im Übrigen musst auch Du Dich hüten, dass Du nicht lächerlich wirst. Du hast eine gewisse fatale Ähnlichkeit mit *Don Quixote*. Wie er kämpfst auch Du, wenn auch in einem anderen Sinne, für eine entschwundene Zeit, denn Du kämpfst für den Moment gegen die Zeit. Du beschränkst ja – das ist eine alte Ketzerei – die Liebe auf ein bestimmtes Alter und die Liebe zu einem Menschen auf eine sehr kurze Zeit und so musst Du, wie alle Eroberernaturen, immer wieder wechseln. Ist aber das nicht die allerschlimmste Profanation Deines romantischen Geredes von der »ewigen Macht der Liebe«? Ist das nicht Verzweiflung? Für Dich fällt alles Gewicht auf das Erste: die erste Begegnung, den ersten Kuss und so fort. Aber dieses Erste kann als solches natürlich nicht wiederholt werden. Und so muss für Dich die Liebe den Sinn verlieren. Du bist darum eigentlich gar kein wahrer Erotiker, mein romantischer Freund. Du bist verzweifelt.

A: Na ja, das mag schön und gut sein, was Ihr Spion da über den romantischen Liebhaber sagt. Mag sein, dass der verzweifelt ist, wenn er wie ein Schmetterling von Blume zu Blume flattert – schön. Aber *Don Juan*, bedenken Sie doch diese heitere, sieghafte Kraft. Ne, ne, ne... *Don Juan* ist niemals verzweifelt. Da hat Ihr Spion den MOZART nicht begriffen, sich trotz aller Maskerade nicht an ihn heranpirschen können. Hören Sie mal: [MOZART *Don Giovanni* setzt ein] Ist das Champagner? Und da sagt einer Verzweiflung. Ich und MOZART, oder besser, MOZART und ich, sind da anderer Meinung.

> KIERKEGAARD [aus dem *off*]: Höret *Don Juan*. Und könnt ihr durchs Hören keine Vorstellung von ihm bekommen, so könnt ihr es überhaupt nie.

A: Ja, das klingt allerdings anders.

B: Und das ist der *Don Juan*, den KIERKEGAARD meint.

KIERKEGAARD [aus dem *off*]: Es ist, als ob das Dunkel selbst aus seiner Ruhe aufgescheucht würde. *Don Juans* Leben ist in der tiefen Finsternis der Angst geboren. Zwar nicht bewusste Verzweiflung, aber es ist die ganze Macht der Sinnlichkeit, die in Angst geboren wurde. [MOZART, *Don Juan*, Ende] Und *Don Juan* selbst ist diese Angst. Und diese Angst ist seine dämonische Lebenslust.

B: Das also war der erste Fall: *Don Juan*. Unser Spion hat ihn entdeckt. Ihn bis in jenen Schlupfwinkel verfolgt, der Angst heißt, Verzweiflung. Vielleicht werden Sie sagen – und jedes Musiklexikon weiß es auch nicht besser – KIERKEGAARD habe eine hervorragende ästhetische Abhandlung über MOZARTS Oper *Don Giovanni* verfasst und damit *basta*. Ich glaube aber, KIERKEGAARD hat in Wirklichkeit spioniert, hat herausbekommen, was es mit jenem Seufzer des Backfisches auf sich hat, wenn ein hübscher Bengel vorbeigeht; hat spioniert, warum der Bengel auch später noch ein *Don Juan*, wenn auch im Taschenformat, ist und hat herausbekommen, dass hinter dieser ganzen Lebensgier die Angst steckt.

A: Hören Sie mal, das mit der Angst und der Verzweiflung, das klingt eigentlich kolossal modern: SARTRE, HEIDEGGER und so. Wenn ich auch nicht viel davon kapiert habe...

B: Ja, der Unterschied ist vielleicht gar nicht sehr groß. Die Modernen sind nur eben keine Spione; die entscheidenden Entdeckungen hat KIERKEGAARD in den fünf Jahren von 1843 bis 1848 schon gemacht in jenem alten Kopenhagen. Dort, zwischen dem Rathaus und der Frederiksberggade, da hatte der alte Wollwarenhändler MICHAEL PEDERSEN-KIERKEGAARD seinen Laden. Heute steht da die Handelsbank mit der Marmortafel für den großen Sohn Dänemarks. Der Alte war als Ladenbursche, der auch Stiefel putzte, nach Kopenhagen gezogen. Sie, die Mutter, war zuerst sein Dienstmädchen, übrigens auch vom Land. Er intelligent, sie mehr gutmütig-fleißig. Beide schuften schwer bis 1813. Da machen sie ihre Karriere – ich möchte sagen Doppelkarriere: Denn der Alte, damals immerhin schwacher 60er, war – wie gesagt – sehr intelligent. Er hatte bei den etwas unsicheren Zeiten sein ganzes Geld in königliche Obligationen angelegt und bei der Inflation 1813 – also im Geburtsjahr unseres Spions – war er einer der wenigen, die nicht nur keine Pleite machten, sondern sogar reich wurden.

> KIERKEGAARD [aus dem *off*]: 1813 wurde ich geboren. In dem verrückten Geldjahr, da so mancher andere verrückte Zettel in Zirkulation gesetzt wurde. Und mit einem solchen Zettel scheint meine Existenz am besten verglichen werden zu können. Es ist etwas an mir, als wäre ich etwas Großes, aber aufgrund der verrückten Konjunktur gelte ich nur wenig.

A: Nun, heute ist der Zettel KIERKEGAARD beträchtlich aufgewertet. Aber zu seiner Zeit war er kein sehr angenehmer Zeitgenosse, wie?

B: Das kann man wohl sagen. Schon als kleines Kind heißt er: »die Gabel«. Das kam so:

[Einspielung Hörspielszene]

> MICHAEL PEDERSEN-KIERKEGAARD: Hör endlich auf mit dem Klopfen Søren und iss, damit etwas aus dir wird, verstanden?!

SØREN KIERKEGAARD: Ich weiß schon, was ich werden möchte.
M. P.-K.: Was denn?
S. K.: Eine Gabel.
M. P.-K.: Eine Gabel? (die Geschwister lachen: »Eine Gabel. Søren möchte Gabel werden«.) Warum denn ausgerechnet eine Gabel? Ich glaube, du wirst wieder einmal albern. (die Kinder: »Ja, das glaube ich nämlich auch.«)
S. K.: Dann könnte ich alles aufgabeln, was in der Schüssel wär'.
M. P.-K.: Rede nicht solchen Unsinn. Außerdem würden es dir dann die anderen wieder wegnehmen.
S. K.: Aber ich hätt' doch eine Gabel und könnte dann alle stechen.

B: Ja, stechen – das tat er. Zuerst die romantische Tändelei seiner Zeit, dann die bürgerliche Welt und dann zum Schluss das »ganze Bestehende«, wie er sagt, also Staat und Kirche.
A: Sich selber aber stach er wohl nicht.
B: Er war, wenn Sie wollen, gestochen von frühester Kindheit an. Er hatte seinen »Pfahl im Fleische«, eine tiefe Wunde in der Seele, die ihn einsam und zum Sonderling macht.

KIERKEGAARD [aus dem *off*]: Nie bin ich froh gewesen. Und doch hat es immer ausgesehen, als ob alle Freude in meiner Begleitung wäre. Und wenn ich dann an den Menschen vorübereile und so glücklich und so froh wie ein Gott aussehe und die Menschen mich um mein Glück beneiden, dann lache ich, denn ich verachte die Menschen und ich räche mich.

A: Das klingt aber wenig schön, finde ich.
B: Hören Sie nur weiter:

KIERKEGAARD [aus dem *off*]: Nie hat sich mein Herz gegen einen Menschen verhärtet, aber immer – gerade wenn ich am meisten bewegt bin – habe ich den Schein erweckt, als ob mein Herz verschlossen und jedem Gefühl fremd wäre.

A: Aha! Damit ist für mich einwandfrei bewiesen, dass unser Antiromantiker selbst ein Erzromantiker ist – typisch in dieser seelischen Zerrissenheit und Überempfindlichkeit.
B: Was wollen Sie nur? Sie möchten eine Spionagegeschichte hören und ärgern sich jedes Mal, wenn der Spion im tiefsten Wesen zweideutig, doppelbödig ist.
A: Ja, vielleicht haben Sie ja recht, aber wissen Sie, mich macht diese Art Doppeldeutigkeit allmählich konfus.
B: Überlegen Sie aber, dass er für seine Art Tätigkeit gerade diese Anlage gut brauchen konnte. Unser gutes Kind schon, das zu Hause wegen seiner Vorwitzigkeit den Spitznamen »Gabel« erhielt, heißt in der Schule wegen seiner zur Schau getragenen Bravheit »der Chorknabe«; wie abgefeimt aber war diese Bravheit.

[Szene in der Schule. Kinder treiben ihr Unwesen im Klassenzimmer]:

> LEHRER: Ruhe! Ruhe! Wenn nicht endlich Ruhe wird, gehe ich zum Rektor. [Kinder werden leiser] Jawohl, zum Rektor.
> KINDER: Bitte nicht, Herr Lehrer, bitte nicht.
> LEHRER: Na schön, wenn ihr mir versprechen wollt, dass ihr in Zukunft...
> KIND: Jawohl, wir versprechen alles, Herr Lehrer [Kinder stimmen bei].
> LEHRER: Ruhe! Schüler Kierkegaard, was gibt's?
> S. K.: Herr Lehrer, ich bitte Sie, gehen Sie zum Rektor. Oh ja, Herr Lehrer, bitte gehen Sie zum Rektor. Ich will dem Herrn Rektor dann sogar sagen, dass wir uns in Ihrer Stunde immer so schlecht benehmen [Kinder verkünden ein siegreiches »Jawohl!«].

A: Na ja, ich kann schon verstehen, wenn der Lehrer nicht zum Rektor ging. Aber ich finde den Schüler KIERKEGAARD infam verschlagen.

B: Ja, und mit dieser Verschlagenheit geht er später zu Werke, wenn er spioniert. Er wurde der geeignete Spitzel für die komplizierteste Tatsache der Welt und für die unheimlichste zugleich. Man mag heutzutage vielleicht glauben, Atomgeheimnisse seien am kompliziertesten zu erschnüffeln, aber mir scheint, viel komplizierter ist derjenige, der diese Geheimnisse ausknobelt, am kompliziertesten aber derjenige, der sie gebraucht, der »Mensch«, die »*menschliche Existenz*«. »Viel des Unheimlichen ist, doch nichts ist unheimlicher als der Mensch«, sagt SOPHOKLES schon.

A: Ja, das weiß ich noch aus der Schule.

B: Ja, dieser unheimliche Mensch, das ist's, was KIERKEGAARD ausfindig macht. Seine eigene vertrackte Seele durchstöbert er und entdeckt in ihren Winkeln, in den heimlichsten, das Unheimliche. Jawohl, er konnte ruhig bei sich selbst anfangen und nichts war ihm wichtiger als das.

> KIERKEGAARD [aus dem *off*]: Ich möchte mit mir ins Reine kommen, wissen, was ich tun soll. Es kommt darauf an, meine Bestimmung zu verstehen. Es gilt, die Wahrheit zu finden. Die Wahrheit ist für mich, die Idee zu finden, für die ich leben und sterben will. Aber man muss erst lernen, sich selbst zu erkennen.

A: Das sagte doch auch schon so ein alter Grieche. Sagen Sie mal, war das nicht, war das nicht SOKRATES, stimmt's?

B: Ja, und KIERKEGAARD ist sein größter Schüler.

A: Ja, aber warum hat KIERKEGAARD dann nicht besser Philosophie studiert?

B: Hat er. Aber die Philosophen sind ihm nicht – wie soll ich sagen – nicht sokratisch genug. Am wenigsten die Philosophen seiner Zeit:

> KIERKEGAARD [aus dem *off*]: Es ist fast wie eine Vorlesung aus dem Kochbuch, wenn man Hunger hat. Die Philosophie wirft bei jedem Schritt, den sie macht, eine Haut von sich. Und in die kriechen die dümmeren Anhänger hinein. Wenn man die Philosophen von der »Wirklichkeit« reden hört, so ist das ebenso irreführend, wie wenn man im Schaufenster eines Trödlers auf einem Schild die Worte liest: »Hier wird gerollt«. Wollte man seine Wäsche bringen, um sie rollen zu lassen, so wäre man angeführt. Das Schild hängt nur zum Verkauf da.

A: Macht KIERKEGAARD es aber besser?
B: Nun, er weiß als SOKRATES' Jünger, als der er sich fühlt, dass die Philosophen, besonders die seiner Zeit, mit jener »Wirklichkeit«, für die er, wie er sagt, »leben und sterben will«, eigentlich gar nichts zu tun haben. Ja, er geht noch weiter. Er zeigt, dass die Traumwelt der Philosophen im Grunde ebenso verzweifelt ist wie die ganze Romantik samt ihrem *Don Juanismus*. Sehen Sie nun, warum die Demaskierung *Don Juans* für ihn mehr war als eine gescheite MOZART-Deutung?

> KIERKEGAARD [aus dem *off*]: Ein Denker führt einen gewaltigen Bau auf, ein System, ein das ganze Dasein und die Weltgeschichte umfassendes System. Und betrachtet man sein persönliches Leben, so entdeckt man zu seinem Erstaunen dies Schreckliche und Lächerliche, dass er selbst diesen ungeheuren hochgewölbten Palast gar nicht persönlich bewohnt, sondern die Hundehütte.

A: Ja, ja, sehen Sie? Und so sind die Philosophen, das finde ich auch.
B: Nicht zu voreilig. Dieser Mangel der unsokratischen Philosophie ist – und das spioniert KIERKEGAARD vor allem aus – dieser Mangel ist nur ein besonders krasser Fall dessen, was der Mensch überhaupt dauernd begeht, an sich selber verschuldet.

> KIERKEGAARD [aus dem *off*]: Ein Haus, bestehend aus Kellerwohnung und Parterre und erstem Stock, sei so bewohnt, dass zwischen den Bewohnern jeder Etage ein Standesunterschied wäre oder sein sollte und das Wesen des Menschen ist einem solchen Hause zu vergleichen. Da trifft bei fast jedem Menschen das Traurige oder Lächerliche zu, dass er in seinem eigenen Hause am liebsten im Keller wohnt. Und er zieht es nicht bloß vor, im Keller zu wohnen, nein: er liebt das in dem Grad, dass er erbittert wird, wenn jemand ihm vorschlägt, die Beletage einzunehmen.

B: Und damit haben Sie die knappste Formel der berühmten Lehre KIERKEGAARDS von der »Verzweiflung«, dieser »Krankheit zum Tode«.
A: Ja, damit würde ich ihn aber eher einen Seelenarzt nennen als einen Spion.
B: Sie haben nicht ganz Unrecht. Aber er war nur Diagnostiker, der die Krankheit aufzeigt; kein Therapeut, der sie auch heilt. Die Heilung stellt er seinem Auftraggeber anheim.
A: Ach so, Sie meinen Gott. Ja, da hätte er aber Theologie studieren sollen – finde ich – und Pfarrer werden.
B: Nun, er hat schließlich die nicht allzu knappe Zeit von über zwanzig Semestern tatsächlich Theologie studiert. Aber er hielt sich für einen zu schlechten Christen, um Pfarrer zu werden. Er hat das Examen, aber er wird kein Pfarrer. Er predigt sogar. Wollen Sie eine Predigt von ihm hören?
A: Sagen Sie mal, muss das sein?
B: Nur ganz kurz, damit Sie wenigstens merken, wie KIERKEGAARD sich auf der Kanzel ausnimmt: Über den barmherzigen Samariter, ja?
A: Na, bitte.

B: Schön:
[Aufnahme einer Predigt KIERKEGAARDS von einer unbekannten Stimme vorgetragen]:
Es war einmal ein Mann, der ging von Jerusalem nach Jericho und fiel unter die Räuber. Die zogen ihn aus und schlugen ihn und gingen fort und ließen ihn liegen. Wenn Du nun liest, ›Doch zufällig zog ein Priester desselben Weges und als er ihn sah, da ging er vorüber‹, dann sollst du zu Dir selber sagen: »das bin ich«. Du sollst nicht sagen: »Das bin ich nicht, es war ja ein Priester und ich bin kein Priester, während ich es ausgezeichnet finde, dass das Evangelium es ausgerechnet einen Priester sein lässt. Die Priester sind ja die Schlimmsten«. Nein, wenn Du das Wort Gottes liest, dann soll es ernst sein. Und Du sollst zu Dir selber sagen: »Dieser Priester, das bin ich«. ›Desgleichen auch ein Levit‹, heißt es weiter. Hier sollst Du sagen: »Das bin ich«. Und dann kam ein praktischer Mann: »Da liegt ja ein halbtoter Mensch. Oh, das könnte leicht eine Polizeisache werden«. Du sollst zu Dir sprechen: »Das war ich, ich scharf, wie ein Dummkopf herumzugehen und nicht zu sehen«, denn so sprichst Du doch zu Dir selber, hätte ein großer Schatz auf dem Wege gelegen und Du wärst daran vorübergegangen. Aber ein Samariter war auf der Reise und trat zu ihm. Um nicht müde zu werden vom ständigen, »das bin ich«, kannst Du hier zur Abwechslung sagen: »Das war ich nicht. Ach nein, so bin ich nicht«. Wenn hier nun das Gleichnis endet und Christus zum Pharisäer sagt: ›Geh hin und tue desgleichen‹, so sollst Du zu Dir selber sagen: »Das bin ich, zu dem gesprochen wird. Mach schnell, dass Du vom Fleck kommst«. Aber dann keine Ausflüchte. »Ich kann auf Ehre versichern, dieser Fall ist mir noch nie passiert. Überhaupt sind Räuber eine Seltenheit bei uns«. Nein, so darfst Du nicht sprechen. Auf Deinem und auf meinem Wege sind Elende genug. Kamst Du nie eines Weges, wo einer lag, den Klatsch und üble Nachrede überfallen und ausgezogen hatte? Und es kam ein Priester desselben Wegs und ging vorüber. Das heißt, erst hörte er, und dann erzählte er die Geschichte weiter. Und dieser Priester – und selbst wenn Du Propst oder Bischof wärst – und dieser Priester sollst Du Dir sagen: »Das war ich«. Ach, das ist noch schlimmer als die Geschichte im Evangelium, denn weder der Priester noch Levit waren daran beteiligt, den Mann halb totzuschlagen. Doch hier sind sie Mitschuldige der Räuber.

A: Verdammt nochmal! Bitte entschuldigen Sie dieses Wort nach einer Predigt, aber der kann predigen. Sie sagten, er wurde kein Pfarrer. Ja, was war er denn überhaupt?
B: Der Spion Gottes.
A: Ach, so. Endlich weiß ich, wo ich dran bin.
B: Wirklich?
A: Na ja, Sie haben es doch eben gesagt.
B: Ja, wissen Sie, ich will Ihnen eine kleine Geschichte von VOLTAIRE erzählen.
A: Bitte.

B: Voltaire, der große Spötter, lag auf dem Sterbebett. Da kam der Pfarrer, um ihm die Beichte abzunehmen und die Absolution von seinen zahlreichen Sünden zu erteilen. Voltaire fragte ihn: »Wer hat Sie eigentlich gesandt, Monsieur L'Abbé?« »Gott selbst« war die Antwort. »Gut, gut, mein Herr«, rief Voltaire, »Ihre Ausweise...«
A: Was wollen Sie damit sagen?
B: Dass es Kierkegaard nicht besser gelingt, seine Ausweise vorzulegen, als dem *Abbé*. Wir wissen nicht, ob er wirklich der Spion Gottes war. Und er selbst kann es auch nicht wissen, sondern nur »glauben«. Glauben in der dauernden Anfechtung, dass er sich irren könnte:

> Kierkegaard [aus dem *off*]: Ja, diese Anfechtung kann niemals ausbleiben, wenn religiös existiert werden soll. Und also ein bestimmter einzelner Mensch, zum Beispiel nun ich, Søren Kierkegaard, 35 Jahre alt, dünn gebaut, *magister artium*, Schwager des Agenten Lund, wohnhaft da und da, es wage, zu Gott mich zu verhalten. Ob das nicht ein dreistes Wagnis, ob es nicht eigentlich eine Verrücktheit ist?

B: Verstehen Sie jetzt, warum ich mich des Urteils enthalte, ob er wirklich der Spion Gottes war? Er jedenfalls hat es unter *Furcht und Zittern* geglaubt. Als Einzelner fühlt er sich mit Gott im Bunde. *Entweder – Oder* heißt nicht nur sein erstes Buch, sondern so lautet seine Devise: entweder die Welt, die Menge, oder Gott. Alles andere ist für ihn Unredlichkeit, Mogelei, Mittelmäßigkeit – eben: sowohl als auch. Und das vertritt er selbst vor dem König, den er öfter besucht, Christian VIII.

> Bediensteter C. VIII.: Magister Søren Kierkegaard!
> S. K.: Ja?
> B. C. VIII.: Seine Majestät geruhen Sie zu empfangen.
> C. VIII.: Es freut mich ganz besonders, lieber Kierkegaard, Sie zu sehen. Ich habe so viel Gutes über Sie gehört.
> S. K.: Und ich, Eure Majestät, habe immer zu mir selber gesagt: zuletzt wird der Mann, mit dem Du Dich am besten zustehen kommst, das wird der König sein. Denn damit das geschehen kann, muss ich einen haben, der Geist genug dazu hat und der dann so hoch steht, dass es ihm nicht einfallen könnte, kleinlich gegen mich zu sein.
> C. VIII.: Weshalb besuchen Sie mich dann so selten? Es ist lange her, seitdem ich Sie bei mir gesehen habe.

> Kierkegaard [aus dem *off*]: Seine Gespräche waren für mich nicht von großer Bedeutung, denn er wünschte, dass ich reden sollte. Ja, er hatte eine Art Wollust im Verhältnis zu Intellektualität und Geist. Ich sah sofort ein, dass mir dies gefährlich werden könnte. Deshalb hielt ich mich von ihm zurück. Aber ich sagte:

> S. K.: Ich muss Eure Majestät bitten, überzeugt zu sein, wie sehr ich die Gnade und Gunst würdige, die Sie mir erzeigen. Aber ich bin kränklich

> und darum komme ich so selten. Ich kann nicht gut dieses Warten vertragen in einer Antichambriere. Das strengt mich an.
> C. VIII.: Nein, bei mir brauchen Sie nicht zu warten. Schreiben Sie mir.

KIERKEGAARD [aus dem *off*]: Ich sah wieder die Gefahr, dass Christian an mir Geschmack finden könnte. Darum erwiderte ich:

> S. K.: Eure Majestät, ich besuche niemand.
> C. VIII.: Ja, das weiß ich. Aber ich werde Ihnen einen Boten schicken.
> S. K.: Ich bin Untertan Euer Majestät. Eure Majestät haben zu befehlen. Aber gleich gegen gleich: ich bedinge mir eines aus.
> C. VIII.: Na? Und was ist das?
> S. K.: Dass ich die Erlaubnis bekomme, allein mit Ihnen zu reden.
> C. VIII.: Einverstanden. Wissen Sie, Kierkegaard, Sie haben so viele Ideen, dass Sie mir ruhig einige überlassen könnten. Wie?
> S. K.: Majestät, ich habe die Ehre, einer höheren Macht zu dienen, für die ich mein Leben eingesetzt habe.

KIERKEGAARD [aus dem *off*]: Ich habe nichts Neues zu verkündigen. Ich bin ohne Vollmacht. Selber in Trug gehüllt, gehe ich nicht geradewegs zu Werk, sondern mit Hinterlist, bin kein heiliger Mann, kurz: bin gleich einem Spion, welcher bei seinem Spionieren, bei seinem Bescheidwissen von Misslichkeiten, Sinnentrug und dem, was verdächtig ist, selber unter der strengsten Aufsicht ist. Sieh, die Polizei braucht dergleichen beschlagene, listige, intrigante, pfiffige Leute, welche es verstehen, jedes Ding auszuschnüffeln, überall Spuren zu entdecken und alles ans Licht zu bringen.

B: Aber mit dem bloßen Schnüffeln und ans Licht bringen, wie er es nennt – es ist dies übrigens nicht mehr und nicht weniger als die Grundlage der gesamten Existenzphilosophie von heute – damit ist es 1848 zu Ende. Eine ungeheure Arbeitsleistung innerhalb von fünf ganzen Jahren. In den sechs folgenden äußerlich stillen Jahren bis 1854, reift in ihm der schwere Entschluss, den Kampf gegen die Kirche aufzunehmen. Ein Kampf, der seine Auswirkungen noch in unserer Zeit hat. Und doch lautet die gellende Parole auch dieses Kampfes wieder: *Entweder – Oder*. Ja, der tiefste Ursprung seines leidenschaftlichen, alle Klugheit beiseite lassenden Dreinschlagens war vielleicht schon bei der »kleinen Gabel«, beim »Chorknaben« lebendig, als sein Vater einmal zu ihm sagte: [Einspielung Hörspielszene]

> M. P.-K.: Sei lieb Søren und schreib diese Predigt ab. Los, das wird dir gut tun. Und auch deiner miserablen Schrift. Nun?
> S. K. (*knatscht*): Das ist die Predigt, die ich schon am letzten Sonntag von Bischof Mynster gehört hab, Vater. Ich mag nicht.
> M. P.-K.: Wird's bald. Ach ja. Sag mal, wenn, wenn ich dir dafür zwei øre gebe, na?!
> S. K.: Vater, du weißt, ich hab Geld so gern. Soll ich aber Jesus auch für Geld liebhaben?
> M. P.-K.: Mein Sohn, du gehst in stiller Verzweiflung. Sieh zu, dass du Jesus recht liebst.

B: Und merkwürdigerweise geht es mehr als 30 Jahre später wiederum um den gleichen Bischof MYNSTER, wiederum um das rechte Lieben Gottes, um die Pfaffen, die für Geld Jesu' Leiden herrlich schildern können, um den »Einzelnen«, der allein auf rechte Weise in ein redliches Verhältnis zu Gott kommen könnte; 1855 geht es los:

> KIERKEGAARD [aus dem *off*]: *Entweder-Oder*. Ich, den alle Kinder auf der Straße kennen unter dem Namen *Entweder-Oder*, sage Dir: nimm ein Brechmittel, mach, dass du aus dieser Halbheit herauskommst. Ewig wirst Du es nicht bereuen, wenn Du auf meine Rede achtest. Erwäge, ob Du das Zeitliche oder das Ewige willst. Ich, der *Entweder-Oder*, bin im Besitz eines Buches, das freilich hierzulande so gut wie unbekannt ist, dessen Titel ich daher genau anführen will: das Neue Testament unseres Herrn und Heilands Jesu Christi. Wiewohl ich ein ganz freies Verhältnis zu diesem Buch habe und zum Beispiel durch keinen Eid darauf verpflichtet bin wie die Pfarrer, so übt es doch eine große Macht auf mich aus, und flößt mir einen unbeschreiblichen Abscheu vor der Halbheit ein, vor jedem »Sowohl-als-Auch«. Dies' muss gesagt sein, also sei's denn gesagt. Wer Du auch seist, welcher Art, mein Freund, Dein Leben auch sein mag, dadurch, dass Du es unterlässt, an dem öffentlichen Gottesdienst teilzunehmen, der mit dem Anspruch auftritt, das Christentum des Neuen Testaments zu sein, indem Du das unterlässt, trägst Du eine große Schuld weniger. Du beteiligst Dich nicht daran, Gott zum Narren zu halten. Sind wir Christen, wirklich Christen. Was ist dann Gott? Er ist dann das lächerlichste Wesen, das je existiert, sein Wort das lächerlichste Buch, das je ans Licht gekommen ist. O' Mensch, zittere! Denn Gott ist in gewissem Sinne so unendlich leicht zum Narren zu halten. Wer Du auch bist, schäme Dich! Schäme Dich! Schäme Dich!

B: Und das Schwert schwingend brach er zusammen. Der von ihm ausgelöste Tumult ist ungeheuer. Die offizielle Kirche hält ihn für verrückt. Ein Prälat verbietet ihm, ausgerechnet dem Kirchenkämpfer KIERKEGAARD, den Besuch der Kirche. Sektierer halten ihn für ihren Apostel, andere für eine willkommene Sensation – er aber bricht zusammen. Was ihm fehlte, weiß niemand. Er glaubt, es zu wissen; er sei »Gottes Jagdhund«, sagte er auf dem Sterbebett dem einzigen Freunde, der ihm noch verblieb.

> KIERKEGAARD [aus dem *off*]: Hast Du einen Jagdhund gesehen? Ermattet von Anstrengung und Blutverlust beim Kampf drinnen im Fuchsbau, lässt er doch nicht los. Er hat sich festgebissen und stirbt so. Auch wenn die Jäger das Wildschwein jagen sollen, wählen sie einen Hund aus. Sie wissen schon, wie es gehen wird. Das Wildschwein wird gefällt werden, aber es geht über den Hund her, der es anfällt. Ich will gerne sterben, denn ich bin davon überzeugt, dass ich meine Aufgabe gelöst habe. Was von einem Verstorbenen kommt, will man oft lieber hören. Grüße alle Menschen. Ich habe sie alle geliebt und sage ihnen, dass mein Leben ein großes, anderen unbekanntes Leiden ist: Ich war die »Ausnahme«, Opfer für das Menschengeschlecht.

[BACHS *Air* aus der Suite No. 3 in D-Dur bis zum Ende der Sendung]

> B: Am 11. November 1855 stirbt SØREN DER KIERKEGAARD, die menschliche Existenz in Gottes Auftrag ausspionierte, der ohne Vollmacht nur ein Korrektiv sein wollte, ein Ausrufungszeichen der Ewigkeit in der Zeit, keine Regel, sondern »Ausnahme«, die bloß aufmerksam machen will. Er stirbt ruhig – unversöhnt zwar mit der Kirche, aber im Einvernehmen mit Gott, als dessen Werkzeug er sich und sein Leben verstand. Auf seinen Grabstein wollte er die Worte setzen lassen.
>
> > KIERKEGAARD [aus dem *off*] Noch eine kurze Zeit, dann ist's gewonnen. Dann ist der ganze Streit in nichts zerronnen, im Rosental, darf ich ununterbrochen auf ewig, ewiglich mit Jesu sprechen.

NIETZSCHE – Die große Gesundheit

»Ich hasse die lesenden Müßiggänger. Die schlechtesten Leser sind die, welche wie plündernde Soldaten verfahren: sie nehmen sich einiges, was sie brauchen können, heraus, beschmutzen und verwirren das übrige und lästern auf das ganze... Ich habe bei meinen Kritikern häufig den Eindruck von Kanaille gehabt. Nicht was man sagt, sondern daß ich es sage, und inwiefern gerade ich dazu gekommen sein mag – das scheint ihr einziges Interesse... Man beurteilt mich, um nichts mit meinem Werk zu tun zu haben: man erklärt dessen Genesis – damit gilt es als hinreichend für abgetan«.

Welch ein Anspruch an den Leser und Kritiker, geschweige denn an den Verfasser eines »philosophischen Spaziergangs« über FRIEDRICH NIETZSCHE! Hat NIETZSCHE mit diesen – übrigens verschiedenen Schaffensjahren zugehörigen – Warnungen nicht einen solchen Essay über ihn und seine »große Gesundheit« geradezu verboten? Wie soll man etwa NIETZSCHES Denken über die »große Gesundheit« isolieren von seinem erschütternden Lebensschicksal – von 1889 bis 1900 unheilbar geisteskrank, seit seinem 12. Lebensjahr aber leidend, vor allem an Kopf- und Augenschmerzen –, wie also soll man da Werk und Genese auseinanderhalten? – Und dennoch: gerade diese verlegene Ausgangsfrage führt mitten hinein in das Verständnis der »großen Gesundheit«, die NIETZSCHE sehr präzise dem empirischen, also medizinischen Normal-Gesundheitsbegriff gegenübergestellt hat: »... die ›große Gesundheit‹ ist eine solche, welche man nicht nur hat, sondern auch beständig noch erwirbt und erwerben muß, weil man sie immer wieder preisgibt, preisgeben muß!«

Damit ist weder eine ästhetisierende Apotheose der Morbidität à la THOMAS MANN gemeint, etwa: Künstler-Sein bedeute eine kränkliche Blüte denaturierter Gesundheit, noch jene brav-klinische Interpretation des Arztes MÖBIUS: am Werke NIETZSCHES lasse sich sozusagen die Entwicklungsgeschichte einer progressiven Paralyse erweisen. THOMAS MANN – in seinem *Dr. Faustus*-Roman sowohl als auch in seinem Vortrag *Nietzsches Philosophie im Lichte unserer Erfahrung* – neigt generell zu einer Mythisierung der Krankheit. Man höre das »Vibrato« heraus: »Welch ein Getriebenwerden ins Weglose! Welch ein Sich-Versteigen in tödliche Höhen! Das Wort ›verstiegen‹, zum moralischen und geistigen Urteil geworden, stammt aus der Alpinistensprache und bezeichnet die Situation, wo es im Hochgestein weder vorwärts noch rückwärts mehr geht und der Bergsteiger verloren ist... Was war es, was NIETZSCHE ins Unwegsame trieb, ihn unter Qualen dort hinaufgeißelte und ihn den Martertod am Kreuz des Gedankens sterben ließ? Sein Schicksal – und sein Schicksal war sein Genie. Aber dieses Genie hat noch einen anderen Namen: er lautet Krankheit...«.

Genau an diesem Punkte würde NIETZSCHE selbst widersprechen und von »großer Gesundheit« reden! Zwar meinte THOMAS MANN mit seiner *Fin-de-siècle*-Delikatesse durchaus im Sinne NIETZSCHES den Kranken hochzupreisen, *de facto* hat er ihn gerade da im Stich gelassen, wo es darauf angekommen wäre. Die mannsche Emphase fürs »höhere Kranksein« des Genies NIETZSCHE, die ihn, man möchte sagen: »aristokratisch« in den höheren Rang der *Leverkühns, Aschenbachs* usw. erhebt, wird von einem der bedeutendsten Psychiater, Philosophen und NIETZSCHE-Kenner, nämlich KARL JASPERS, durch die nüchterne Konstatierung zurechtgerückt: »Es ist wesentlich zu wissen, daß schlechthin keine Andeutung eines solchen Wahns vor dem 27. Dezember 1888 zu finden ist. Nach einem Wahn vor dieser Zeit zu suchen, hat sich als ergebnislos erwiesen. Zunächst gilt abstrakt, daß der Wert eines Geschaffenen allein aus dem Gehalt des geistig Hervorgebrachten zu sehen und zu beurteilen ist: die Kausalität, unter deren Einfluß etwas entsteht, besagt nichts über den Wert des Entstandenen. Eine Rede wird nicht schlechter oder besser zu bewerten sein, wenn man weiß, daß der Redner zur Lockerung von Hemmungen vor seiner Rede eine Flasche Wein zu trinken pflegt«. Gewiß, JASPERS ignoriert NIETZSCHES Krankheiten nicht, im Gegenteil: er untersucht nach den schulmedizinisch überhaupt verfügbaren Methoden und Erkenntnissen das gesamte einschlägige Material, einschließlich der zum großen Teil voreiligen Diagnosen. Er stellt auch Erwägungen an über die – vielleicht durch den Krankheitsprozeß bedingten – Zustände, Stimmungen, stilistischen Tonarten usw., psychologisch sondierend; aber das Werk NIETZSCHES selbst erfährt abgesehen von der euphorischen Übersteigerung im letzten Buch – *Ecce homo*, geschrieben kurz vor dem geistigen Zusammenbruch – keine nennenswerte Beeinträchtigung. So der medizinische Fachmann, dem an einem ästhetisierenden NIETZSCHE-Mythos nichts gelegen ist. Der schauerlich-makabre Kontrast zwischen dem Wahnsinnigen und dem, der noch schrieb – und zwar kurze Zeit vorher er habe sich »selbst wieder gesund gemacht«, bestätigt dies nachdrücklichst: »Abgerechnet davon, daß ich ein *décadent* bin, bin ich auch dessen Gegensatz. Als *summa summarum* war ich gesund, als Winkel, als Spezialität war ich *décadent*... Ich nahm mich selbst in die Hand, ich machte mich selber wieder gesund. Die Bedingung dazu – jeder Physiologe wird das zugeben – ist, daß man im Grunde gesund ist. Ein typisch morbides Wesen kann nicht gesund werden, noch weniger sich selbst gesund machen; für einen typisch Gesunden kann umgekehrt Kranksein sogar ein energisches Stimulans zum Leben, zum Mehrleben sein«.

NIETZSCHE tut hier – wohlgemerkt kurz vor Ausbruch der entsetzlichen Geisteskrankheit – nichts anderes, als was sein Interpret JASPERS, Mediziner und Philosoph, versuchte: einen Unterschied zwischen medizinischem und »existentiellem« Gesundsein zu statuieren, was *mutatis mutandis* auch für die Krankheit gilt! »Ich machte aus dem Willen zur Gesundheit, zum Leben, meine Philosophie«. Trotz – oder wegen? – aller Psychosomatik ist dieser Unterschied zwischen medizinischer und »existentieller« Gesundheit nicht so ohne weiteres zu verstehen. Hat man ihn aber begriffen, dann hat man sich den angemessensten Zugang zu NIETZSCHES Werk verschafft, wie leicht zu zeigen sein wird. NIETZSCHES Begriff der »großen Gesundheit« ist wie ein Schlüssel zu seinem sehr schwer zu dechiffrierenden Schaffen. Wer freilich, ob nun zustimmend oder ablehnend, das Werk als kausal eindeutig zu erklärende »Absonderung eines kranken Organismus« deuten will, verzichtet in einem auch auf das Verständnis von NIETZSCHES großer Gesundheit! Andererseits wird viel Mißverstandenes bei NIETZSCHE – z. B. der »Wille zur Macht« als politische Parole des Faschismus, der »Übermensch« als biologischer Darwinismus – unschwer korrigiert werden können, wenn man weiß, welches Menschenbild diese sogenannte »große Gesundheit« voraussetzt. Nochmals also: nicht auf die unsinnige Behauptung kommt es uns an, NIETZSCHES entsetzliche Krankheit medizinisch als »Gesundheit« zu verstehen, so wenig übrigens wie die angemessene »Strafe« dafür, daß er die Christenheit und Gott gelästert habe – von der hohen Geistlichkeit ganz zu schweigen. Vielmehr ist eine ganze philosophische Anthropologie und Kulturphilosophie mit gemeint, wenn NIETZSCHE von »großer Gesundheit« spricht.

Wie anspruchsvoll das alles klingt, wenn man sich überlegt, daß NIETZSCHE fast allgemein für »leicht lesbar« und noch leichter verständlich gilt als andere Philosophen! Schon der Pennäler stöbert in seinem *Zarathustra* mit dem prickelnden Gefühl des Verrucht-Verbotenen und doch wiederum auch Pikant-Faszinierenden: scheint hier nicht auf zynisch-amüsante Weise alles an bestehenden Tabus bezweifelt zu sein? Gott, Bildung, Wissenschaft, Ordnung, Gut und Böse...? Keine langweiligen Beweise – wie sonst bei Philosophen – und auch keine langweilige Moral, wie bei den als Pflichtlektüre geltenden Tugendlehrern. Wo man NIETZSCHE auch aufschlägt, überall erscheint er verständlich, pointiert, polemisch knapp, bilderreich, übermütig, scheinbar endlich etwas Langgesuchtes, um intellektuelle Juckreize loszuwerden, dazu noch auf höchst »gebildete« Weise! Allein, gerade diese vordergründigen Reize, die NIETZSCHE auch beim sogenannten breiteren Publikum populär machen, den Feuilletonisten als (nachgeahmtes) Vorbild erscheinen lassen, sind die Hauptgefahr für ein tieferes, das heißt angemessenes NIETZSCHE-Verständnis, von Studium ganz zu schweigen. Die voreiligen Polemiken und

Apologien gehen meist auf das Konto des – man ist versucht zu sagen: »Mißstandes«, daß NIETZSCHE einfach »zu gut« schrieb. Dabei wird besonders die Mitteilungsform des »Aphorismus« geschätzt: kurz und knapp, und nicht als umständliches System in abstrakter Sprache, wendet sich NIETZSCHE an seinen Leser. Und seine Resonanz pflegt dementsprechend schnell – also als hurtige Zustimmung oder Ablehnung – stattzufinden. Man merkt sich bestenfalls Sentenzen, aber keine größeren gedanklichen Zusammenhänge. Darum erscheint die Sprechweise von »Nietzsches Anthropologie« oder »Kulturphilosophie« zunächst allzu anspruchsvoll. Tatsächlich aber will NIETZSCHE stets mehr: »In Aphorismenbüchern gleich den meinigen stehen zwischen und hinter kurzen Aphorismen lauter verbotene lange Dinge und Gedankenketten und manches darunter, das für Ödipus und seine Sphinx fragwürdig genug sein mag.«

Seine Aussprüche sind also »Spitzensätze« eines nicht diskursiv niedergeschriebenen Textes, den der Leser auf eigene Gefahr sozusagen »rekonstruieren« muß. NIETZSCHE appelliert damit an ein zur Mitarbeit bereites Leserpublikum, das sich nicht mit Sprüchen abspeisen läßt, sondern beteiligt »mitgeht«, Reizthesen in ihrer Übertreibung nicht als der Wahrheit letzten Schluß nimmt, in der bloßen Polemik nicht bloß gezielte Schüsse goutiert, die es einem bestimmten X oder Y »gegeben« hätten; ja – und dies wird selbst von Fachleuten häufig übersehen – oft handelt es sich – bei aller apodiktischen Pointiertheit des Ausspruches – um pure Experimente. Davon mag eine sehr kleine Auswahl von Beispielen überzeugen, die sich auf jenes bekannteste Werk NIETZSCHES beziehen, das bekanntlich wie eine eiserne Ration im Tornister der Halbbildung mitgenommen wird, als eine Art »*Notzehrung*«, falls mal »höhere Interessen« aktuell werden... Wir meinen NIETZSCHES *Also sprach Zarathustra*, gleichzeitig jenes Werk, in welchem die zur Diskussion gestellte »große Gesundheit« fast ein Leitmotiv darstellt. Dieses für manche Leser mit der Bibel konkurrierende »Buch für alle und keinen« – nicht umsonst im »Evangelienstil« geschrieben! – wird sogar von der *Zarathustra*-Gestalt selbst gelegentlich in Frage gestellt: »Mitunter finde ich auch ein zugeflogenes Tier in meinem Taubenschlage, das mir fremd ist und das zittert, wenn ich meine Hand darauf lege. Doch, was sagte dir einst Zarathustra? Daß die Dichter zuviel lügen? Aber auch Zarathustra ist ein Dichter. Glaubst du nun, daß er hier die Wahrheit redete? Warum glaubst du das?« Der »Jünger«, der an *Zarathustra* »glaubt«, ist angeführt: »Der Glaube macht nicht selig, zumal nicht der Glaube an mich. Aber gesetzt, daß jemand allen Ernstes sagte, die Dichter lügen zuviel: so hat er recht: – wir lügen zuviel. Wir wissen auch zu wenig und sind schlechte Lerner: so müssen wir schon lügen. Und wer von uns Dichtern hätte nicht seinen Wein verfälscht? Manch giftiger Mischmasch geschah in unsern Kellern, manches Unbeschreibliche ward da getan...«. Aber hat *Zarathustra* nicht den »Übermenschen« gelehrt? Soll der denn auch erlogene »Dichtung« sein? »Ach, es gibt soviel Dinge zwischen Himmel und Erde, von denen sich nur die Dichter etwas haben träumen lassen. Und zumal über dem Himmel: denn alle Götter sind Dichter-Gleichnis, Dichter-Erschleichnis! Wahrlich, immer zieht es uns hinan – nämlich zum Reich der Wolken: auf diese setzen wir unsere bunten Bälge und heißen sie dann Götter und Übermenschen: sind sie doch gerade leicht genug für diese Stühle! – alle diese Götter und Übermenschen. Ach, wie bin ich all des Unzulänglichen müde, das durchaus Ereignis sein soll! Ach, wie bin ich der Dichter müde«. Aber NIETZSCHE sagt es auch direkt, daß dieses »eigentliche Höhenluft-Buch«, nichts für Durchschnittsidealisten sei: »Das letzte, was ich versprechen würde, wäre, die Menschheit zu verbessern. Von mir werden keine neuen Götzen aufgerichtet; die alten mögen lernen, was es mit tönernen Beinen auf sich hat. Götzen (mein Wort für ›Ideale‹) umwerfen – das gehört schon eher zu meinem Handwerk. Im Zarathustra redet kein ›Prophet‹, keiner jener schauerlichen Zwitter von Krankheit und Willen zur Macht, die man Religionsstifter nennt.

Hier redet kein Fanatiker, hier wird nicht ›gepredigt‹, hier wird nicht ›Glauben‹ verlangt… Ist Zarathustra mit alledem nicht ein Verführer? … Aber was sagte er doch selbst? ›Ihr verehrt mich, aber wie, wenn eure Verehrung eines Tages umfällt? Hütet euch, daß euch nicht eine Bildsäule erschlage! Ihr sagt, ihr glaubt an Zarathustra? Aber was liegt an Zarathustra! Nun heiße ich euch, mich verlieren und euch finden…‹«.

Ungeduldig, wegen der allzu sorgfältigen Warnung vor gläubig zupackender, aber auch vorschnell ablehnender NIETZSCHE-Aneignung, wird der Leser vielleicht fragen, was habe dies alles mit dem Thema der »großen Gesundheit« zu tun? Typisch nietzsche'sch verheddert wird sogar bereits von der »großen Gesundheit« gesprochen, wenn NIETZSCHE und sein *Zarathustra* den Einzelnen auf sich selbst verweisen! Doch: sich zu sich selbst verhalten, nicht aber sich gläubig einem andern, sei er nun fromm oder gottlos, auszuliefern, ist für NIETZSCHE das Hauptmerkmal der »großen Gesundheit«. Wie merkwürdig treffen sich da der Christ KIERKEGAARD und der Antichrist NIETZSCHE, die beide als schlimmste »Krankheit«, KIERKEGAARD sagt geradezu: *Krankheit zum Tode*, die Verzweiflung des Selbst diagnostizieren! Halten wir also fest: nicht man selbst sein wollen, oder krampfhaft man selbst sein wollen, sind das Gegenteil der »großen Gesundheit« – soll so etwas »Innerliches« wie das Selbstsein mit derart biologisch-medizinischer Terminologie anvisiert werden können? Die Antwort lautet: ja. Und zwar bei KIERKEGAARD wie NIETZSCHE gleichermaßen. Ob Christ oder Antichrist: beide Denker stehen in der paulinisch-augustinischen Tradition, die bekanntlich das menschliche Dasein, auch in seinen scheinbar ätherisch-spirituellsten Zuständen und Akten »leiblich« fixiert. Das ist weniger griechisch als biblisch gedacht. Den verzweifelt sündigen Menschen, der, aus dem Paradies vertrieben, »erbsündig« geworden sei – auch eine biologische Qualifikation nach dem HEILIGEN AUGUSTINUS – durch seine »Genesung« zu »erlösen«: das ist die eigentliche Bedeutung der Religion. Mit umgekehrten Vorzeichen, aber in ähnlichem Verstehenshorizont nennt auch NIETZSCHE das menschliche Selbst »Leib«: »Hinter deinen Gedanken und Gefühlen, mein Bruder, steht ein mächtiger Gebieter, ein unbekannter Weiser – der heißt Selbst. In deinem Leibe wohnt er, dein Leib ist er«.

Freilich erkennen wir aus solcher Charakteristik, daß »Leib« hier nicht bloß den »Leib« der Biologie oder Physiologie oder Anatomie meinen kann. Es ist nicht uninteressant, darauf zu verweisen, daß sowohl im Hebräischen als auch im Germanischen ein etymologischer und damit auch semantischer Zusammenhang zwischen Leib und Leben besteht. Das heißt: der »Leib« wird als das lebendige Beharrliche begriffen, nicht also als das »bloß Körperliche«. Das etymologische Wörterbuch von KLUGE findet dieses Moment des Personhaft-Individuellen (bei NIETZSCHE und KIERKEGAARD »Selbst« genannt) noch in den Überbleibseln unserer Sprache wie: »beileibe« bzw. »beileibe nicht«, »Leibgedinge«, »Leibrente«, »Leibarzt«, »Leibdiener«. Dieser umgreifende Sinn von »Leib« gleich »Selbst« oder – wie *Zarathustra* auch gern sagt: gleich »große Vernunft« – ist Voraussetzung zum Verständnis auch der »großen Gesundheit«. Es ist nämlich jener »Leib«, der auch »verzweifeln« kann und dann »krank« ist. So verstehen wir auch JASPERS' Unterscheidung von »medizinischer« (also auf den »Körper« bezogener) und »existentieller« (also auf das menschliche »Selbst« bezogener) Gesundheit. Es ist dies eine Unterscheidung, die vielleicht schneller einleuchtet, wenn man berücksichtigt, daß »anthropologisch« der Mensch sich vor allem dadurch vom Tier unterscheidet, daß er nicht bloß wie ein gegenständlich Vorhandenes ist, was er ist, sondern in seinem Sein komplizierter und damit auch »menschlicher« wird, weil er sich außerdem noch zu sich verhält. Gewiß, wir alle sind »geworfen«, biologisch und in einem »höheren Sinne«: als »nun einmal so und so« Seiende; – allein, wir verhalten uns noch zu unserem Sosein! Zum Beispiel: wir sind nicht bloß »krank« oder »gesund«, sondern verhalten uns noch zu unserem medizinischen »Befund«. Wenn z. B. PASCAL zwar, medizinisch betrachtet, krank ist, aber den »rechten Nutzen der Krankheit« von Gott erfleht, so ist dies ein Analogon zur »großen Gesundheit«. Auch PASCAL macht den Unterschied zwischen dem medizinischen *factum brutum* der Gesundheit und dem, was man aus ihr macht! Das heißt: man ist nicht nur »gesund«, sondern »macht Gebrauch« von der Gesundheit; und diese Möglichkeit des Gebrauchs oder Mißbrauchs qualifiziert den Menschen erst. Hören wir kurz aus PASCALS Gebet: »Du hattest mir die Gesundheit gegeben, damit ich dir diene, und ich habe sie völlig weltlich gebraucht. Jetzt sendest du mir die Krankheit, um mich zu bessern; lasse nicht zu, daß ich sie dazu nutze, Dich durch meine Ungeduld zu erzürnen. Schlechten Gebrauch habe ich von meiner Gesundheit gemacht...«.

So gegensätzlich auch PASCAL und NIETZSCHE sonst denken mögen: darin sind sie sich einig, daß die rein biologischen Tatsachen nicht alles sind, sondern daß der Mensch sich zu ihnen verhält. So wie übrigens auch zu seinen eigenen Instinkten, die nicht in tierischer Ungebrochenheit seine gesamten Verhaltensweisen bestimmen: vielmehr verhalte ich mich auch noch zu meinen triebhaften Regungen, Affekten, charakterlichen Anlagen usw. Unser

»Ich«, als so und so beschaffener »Charakter«, wie wir sagen, ist daher weniger als das Selbst, darum sagt *Zarathustra*: »›Ich‹ sagst du und bist stolz auf dies Wort. Aber das größere ist, woran du nicht glauben willst – dein Leib und seine große Vernunft: die sagt nicht Ich aber tut Ich. Werk- und Spielzeug sind Sinn und Geist: hinter ihnen liegt noch das Selbst. Dein Selbst lacht über dein Ich und seine stolzen Sprünge...«.

Haben wir einmal diese merkwürdige Gleichung NIETZSCHES: »Selbst« gleich »Leib« begriffen, dann werden wir den scheinbaren »Biologismus« NIETZSCHES auch richtig einzugrenzen wissen und auch die typischen Fehldeutungen NIETZSCHES als eines Vorläufers der nazistischen Rassenlehre und leider auch – Politik abwehren können. Denn wie das Selbst »hinter« dem bloß biologischen Körper steht und ihn »beherrscht«, so auch hinter dem bloß psychologischen »Ich«, also dem Insgesamt dessen, was gegenständlich erforschbar ist durch eine empirische Wissenschaft, genannt »Psychologie«. Biologie wie Psychologie nämlich schließen gerade dasjenige aus, worauf es NIETZSCHE ankommt: das Selbst oder wie wir mit einem gebräuchlicheren Wort sagen könnten: die Freiheit des Menschen. Die Wissenschaft betrachtet den Menschen als bloße Naturtatsache, die kausal determiniert ist, und der empirische Wissenschaftler sucht nach den Gesetzen, die diese Naturtatsachen beherrschen, determinieren.

NIETZSCHE dagegen mit seiner »selbsthaften« Betrachtungsweise will im Gegenteil von der Tatsache ausgehen, daß der Mensch, der sich bloß als biologisches Wesen betrachtete, »krank« wäre; freilich nicht im medizinischen Sinne »krank«, sondern ebenso, wie seine Karikatur des »letzten Menschen« den »verächtlichsten« Menschen meint, der sich nur noch als determiniertes und daher manipulierbares Lebewesen mißversteht. Dieser »letzte Mensch« nämlich, eine grausige Parallele zu HUXLEYS Bewohnern der »wackeren Neuen Welt« (*Brave New World*) hat eigentlich eben das restlos preisgegeben, was das Selbst ausmacht: er verhält sich nicht mehr frei zu sich selbst, sondern trachtet nach einer – sagen wir – »medizinischen Normalgesundheit« als seinem »wahren Glück«. Dieser letzte Mensch wird, biologisch betrachtet, die längste Lebenserwartung haben, er wird wissenschaftlich exakt seine psychischen und physischen Funktionen kontrollieren und manipulieren –, freilich unter radikalem Verzicht auf jene »Komplikation«, die den Menschen erst zum Menschen macht: nämlich sich als Selbst zu sich selbst zu verhalten. Er ist normiert, kennt keine äußeren und inneren Schwierigkeiten mehr, er ist – wie man heute gern sagt – »angepaßt«, ja, man ist fast versucht zu meinen, genau in der Retorte mancher moderner soziologischer und psychoanalytischer »Ideale« (in Anführungsstrichen, versteht sich!) gebraucht: im oberflächlichsten Sinne, gesund, langlebig und glücklich...

»Seht, ich zeige euch den letzten Menschen! ›Was ist Liebe? Was ist Schöpfung? Was ist Sehnsucht? Was ist Stern?‹ – so fragt der letzte Mensch und blinzelt. Die Erde ist dann klein geworden, und auf ihr hüpft der letzte Mensch, der alles klein macht. Sein Geschlecht ist unaustilgbar wie der Erdfloh; der letzte Mensch lebt am längsten. ›Wir haben das Glück erfunden‹, sagen die letzten Menschen und blinzeln. Sie haben die Gegenden verlassen, wo es hart war zu leben: denn man braucht Wärme. Man liebt noch den Nachbarn und reibt sich an ihm: denn man braucht Wärme. Krank werden und Mißtrauen haben gilt ihnen als sündhaft: man geht achtsam einher. Ein Tor, der noch über Steine und Menschen stolpert! Ein wenig Gift ab und zu: das macht angenehme Träume. Und viel Gift zuletzt, zu einem angenehmen Sterben. Man arbeitet noch, denn Arbeit ist eine Unterhaltung. Aber man sorgt, daß die Unterhaltung nicht angreife. Man wird nicht mehr arm und reich: beides ist zu beschwerlich. Wer will noch regieren? wer noch gehorchen? Beides ist zu beschwerlich. Kein Hirt und eine Herde! Jeder will das gleiche, jeder ist gleich: wer anders fühlt, geht freiwillig ins Irrenhaus. ›Ehemals war alle Welt irre‹, sagen die Feinsten und blinzeln. Man ist klug und weiß alles, was geschehen ist: so hat man kein Ende zu spotten. Man zankt sich noch, aber man versöhnt sich bald – sonst verdirbt es den Magen. Man hat sein Lüstchen für den Tag und sein Lüstchen für die Nacht: aber man ehrt die Gesundheit. ›Wir haben das Glück erfunden‹ – sagen die letzten Menschen und blinzeln«.

Uns kam es nicht darauf an, mit diesem längeren *Zarathustra*-Zitat zu zeigen, wie »prophetisch« NIETZSCHE gedacht hat; es geht um ein bescheideneres Ziel: das Gegenteil dessen aufzuspüren, was NIETZSCHE die »große Gesundheit« genannt hat. Denn diese letzten Menschen ehren doch bestimmt die Normal-Gesundheit und sogar noch mit praktischem Erfolg, aber sie sind keine »Selbste« mehr, keine »Schaffenden«, sondern rein biologisch reduzierte Organismen von möglichst langer und ungestörter Lebenserwartung. – Und damit haben wir auch begriffen, was es mit NIETZSCHES meist mißverstandenem »Übermenschen« auf sich hat. Er ist das genaue Gegenteil des letzten Menschen! Das heißt also: nicht das biologische Züchtungsergebnis im Sinne der nationalsozialistischen Rassentheorie (Aufnordung, Lebensborn, Ausmerzung von ganzen Völkern angeblich minderwertiger Erbsubstanz u. dgl. Unfug mehr!). Vielmehr ist der Übermensch ein Gleichnis für das über sich selbst hinausschaffende Menschenwesen, das gerade nicht als biologisch fixiert gedacht wurde, sondern als sich selbst hervorbringendes, im *Zarathustra* heißt es »schaffendes«. Freilich, NIETZSCHE hat – dies muß zugegeben werden – zum Mißverständnis seines Gleichnisses vom »Übermenschen« dadurch beigetragen, daß er sich scheinbar darwinistischer Denkformen bedient hat. Allein, eine genauere Lektüre, die *Zarathustra* nicht als bloßen Zitatenschatz genommen hätte, wäre bald zur besseren Einsicht in das wirklich Gemeinte gekommen. Die Gegenüberstellung von »Übermensch« und »letzter Mensch« hätte doch zeigen müssen, daß es NIETZSCHE gerade nicht auf den biologischen Aspekt angekommen ist: der »letzte Mensch«, wie gesagt, ist doch der biologisch »tüchtigste«, »gesündeste«, »unausrottbarste« Vertreter seiner Gattung! Aber gerade ihn charakterisiert *Zarathustra* als das »Verächtlichste« und stellt ihm den »Übermenschen« gegenüber, wohl wissend, daß die nur auf Selbsterhaltung und Arterhaltung sinnende Durchschnittlichkeit mit solchem unbequemen Appell, wie »Übermensch«, kaum zu gewinnen ist. Denn die Reaktion der »Menge« auf die Rede vom »letzten Menschen« war aufschlußreich genug: »... an dieser Stelle (›wir haben das Glück erfunden‹ sagen die letzten Menschen und blinzeln) unterbrach ihn das Geschrei und die Lust der Menge. ›Gib uns diesen letzten Menschen, o Zarathustra – so riefen sie –, mache uns zu diesen letzten Menschen! So schenken wir dir den Übermenschen!‹ Und alles Volk jubelte und schnalzte mit der Zunge. Zarathustra aber wurde traurig und sagte zu seinem Herzen: ›Sie verstehen mich nicht: ich bin nicht der Mund für diese Ohren‹«.

Aber werden wir konkreter; steckt nicht so etwas wie Darwinismus in Sätzen wie folgenden: »Ich lehre euch den Übermenschen. Der Mensch ist etwas, das überwunden werden soll. Was habt ihr getan, ihn zu überwinden? Alle Wesen bisher schufen etwas über sich hinaus: und ihr wollt die Ebbe in dieser großen Flut sein und lieber noch zum Tier zurückgehen, als den Menschen überwinden? Was ist der Affe für den Menschen? Ein Gelächter oder eine schmerzliche Scham. Und eben das soll der Mensch für den Übermenschen sein: Ein Gelächter oder schmerzliche Scham...«. Aber schon der folgende Satz zeigt, wie transparent und gleichnishaft *Zarathustra* dies gemeint hat: die Höherentwicklung der Arten ist ein Bild für das, was wir vorhin als Schaffen, nämlich als selbsthaftes Streben über sich hinaus als biologischem Wesen überhaupt bezeichnet hatten. Man höre also: »Ihr habt den Weg vom Wurme zum Menschen gemacht, und vieles ist in euch noch Wurm. Einst wart ihr Affen, und auch jetzt noch ist der Mensch mehr Affe als irgendein Affe...«. – »Mehr Affe als irgendein Affe« – das ist keine biologische Feststellung, sondern deutlich ein Appell und Tadel dessen, der sich bloß in seiner Animalität begreift, also: als bloßes Sosein, nicht aber als Selbstsein! In der gleichen Bildersprache wie im *Zarathustra* heißt es denn auch z. B. im Nachlaß NIETZSCHES: der Mensch sei ein »Übertier«, oder in *Menschliches-Allzumenschliches*: »Übertier« würde man mit Hilfe der Moral, also nicht aufgrund eines Naturgesetzes! »Ohne Moral wäre der Mensch Tier geblieben. So aber hat er sich als etwas Höheres genommen und sich strengere Gesetze auferlegt. Er hat deshalb einen Haß gegen die der Tierheit näher gebliebenen Stufen: woraus auch die ehemalige Mißachtung des Sklaven als eines Nicht Menschen, als einer Sache, zu erklären ist«.

Es ist daher zu beachten, daß weder NIETZSCHE noch sein *Zarathustra* eine naturwissenschaftliche Theorie dozieren, wie sie die Rassefanatiker ausgerechnet »im Sinne Nietzsches« dann praktizieren. Vielmehr wird gerade die animalische »Selbstgenügsamkeit« mit der Parole »Übermensch« gegeißelt: »Wo ist doch der Blitz, der euch mit seiner Zunge lecke? Wo ist der Wahnsinn, mit dem ihr geimpft werden müßtet? Seht, ich lehre euch den Übermenschen: der ist dieser Blitz, der ist dieser Wahnsinn!« – »Blitz«, »Wahnsinn« gegen die tierische Selbstgenügsamkeit, nicht aber eine ausgerechnet biologische Theorie, die Naturnotwendigkeiten lehrte, die sowieso eintreten müßten, predigt *Zarathustra*! Weniger gleichnishaft verwahrt sich NIETZSCHE in klarer Prosa gegen das darwinistische Mißverständnis seines »Übermenschen«: »... gelehrtes Hornvieh hat mich seinethalben des Darwinismus verdächtigt...«. Aber auch sonst wußte NIETZSCHE bereits, in welch falsche Kehlen er rutschen konnte: »Sollte man es glauben, daß die *Nationalzeitung* – eine preußische Zeitung, für meine ausländischen Leser bemerkt – ich selbst lese, mit Verlaub, nur das *Journal des Debats* – allen Ernstes das Buch als ein »Zeichen der Zeit« zu verstehen wußte, als die echte, rechte Junker-Philosophie...«. Und an anderer Stelle – im Nachlaß: »Der Wille zur Macht, ein Buch zum Denken, nichts weiter: es gehört denen, welchen Denken Vergnügen macht, nichts weiter... Daß es deutsch geschrieben ist, ist zumindest unzeitgemäß: ich wünschte es französisch geschrieben zu haben, damit es nicht als Bestärkung irgendwelcher reichsdeutschen Aspirationen erscheine. Die Deutschen von heute sind keine Denker mehr: ihnen macht etwas ganz anderes Vergnügen und Eindruck... Ehedem wünschte ich, meinen Zarathustra nicht deutsch geschrieben zu haben...«.

Denkend also stellen wir fest, daß mit dem »Übermenschen« nicht Darwinismus gemeint war, zumal NIETZSCHE auch sonst zahlreiche Bedenken gegen die Anwendung darwinistischer Lehren bei der Deutung des Menschenwesens geltend gemacht hat. Vor allem aber: daß hiermit eine philosophische Anthropologie getroffen ist, die JASPERS gut mit »vorantreibendem Menschenbild« kennzeichnet. Es ist im Grunde jene vor allem von ARNOLD GEHLEN untersuchte Sonderstellung des Menschen als eines Lebewesens, das bei animalischer Schlechtweggekommenheit seine Chance gerade darin findet, daß es – wie NIETZSCHE sagt – »noch nicht festgestellt ist«. GEHLEN drückt den Sachverhalt so aus: »Der Mensch ist irgendwie einmal ›unfertig‹, nicht festgerückt, sich selbst noch Zweck und Ziel der Bearbeitung, und dann gibt es noch keine Feststellung dessen, was eigentlich der Mensch ist«.

Fassen wir das bisherige Ergebnis zusammen: ein genaueres Studium der Werke NIETZSCHES, das weder geschmäcklerisch vom dämonischen Kranksein des genial-tragischen NIETZSCHE schwärmt noch die Sätze des Aphoristikers zusammenhanglos als bloß herzhafte Sentenzen goutiert, ergibt eine sehr spezifische Anthropologie, für die das Wort »Übermensch« in seiner Gleichnishaftigkeit bedeutet: der Mensch ist in seinen Möglichkeiten – im Unterschied zum Tier – offen, unfertig, NIETZSCHE sagt gern, ein »Imperfectum«. Daher gilt es, den Menschen nach seinen Möglichkeiten zu interpretieren und nicht bloß nach seiner »Vorfindlichkeit«, als Sache, als rein biologisches *factum brutum*: »Gegen die Formulierung der Realität zur Moral empöre ich mich«. Und der Begriff der »großen Gesundheit« ist ebenso wie der vom »Leibe« als »Selbst« transparent zu nehmen. Daher also konnte NIETZSCHE den rein biologischen Begriff von Gesundheit als für den Menschen nicht ausreichend betrachten: »... eine Gesundheit an sich gibt es nicht, und alle Versuche, ein Ding derart zu definieren, sind kläglich mißraten. Es kommt auf dein Ziel, deinen Horizont, deine Kräfte, deine Antriebe, deine Irrtümer und namentlich auf die Ideale und Phantasmen deiner Seele an, um zu bestimmen, was selbst für deinen Leib Gesundheit zu bedeuten habe. Somit gibt es unzählige Gesundheiten des Leibes; und je mehr man dem einzelnen und Unvergleichlichen wieder erlaubt, sein Haupt zu erheben, je mehr man das Dogma von der ›Gleichheit der Menschen‹ verlernt, um so mehr muß auch der Begriff einer Normal-Gesundheit, nebst Normal-Diät, Normal-Erkrankung, unseren Medizinern abhanden kommen. Und dann erst dürfte es an der Zeit sein, über Gesundheit und Krankheit der Seele nachzudenken... Zuletzt bliebe noch die große Frage offen, ob wir der Erkrankung entbehren könnten, selbst zur Entwicklung unserer Tugend, und ob nicht namentlich unser Durst nach Erkenntnis und Selbsterkenntnis der kranken Seele so gut bedürfe als der gesunden: kurz ob nicht der alleinige Wille zur Gesundheit ein Vorurteil, eine Feigheit und vielleicht ein Stück feinster Barbarei und Rückständigkeit sei...«.

Entsprechend seiner provozierenden Tendenz in dem Buch *Fröhliche Wissenschaft* schießt NIETZSCHE hier vielleicht sogar etwas über sein Ziel hinaus, obwohl es manche Psychosomatiker z. B. der Schule VIKTOR VON WEIZSÄCKERS gibt, die ihm hier beipflichten würden, auch wenn sich NIETZSCHE unseres Erachtens hier einen Übergriff ins Medizinische hinein leistete. Indes, uns kam es darauf an, den prinzipiellen Zug von NIETZSCHES Philosophieren über »Leib« und »Gesundheit« deutlich zu machen. Sowohl in seinem Werk als in seiner Selbstdeutung als Kranker bzw. Gesunder herrscht die Auffassung vor: »Ich bin nun einmal nicht Geist und nicht Körper, sondern etwas Drittes. Ich leide immer am Ganzen und im Ganzen... Meine Selbstüberwindung ist im Grunde meine stärkste Kraft«. Und das Kranksein im rein medizinischen Sinne, von dem NIETZSCHE freilich oft genug spricht, gewinnt so eine recht dialektische Bedeutung und steht nicht als etwas fremd Naturereignishaftes da: »Ich habe eine Aufgabe... Diese Aufgabe hat mich krank gemacht, sie wird mich auch wieder gesund machen... Die Krankheit ist ein plumper Versuch, zur Gesundheit zu kommen: wir müssen mit dem Geiste der Natur zu Hilfe kommen...«. Ja –, und hier wird die Parallele zu PASCAL noch deutlicher oft genug versucht NIETZSCHE aufgrund dessen, was er seine »große Gesundheit« nennt, »nützlichen Gebrauch« von der medizinischen Krankheit zu machen; wobei er sich durchaus nicht allein weiß. Er beobachtet: »... daß gerade die kränklichen Schriftsteller – und darunter sind leider fast alle großen – in ihren Schriften einen viel sichereren und gleichmäßigeren Ton der Gesundheit zu haben pflegen, weil sie besser als die körperlich Robusten sich auf die Philosophie der seelischen Gesundheit und Genesung verstehen«.

Gesundheit in höherem Sinne, oder eben »große Gesundheit« ist es, wie wir nun im Sinne NIETZSCHES sagen wollen, die mit den »kleinen Krankheiten« fertig zu werden erlaubt, oder mit PASCAL: »nützlichen Gebrauch« von ihnen zu machen. Und so verstehen wir auch die charakteristische Wendung: »Es fehlt jeder krankhafte Zug an mir; ich bin selbst in Zeiten schwerer Krankheit nicht krankhaft geworden«.

Fast immer herrscht bei NIETZSCHE das selbsthafte Überwindungspathos vor, das für ihn erst das Kriterium abgibt, sowohl im individuellen medizinischen Kranksein seiner selbst als auch in der Beurteilung des Menschen überhaupt, von »Krankheit« oder »Gesundheit« zu sprechen. Insofern versteht sich auch der Kulturphilosoph und -kritiker NIETZSCHE als »Arzt der Kultur«. Und dabei ist es besonders interessant, festzustellen, daß der Philosoph meist da von »Krankheit« spricht, wo der Mensch, sich selber auf sein reines Natursein fixierend, zu sehr von den ihn »feststellenden« biologischen So-und-so-Seinsbestimmungen allein beherrscht wird, das heißt: sich beherrschen läßt. Hier spricht NIETZSCHE oft von »Krankheit« und »Schwäche«, während das Sich-Übersteigen – trotz vorgegebener Schwäche und mangelnder Robustheit – als »gesund« qualifiziert wird. Und besonders leicht springt bei NIETZSCHE die Betrachtung des eigenen Überwindens der physischen Schwäche und Beeinträchtigung um: in eine allgemeine Beobachtung dessen, was beim Menschen überhaupt solche »Selbstüberwindung« bzw. deren Unterlassung bedeutet. Ein Beispiel für viele ist die Vorrede zur 2. Ausgabe der *Fröhlichen Wissenschaft*, wo er zunächst von seinen eigenen »Saturnalien« seines Geistes spricht, »der einem fruchtbaren langen Druck geduldig widerstanden hat« – geduldig, streng, kalt, ohne sich zu unterwerfen, aber ohne Hoffnung –, und der mit einem Male von der Hoffnung angefallen wird, von der Hoffnung auf Gesundheit, von der Trunkenheit der Genesung: »Dies ganze Buch ist eben nichts als eine Lustbarkeit nach langer Entbehrung und Ohnmacht, das Frohlocken der wiederkehrenden Kraft, des neuerwachten Glaubens an ein Morgen und Übermorgen... – Aber lassen wir Herrn Nietzsche: was geht es uns an, daß Herr Nietzsche wieder gesund wurde? Ein Psychologe kennt wenig so anziehende Fragen, wie die nach dem Verhältnis von Gesundheit und Philosophie, und für den Fall, daß er selber krank wird, bringt er seine ganze wissenschaftliche Neugierde mit in seine Krankheit. Man hat nämlich, vorausgesetzt, daß man eine Person ist, notwendig auch die Philosophie seiner Person: doch gibt es da einen erheblichen Unterschied. Bei dem einen sind es seine Mängel, welche philosophieren, bei dem anderen seine Reichtümer und Kräfte. Ersterer hat seine Philosophie nötig, sei es als Halt, Beruhigung, Arznei, Erlösung, Erhebung, Selbstentfremdung; bei letzterem ist sie nur ein schöner Luxus, im besten Falle die Wollust einer triumphierenden Dankbarkeit, welche sich zuletzt noch in kosmischen Majuskeln an den Himmel der Begriffe schreiben muß. Im anderen, gewöhnlicheren Falle aber, wenn die Notstände Philosophie treiben, wie bei allen kranken Denkern – und vielleicht überwiegen die kranken Denker in der Geschichte der Philosophie –: was wird aus dem Gedanken werden, der unter dem Druck der Krankheit gedacht wird? Dies ist die Frage, die den Psychologen angeht: und hier ist das Experiment möglich. Nicht anders als es ein Reisender macht, der sich vorsetzt, zu einer bestimmten Stunde aufzuwachen, und sich dann ruhig dem Schlaf überläßt: so ergeben wir Philosophen, gesetzt, daß wir krank werden, uns zeitweilig mit Leib und Seele der Krankheit – und wir machen gleichsam vor uns die Augen zu...«.

So erkennen wir, wie NIETZSCHE *sub specie* seiner »großen Gesundheit« die dialektische Funktion des medizinischen Krankseins sieht, dem man sich einfach überlassen kann oder es – freilich nicht im klinischen Sinne aus der Welt schafft, aber: »überwindet«, indem man von ihm »Gebrauch macht«. Darum bekommen ganze Kulturen, sowie deren höchste Begriffe und »Ideale«, je nachdem wie sie bloß Ausdruck von Krankheit oder deren Überwindung darstellen, ihre Diagnose durch den »Philosophischen Arzt im ausnahmsweisen Sinne des Wortes«: insofern sind beispielsweise auch die allzu oft mißbrauchten nietzscheschen Termini »*Décadence*«, »Nihilismus« und ähnliche stets ambivalent; und zwar je nachdem, ob sie Zeichen einer Überwindung oder eines versagenden Sich-gehen-lassens sind: es gibt z. B. einen Nihilismus der Schwäche, also einen »kranken Nihilismus« und einen »Nihilismus der Stärke«. »Die Geschichte enthält die schauerliche Tatsache, daß die Erschöpften immer verwechselt worden sind mit den Vollsten – und die Vollsten mit den Schädlichsten«. Auch die Beurteilung der Kunst – besonders derjenigen RICHARD WAGNERS, und wir wissen, wie da das Urteil auch NIETZSCHES schwankte! – die Beurteilung des Rausches, der durchaus nicht immer *dionysisch* zu sein braucht, bleibt daher doppeldeutig: »Wenn der Erschöpfte mit der Gebärde der höchsten Aktivität und Energie auftrat, dann verwechselte man ihn mit dem Reichen... Hier war irreführend die Erfahrung des Rausches. Dieser vermehrt im höchsten Grade das Gefühl der Macht, folglich, naiv beurteilt, die Macht. Auf der höchsten Stufe der Macht mußte der Berauschteste stehen, der Ekstatische...«.

So kann NIETZSCHE, vor allem der späte, in RICHARD WAGNER etwa die Stärke des Zauberers bewundern und gleichzeitig mit aller Schärfe die Krankhaftigkeit des Wagnerianers feststellen, der sich dem Zauber der ekstatischen Wirkung des Meisters willenlos überläßt. Viele einander scheinbar widersprechende Urteile NIETZSCHES über die Moderne, das Christentum, die Renaissance, die Zivilisation –, ja sogar über die eigenen vermeintlichen »Lehren«, wie »Übermensch«, »Ewige Wiederkehr des Gleichen«, »Wille zur Macht« usw. – können von diesem Gesichtspunkte der selbsthaften Überwindungsleistung bzw. deren Ausbleiben leicht interpretiert werden. Immer gilt der letzte Prüfstein: sind es Zeichen der Überwindung oder aber Zeichen der »Selbstlosigkeit« – selbst-los wohlgemerkt im Sinne des mangelnden Selbst –? So werden wir wieder zurückgeführt auf den zarathustrischen Begriff des »Leibes« als »Selbst«, als »Schaffenden«. Auch das sehr umfangreiche Nachlaßwerk, zum Teil unter dem Titel *Der Wille zur Macht* von anderen herausgegeben, wird uns durchsichtig, wenn wir diesen Grundgedanken von der »schaffenden Selbstüberwindung« und das heißt von der »großen Gesundheit« leitend sein lassen. – Das Wort »groß« bei NIETZSCHE trägt in der Regel – in all seinen Verbindungen wie »große Verachtung«, »große Menschen«, »große Politik«, »große Vernunft«, usw. – diesen Akzent des Sich-selbst-Übersteigens, Sich-selbst-Überwindens, wie es noch bei SARTRE als das »Sich-selbst-Schaffen« nachklingt. Ja, selbst die Religion hat bei NIETZSCHE – trotz aller polemischen

Attitüde – die Chance, den Menschen über sich hinauszutreiben: »Einst sagte man Gott, wenn man auf ferne Meere blickte...«. Freilich wird diese Funktion der Gottesvorstellung – wie Nietzsche übrigens auch hier wieder in Übereinstimmung mit dem Christen Kierkegaard meint – im Laufe der Geschichte zum Gegenteil eines den Menschen über sich hinausweisenden Appells. Die Christenheit, Nietzsche sagt im *Zarathustra*: »Hinterweltler«, wird Religion der »Müden«, »Schwachen«, »Verzweifelnden«, so daß Nietzsche einen Funktionswandel der Religion registriert: »Trunkene Lust und Selbst-sich-Verlieren, Müdigkeit, die mit einem Sprunge zum Letzten will, mit einem Todessprunge, eine arme unwissende Müdigkeit, die nicht einmal mehr wollen will: die schuf alle Götter und Hinterwelten...«.

Wir haben also gesehen, wie der mißverständliche Begriff von der »großen Gesundheit« bei Nietzsche tatsächlich schlüsselhaft sein kann bei der Interpretation nicht nur des sich selbst deutenden (medizinisch betrachtet: kranken) Nietzsche, sondern auch als Leitfaden dienen kann bei der Interpretation seines Werks. Voraussetzung dabei ist freilich der prinzipielle Verzicht auf jegliches ästhetische Kokettieren mit einer pathetischen genialen Krankhaftigkeit, *in concreto* aber die Einsicht in die Transparenz des nur scheinbar biologischen Sprachgebrauchs. Dann erst gewinnen Nietzsches Gedanken über das menschliche Dasein und dessen Chance, »große Gesundheit« nicht etwa zu »besitzen«, sondern sie vielmehr immer wieder neu zu gewinnen, ihre erhellende Kraft, auf die auch eine moderne philosophische Anthropologie angewiesen ist. Dichtung, Prosa, Briefe des Philosophen bestätigen dann auf eine nüchterne Weise, daß die »Verstiegenheit« des tragischen Bergsteigers Nietzsche bestenfalls zu einem annehmlichen geschmäcklerischen Gruseln vor einem »in höherem Sinne Wahnsinnigen« führt, zu einem Modell ästhetisch-literarischen »Hautgouts«, der Nietzsche trotz aller medizinischen Krankheit verhaßt gewesen ist. Er würde solches dekoratives Genialischsein – bei allem dämonischen Irisieren, das den müden Schöngeist anzieht, den in Nietzsches Sinne aber Schlechten und Kranken verteidigt – als das genaue Gegenteil dessen diagnostizieren, was er selbst »große Gesundheit« genannt hat.

Von den Schwierigkeiten des Glücks

Weder Engel, noch Tier – Zur »Anthropologie« Pascals

I.

»Was für eine Chimäre ist doch der Mensch! Welch Unerhörtes, welches Monstrum, welches Chaos, welcher Gegenstand des Widerspruchs, welches Wunder und Unding! Richter aller Dinge, hilfloser Erdenwurm; Hüter der Wahrheit; Kloake der Unwissenheit und des Irrtums: Glanz und Abschaum des Weltalls. Wer wird diesen Knäuel entwirren?« – Dies fragt Blaise Pascal, und man möchte voreilig antworten: die Anthropologie! Sie ist doch die Wissenschaft vom Menschen, und sie hat die Aufgabe, jene verworrene Tatsache Mensch zu entwirren. Pascals »unbegreifliches Monstrum« Mensch kann doch – so scheint es – erforscht werden? Dann wird es seine monströsen Züge schon verlieren. Oder nicht?

Nun, denken wir an den Beginn der wissenschaftlichen Anthropologie, also an die Zeit, da man alle metaphysischen Fragestellungen *à la* Pascal streng naturwissenschaftlich beiseite ließ. Um die Mitte des neunzehnten Jahrhunderts, genauer 1859, wird in Paris die *Société anthropologique* gegründet, andere Länder folgen mit ähnlichen Gründungen. Drei Jahre vorher, 1856, hatte man den Neandertalschädel gefunden. Anthropologie wird mehr und mehr zur »somatischen Anthropologie«, genauer: die menschliche Gestaltlehre, die »Morphologie« wird der eigentliche Gegenstand des Studiums. Der widerspruchsvolle monströse Mensch wird immer eindeutiger Gegenstand der Zoologie. Ein Beispiel für viele: der berühmte Ernst Haeckel schreibt im zweiten Band seiner *Generellen Morphologie* ein Kapitel »Die Anthropologie als Teil der Zoologie«. Programmatisch heißt es da: »Da die Anthropologie nichts anderes ist als ein einzelner Spezialzweig der Zoologie, die Naturgeschichte eines einzelnen tierischen Organismus, so wird diese Wissenschaft auch in alle die untergeordneten Wissenschaften zerfallen, aus welchen sich die gesamte Zoologie zusammensetzt. In diese Wissenschaftszweige lassen sich sämtliche Wissenschaften, welche überhaupt von menschlichen Verhältnissen handeln (insbesondere auch alle sogenannten moralischen, politischen, sozialen und historischen Wissenschaften, die Ethnographie usw.), einordnen, und die Methoden ihrer Behandlung müssen dieselben sein wie in der übrigen Zoologie«.

»Die Anthropologie als Teil der Zoologie«: PASCALS »Chimäre«, sein »Monstrum Mensch«, jener Widerspruch von Wunder und Unding, schnurrt zusammen zu einer glatten Naturtatsache, erforschbar und begreifbar wie Naturdinge im allgemeinen.

Was hat sich da ereignet? Hat man überhaupt die Ausgangsfrage PASCALS verstanden, was denn der so widerspruchsvolle Mensch eigentlich sei? Die Antwort jedenfalls lautet bei HAECKEL und seinen wissenschaftlichen Kollegen bis zum heutigen Tag: der Mensch ist eigentlich ein Tier, zu erforschen mit denselben Methoden »wie in der übrigen Zoologie«. Wir denken da unwillkürlich an die uralte Geschichte von Ödipus und der Sphinx. Diese geflügelte Löwenjungfrau vor Theben stellt jedem Vorübergehenden folgende Frage: »Was ist das für ein Ding, das vier und zwei und drei Füße hat?« Ödipus antwortet: »Das ist der Mensch; als kleines Kind auf allen Vieren, als Mann mit zwei Füßen und als Greis mit einem Stock«. Diese Antwort war so gut, daß sich die Theben bedrohende Sphinx in einen Abgrund stürzte. Es scheint jedoch, als ob sich aus dem gleichen Abgrund – spätestens seit dem neunzehnten Jahrhundert – analoge Simplifikationen über den Menschen breitmachten: die Gehwerkzeuge werden durch andere morphologische Merkwürdigkeiten ersetzt, gegebenenfalls springen zoologische Verhaltensweisen ein: »Die Begeisterung ist ein echter, autonomer Instinkt des Menschen, wie etwa das Triumphgeschrei einer der Graugänse ist. Unser ›heiliger Schauer‹ aber ist nichts anderes als das Sträuben unseres nur mehr in Spuren vorhandenen Pelzes«.

KONRAD LORENZ, dessen Buch *Das sogenannte Böse* wir soeben zitiert haben, steht PASCAL freilich näher als diese beiden Sätze vermuten lassen. Denn der große Verhaltensforscher kennt den Widerspruch der menschlichen Natur – die Anthropologen noch des achtzehnten Jahrhunderts sagten *gemina natura*: »Das ist der Januskopf des Menschen: das Wesen, das allein imstande ist, sich begeistert dem Dienste des Höchsten zu weihen, bedarf dazu einer verhaltensphysiologischen Organisation, deren tierische Eigenschaften die Gefahr mit sich bringen, daß es seine Brüder totschlägt, und zwar in der Überzeugung, dies im Dienste eben dieses Höchsten tun zu müssen. *Ecce homo!*«

Unser geistesgeschichtliches Stenogramm hat uns *via* PASCALS »unbegreiflichem Monstrum« zur zoologischen – also enthumanisierten – Anthropologie und schließlich zur Peripetie des Zoologen LORENZ geführt. Sein *Ecce-homo*-Ausruf ist eigentlich PASCALS Ausgangsfrage und -klage. Denn falsch wäre es, den Antischolastiker PASCAL einer rein spirituellen Anthropologie zuzurechnen: PASCAL, der Naturforscher, weiß, daß der Mensch »weder Engel, noch Tier« ist. Und wie LORENZ äußert er starke Bedenken gegen eine naturhafte

Aufstockung des Menschen: »Der Mensch ist weder Engel noch Tier, das Unglück aber will, daß wer den Engel spielen will, zum Tier wird«. KONRAD LORENZ sagt es auf ähnliche Weise: »Der alles sogenannten Tierischen entkleidete, des Drangs der Dunkelheit beraubte Mensch, der Mensch als reines Vernunftwesen wäre keineswegs ein Engel; er wäre weit eher das Gegenteil!« Wir erkennen, wie dialektisch auch dem Zoologen das Menschenbild gerät, sobald er zur eigenen Verwirrung feststellen muß, wie anthropomorph es auch im Tierreich zugehen kann.

Jede neue Antwort bringt neue Fragen auf den Plan. PASCALS bohrendem Nichtwissen steht gegenüber eine allzu forsch definierende Gilde der eindeutig für Tier oder Engel plädierenden Denker, die wir hier schnell Revue passieren lassen wollen. Etwa PLATO, bei dem es einmal heißt: »Der Mensch ist ein zweibeiniges Lebewesen ohne Federn«. Zweitausend Jahre später hat FRIEDRICH DER GROSSE PLATONS Formel wiederholt, um seiner Verachtung über die *canaille* Mensch Luft zu machen. ARISTOTELES hatte viele Definitionen, seine vielleicht schwächste war am erfolgreichsten: der Mensch ist ein »politisches Lebewesen *(zoon politikon)*«. Aber auch: der Mensch ist ein »sprechendes Tier *(zoon logon echon)*«. – Gelegentlich: »ein Gemisch aus Schleim und Galle« oder »ein Sinnbild der Schwäche«, »das aufrecht gehende Tier«.

AUGUSTINUS weist schon deutlicher in die Richtung von PASCALS dialektischem Menschenbild: »*Homo est animal rationale mortale*«, der Mensch ist ein vernunftbegabtes, sterbliches Lebewesen. Überhaupt ist AUGUSTINUS' lapidare Feststellung: »*Mihi quaestio factus sum*«, d. h. »ich bin mir zum Problem geworden«, PASCALS Ausgangspunkt, wie wir noch sehen werden. Aber fahren wir fort in unserer Blütenlese.

Ganz modern »instrumentalistisch« nennt BENJAMIN FRANKLIN den Menschen »*a tool making animal*«, ein Tier, das Werkzeuge macht. HERDER, dem die moderne philosophische Anthropologie manches verdankt – besonders ARNOLD GEHLEN zitiert gern das »Mängelwesen Mensch«, wie HERDERS Umschreibung für den gegenüber dem instinktsicheren Tier so schlecht weggekommenen Menschen lautet –, HERDER wiederholt auch alte Definitionen: »Das Tier, das aufrechten Gang hat«. KANT, der die Frage nach dem Wesen des Menschen als Grundfrage der Philosophie erkennt, auf die sich die drei wichtigsten Fragen der Philosophie beziehen (»Was kann ich wissen, was soll ich tun, was darf ich hoffen?«) – KANT kann sich auch zoologisch ausdrücken: »Das Tier, das sich selbst vervollkommnen kann«. SCHILLER, der schon als junger Mediziner über das Mensch-Tier-Verhältnis nachdenkt: »Das Tier, welches will« – nämlich im Gegensatz zu den Tieren, die naturnotwendig müssen. GOETHES unüberschaubarem Inventar einschlägiger Äußerungen entnehmen wir zwei extreme Definitionen des Menschen:

Was ist der Mensch?
Ein hohler Darm
Mit Furcht und Hoffnung angefüllt –
Daß Gott erbarm!

Und: »Das erste Gespräch, das Gott mit der Natur hält«.

SCHOPENHAUER, grob, aber der Verhaltensforschung recht nahe kommend: »Der Mensch ist das prügelnde Tier; ihm ist das Prügeln so natürlich wie den reißenden Tieren das Beißen und dem Hornvieh das Stoßen«. KONRAD LORENZ würde dazu einige tierfreundliche Korrekturen anbringen. Aber kommen wir zum Schluß: mehr und mehr verliert der Mensch die letzten Spuren von Gottebenbildlichkeit, und übrig bleibt ein sehr mißratenes Tier: FREUDS »Triebverdränger«, BOLKS »geschlechtsreif gewordener Affenembryo«, Hominiden, eine Untergruppe der Wirbel- und Säugetiere, Nesthocker usw. – Alle diese Definitionen sind Versuche, den widerspruchsvollen Sachverhalt, das Monströse und Chimärische, mit PASCAL zu sprechen, zu einer eindeutigen Naturtatsache zurechtzubügeln, die beruhigend in die Ordnung anderer Tatsachen, in die der Tiere, Lebewesen, Geschöpfe einbezogen werden kann. Kurzum: der Mensch im allgemeinen ist gar nichts Besonderes, sondern ein Fall unter Fällen. Die forschen Definierer machen Inventur und beruhigen das erschütterte Selbstbewußtsein des Menschen, der seine Lage gar nicht »in Ordnung« wußte und das sich bei PASCAL so ausdrückt: »Was ist der Mensch in der Unendlichkeit? Unendlich entfernt von dem Begreifen der äußersten Grenzen, sind ihm das Ende aller Dinge und ihre Gründe undurchdringlich verborgen, unlösbares Geheimnis. Er ist unfähig, das Nichts zu fassen, aus dem er gehoben, wie das Unendliche, das ihn verschlingt«.

Auf diesen metaphysischen Schock PASCALS vor der absoluten Unselbstverständlichkeit des eigenen Seins antworten die Definitionen nicht! Um es noch deutlicher zu sagen: PASCALS bohrende Unwissenheit und seine paradoxen »Antworten« – wie »weder Engel noch Tier« – wollen die Unruhe, die Fragepein provozieren und wachhalten, statt dem Bedürfnis nach Ruhe im vermeintlichen Wissen nachzugeben. Daher seine unendlich variierte These vom Menschen als einem prinzipiellen Mißverhältnis, einer Zweideutigkeit; einer *disproportion* und *ambiguité*: »Es ist gefährlich, den Menschen zu sehr merken zu lassen, wie sehr er den Tieren gleicht, ohne ihm zugleich seine Größe vor Augen zu führen. Noch gefährlicher ist es, ihn zu sehr seine Größe fühlen zu lassen, ohne ihm seine Niedrigkeit zu zeigen. Am gefährlichsten ist es, ihn über beides in Unkenntnis zu lassen. Ich werde keineswegs dulden, daß er sich im einen oder im andern (im Gefühl seiner Größe oder seiner Niedrigkeit) ausruhe, – damit er ohne Ruhe und Gleichgewicht sei«. – Das ist PASCALS Absicht! – »Wenn er sich rühmt, erniedrige ich ihn; wenn er sich erniedrigt, rühme ich ihn; und ich widerspreche ihm immer, bis er begreift, daß er ein unbegreifliches Unwesen ist«. (»*Un monstre incompréhensible*«, heißt es im Original.)

Fragen wir also: treibt PASCAL »Anthropologie«?, so muß die Antwort lauten: nein. Ja, man könnte es ironischer formulieren: es ist fast PASCALS Programm, zu zeigen, daß Anthropologie den Menschen verfehlen muß, der seine wahre Seinslage erkennen möchte. Noch zugespitzter gesagt: Anthropologie ist die beruhigende Ablenkung des Menschen von sich selbst als einem wesentlich in Unruhe befindlichen Ding, »dem zerbrechlichsten der Welt«. Vorsicht also vor den vielen Schriften über »Pascals Menschenbild« oder gar vor Vorträgen mit dem Titel »Pascals Beitrag zur Anthropologie«! (Selbstverständlich ist auch der vorliegende Beitrag über PASCAL mit gleicher Distanz zur Kenntnis zu nehmen – eine ganz und gar nicht ironische Nebenbemerkung). Was freilich nicht heißt, PASCAL habe mit Anthropologie nichts zu tun; im Gegenteil, er stellt sie in Frage, sofern sie Bescheid zu wissen glaubt. Besonders die moderne, naturwissenschaftlich oder soziologisch orientierte Anthropologie, die die Leute untersucht, um zu wissen, was denn der Mensch sei, müßte redlicherweise viel gegen PASCAL polemisieren, der z. B. Meinungsumfragen überhaupt nicht als Auskunft gelten ließe, weil Leute mit Meinungen für ihn schon geflüchtete Menschen sind, die es »im Zimmer nicht aushalten«; und die mathematisch-statistische Wahrheit gar schiene ihm genauso nichtssagend wie seinem großen Mathematikerkollegen BERTRAND RUSSELL: »Die Physik ist nicht darum mathematisch, weil wir so viel von der physikalischen Welt wissen. Nur ihre mathematischen Eigenschaften vermögen wir zu entdecken. Von allem übrigen ist unser Wissen nur negativ«.

PASCAL ist nicht nur unmodern – er glaubt doch augustinisch-jansenistisch an die Erbsünde er ist zugleich hypermodern, insofern er die Grenzen einer Wissenschaftsgläubigkeit wie ein moderner Grundlagenforscher durchleuchtet, absteckt und alle Grenzüberschreitungen schon als wissenschaftlich unstatthaft (vom Frevel einmal abgesehen) ablehnt. Viel zu wenig berücksichtigt die PASCAL-Literatur den Wissenschaftskritiker und Methodologen PASCAL. Das ist zwar insofern verständlich, als es dem Gläubigen PASCAL auf die Wissenschaft letztlich gar nicht ankommt: aber er ist auch als Frommer stets überwach und vernünftig. Die *Préface* zu seiner Abhandlung über das Leere und der Brief an den PÈRE NOËL (aus den Jahren 1647/48) seien hier nur erwähnt.

Kehren wir zurück zu unserem letzten PASCAL-Zitat, das seine versteckte Grundabsicht verriet: »Wenn er sich rühmt, erniedrige ich ihn; wenn er sich erniedrigt, rühme ich ihn; und ich widerspreche ihm immer, bis er begreift, daß er ein unbegreifliches Unwesen ist. Ich werde keineswegs dulden, daß er sich im Gefühl seiner Größe oder seiner Niedrigkeit ausruhe, damit er ohne Ruhe und Gleichgewicht sei...«. Es ist erstaunlich, daß gerade der Wissenschaftskritiker, der Mathematiker, Forscher und Erfinder PASCAL in allem, was er tut und denkt, darauf aus ist, diese Unruhe zu stiften, die Ruhe des Bescheidwissens zu stören. Denn es kommt ihm *par définition* darauf an, den Menschen als unbegreifliches Monstrum – zu begreifen. Und das alles mit dem Ziel: »damit er ohne Gleichgewicht und Ruhe sei«! Kann aber so etwas letztes Ziel sein? Ja und nein. PASCAL, der Vater unserer heutigen Nihilisten? MARTIN WALSER hat in einem großartigen Fernseh-Essay über die Langeweile der Halbstarken am Wochenende als Kommentar Zitate aus PASCALS *Pensées* und aus SAMUEL BECKETT genommen. Beide Autoren waren nicht zu unterscheiden – es sei denn, daß uns der sonst so hart und makaber erscheinende

Beckett gegenüber Pascals glasklarem Stil etwas romantisierend, ja larmoyant-lyrisch vorkam. Und doch ist »Nihilismus« nicht Pascals letztes Wort, denn das letzte Wort hat – so will es Pascal – Gott, und nicht Pascal. Beckett dagegen sagt *All about Godot* – und wirkt verglichen mit Pascal »vorletzt«. Ich weiß nicht, ob Martin Walser mit seinem *esprit de finesse* das gemerkt hat?! Jedenfalls hat die Langeweile und *nausée,* demonstriert an James-Dean-Typen wie am heutigen Konsum-Spießer, der nicht allein in seinem Zimmer sein kann, der Geräusch, Rolle, Spiel, Betrieb braucht, im Kommentar des Büßers Pascal seine adäquateste Interpretation gefunden.

II.

Versuchen wir eine angemessene Interpretation dessen, was Pascal vom Menschen sagt, indem wir den dialektischen Stellenwert der Einzelaussagen ausfindig machen. Soviel wissen wir bereits, daß Elend und Größe gleichermaßen zum Menschen gehören. Ausgangspunkt war ja unsere Feststellung: Pascal ist erschüttert über die unbegreifliche Unendlichkeit der Welt, in deren winzigem Winkel, Erde genannt, ein elendes und gleichzeitig großes Wesen haust: der Mensch. »Nur ein Schilfrohr, das zerbrechlichste in der Welt, ist der Mensch, – aber ein Schilfrohr, das denkt. Nicht ist es nötig, daß das All sich wappne, um ihn zu vernichten: ein Windhauch, ein Wassertropfen reichen hin, um ihn zu töten«. – Das Denken macht die Größe des Menschen.

All dies scheint nicht neu: Größe und Niedrigkeit des Menschen zusammenzuschauen. Das durch den Sündenfall entstellte Ebenbild Gottes, als was das Christentum den Menschen begreift, entspricht durchaus der erwähnten *ambiguité*. Und doch ist mit dem »Schilfrohr, das denkt« bei Pascal etwas Spezifisches gemeint. – »Man sage nicht, ich hätte nichts Neues mitgeteilt. Jeder spielt, wenn man Ball spielt, mit dem gleichen Ball, aber einer setzt ihn besser«.

Also fragen wir weiter: der Mensch, das heißt doch hier der einzelne – nicht die Gattung, nicht die Weltgeschichte? Wäre es nicht möglich – wie viele (auch materialistische) Idealisten annehmen –, daß die Geschichte des Menschengeschlechts ihre Herrlichkeit besäße auf Kosten der Erdenwürmer? Kontingent, zufällig wäre dann nur das Individuum, nicht aber die Klasse, die Masse, die Geschichte? Nun, Pascal hält nicht viel von Geschichte, im Gegensatz zu uns Heutigen, die – wie die Geschichte freilich zeigt – von der Geschichte wenig gelernt haben. Geschichte ist Pascal genauso kontingent wie die Biographie des Einzelnen: »Cromwell war im Zuge, die Christenheit völlig zugrunde zu richten; die Familie des Königs war verloren, die seinige mächtig für immer – wäre, ja wäre nicht ein kleiner Splitter dagewesen, der sich in seiner Harnröhre festsetzte. Selbst Rom zitterte schon vor ihm; da aber dieser kleine Splitter sich dort festsetzte, starb er, wurde seine Familie erniedrigt und der König kampflos wieder eingesetzt«.

Man kann sich an diesem Ausspruch PASCALS freilich stoßen. Moderne Historiker argumentieren auch – scheinbar unwiderleglich richtig –, daß Cromwell 1658 gar nicht an einem Steinleiden gestorben sei, sondern an einer fiebrigen Erkrankung. Hat man aber PASCALS Auffassung von der Kontingenz der Geschichte richtig begriffen, dann würde PASCAL vermutlich diese Korrektur sogar begrüßen: denn dann wäre der Krankheitserreger ja noch viel winziger gewesen, als ein Splitter in der Harnröhre! PASCAL bleibt dabei: »›Die Ursachen in der Geschichte‹? Ein *je ne sais quoi*, und ihre Wirkungen sind erschreckend. Dies Ich-weiß-nicht-was, das so winzig ist, daß man es kaum fassen kann, setzt die Erde, die Fürsten, die Heere, die ganze Welt in Bewegung. Die Nase der Kleopatra: wäre sie kürzer gewesen, – das Gesicht der Erde würde verändert sein«. Zufällig also wie der Einzelne ist auch das Ganze. Der Index *misère*, Elend, gilt von beidem: vom Individuum wie vom ganzen Geschlecht, von der Biographie wie von der Weltgeschichte. Allein, wir wissen es bereits: »Es ist gefährlich, den Menschen zu sehr merken zu lassen, wie sehr er dem Tiere gleicht, ohne ihm zugleich seine Größe vor Augen zu führen«.

Die Größe des zerbrechlichsten Schilfrohrs der Welt besteht nun darin, daß es denkt, es ist ein *roseau pensant*. Voreilig wäre es nun zu vermuten, hier sei der große Franzose eben typisch rationalistisch im Sinne seines von DESCARTES bestimmten Jahrhunderts. Denn die Größe im Denken erweist sich bei PASCAL als etwas ärgerlich Dialektisches. Es ist nämlich nicht der wissenschaftliche Verstand, der in Raum und Zeit denkt und der innerhalb dieser Ordnung seine Leistungen vollbringt, sondern ein Denken ganz besonderer Art: das zerbrechlichste Schilfrohr der Welt, das schon von einem Hauch und einem Wassertropfen vernichtet werden kann, ohne daß deswegen das ganze Weltall sich gegen es zu wappnen brauchte – dieses fragile Wesen Mensch hat seine Würde und Erhabenheit in einer sozusagen außerweltlichen Ordnung. Und dies gilt – nach PASCAL – vom wissenschaftlichen Denken keineswegs.

»Wenn ihn aber auch das Weltall zermalmte, wäre der Mensch noch immer erhabener als das, was ihn tötet: denn er weiß, daß er stirbt und welche Überlegenheit das Weltall über ihn hat; das Weltall weiß nichts davon. Unsere ganze Würde beruht also auf dem Denken. Aus ihm müssen wir unseren Stolz ziehen«. Bloß wissenschaftliches Denken – in Raum und Zeit, wie PASCAL sagt – erhebt sich nicht über das Weltall, sondern erforscht es mit seinen raum-zeitlichen Denkweisen: »Nicht im Räumlichen muß ich meine Würde suchen, sondern in der Ordnung meines Denkens. Durch die Raumgröße ist's das Weltall, das mich einbegreift und verschlingt wie einen Punkt. Durch den Gedanken aber bin ich es, der es begreift. – *Par l'espace l'univers me comprend, par la pensée je le comprends*«. Die erwähnten CROMWELL, CÄSAR und KLEOPATRA dachten freilich auch, aber sie dachten in Raum und Zeit: »Nicht im Räumlichen muß ich meine Würde suchen, sondern in der Ordnung meines Lebens. Länder zu besitzen wird mir nichts nützen«.

Diese besondere Ordnung des Denkens nennt man heute auch »existentielles« Denken, d. h. ein Denken, bei dem ich Ich-Selbst werde dadurch, daß ich mich selbst, in meiner höchst eigenen Seinslage ergreife, statt (noch so wissenschaftlich) im Kosmos spazierenzugehen. Wir denken da etwa an Sokrates' Spott über all jene, die über die Sterne Bescheid wissen, nicht aber über sich selbst. Ich trete in eine andere Ordnung des Denkens, wenn ich mich auf meine Seinslage beziehe, als wenn ich mich bloß in der Ordnung der Weltdinge begreife.

Wissenschaftliches und existentielles Denken unterscheiden sich geradezu dadurch, daß ich wissenschaftlich-objektiv von mir, meiner Subjektivität also, absehe – während ich im existentiellen Denken gerade mich antreffen will, sofern ich nicht bloßer Gegenstand, bloßes Objekt bin. Vielleicht versteht man von hier aus, weshalb die meisten sogenannten Existenzphilosophen sich so heftig dagegen verwehren, »Anthropologie« zu treiben. Sie wollen eben, pascalsch zu reden, nicht in die falsche Ordnung des Denkens in Raum und Zeit gerückt werden, die sie ja gerade vermeiden wollten. Umgekehrt freilich wird das existentielle Denken das wissenschaftlich-gegenständliche Wissenwollen als eine Art Flucht vor sich selbst und der eigenen Seinslage interpretieren. Und darin geht dem heutigen Existentialismus Pascal als großer Anreger voran. Pascal hat mit seiner fundamentalen Unterscheidung zweier Typen des Denkens die heutige Existenzphilosophie sogar methodologisch vorbereitet. Das heute fast zum Jargon gewordene »eigentliche«, nämlich existentielle Denken zielt ja auf die je-meinige Seinslage. Pascal spricht hier oft ganz biblisch vom Herzen: »Das Herz hat Gründe, die die Vernunft nicht kennt, das erfährt man in tausend Fällen. Wir erkennen die Wahrheit nicht nur durch die Vernunft, sondern auch durch das Herz. Vergeblich bemühen sich die Skeptiker, die keinen anderen Gegenstand haben als die Vernunft«.

Es wäre wiederum sehr voreilig einzuwenden, Pascal sei also eigentlich ein Irrationalist und Obskurant. Es wäre sogar falsch; Pascal hat nicht nur bewiesen, wie gut er sich im weltlichen Verstandeswissen zu bewegen vermag, sondern er hat darüber hinaus höchst zwingend die Denkoperationen des wissenschaftlichen Denkens als auf »Herzens«-Gewißheiten fußend aufgezeigt. Der wissenschaftliche Verstand nämlich operiert mit Größen, die er nicht sich selbst verdankt. Das gilt schon von der Weltwirklichkeit: »Wir wissen, daß wir nicht träumen, sind aber unfähig, das durch Vernunftgründe zu beweisen. Und es ist ein Wissen des Herzens, auf das sich die Vernunft stützen muß, auf das sie all ihre Abteilungen gründet«.

Der Skeptiker, mit dem Pascal so viel gemein zu haben scheint, wenn er die Kompetenz der Vernunft einschränkt – der Skeptiker scheint Pascal umgekehrt das Elend der Vernunft zu verabsolutieren. Dem Agnostizismus des *quoi sais je?*, des »was weiß ich?« hält Pascal die Ordnung des Herzensdenkens entgegen. Pascal, scheinbar skeptischer als Montaigne, bleibt also auch hier dialektisch: denn er weiß, daß es die Lust und das Vergnügen am eigenen Nicht-Wissen gibt, das es sich zu leicht macht. Man kann, meint Pascal, blasiert geradezu einen Stolz in der Unverbindlichkeit des Wissens und in der Verantwortungslosigkeit des Handelns kultivieren. Pascal nimmt damit die moderne Pose des heldischen »Standhaltens vor dem Nichts« aufs Korn, ebenso die schon dazumal so modisch-chiquen Glorifizierungen des Scheiterns um des Scheiterns willen. SARTRES *passion inutile*, die »unnütze Leidenschaft«, bei der es sich aber gut schlafen läßt, kennt und rügt PASCAL an seinen skeptischen Zeitgenossen: »Diese Oberflächlichkeit ist unerträglich. Hier handelt es sich nicht um eine Nebensache, die irgendeinen beliebigen fremden Menschen betrifft – es handelt sich doch um uns selbst, um alles. Es ist unser eigenster Nutzen und unsere höchste Pflicht, uns darüber, wovon unser ganzes Sein abhängt, aufzuklären«.

Der Skeptiker und der Nihilist, die beide der herzlosen Vernünftigkeit mißtrauen, ohne aber darüber herzlich-vernünftig betroffen zu sein, sind PASCALS Gegner, und nicht – wie man es zuweilen lesen kann – seine Gefolgsleute. Es geht hier nicht um Nuancen, sondern um Gegensätze! Wie oft liest man PASCAL-Zitate, die das Elend und Unvermögen des Menschen beklagen, als Motto für moderne Skepsis! Aber das Elend macht erst zusammen mit der Größe die wesentliche Unruhe des Menschen aus. Elend für sich als larmoyant-beruhigende Matratzengruft und Größe als statuarisches Pathos genügen der für PASCAL so typischen Forderung nach Unruhe nicht. Die »Lust am Untergang« – pervers aber modern – kann in ihrer stolzen wie in ihrer weinerlichen Variante behaglich-heimelige Stimmung werden, ja sich sogar ästhetisch wohltuend als Lyrik absondern...

»Deshalb mache ich unter denen, die nicht glauben, einen gewaltigen Unterschied zwischen solchen, die sich mit aller Kraft bemühen, sich zu unterrichten, und denen, die leben, ohne sich darum zu bemühen und daran zu denken. Wie kann man sich rühmen, in undurchdringlicher Dunkelheit zu sein? Wären sie doch wenigstens rechtschaffene wohlerzogene Menschen, wenn sie nicht Christen sein können, und erkennten sie endlich, daß es nur zwei Arten von Menschen geben kann, die vernünftig genannt werden dürfen: die, die Gott von ganzem Herzen dienen, weil sie ihn kennen, und die, die ihn von ganzem Herzen suchen, weil sie ihn nicht kennen. Nichts ist feiger, als Gott gegenüber den Heldischen zu spielen«. Es ist nach PASCAL eine Unredlichkeit, behaglich, träge, indolent zu sein, und dies dann gleichwohl als heroische Pose zur Schau zu stellen. Dösende Gleichgültigkeit gibt sich da als Stärke aus. »Wären sie wenigstens im Grunde ihres Herzens betrübt, nicht mehr Einsicht zu haben, was sie sich nicht verhehlen; diese Erklärung wäre keine Schande! Schandbar ist nur, nichts Derartiges zu empfinden«.

Prinzipiell also ist es für PASCAL dasselbe, ob ich Ruhe und Gleichgewicht darin finde, daß ich wissenschaftlich-objektiv von mir und meiner *condition d'être*, meiner Seinslage absehe, ablenke (indem ich mich also *anthropologice* – etwa als einen allgemeinen Welt-»Fall« begreife), oder ob ich – selbst dazu zu bequem – einfach stumpf mein Dasein verschlafe. Daß aber diese dösende Gleichgültigkeit sich noch skeptisch-philosophisch als heroischer Nihilismus rühmt und Größe vortäuscht, empört PASCAL. Ernsthaftes Leiden am Elend des Menschen verdient liebendes Mitleiden, sagt PASCAL, aber: »Diese Nachlässigkeit in einer Sache, wo es sich um sie selber handelt, um ihre Ewigkeit, um alles, erzürnt mich mehr als es mich betrübt; sie verblüfft mich und entsetzt mich. Das sage ich nicht etwa mit dem Eifer geistlicher Frömmelei; ich meine – im Gegenteil – man müßte das Empfinden hierfür aus menschlicher Selbstsucht und Eigenliebe haben«.

PASCALS Methode, über den Menschen zu denken, ist zunächst dem Empfinden des Ungläubigen, des »Menschen ohne Gott«, wie er sagt, angemessen. Er spricht primär gar nicht als Bußprediger und Apologet des Christentums, sondern versucht sein Menschenbild zu gewinnen aus dem jedermann zugänglichen und bloß verdrängten Wissen. Daher ja auch die starke Faszination seiner Analysen für unsere säkularisierte Gegenwartsphilosophie. Ohne jegliche Theologie soll das verdeckte bessere Wissen des Menschen von sich selbst aufgedeckt werden. Der Nihilist aus träger Gleichgültigkeit z. B. wird nicht mit Bibelsprüchen wachgerüttelt, sondern mit dem zwingenden Nachweis seiner unredlich-widersprüchlichen Existenz. Die schon zu PASCALS Zeit so modischen philosophischen Elends-Snobismen werden als bloße Verzweiflungsmaske enthüllt. Ein großer Teil der *Pensées* besteht aus derartigen Demaskierungen des stolz blasierten *honnête homme*, der – zwar höfisch kokett und sehr lässig – wie der brave Spießer aller Zeiten sich selbst etwas vorspielt, eine Unempfindlichkeit gegenüber den Hauptproblemen seines Daseins ermogelt durch Hyperempfindlichkeit in Nebensächlichkeiten. Dabei rühmt er sich seiner Souveränität, wenn es um Fragen wie Leben und Tod geht, kultiviert aber das ablenkende Nebensächliche. Mit Jesus zu sprechen: er schluckt zwar Kamele, aber er seiht die Fliegen. Diese »befremdende Verkehrung im Wesen des Menschen«, sagt PASCAL, ist als unglaubhaft nachzuweisen. Die Empfindlichkeit für das Nichtigste und gleichzeitige Unempfindlichkeit für das Höchste gilt es als Selbstbetrug zu entlarven: »Nichts ist für den Menschen wichtiger als die Lage, in der er sich befindet, nichts fürchtet er mehr als die Ewigkeit, und deshalb ist es nicht natürlich, wenn man Menschen findet, die unberührt bleiben bei dem Gedanken an den Verlust des Daseins und an die Gefahr ewigen Elends. Sie verhalten sich sonst völlig anders: sie haben Furcht vor dem Harmlosesten, sie sehen die Gefahr im voraus, sie spüren sie! Und eben der gleiche Mensch, der Tag und Nacht in Kummer und Verzweiflung verbringt, weil er eine Stellung verloren hat oder weil man angeblich seine Ehre kränkte, ist eben der gleiche, der, ohne sich zu beunruhigen oder sich aufzuregen weiß, daß er alles durch den Tod verlieren wird. Es ist ungeheuerlich, daß man in ein und demselben Herzen gleichzeitig diese Empfindlichkeit für das Nichtigste und diese Unempfindlichkeit für das Höchste findet. Das ist eine unnatürliche Verzauberung und eine übernatürliche Einschläferung. Es muß eine befremdende Verkehrung im Wesen des Menschen stattgefunden haben, damit er sich dieser Seinslage auch noch rühme, von der es unglaubhaft erscheint, daß auch nur ein Mensch darin bestehen könne«.

Wäre PASCAL nur Psychologe oder Anthropologe, so würde er sich bei dieser Kontrastierung von objektiven, wenngleich kuriosen Sachverhalten beruhigen, von Verdrängungsmechanismen sprechen, Naturgesetze ausfindig machen, die das alles verursachten, biologische Zweckmäßigkeiten entdecken, die den Hominiden mit ihren so verkümmerten Instinkten das Leben noch erleichterten usw.. Allein PASCAL wird gerade an diesem Punkte bezeichnenderweise mißtrauisch. Zwar weiß er: »Das ist eine unbegreifliche Verzauberung und eine übernatürliche Einschläferung, die eine allmächtige Gewalt offenbart, die sie verursacht. Aber: ich machte die Erfahrung, daß sich so viele darin befinden, daß es überraschend wäre, wenn wir nicht wüßten, daß die Mehrzahl derer, die dabei sind, sich verstellen und in Wirklichkeit nicht so sind! Das sind Menschen, die sagen hörten, es gehöre zum guten Ton, sich derart treiben zu lassen, sie nennen das ›das Joch abgeschüttelt haben‹, und das versuchen sie nachzuahmen. Es wird aber nicht schwierig sein, ihnen klarzumachen, wie weitgehend sie sich täuschen«.

Als Verhaltensforscher und Demoskop könnte sich PASCAL also zufriedengeben mit der Beobachtung der sich so und so »verhaltenden«, ihre Meinung so und so äußernden Hominiden, der vermeintlichen *homines sapientes*; indes, Verhalten und Selbstinterpretation – gar noch im Kollektiv – sind für PASCAL keine letzten Instanzen. Im Grunde, d. h. im »Herzen« wissen es die Menschen nämlich besser, aber vermeiden es, zu ihrem Besserwissen zu stehen. Fast das ganze Leben ist eine Bewegung der Abkehr von sich selbst: *divertissement*, Zerstreuung, ist unsere normale Seinsweise. Wir vermeiden uns nicht erst in der Wissenschaft, in der Politik, im Beruf, in den Rollen, die wir spielen und aus denen wir fallen, sondern schon damit, daß wir es mit uns allein nicht aushalten: »So ist das menschliche Leben nichts als eine beständige Illusion. Der Mensch ist also nur Verstellung, Lüge und Heuchelei, sowohl in sich selber als auch anderen gegenüber. Wir sind nur Lüge, Doppelzüngigkeit, Widerspruch, und wir verbergen und vermummen uns vor uns selbst. Wir rennen unbekümmert in den Abgrund, nachdem wir etwas vor uns hingestellt haben, das uns daran hindern soll, ihn zu sehen«.

Und die eigentliche Ursache von all diesen Selbsttäuschungsmanövern, die unser Leben ausmachen? »Wenn ich mir mitunter vornahm, die vielfältigen Aufregungen der Menschen zu betrachten, die Gefahren und Mühsale, denen sie sich, sei es bei Hofe oder im Kriege, aussetzen, woraus so vielerlei Streit, Leidenschaften, kühne und oft böse Handlungen usw. entspringen, so fand ich, daß alles Unglück der Menschen einem entstammt, nämlich, daß sie unfähig sind, in Ruhe in ihrem Zimmer zu bleiben«. Das ganze Rollenspiel, mit dem wir uns drapieren, um irgendetwas – und nicht etwa ein unbegreifliches Monstrum – zu sein, ist Flucht aus dem Zimmer und seiner Langeweile. »Von Natur halten sich die Menschen für Dachdecker oder was immer, wenn sie allein im Zimmer sind. Scheinbar nur sucht man Ruhe und stetiges Glück. Man sucht Ruhe, indem man einige Hindernisse bekämpft; und wenn man sie überwunden hat, wird die Ruhe unerträglich durch die Langeweile, die sie erzeugt. Man muß freiwerden von ihr und den Tumult erbetteln. Und selbst wenn man sich von allen Seiten hinlänglich gesichert sähe, so würde unfehlbar die Lebensöde (der *ennui*) aus der Tiefe des Herzens aufsteigen«.

Wie KIERKEGAARD einmal sagt: »Der beste Beweis für des Daseins Jämmerlichkeit ist der, welcher aus der Betrachtung von dessen Herrlichkeit hervorgeholt wird«. Auch nach PASCAL ist die ganze Revue menschlichen Glücks nur ein Beleg für die Unwahrhaftigkeit unseres Daseins. Um der erwähnten

Langeweile und Lebensöde zu entfliehen, die uns in unserem Elend vor uns selber bringen würde, erschaffen wir uns einen Ersatzglauben an Ruhe und Glück. Es fällt PASCAL nicht schwer, das Widerspruchsvolle und Illusionäre solchen Glücksglaubens und Strebens zu enthüllen. *Imagination*, trügerische Einbildung, um nicht zu sagen: Wahn, hält uns auf der betriebsamen Lebensbahn in Gang, im Trab oder Galopp, je nach *passion* (Leidenschaft), wobei selbst die *passion* meist eine nur eingebildete Zielbesessenheit ist. Und dies alles nur um eines uneingestandenen Grundes willen: nicht allein im Zimmer zu sein, kein *ennui*, der mich – ohne Rolle, ohne *divertissement* – vor mich selber brächte in all meiner unbegreiflichen Monstrosität.

»Deshalb sind das Spiel und die Unterhaltung mit Frauen, deshalb sind der Krieg und die hohen Ämter so begehrt. Hier ist nicht wirklich Glück«. – Ich sagte, sogar den Glauben ans Glück suggerieren wir uns bloß; als ob es etwa glücklicher wäre, etwas zu besitzen: tatsächlich wollen wir ja gar nicht die Ruhe des Besitzens, sondern die Unruhe der Erwerbung. »Würden einem z. B. das Geld, das man im Spiel gewinnt, oder der Hase, den man jagt, als Geschenk angeboten, würde man sie gar nicht wollen! Denn dieses bequeme und friedliche Haben, das uns weiter an unser Elend denken läßt, ist es ja gar nicht, was man sucht, sondern nur der Reiz, der uns hindert, an unser Elend zu denken. Gründe, weshalb man die Jagd der Beute vorzieht? Die Ablenkung. Das ist die Ursache, daß die Menschen so sehr den Lärm und den Umtrieb schätzen, der Grund, daß das Gefängnis eine so furchtbare Strafe, der Grund, daß das Vergnügen der Einsamkeit unvorstellbar ist. Und so ist schließlich das größte Glück der Könige, daß man bemüht ist, sie unaufhörlich zu belustigen und ihnen jede Art Vergnügen zu beschaffen. So verrinnt das ganze Leben: man sucht die Ruhe, indem man, was uns hindert, überwinden will; und hat man es überwunden, dann wird die Ruhe unerträglich. Denn entweder denkt man an die Sorgen, die man hat, oder an die, die uns drohen. Und hätte man sich in jeder Hinsicht gesichert, so wird die Langeweile aufgrund ihres eigenen Rechts sich nicht hindern lassen, aus dem Grunde des Herzens, wo sie natürlich wohnt, aufzusteigen und den Geist mit ihrem Gift zu erfüllen. Derart unglücklich ist also der Mensch, daß er sich bekümmert, ohne einen Grund dafür zu haben, allein durch die Anlage seines Gemüts; und so billig ist er, daß – obgleich es tausend echte Gründe des Kummers gibt – das Geringste, ein Billard oder ein Ball, den er schlägt, genügen, um ihn zu zerstreuen. Was aber, so werden Sie fragen, findet er darin? Das: daß er sich morgen vor seinen Freunden brüsten kann, besser gespielt zu haben als ein anderer«.

Prinzipiell ist es mit der seriöseren Beschäftigung etwa des Wissenschaftlers nicht besser bestellt: »Andere schwitzen in ihren Kammern, um den Gelehrten zu beweisen, daß sie ein Problem der Algebra gelöst, das man bisher nicht lösen konnte; und viele andere begeben sich sogar in höchste Gefahr, um sich nachher des Ortes zu rühmen, den sie ›eroberten‹, was nach meinem Urteil ebenso töricht ist. Und schließlich andere bringen sich schier um, alles das anzumerken, nicht etwa um daraus zu lernen, sondern um zu zeigen, daß sie es wissen und diese sind die törichtesten der Sippschaft, denn sie sind es wissentlich, während man den übrigen glauben könnte, sie würden sich verändern, wenn sie es wüßten«.

So fadenscheinig die erstrebten Glücksziele sind, weil im Grunde gar nicht erstrebt, so wenig echt ist die Hetze nach dem vermeintlichen Glück: handelt es sich doch nur um eine Flucht vor der Ruhe, dem Besitz und dem Frieden, die man angeblich doch so sehr sucht! Das klassische Beispiel, mannigfach variiert, ist immer wieder dies: »Jemand verbringt sein Leben, ohne sich zu langweilen, weil er täglich ein wenig spielt. Gäbe man ihm jeden Morgen das Geld, das er am Tage gewinnen könnte, unter der Bedingung, nicht mehr zu spielen: so machte man ihn unglücklich. Vielleicht wird man meinen, er suche halt das Vergnügen des Spiels und gar nicht den Gewinn. Laß ihn ohne Einsatz spielen, so wird er nicht warm dabei werden und sich wieder langweilen. Also ist es gar nicht allein das Vergnügen, das er sucht: ein mattes Vergnügen ohne Leidenschaft langweilt ihn. Er muß sich aufregen und sich selbst betrügen, er muß glauben, es wäre ein Glück, etwas zu gewinnen, das er nicht haben wollte, gäbe man es ihm unter der Bedingung, nicht mehr zu spielen. Also: er muß eine Leidenschaft daraus machen und aus ihr, die er sich machte, Wunsch, Zorn und Furcht gewinnen, Kindern gleich, die vor der Fratze erschrecken, die sie sich anmalen«.

Man könnte dieses vertrackte *quid pro quo* des Lebens, diesen ganzen verspielten Ernst (oder ernsthaftes Spielen), vielleicht auf folgende Formel reduzieren. Die primäre Langeweile (also der aus der Tiefe des Herzens aufsteigende *ennui*) macht den Menschen unruhig; zweiter Schritt: er erfindet sich eine künstliche Unruhe mit ebenso unechten Beruhigungen, sprich: Zielen. Die Unwahrhaftigkeit wiederum könnte man so beschreiben: »O' fände ich doch nur Spaß an der Jagd – aus der ich mir übrigens primär nicht viel mache, um dann einen Hasen zu schießen, aus dem ich mir übrigens auch nicht viel mache. Immerhin, ich wäre dann beschäftigt, das heißt: nicht mehr mit mir und meiner wahren Seinslage allein!«

So etwa sieht Pascal die Uneigentlichkeit des normalen Menschen. Um seiner verzweifelten Seinslage zu entgehen, deren er gerade in der Langeweile innewürde, lügt er sich in imaginäre Abhängigkeiten hinein, wodurch seine Lage mit ihren künstlichen Problemen relativ harmlos wird. Kurzum: man spielt ein Leben, das erträglich ist. Alle Menschen sind sich darin einig, die wahre Seinslage des Menschen zu verdecken und imaginäre, erträgliche zu erfinden und an deren »Wahrheit« zu glauben. Dieses imaginäre Leben aus zweiter Hand nennt dasjenige »Ernst«, was für Pascal bereits »Spiel« ist. Dachdecker oder König: beides sind bereits Rollen und damit *divertissement*, Ablenkung, Unterhaltung, Zerstreuung. Daher sind diejenigen Beschäftigungen, die das Leben aus zweiter Hand Spiel nennt, für Pascal in gewisser Hinsicht bereits Spiel in zweiter Potenz: »Jemand, der geschaffen ist, um die Welt zu kennen, alle Dinge zu beurteilen, einen Staat zu regieren, hier seht ihr ihn beschäftigt und gänzlich von dem Wunsche erfüllt, einen Hasen zu jagen. Und wenn er sich nicht dazu hergibt und immer Haltung bewahren will, wird er noch törichter sein, weil er sich über das Menschsein erheben möchte – und am Ende doch nur Mensch ist, d. h. fähig zu wenig und zu viel, zu allem und zu nichts; er ist weder Engel, noch Tier, sondern Mensch«.

Dieser letzte Satz – »weder Engel, noch Tier, sondern Mensch« – klingt wie ein Fazit, das anthropologisch zwar nicht allzu ergiebig ist, jedoch geeignet erscheint, wenigstens negativ das Wesen des Menschen als eines »Geschöpfes der Mitte« zu charakterisieren. Allein wir müssen uns hüten, diesen Satz als eine beruhigende Lösung zu interpretieren. Weder ist es ein Bekenntnis zur Mittelmäßigkeit, noch drückt sich darin eine Aversion gegen Engel aus. Es ist vielmehr eine Klage darüber, daß wir Menschen den übermenschlichen Engel letzten Endes auch nur als Rolle spielen würden, und dann gälte PASCALS Satz: »Der Mensch ist weder Engel noch Tier, das Unglück aber will, daß wer den Engel spielen will, zum Tier wird«.

PASCAL ist vielen seiner Interpreten zum Trotz nicht der Prediger des faustischen Menschen. Wir wissen bereits, daß PASCAL die prometheische Pose suspekt ist: »Nichts ist feiger, als Gott gegenüber den Heldischen zu spielen«. Aber auch das »ewig strebend sich Bemühen« erscheint ihm als eine Art Transzendieren-Spielen. Es ist wie mit dem Jagen um des Jagens willen; man möchte den Hasen nicht als Geschenk besitzen: »Dieses bequeme und friedliche Haben, das uns weiter an unser Elend denken läßt, ist es nicht, was man sucht, noch sucht man die Gefahren des Krieges oder die Mühen der Ämter, sondern nur den Reiz, der uns hindert, an unser Elend zu denken, und der uns ablenkt. Deshalb vermeiden die Menschen, die natürlich ihre Seinslage spüren, nichts so sehr wie die Ruhe; und keine Lebenslage gibt es, in der sie nicht die Unruhe suchten. Sie glauben ehrlich die Ruhe zu suchen, und sie suchen in Wirklichkeit nur die Unruhe. Sie haben einen geheimen Trieb, der von der Größe unserer ersten Natur verblieb, der sie treibt, außer Haus Zerstreuungen und Beschäftigungen zu suchen, was der Mahnung ihres währenden Elends entstammt; und sie haben einen andern geheimen Trieb, der sie ahnen läßt, daß das Glück in Wirklichkeit in der Ruhe und nicht im Lärm des Umtriebs liegt; und aus diesen gegensätzlichen Trieben bilden sie einen verworrenen Plan, der sich im Grunde ihrer Seele verbirgt und der sie dazu bringt, die Ruhe durch die Unruhe zu suchen und sich dabei immer einzubilden, daß sie das Glück, das sie nicht haben, haben würden, sobald sie nur etliche Schwierigkeiten, die sie gerade vor sich sehen, überwunden hätten, und daß sie dann die Tür zum geruhsamen Leben öffnen könnten. So verrinnt das ganze Leben«.

Das Suchen um des Suchens willen sowie die Verachtung des ruhigen Besitzens, des Habens, des Seins – also die Flucht vor der jeweiligen Gegenwart zugunsten einer Zukunft, kurzum des Pathos des »Sichvorweg-Seins«, wie die heutigen Philosophen sagen, – dies alles ist PASCAL nur ein Index der miserablen *condition d'être*, in der wir uns faktisch befinden. PASCAL, selbst ein großer Wissenschaftler, erkennt immer deutlicher, daß das Faustische recht verstanden nur ein aufgewertetes Spiel ist: »Ich habe lange Zeit dem Studium der reinen Wissenschaften gewidmet, sie wurden mir aber verleidet. Nachdem ich das Studium des Menschen begonnen hatte, erkannte ich, daß die reinen Wissenschaften dem Menschen nicht angemessen sind und daß ich mich über die Seinslage, während ich sie studierte, mehr irrte als die, die von den reinen Wissenschaften nichts wissen. Nur weil man nicht weiß, daß man den Menschen studieren soll, beschäftigt man sich mit dem übrigen... Aber wir suchen gar nicht die Dinge, sondern das Suchen nach ihnen. Nur der Kampf macht uns Vergnügen, nicht so der Sieg. Ebenso ist es beim Spiel, ebenso beim Erforschen der Wahrheit. Man liebt den Kampf der Meinungen im Wortstreit, nicht aber, die gefundene Wahrheit zu bedenken«. Prinzipiell besteht also zwischen den lärmenden Zerstreuungen der Mittelmäßigkeit und dem würdigen Suchen um des Suchens willen kein Unterschied. *Divertissement*, Zerstreuung, Ablenkung ist dies alles.

»Niemals halten wir uns an die Gegenwart. Wir nehmen die Zukunft vorweg, als käme sie zu langsam, als wollten wir ihren Gang beschleunigen; oder wir erinnern uns an die Vergangenheit, wie um sie aufzuhalten, da sie zu rasch entschwindet! Torheit, in den Zeiten herumzuirren, die nicht unsere sind, und die einzige zu vergessen, die uns gehört! Nur das Gegenwärtige ist es, das uns gewöhnlich Kummer macht. Wir verbergen die Gegenwart vor uns, weil sie uns bekümmert; und wenn sie uns freundlich ist, bedauern wir, sie entschwinden zu sehen. Wir versuchen, sie für die Zukunft zu erhalten, und sind gesonnen, über Dinge, die nicht in unserer Macht sind, an einem Zeitpunkt zu verfügen, von dem wir gar keine Gewähr haben, daß wir ihn erleben. Wer seine Gedanken prüft, wird sie alle mit Vergangenheit und Zukunft beschäftigt finden. Kaum denken wir je an die Gegenwart, und denken wir an sie, so nur, um hier das Licht anzuzünden, über das wir in der Zukunft verfügen wollen. Niemals ist die Gegenwart Ziel. So leben wir nie, sondern hoffen zu leben, und so ist es unvermeidlich, daß wir, in der Bereitschaft glücklich zu sein, es niemals sind«.

III.

Unser Rückblick auf PASCALS Demaskierung des Menschen hat eigentlich kein anderes Fazit ergeben als was schon zu Beginn zitiert wurde: »Was für eine Chimäre ist doch der Mensch! Welch Unerhörtes, welches Monstrum, welches Chaos, welcher Gegenstand des Widerspruchs, welches Wunder und Unding! Richter aller Dinge, hilfloser Erdenwurm; Hüter der Wahrheit, Kloake der Unwissenheit und des Irrtums: Glanz und Abschaum des Weltalls. Wer wird diesen Knäuel entwirren?« Die scheinbaren Konstanten, die dialektisch genug formuliert waren, lauteten: »Weder Engel, noch Tier«, »Wesen der Mitte« (nämlich zwischen zwei Unendlichkeiten), »Elend und Größe«, »Selbstbetrug«. Und doch sind selbst diese scheinbaren Spitzensätze – nimmt man sie als Lösung des Problems – nur vorläufig und keineswegs brauchbare Konstanten für eine sogenannte Anthropologie. Die modernen Formeln vom »weltoffenen Menschen«, vom »triebverdrängenden Sublimierer«, vom »ritualisierenden Triebwesen« usw. – alle enthalten sie etwas vom pascalschen Knäuel und Monstrum, aber es ist nicht dasselbe. Schon grundsätzlich hielte PASCAL – wir wissen es bereits – jegliche Fixierung des Menschenwesens durch Wissenschaft für eine falsche Beruhigung. Es wäre eine unstatthafte *metabasis eis allo genos*, ein Transponieren dessen, was unser Herz erschütterte, auf die Ebene der Dinge im allgemeinen, wie sie die wissenschaftliche Vernunft mit ihrem planierenden Begriffsnetz ordnet und begreift. Die Seinslage des unbegreiflichen Monstrums ist ja gar keine »Lage«, keine »Situation« nach PASCAL. Daher läßt sie sich auch nicht als Situation anpeilen, geschweige denn treffen. Eher ließe sich PASCALS unbegreifliches Monstrum Mensch mit NIETZSCHES Wort andeuten: »Zwischen zwei Nichts – eingekrümmt – ein Fragezeichen«.

Auch als Appell, also erbaulich verstanden, kommen wir mit PASCALS Auskünften zu keiner Beruhigung – etwa so: ›Halte dich schlicht an dein Herz‹. PASCAL warnt: »Wie man sich den Geist verdirbt, verdirbt man sich auch das Gefühl. Die Natur des Menschen ist eben nicht so, daß sie immer vorwärts ginge, sie hat ihr Hin und Her«.

Dennoch gibt es einen Ausblick, der freilich mit einer theoretischen Lösung nichts mehr zu tun hat. Wir brauchten als »Weltkinder in der Mitten« darauf gar nicht einzugehen. Denn daß PASCALS private Lösung nur in der religiösen Er-Lösung zu finden war, ist hinlänglich bekannt. Trotzdem bleibt selbst dem weltlichen Verstand eine Konstante einsichtig, die anthropologisch zwar nicht als handfeste Arbeitshypothese dienen kann, wohl aber die Wissenschaft vom Menschen positiv beunruhigt. Wir meinen PASCALS These vom unendlich sich selbst übersteigenden Menschen: »*Apprenez que l'homme passe infiniment l'homme*«.

Dieses Sich-unendlich-Tranzendieren ist nämlich tatsächlich eine Art Fazit unserer verwirrenden Einzelzitate aus PASCALS Werk. Im Elend wie in der Größe, im Streben nach dem ephemersten Glücke noch, in der Selbsttäuschung, in aller Falschheit und Ablenkung von sich selbst bleibt es konstant. Und wie für AUGUSTINUS selbst die Suche nach dem schalsten Lustgewinn immerhin einen Drang nach Besserem, Wahrerem, Schönerem als man selbst ist, verrät, ebenso ist all die elende Verkehrtheit, *ambiguité, disproportion* von der wir sprachen, ein Index für diesen Grundzug des Menschseins: er übersteigt sich selbst. Und dies ist ja auch der heilsame Effekt des *ennui*, der Lebensöde, der wir zu entfliehen suchen: wir werden eines Elends inne, das uns nur darum elend vorkommt, weil wir – uns übersteigend – etwas von einem anderen Sein wissen, auch wenn dieses Wissen kein präzises, sondern ein sehr vager Drang ist.

PASCALS *Pensées* schildern das Menschsein in all seiner Verkehrtheit nicht mit Melancholie, weder mit der RILKES noch der BECKETTS, kein »Lockruf dunklen Schluchzens« stimmt uns hier elegisch, auch keine masochistische

Lust am Makabren macht uns nihilistisch kregel. All dies wäre PASCAL bereits Ablenkung von einer heilsameren Unruhe, wie er sie provozieren möchte. Denn im Bewußtsein des Verwirrenden, Ambivalenten und Schwindelerregenden unseres Daseins sollen wir uns ja nicht etwa häuslich einrichten; PASCAL kennt die ästhetisch feinsinnige Variante der Stimmung des *quoi sais je?*, die sich bruchlos mit der kultivierten Playboy-Existenz im höfischen Lebensstil amalgamiert. Die meisten Fragmente der *Pensées* richten sich an diese Adresse.

Mit anderen Worten: das allegorische Schema (*figure* heißt es bei PASCAL), nach dem der Mensch also ein Wesen der Mitte, zugegeben einer recht verlorenen Mitte wäre, ist eine vorläufige Orientierung. »Weder Engel, noch Tier« ist ein Befund, ein beklagenswerter Sachverhalt, aber keineswegs »in Ordnung«! PASCALS Analyse hatte doch gezeigt, daß wir uns in ein fadenscheiniges Gehäuse unruhiger Glücksbetriebsamkeit hineintäuschen, das wir Normalleben nennen. Das Wesen der Mitte, mit aller Weltoffenheit und Weltläufigkeit, ist nicht in Ordnung. Aber es verrät noch in seinen Ausflüchten und Zerstreutheiten etwas von seiner Möglichkeit: sich unendlich zu übersteigen, also kein Wesen der Mitte zu bleiben. Ein platonischer Gedanke, von PASCAL ins Religiöse gewendet, wird zum Schlüssel, der beim Dechiffrieren des zweideutigen Fazits: erstens, weder Tier noch Engel, zweitens, der Mensch übersteigt unendlich den Menschen, hilft. Der Mensch, so heißt die platonisierende Lösung, war einmal mehr als er ist; seine jetzige Natur in ihrer Widersprüchlichkeit ist eine gefallene, verderbte zweite Natur; und die ganze Unruhe dieser zweiten Natur kommt davon, daß er sich selbst je und je zum »Zwischenwesen« – weder Tier noch Engel – degradiert. Er ist also nicht bloß so und so, sprich anthropologisches Faktum, sondern er macht sich selbst zu einem Wesen der Mitte. Er ahnt dies und verdrängt es gleichzeitig systematisch; siehe seine Existenz als Zerstreuung. »So offenbar ist die Größe des Menschen, daß er sie geradezu aus seinem Elend gewinnt. Denn was bei Tieren natürlich ist, nennen wir Elend beim Menschen; es erinnert uns daran, daß wir aus einer besseren Natur, die uns eigen war, gestürzt sind. Denn wer ist, außer einem entthronten König, unglücklich, nicht König zu sein? Wer wäre unglücklich, weil er nur einen Mund hat, und wer wäre nicht unglücklich, weil er nur ein Auge hätte! Niemand hat sich je betrübt, nicht drei Augen zu haben, aber untröstlich ist man, wenn man keines hat«. Im Innesein seines Elends übersteigt sich der Mensch bereits. So verstehen wir PASCALS Wendung: »Die Größe des Menschen ist darin groß, daß er sich als elend erkennt. Ein Baum erkennt sein Elend nicht. Der Mensch weiß, daß er elend ist: also ist er elend, da er es ist; groß aber ist er dadurch, daß er es weiß«.

Selbstverständlich kann diese platonisierende Argumentation dem wissenschaftlichen Anthropologen nicht einmal als Arbeitshypothese nützen. Aber dem »einzig logischen Christen« PASCAL, wie ihn NIETZSCHE nennt, ist folgender Schluß zwingend: »Wenn der Mensch niemals abgefallen wäre (*corrompu*), würde er in seiner Unschuld noch mit Sicherheit im Genuß der

Wahrheit und des Glückes sein; und wenn der Mensch niemals etwas anderes gewesen wäre als gefallen, so würde er weder eine Idee von der Wahrheit noch vom Glück haben. Aber, unglücklich, wie wir sind, haben wir eine Idee des Glücks und können nicht zu ihm hinkommen: wir ahnen ein Bild der Wahrheit und besitzen nur die Lüge; in gleicher Weise sind wir unfähig, schlechthin unwissend zu sein und etwas Sicheres zu wissen; und so ist es ganz offenbar, daß wir auf einer Stufe der Vollkommenheit waren, von der wir unglücklicherweise herabgestürzt sind«.

Ist dies uns auch so »ganz offenbar« wie Pascal? Es ist der gleiche Argumentationstypus wie in der platonischen Lehre von der Wiedererinnerung, oder, um im Jahrhundert Pascals zu bleiben, wie Descartes' Gottesbeweise: es gibt Gott, weil wir endlichen Geschöpfe einen uns so weit übersteigenden Gedanken wie Gott von uns aus gar nicht haben könnten; diese »vollkommenste Idee« Gottes hat also ihre Ursache in Gott selbst, der somit bewiesen wäre... Analog schließt Pascal aus der Tatsache, daß wir unser Elend selbst noch in der verlogenen Abkehr von ihm fühlen, daß wir unsere Lage an einem höheren Sein messen, von dem wir also wissen. Hier haben wir das wahre Glück nicht kennengelernt, – im Gegenteil, das Glück, das wir kennen, ist lächerlich. Also müssen wir unsere Kenntnis eines wahren Glücks einer Erinnerung an ein Sein verdanken, das einmal wirklich das unsere war. Der letzte Schluß kann also nicht heißen: der Mensch sei eben ein Zwischenwesen, ein Wesen der Mitte zwischen Engel und Tier – sondern: durch den selbstverschuldeten Fall kamen wir in eine Lage, die eigentlich gar nicht die unserem wahren Wesen angemessene ist. Unsere Gefallenheit – es ist theologisch gesprochen die Erbsünde – ist die Verzerrung unseres wahren Wesens, und diese Verzerrtheit ist nicht das letzte Wort.

Also hat Pascal nichts gegen den Engel? Hören wir noch einmal: »Der Mensch ist weder Engel noch Tier, das Unglück aber will, daß wer den Engel spielen will, zum Tier wird«. Der Akzent liegt also auf: »... das Unglück will, ...«. Damit unterstreicht Pascal das Risiko des Aufstiegs aus der Verderbtheit, warnt aber nicht davor, »sich unendlich zu übersteigen«. Im Gegenteil.

Aber wie gesagt, der Appell und die Warnung sind nicht anthropologische Sätze. Keiner wußte das besser als der geistesverwandte Søren Kierkegaard: »Wer ist in neueren Zeiten von Pfarrern und Professoren so benützt worden wie Pascal? Man nimmt seine Gedanken – aber, daß Pascal ein Asket war, mit einem Bußhemd ging und allem, was dazugehört, das läßt man aus. Oder man erklärt es als ein Muttermal jener Zeiten, das für uns nichts mehr zu bedeuten hat. Vortrefflich! In allen anderen Hinsichten ist Pascal original – nur nicht hierin. Aber: war denn überhaupt Askese zu jener Zeit das allgemeine, oder war sie nicht schon damals längst abgeschafft, und just Pascal mußte sie geltend machen gegen seine Zeit? Aber so ist es überall – überall dieser infame, ekelhafte Kannibalismus, mit welchem man (wie Heliogabal Straußenhirne aß) der Verstorbenen Gedanken ißt, Meinungen, Äußerungen, Stimmungen – aber ihr Leben, ihr Charakter, nein, danke, davon will man nichts haben«. In der Tat: die Gefahr des Kannibalismus im Sinne KIERKEGAARDS ist groß, in unserem Fall also die einseitige Abhandlung des Themas »Pascals Menschenbild« oder »Pascals Beitrag zur Anthropologie«, ohne der religiösen Pointe PASCALS Erwähnung zu tun. PASCAL war selbst ein viel zu exakter Wissenschaftler, um nicht zu wissen, daß seine Apologie des Christentums – das sollten ja seine *Pensées* sein – nicht dem Typus »reine Wissenschaft« angehören kann. Insofern stellt seine religiöse Hinterabsicht, seine *pensées de derrière la tête* die pure Wissenschaftlichkeit bewußt in Frage. In KANTS Manier formuliert er jeder Anthropologie die aufregende Frage: Wie ist Anthropologie überhaupt möglich? Können wir uns nach uns selbst fragen wie nach dem wissenschaftlich-neutralen Ding? Ist nicht vielmehr schon die Tatsache, daß wir uns fragwürdig finden, eine Enklave innerhalb des Universums? Also schon die Frage nach uns selbst ist etwas vorbelastet... und gar die Antworten! ARNOLD GEHLEN, als Anthropologe der biologischen Forschungsrichtung sehr nahestehend, weiß: »Das von nachdenkenden Menschen empfundene Bedürfnis nach einer Deutung des eigenen menschlichen Daseins ist kein bloß theoretisches Bedürfnis. Je nach den Entscheidungen, die eine solche Deutung enthält, werden Aufgaben sichtbar oder verdeckt. Ob sich der Mensch als Sohn Gottes versteht oder als arrivierten Affen, wird einen deutlichen Unterschied in seinem Verhalten zu wirklichen Tatsachen ausmachen. Also: es gibt ein lebendiges Wesen, zu dessen wichtigsten Eigenschaften es gehört, zu sich selbst Stellung zu nehmen«.

Nicht Neugier nach sensationellen Kuriositäten z. B. der Ethnologie stellt die Grundfragen nach dem Menschenwesen, sondern das existentielle Faktum, daß ich mir selber fragwürdig bin. Insofern kann die religiöse Strenge und Unerbittlichkeit PASCALS, des Asketen und Büßers, ein Dauerkorrektiv sein allen noch so honorigen Versuchungen gegenüber, der Frage: ›Wer bin ich denn?‹ ins allgemein Interessante: ›Was gibt es nicht alles an Leuten?‹ auszuweichen. In diesem Fall ist Religion, wenn auch keine profane Methode, so doch ein überwissenschaftlicher Ursprung auch der Wissenschaft selbst, die statt nach dem Menschen nach den Leuten Ausschau hält. Da gewinnt NIETZSCHES, des Atheisten Ausspruch Gewicht. Er sieht in PASCAL den einzig logischen Christen, »den ich beinahe liebe, weil er mich unendlich belehrt hat«.

Weder leugnen, noch glauben – GEORG CHRISTOPH LICHTENBERG und die Religion

»WEDER LEUGNEN, NOCH GLAUBEN«. – Vielleicht sind diese vier Wörter die knappste Formel GEORG CHRISTOPH LICHTENBERGS, geeignet, all das zu kennzeichnen, was es uns Deutschen mit der Aufklärung so schwer macht. Wie viel lieber halten wir es mit der strengsten Auslegung so unbiegsamer – wir sagen gern: »charaktervoller« – Parolen wie: »Hier stehe ich, ich kann nicht anders!« Gern zitieren wir die Stelle aus der Offenbarung *Johannis*: »Ich weiß deine Werke: daß du weder kalt noch warm bist. Weil du aber lau bist und weder kalt noch warm, werde ich dich ausspeien aus meinem Munde«. Zwar schmunzeln wir gern über unseren »witzigen« LICHTENBERG, – aber wir verkennen den Tiefsinn seiner Lieblingswendung »biegsam«. Nach KLUGE-GÖTZE haben wir schon um 1840 die gängige Wendung »Aufkläricht« begrüßt: das französische *les lumières* verliert seinen Glanz; der Anklang an »Kehrricht« in »Aufkläricht« »gibt« es den Welschen... – Und dennoch: LICHTENBERG erfreut sich posthum einer falschen Beliebtheit; so gibt es einiges richtigzustellen. TOLSTOI wußte es besser; er stellt LICHTENBERG neben KANT: »Ich stehe jetzt ganz unter dem Einfluß zweier Deutscher. Ich lese KANT und LICHTENBERG. Ich bin entzückt von der Klarheit und Anmut ihres Ausdrucks, bei Lichtenberg insbesondere auch von dem treffenden Witz. Ich begreife nicht, daß die heutigen Deutschen diesen Schriftsteller so sehr vernachlässigen...«. Freilich schätzt man LICHTENBERGS Bonmots, besonders die frivolen, zitiert seine Kalauer, die der deutschen »Tiefe« nicht wehtun; auch als humoristischer Hausschatz ist er manchen willkommen, – aber ihn mit KANT in einem Atem zu nennen, fällt kaum einem Professor ein! Dabei hatten wir mittlerweile gute Gründe umzulernen, sowohl was LICHTENBERGS »Pfennigsweisheiten« als auch KANTS »Alleszermalmerei« angeht. »Weder leugnen, noch glauben«, sondern geistige Biegsamkeit und Offenheit: das verbindet beide Zeitgenossen, die jahrzehntelang miteinander kommunizieren. Sie wissen nichts von der »Lauheit« der Aufklärung, wohl aber sehr Präzises über die

Feigheit und Faulheit pastoser Gläubigkeit, die im Grunde Aberglauben sei. So dürfen wir LICHTENBERGS »Weder leugnen, noch glauben« unwitzig kantisch übersetzen.

»Aufklärung ist der Ausgang des Menschen aus seiner selbst verschuldeten Unmündigkeit. Unmündigkeit ist das Unvermögen sich seines Verstandes ohne Leitung eines anderen zu bedienen. Selbstverschuldet ist diese Unmündigkeit, wenn die Ursachen derselben nicht am Mangel des Verstandes, sondern der Entschließung und des Mutes liegt, sich seiner ohne Leitung eines andern zu bedienen. *Sapere aude!* Habe Mut, dich deines eigenen Verstandes zu bedienen! ist also der Wahlspruch der Aufklärung. Faulheit und Feigheit sind die Ursachen, warum ein so großer Teil der Menschen... dennoch gern zeitlebens unmündig bleiben; und warum es anderen so leicht wird, sich zu deren Vormündern aufzuwerfen. Es ist so bequem, unmündig zu sein. Habe ich ein Buch, das für mich Verstand hat, einen Seelsorger, der für mich Gewissen hat, einen Arzt, der für mich die Diät beurteilt usw., so brauche ich mich nicht selbst zu bemühen«.

SCHOPENHAUER preist LICHTENBERG als »Selbstdenker« und erkennt in ihm – wie übrigens auch NIETZSCHE – eine undeutsche Ausnahme: englisches »Understatement« (lichtenbergsch gesprochen: Wahrheiten sollen zu Fuß gehen), kein falsches Pathos (NIETZSCHE spricht vom »Argument des gehobenen Busens«); daher die Polemik gegen die »Kraftgenies« des Sturm und Drang, gegen die hierzulande so gepriesene »Blindheit des Glaubens« – und sei es auch der Wissenschaftsaberglaube der Gelehrten –, gegen die Unmündigkeit des Hyperrationalismus, gegen die so bequeme Verfemung der »Hure Vernunft«, gegen den Taumel der Begeisterung... Wir beginnen zu verstehen, warum »unser« LICHTENBERG noch lange nicht »unser« ist.

»Weder leugnen, noch glauben«. Schon Pathos ist verdächtig, ja die Brillanz der französischen Moralisten ist ihm oft bedenklich: sagt sie nicht etwas zu viel, weil sie effektvoll sein will? Dann schon lieber witziger Kauz, jener klassische Vogel der griechischen »Skepsis«, der sich möglichst unauffällig, aber genau umsieht, »späht«. Daher lieber englisch untertreiben, statt im Bonmot brillieren. Vor allem aber – ein Zitat NIETZSCHES: – »entdeutschen«, und zwar durch einen neuen Typus »Fröhlicher Wissenschaft« in der Knechtsgestalt lichtenbergscher (von ihm selbst so genannter) »Sudelbücher«. Darin stehen die »Aphorismen«, wie man LICHTENBERGS Aufzeichnungen – »Rechenpfennige« nennt er sie – heute betitelt. Widerspruchsvolle Äußerungen zu jeder Lebens- und Denksituation sind es, ohne Anspruch auf ewige Gültigkeit. Denn »Weder leugnen, noch glauben« bezieht sich auch auf die eigenen Ein- und Aussichten, die Wissenschaft der Zeit mit einbegriffen. LICHTENBERG kennt den Fortschritt, aber er nimmt stets schon eine Relativierung der neuesten Entdeckungen und gelehrten Errungenschaften vorweg. Wie er den religiösen Aberglauben geißelt, so möchte er auch nicht »an die Wissenschaft glauben«! Ein Aspekt der Aufklärung, den man meist übersieht. Leider, denn gerade dadurch wird der »Aufklärer« LICHTENBERG zum Philosophen, daß er, zwar offen für alles Neue, die Relativität des jeweils Neuen schon einkalkuliert, also sich stets schon vorweg ist. Auch darin also: »Weder leugnen, noch glauben«. Ein dogmatisches Leugnen wäre ihm auch Glauben, genauer: Aberglauben.

Allein, dies alles klingt sehr allgemein. Ja, was wir bisher einleitend und pauschal zur Exkulpierung des Aufklärers LICHTENBERG vortrugen, widerspricht dem Stil dieses Denkers so sehr, daß wir gut daran tun, plastisch und konkret darzulegen, wie sich dieses »Weder leugnen, noch glauben« in der Existenz LICHTENBERGS realisierte. Da gibt es z. B. den gerade erfundenen Blitzableiter, für den sich der Physikprofessor als einer der ersten einsetzt. Wohlgemerkt: nicht bloß als Physiker, der etwa an den Blitzableiter »glaubte«, sondern als Aufklärer. An den Pfarrer AMELUNG schreibt er am 3. Juni 1782: »Zur Blitzableitung kann ich Ihnen schlechterdings kein besseres Büchelchen empfehlen, als was Dr. Reimarus darüber geschrieben hat. Es kostet ein paar Groschen, glaube ich, und heißt *circiter*: Anweisung zur Anlegung einer Blitzableitung. Hätten Sie einige *dubia*, so bin ich zur Aufklärung und Hebung, nach Vermögen bereit«.

Der Pfarrer AMELUNG war »aufgeklärt« genug, sich einen Blitzableiter besorgen zu wollen. Und das war gar nicht selbstverständlich: denn er hielt es nicht mit jenem Kollegen, der da fand, es sei unfromm, Blitze abzuleiten: wie könnte denn ein Menschlein so vermessen sein, dem allmächtigen Gott in den züchtigenden Arm zu fallen!? Der Aufklärer LICHTENBERG hat damit fast zwangsläufig bereits sein »typisches« Bonmot: »Daß in den Kirchen gepredigt wird, macht deswegen die Blitzableiter auf ihnen nicht unnötig«.

Freigeisterei? Nein. Der Aphorismus ist durchaus zurückhaltend formuliert. Denn unser Physikprofessor wußte sehr genau, daß Blitze dazumal sogar mit Vorliebe in Kirchtürme einschlugen. Das wußte er schon von seinem Vater, dem naturwissenschaftlich gebildeten Superintendenten in Darmstadt. Vater LICHTENBERG predigte sogar Astronomie! Und die Bauern baten ihn gelegentlich darum, am nächsten Sonntag wiederum über die Sterne zu predigen. Man darf also ruhig behaupten, daß der Superintendent selbst viel mehr dem landläufigen Bild von der Aufklärung entsprochen hat, als sein Sohn, der Physikprofessor. – Bleiben wir aber trotzdem noch beim Blitzableiter, den der Professor mit soviel Eifer nicht nur an den gefährdeten Kirchtürmen, sondern auch an anderen Gebäuden, besonders Pulvertürmen anbringen wollte. Um es kurz zu sagen: LICHTENBERG »glaubte« nicht an Blitzableiter, er hielt sie – als Empirist – bloß für nützlich. Hören wir aus einem Brief: »Am 6. August wurde ich von einem schweren Donnerwetter aus dem Bette gejagt. Es blitzte fast jede ¼ Minute, und unter 2 oder 3 Blitzen war allemal wenigstens ein Schlag. Sie können sich vorstellen, daß ich ging, die Wirkungen zu besehen. Allein, unsystematischere Blitze habe ich in meinem Leben nicht gesehen. Es war gar nichts dran zu lernen; Bretter, Balken, Türbekleidungen pp. zersplittert, als wenn es unsereiner mit einer Holzaxt getan hätte, nicht einmal ein blau angelaufener Nagel war da. Nach der Idee, die ich mir von einem Universitätsdonnerwetter mache, sollte der Blitz deutlich angeben:

1. ob er aus der Erde oder aus der Wolke gekommen, und das könnte durch ›plus‹ und ›minus‹ leicht eingebrannt werden, oder durch einen Pfeil, –
2. ob er kalt oder heiß schmelze, und das wäre ausgemacht, wenn einmal der Blitz einen Radnagel mitten in einer Pulvertonne schmelzte…«.

In diesem Tone fährt der Brief fort, – und die Pointe: »Es scheint, der Himmel bekümmert sich wenig um unsere Compendia!«

So ein Satz scheint wenig zum Bilde vom »Aufkläricht« zu passen. Eben: »Weder leugnen, noch glauben«! Vergessen wir aber nicht, daß das 18. Jahrhundert außer dem Wissenschaftsaberglauben der Gelehrten noch vom massiven religiösen Aberglauben des »gemeinen Mannes« beherrscht wird; zwar bittet man den Pfarrer, am nächsten Sonntag über die Sterne zu predigen, aber LICHTENBERG berichtet auch dies: »Als am 8. Oktober 1796 die Stadt Andreasberg auf dem Harz durch den Blitz größtenteils abbrannte, wollten die Leute dem Manne, in dessen Hause der Blitz eingeschlagen hatte, kein Obdach geben, weil er ein Bösewicht sein müsse, indem Gott seinen Zorn zuerst über ihn ausgelassen habe!«

Pietismus, Aberglaube und Aufklärung vertragen sich zuweilen gut miteinander. Und das ist die andere Seite von »Weder leugnen, noch glauben«. LICHTENBERG selbst ertappt sich immer wieder: »Ich muß zuweilen wie ein Talglicht geputzt werden, sonst fange ich an, dunkel zu brennen. Mein Glaube an die Kräftigkeit des Gebets; mein Aberglaube in vielen Stücken; Knien, Anrühren der Bibel und Küssen derselben; förmliche Anbetung meiner heiligen Mutter; Anbetung der Geister, die um mich schwebten. Einer der merkwürdigsten Züge in meinem Charakter ist gewiß der seltsame Aberglaube, womit ich aus jeder Sache eine Vorbedeutung ziehe und in einem Tage hundert Dinge zum Orakel mache, z. B. daß, wenn ein frisch angestecktes Licht wieder ausgeht, ich meine Reise nach Italien daraus beurteile. Jedes Kriechen eines Insekts dient mir zur Antwort auf eine Frage an das Schicksal«. War also der »Aufklärer« LICHTENBERG ebenso abergläubisch wie die Leute von Andreasberg? Gewiß nicht. Aber er kennt die Spannung von Unbewußtem und heller Vernunft: er reflektiert darüber, – und das taten die Leute von Andreasberg nicht.

Ist das nicht sonderbar von einem Professor der Physik? Ist es aber nicht in der menschlichen Natur begründet und nur bei mir monströs geworden, ausgedehnt über die Proportion natürlicher Mischung? Unser Professor gibt sich Rechenschaft über seinen subkutanen Aberglauben; er hält ihn für einen Charakterfehler. Die Leutchen aus dem Harzstädtchen aber handelten abergläubisch, überzeugt, die wahren Bundesgenossen Gottes zu sein. Indem LICHTENBERG seinen eigenen Hang zum Aberglauben beichtet und kurios findet, wird er zum Aufklärer, ja Psychoanalytiker der »menschlichen Natur«, – FREUD zitiert ihn oft. Das Infragestellen der »menschlichen Natur« ist für ihn »Aufklärung«: »Man spricht viel von Aufklärung und wünscht mehr Licht. Mein Gott, was hilft aber alles Licht, wenn die Leute entweder keine Augen haben, oder die, die sie haben, vorsätzlich verschließen?« Und am knappsten definiert LICHTENBERG »Aufklärung« so: »Aufklärung in allen Ständen besteht eigentlich nur in richtigen Begriffen von unseren wesentlichen Bedürfnissen. Der Aberglauben kommt einem unwesentlichen Bedürfnis entgegen«.

Wir vermuten richtig: Aufklärung und Religion, die mit richtigen Begriffen unseren »wesentlichen Bedürfnissen« entgegenkommen, schließen sich bei LICHTENBERG nicht aus! Jenes meist antichristlich gedeutete Wort LICHTENBERGS richtet sich gegen den Aberglauben: »Gott schuf den Menschen nach seinem Bilde, das heißt vermutlich: der Mensch schuf sich Gott nach dem seinigen«. So ein Satz klingt wie ein Trompetenstoß der Freigeisterei *à la* FEUERBACH und NIETZSCHE. Tatsächlich appelliert er religiös, konform dem schiller-goetheschen Distichon: »Wie der Mensch, so ist sein Gott; darum ward Gott so oft zum Spott«. Gott soll eben nicht »zum Spott« werden! Der angebliche »Freigeist« will vom Aberglauben frei werden: »Von der Religion habe ich schon als Knabe sehr frei gedacht, nie aber eine Ehre darin gesucht, ein Freigeist zu sein, sowenig als darin, alles ohne Ausnahme zu glauben. Ich konnte mit Inbrunst beten und habe den 90. Psalm nie ohne ein erhabenes, unbeschreibliches Gefühl lesen können: ›Ehe denn die Berge wurden, und die Erde und die Welt geschaffen wurden, bist du Gott, von Ewigkeit zu Ewigkeit, der du die Menschen lässest sterben und sprichst: Kommt wieder, Menschenkinder! Denn tausend Jahre sind vor dir wie der Tag, der gestern vergangen ist, und wie eine Nachtwache. Du lässest sie dahinfahren wie ein Strom; sie sind wie ein Schlaf, gleich wie ein Gras, das doch bald welk wird und des Abends abgehauen wird und verdorrt‹«.

»Weder leugnen, noch glauben« – wir ahnen, wie dialektisch so eine Parole ist! Wohlgemerkt bei LICHTENBERG: »Bei den meisten Menschen gründet sich der Unglaube in einer Sache auf blinden Glauben in einer andern«. Es sind keine pietistischen »Restbestände« einer aufgeklärten Religion, vielmehr eine überwundene Kindheit: »Es ist ein großer Unterschied zwischen ›etwas noch glauben‹ und es ›wieder glauben‹«.

Psychologisierende LICHTENBERG-Interpretationen leiden meist unter dem Vorurteil, es handele sich hier um Relikte eines Kinderglaubens. Allein, wir haben bereits richtiggestellt: Vater LICHTENBERG, der über Sterne predigte, war eher Aufklärer *in religiosibus* als der Sohn. Der Pastor erinnert an den jungen GOETHE, der »dem großen Gotte der Natur, dem Schöpfer und Erhalter Himmels und der Erden sich unmittelbar zu nähern suchte«, – so lesen wir in *Dichtung und Wahrheit*, der sich einen kindlichen Altar oben im Hause baute, sich aber im ganzen »überhaupt an den ersten Glaubensartikel hielt«; ein Ineinander von Wissenschaft und Religion, unter Abwertung der Bibel und der Kirche. Sicher predigte der Pastor lieber über Sterne als über Gottes Zorn und Gnade! Lieber über den ästhetisch-wissenschaftlich erbauenden Kosmos als über das zerknirschte, bußfertige Herz des Sünders. Der Physikprofessor LICHTENBERG dagegen hält sich religiös überhaupt nicht an den gestirnten Himmel über mir, auch nicht an den Spinozismus *à la mode*:

»Offenbarte Religion kann fühlbar machen, was durch Spinozismus zu berechnen zu schwer wäre, und man darüber zugrunde gehen könnte«.

Er wendet sich nicht nur gegen »Galgenbekehrungen«, die wenig fruchteten, weil sie das Leben nicht bestimmen, sondern nur die Todesstunde; nein, religiöser Glaube muß nach LICHTENBERG »Leitstern« sein. Und wie KANT zum *sapere aude!* auffordert (zu deutsch: »habe den Mut, dich deines Verstandes zu bedienen«), so fordert LICHTENBERG den gläubigen Mut: »Eine der schwersten Künste für den Menschen ist wohl die, sich Mut zu geben. Diejenigen, denen er fehlt, finden ihn am ersten unter dem Schutz eines, der ihn besitzt und der uns dann helfen kann, wenn alles fehlt. Da es nun so viele Leiden in der Welt gibt, denen mit Mut entgegenzugehen, kein menschliches Wesen einem schwachen Trost genug geben kann, so ist die Religion vortrefflich. Sie ist eigentlich die Kunst, sich durch Gedanken an Gott ohne weitere andere Mittel Trost und Mut im Leiden zu verschaffen, und Kraft, demselben entgegenzuarbeiten. Ich habe Menschen gekannt, denen ihr Glück ihr Gott war. Sie glaubten an ein Glück, und der Glaube gab ihnen Mut. Mut gab ihnen Glück und Glück Mut. Es ist ein großer Verlust für den Menschen, wenn er die Überzeugung von einem weisen, die Welt lenkenden Wesen verloren hat«.

Wir bemerken mit Staunen, daß der Sinn von »Weder leugnen, noch glauben« nicht bloß »dialektisch« wird, wie wir sagten, sondern geradezu – erbaulich! Das scheinbar so »rationalistische« Leugnen ist alles andere als landläufige »Skepsis«, sondern stures Ableugnen, Mutlosigkeit, Gleichgültigkeit; und Glauben keineswegs Irrationalismus aus Faulheit. Vielmehr scheint LICHTENBERG unter »Glauben« mutiges Offensein zu verstehen, ja, »Vertrauen« in eine unerhörte Zukunft. Jenes abgelehnte »Glauben« ist ihm der alte Aberglauben; der von ihm geforderte Glauben aber, der zunächst so erbaulich klingt, ist mutige aber unpathetische Freiheit, Wagnis in eine Zukunft hinein, die vom wissenschaftlichen Fortschritt noch keineswegs garantiert wird. Vielleicht sagen wir das alles besser mit LICHTENBERG selbst: »Zweifle an allem wenigstens einmal, und wäre es auch der Satz $2 \times 2 = 4$. Denn: Was bin ich? Was soll ich tun? Was kann ich glauben und hoffen? Hierauf reduziert sich alles in der Philosophie. Auch an Kant solle man nicht glauben. So glauben manche, Herr Kant habe recht, bloß weil sie ihn verstehen. Verstehen ist noch kein Grund, etwas für wahr zu halten. Ich glaube, daß die meisten über der Freude, ein sehr abstraktes und dunkel abgefaßtes System zu verstehen, zugleich geglaubt haben, es sei demonstriert«.

Richtiges Glauben – wenn man so sagen darf – ist, erkenntnistheoretisch gesprochen, vor allem Zweifel nicht nur am zopfigen Aberglauben, sondern auch Skepsis gegen aufgeklärte Gottlosigkeit, die ja – nach KANT – nicht bewiesen werden kann. Richtiges Glauben wendet sich also sowohl gegen den falsch aufgeklärten Fortschrittsglauben, als auch gegen das »verfluchte Pfaffengeschmier«, wie LICHTENBERG schreibt. Aufklärung also ohne Fortschrittsglauben. »Wir sehen in der Natur nicht Wörter, sondern immer nur Anfangsbuchstaben von Wörtern, und wenn wir alsdann lesen wollen, so finden wir, daß die neuen sogenannten Wörter wiederum bloß Anfangsbuchstaben von anderen sind. Hypothesen müssen wir haben, weil wir sonst die Dinge nicht behalten können. Und die Philosophie wird sich noch selbst fressen. Die Metaphysik hat sich zum Teil schon selbst gefressen. Schwätzt doch nicht! Was wollt ihr denn? Wenn die Fixsterne nicht einmal fix sind, wie könnt ihr denn sagen, daß alles Wahre wahr ist?«

»Weder leugnen, noch glauben«: eine der »Pfennigsweisheiten« LICHTENBERGS, und doch bei genauerem Nachdenken prall und tief wie einer der Monumentsätze HEGELS. Meinten wir zunächst, LICHTENBERG mache es uns mit seinem Empirismus bequem – »nur nicht zu viel nachdenken!« – so erkannten wir doch bald: stures Leugnen sei falsches Glauben (Aberglauben nämlich); und voreiliges Glauben – so angenehm unstrapaziös – noch nicht einmal religiös! Der renommierte Witzbold und Kauz gibt uns kantische Themen auf, und das mit den Stilmitteln scheinbarer Bonmots. Die erste und oberflächlichste Wirkung auf den Leser – vergnügliche Erheiterung, weil alles doch so witzig sei – wird bald von einem intellektuellen Juckreiz abgelöst. Wir lernen – schneller als unserer geistigen Bequemlichkeit lieb ist –, daß GOETHE wieder einmal recht hat: »Wir können uns LICHTENBERGS Späßen als der wunderbarsten Wünschelrute bedienen: wo er einen Spaß macht, liegt ein Problem verborgen«. – Der vermeintliche Aufklärer und Kauz des 18. Jahrhunderts wird bei »genauerem Studium« – auch dies eine Forderung GOETHES – zu einem Zeitgenossen.

Nebenbei: GOETHE ist selbst bei manchem Zeitgenossen nicht allzu hoch im Kurs, seitdem man mit ORTEGA Y GASSET und KARL JASPERS um einen »GOETHE von innen bittet«. Akademischer gesprochen: unser »existentialistisches« Philosophieren, das nach dem Menschsein fragt, nach der Wirklichkeit des Denkens im Leben, banaler gesprochen: nach dem »inneren Menschen«, verdächtigt den Rationalismus der Aufklärung des 18. Jahrhunderts, wohin nach dem Kulturfahrplan LICHTENBERG wie GOETHE ja gehören sollten. – Allein, dieses Bildungsvorurteil ist leicht zu widerlegen. Schon das 18. Jahrhundert – und nicht erst die Romantik – hält die Predigt über die Sterne statt über das bußfertige Herz nicht jeden Sonntag für angebracht. Spätestens seit dem Erdbeben von Lissabon, zu Allerheiligen 1755, da mehr als 30.000 Menschen in Kirchen umkamen, schreibt der Aufklärer *kat' exochen*, der große Freigeist VOLTAIRE wie einer, der entdeckt hat, daß wir nicht in der besten aller möglichen Welten leben, daß der 1. Glaubensartikel nicht ausreicht. Ja, wir entdecken beim großen PASCAL-Gegner VOLTAIRE Töne aus den *Pensées X*. VOLTAIRE muß einer enttäuschten Adeptin – einer Marquise, versteht sich – gestehen, er habe seine Stunden, wo er bete: »Herrgott, wenn es einen gibt, in Deine Hände befehl' ich meine Seele, wenn ich eine habe…!«

Es kann hier nicht eine Exkulpierung der Aufklärung, die kein Aufklärcht sei, doziert werden. Bleiben wir lieber bei LICHTENBERG; dessen »zu Fuß« gehender Stil soll unsere gebildeten Eskapaden korrigieren. Also: sprechen wir über LICHTENBERGS moderne »Innerlichkeit« (das Fremdwort »Existenz« bleibe vermieden). Mich erinnert der Physiker, Chemiker, Mathematiker, Geophysiker, Astronom, Akustiker usw. LICHTENBERG sogar an SOKRATES, der sich über die Sternkundigen lustig macht, die mehr über den Himmel wissen als über »sich selbst«. Aber sagen wir das Ganze noch einmal plastisch:

Am 8. April 1772 beginnt der Astronom LICHTENBERG nach dem Menschen zu spionieren. Nehmen Sie, bitte, die ganze frivole unkopernikanische Wendung als Gleichnis:

»Hannover, den 8. April 1772.
Lieber Dieterich.

Heute habe ich mit einem englischen Tubus, der 120 Reichstaler kostet, in einem entlegenen Haus die Zärtlichkeit eines Kammermädchens und eines Bedienten beobachtet. Der Auftritt schien dem Akteur mehr als 120 Taler wert zu sein. Der Kerl lag wahrlich auf den Knien, ich konnte ihn ganz übersehen, aber seine Hand konnte ich nicht finden, glaube ich, und wenn mein Tubus 500 gekostet hätte. Die Szene war sehenswert. Usw.

Je suis le votre
G. C. Lichtenberg«

Nehmen Sie das als Bild: Kosmos, Natur und deren Gesetze werden erforscht: aber der Mensch und seine Seele sind doch interessanter. LICHTENBERG, dessen geographische Ortsbestimmungen zu den besten seiner Zeit gehören, schreibt: »Die unterhaltendste Fläche auf der Erde für uns ist die des menschlichen Gesichts«.

»Unterhaltend«? Ein lichtenbergsches Understatement! Tatsächlich – so dürfen wir behaupten – kämpft LICHTENBERG für das menschliche Gesicht. GOETHE und NIETZSCHE irren in dieser Hinsicht übrigens. – NIETZSCHE, weil er vom »bösen Blick« spricht: das ist in NIETZSCHES Sprache ein am Bösen interessierter Blick, der sich unterhält, weil er etwas Böses entdecken kann. GOETHE wiederum sagte zu RIEMER etwas wirklich Böses – wir sehen den Dichterfürsten unwillkürlich bei diesem vermeidbaren Ausspruch klassizistisch-lässig vor der Campagna, frei nach Tischbein, hingeflätzt –, also Er, der Buckellose, spricht, von oben herab: »Lichtenbergs Wohlgefallen an Karikaturen rührt von seiner unglücklichen körperlichen Konstitution mit her, daß es ihn freut, etwas noch unter sich zu erblicken. Wie er sich wohl in Rom gemacht haben würde, beim Anblick und Einwirkung der Kunst?! Er war keine konstruktive Natur wie Äsop und Sokrates, nur auf Entdeckung des Mangelhaften gestellt«. So ein Ausspruch war nicht leicht wieder gutzumachen: fast in jedem LICHTENBERG-Buch wird er zustimmend zitiert; und – so dürfen wir hinzufügen – der Olympier GOETHE verdirbt mit seinem billigen und dazu noch falschen Triumph mit einem Schlage die sachgerechte Würdigung von LICHTENBERGS Kampf gegen LAVATERS *Physiognomik* sowie die gebührende Respektierung von LICHTENBERGS Interpretationen HOGARTHS und CHODOWIECKIS! Gott sei Dank, möchte man sagen, daß THOMAS MANNS »böser Blick«

wenigstens GOETHES Sitzriesen-Komplex zur Sprache gebracht hat; wir meinen des Olympier zu kurzes Untergestell, gekoppelt mit der Neigung, jeden Gast zum alsbaldigen Platznehmen aufzufordern... Demgegenüber ist es LICHTENBERGS Verdienst, genau umgekehrt argumentiert zu haben: nicht das angeborene So-Sein entscheidet über einen Menschen, sondern das, was er aus sich macht!

»Die gesündesten und schönsten, regelmäßigst gebauten Leute sind die, die sich alles gefallen lassen. Sobald einer ein Gebrechen hat, so hat er seine eigene Meinung...«. Am Rande nur erwähnen wir das Extrapläsier, das uns der Briefwechsel KANT – LICHTENBERG bereitet, dieser beiden Hypochonder! – Aber weiter in LICHTENBERGS Text: »...sobald einer ein Gebrechen hat, so hat er seine eigene Meinung. Vielleicht kommt es noch dahin, daß man die Menschen verstümmelt, sowie die Bäume, um desto bessere Früchte zu tragen«.

Wer GOETHES böses Wort im Ohr hat, wird sagen: »in eigener Sache gesprochen«. Aber hier können wir mit NIETZSCHE widersprechen, dem späten Nachfahr LICHTENBERGS, der von einer »großen« und »kleinen Gesundheit« sprach. Und zwar heißt »große Gesundheit« eine solche, die den Menschen mit seinem Leiden fertig werden läßt. Die »kleine Gesundheit« hat man eben, aber die »große« hat man nicht so einfach, sondern »muß sie ständig erwerben«. »Große Gesundheit« ist also nicht bloß jene kantische »Macht des Gemütes«, mit kleinen Gebrechen fertig zu werden, sondern auch eine geistige Qualität, – etwa jene, die es sich leisten kann, »weder zu leugnen, noch zu glauben«, sondern in riskanter Wachheit, das heißt ja »kritisch«, offenzubleiben, Philosoph zu sein. – Wie umständlich haben wir das gesagt, verglichen mit LICHTENBERG: »Der ›gesunde‹ Gelehrte ist der Mann, bei dem Nachdenken keine Krankheit ist«. In diesem Punkt urteilt er schonungslos wie NIETZSCHE hundert Jahre später: »Die erste Satire wurde gewiß aus Rache gemacht. Sie zur Besserung seines Nebenmenschen zu gebrauchen, ist schon ein geleckter, abgekühlter, zahmgemachter Gedanke«.

GOETHES – an manche Psychoanalytiker erinnerndes – Wort über LICHTENBERGS Vorliebe für Karikaturen kehrt leider nicht nur in der Literatur über unseren Aphoristiker immer wieder, sondern es steckt darin eine gefährliche prinzipielle Arroganz, wie sie im Rassismus gipfelt. Deshalb erscheint es uns so wichtig, LICHTENBERGS »große Gesundheit« zu würdigen. Denn, daß er die »kleine« nicht besaß, wußte er am besten:

»Mein Körper ist so beschaffen, daß ihn auch ein schlechter Zeichner im Dunkeln besser zeichnen würde. Und stünde es in meinem Vermögen, ihn zu ändern, so würde ich manchen Teilen weniger Relief geben. Ich stehe hinter dem Fenster, den Kopf zwischen die zwei Hände gestützt. Und wenn der Vorübergehende nichts als den melancholischen Kopf sieht, so tue ich mir oft das stille Bekenntnis, daß ich im Vergnügen wieder ausgeschweift habe. Für Gesellschaften sind mein Körper und meine Kleider selten gut genug gewesen. Es tun mir viele Sachen weh, die anderen nur leid tun. Es geht mir mit meiner Gesundheit wie den Müllern zuweilen mit dem Wasser: ich muß immer wenigstens zwei Tage in der Woche im Freien sammeln, um die übrigen fünfe mahlen zu können. Ich muß zuweilen wie ein Talglicht geputzt werden, sonst fange ich an dunkel zu brennen. Ich stecke meine ganze Tätigkeit aufs Profitchen. Kohlen sind noch da aber keine Flammen. Das Schlimmste ist, daß ich in meiner Krankheit gar die Dinge nicht mehr denke und fühle, ohne mich hauptsächlich mit zu fühlen, ich bin mir in allem des Leidens bewußt, alles wird subjektiv bei mir, und zwar bezieht sich alles auf meine Empfindlichkeit und Krankheit. Ein pathologischer Egoist! Es ist ein höchst trauriger Zustand. Hier muß ich sehen, ob noch Kraft in mir ist, ob ich dieses überwältigen kann, wo nicht, so bin ich verloren«. Diese »Kraft«, diese »große Gesundheit« war in ihm. Es gibt keine redlichere, ergreifendere Beichte als diese »Nachrichten und Bemerkungen des Verfassers über sich selbst« – betitelt: *Charakter einer mir bekannten Person*. Dabei ist dieses Selbstporträt voller »Heimlichkeiten« trotz allem Ergreifenden überhaupt nicht larmoyant, und darum vielleicht so glaubhaft. Ohne allzu starke Teilnahme gelesen – also »objektiv« – werden diese »Nachrichten und Bemerkungen« zu einem Traktat über die Macht des freien Geistes über die Natur. Und damit stünden wir bei unserem letzten Kapitel: »Innerlichkeit«. Autobiographische Konfessionen eines Physikers, die – philosophisch ernstgenommen – das Fundament einer anthropologischen Lehre von der Freiheit und Natur des Menschen darstellen.

»Wir liegen öfters mit unserem Körper so, daß gedrückte Teile uns heftig schmerzen; allein, weil wir wissen, daß wir uns aus dieser Lage bringen können, wenn wir wollen, so empfinden wir wirklich sehr wenig. Dieses bestätigt eine Anmerkung, die ich anderswo gemacht habe, daß man sich durch Drücken die Kopfschmerzen vermindern könne«. Man unterschätze solche scheinbar hypochondrischen Selbstbeobachtungen ja nicht! Handelt es sich doch hier um Analysen, die man mit Fug und Recht heutzutage »Phänomenologie« nennen müßte. Genauer gesagt: »Phänomenologie des Leibes« als Fundierung einer höchst modernen philosophischen Anthropologie! Wie einfach sagt dies LICHTENBERG: »Mein Körper ist derjenige Teil der Welt, den meine Gedanken verändern können. In der ganzen übrigen Welt können meine Hypothesen die Ordnung der Dinge nicht stören. Wenn sich aber mein Geist erhebt, fällt der Leib auf die Knie«.

Jetzt begreifen wir auch die tiefste Wurzel von LICHTENBERGS Abneigung gegen LAVATERS *Physiognomik*; gegen die gefährliche Tendenz, den Menschen zu einem Naturding zu machen, ohne das Freie und Unwägbare der einmaligen Person zu respektieren. LICHTENBERG verteidigt nicht nur sich selbst, sondern die Menschenwürde, wenn er gegen LAVATER und seine Anhänger sagt: »Was für ein unermeßlicher Sprung von der Oberfläche des Leibes zum Innern der Seele! Hätten wir einen Sinn, die innere Beschaffenheit der Körper zu erkennen, so wäre jener Sprung noch immer gewagt. Es ist eine ganz bekannte Sache, daß die Instrumente nicht den Künstler machen, und mancher mit der Gabel und einem Gänsekiel bessere Risse macht als ein anderer mit einem englischen Besteck! Es ist ein äußerst niederschlagender und unüberlegter Gedanke, die schönste Seele bewohne den schönsten Körper und die häßlichste den häßlichsten. Also – mit einer bloßen Veränderung der Metapher – vielleicht auch die größte Seele den größten und die gesundeste den gesundesten?! Gütiger Himmel! Was hat Schönheit des Leibes, deren ganzes Maß ursprünglich vielleicht verfeinert, ihre Grobheit versteckende sinnliche Lust ist, mit Schönheit der Seele zu tun, die mit dieser Lust so sehr streitet und sich in die Ewigkeit erstreckt? Soll das Fleisch Richter sein vom Geist? – ›Allein‹, ruft der Physiognome, ›was? Newtons Seele sollte in dem Kopf eines Negers sitzen können? Eine Engelsseele in einem scheußlichen Körper? Der Schöpfer sollte die Tugend und das Verdienst so zeichnen? Das ist unmöglich!‹ – Diesen seichten Strom jugendlicher Deklamation kann man mit einem einzigen ›und warum nicht?‹ auf immer hemmen. Bist du, Elender, denn der Richter von Gottes Werken? Sage mir erst, warum der Tugendhafte so oft sein ganzes Leben in einem siechen Körper jammert; oder ist immerwährendes Kränkeln vielleicht erträglicher als gesunde Häßlichkeit? Willst du entscheiden, ob nicht ein verzerrter Körper so gut als ein kränklicher mit unter die Leiden gehört, denen der Gerechte hier, der Vernunft unerklärlich, ausgesetzt ist?«

Nicht bloß aus Frömmigkeit, sondern aufgrund methodologischer Wissenschaftlichkeit fordert LICHTENBERG hier Verzicht auf allzu anthropomorphes Argumentieren der Physiognomiker (man darf die sogenannten »Charakterologen« von heute ruhig mit einschließen!): »Wenn du einmal die Welt schaffst oder malst, so schaffe und male meinetwegen das Laster häßlich und alle giftigen Tiere scheußlich, so kannst du es besser übersehen. Aber beurteile Gottes Welt nicht nach der deinigen! Beschneide du deinen Buchsbaum, wie du willst, und pflanze deine Blumen nach dir verständlichen Schattierungen: aber beurteile nicht den Garten der Natur nach deinem Blumengärtchen!«

Solche Sätze sind nicht bloß »erbaulich«, sondern im besten Sinne »aufgeklärt« und wissenschaftlich. Auch sind es keine Selbstverteidigungen eines körperlich schlecht Weggekommenen, also nicht – wie GOETHE irrt – »Wohlgefallen an Karikaturen herrührend von seiner unglücklichen körperlichen Konstitution«, also »Freude, etwas noch unter sich zu erblicken«! Vielmehr ist solche Abwehr anthropomorphistischer Arroganz Ausdruck philosophischer Selbstbescheidung, wie wir sie in der Formel fanden: »Weder leugnen, noch glauben«. Nicht nur religiös, sondern auch wissenschaftskritisch wird der Weg freigemacht zur Erforschung der so unzugänglichen »Innerlichkeit« des Menschen, die kein determinierter physikalischer Sachverhalt – sagen wir »Weltfassade« – ist. Frivol, ja zynisch wird LICHTENBERGS Witz, wenn er die scheinwissenschaftliche Unwahrhaftigkeit geißelt, z. B. die LAVATERS mit dem Christusgesicht. Erbaulich aber werden die Aphorismen, wenn LICHTENBERG über das Geheimnis der freien, einmaligen Menschenseele spricht. – So nennt er seinen Kalenderaufsatz *Über Physiognomik wider die Physiognomen* mit

Recht einen Beitrag »zur Beförderung der Menschenliebe und Menschenkenntnis«. Man beachte: »Menschenliebe«! Dagegen wird er zynisch in seinen *Fragmenten von Schwänzen*, worin er, ganz im Stile der Physiognomen, spaßeshalber aus der Form von Schweineschwänzen und Haarbeuteln den »Charakter« zu deuten vorgibt. Er nimmt da manches vorweg, was uns die heutige *Digest*-Kultur aufzutischen pflegt. – Wir streiten keineswegs ab, daß LICHTENBERG – so steht's ja überall zu lesen – ein genialer »Menschenkenner« war; allein, seine Menschenkenntnis setzt Freiheit voraus und verabscheut jene beliebten Gesetze und Determinationen, die aus den Menschen physikalische »Dinge«, man könnte auch sagen »Un-Menschen« machen. Also: vor allem Ablehnung charakterologischer Verallgemeinerungen! Dies um so mehr, als LICHTENBERG schon als Physiker weiß, wie gefährlich und wissenschaftsfeindlich voreiliges »Leugnen und Glauben« sind. Am gefährlichsten aber sind die Kollektivurteile der vermeintlichen »Menschenkenntis«:

»Im Jahre 1774 las ich in irgendeiner von David Humes Schriften, die Engländer hätten gar keinen Charakter. Ich konnte damals nicht begreifen, wie ein solcher Mann so etwas sagen konnte, für das sich keinen Tag Kredit erwarten ließ. Nun, nachdem ich etwa 16 Wochen unter diesem Volke gelebt habe, glaube ich mit Überzeugung, daß Hume unrecht hat. In England findet man mehr Originalcharaktere in Gesellschaften und unter dem gemeinen Volk, als man aus ihren Schriften kennt«. – GOETHE hätte wohl gut daran getan, aus diesem Ausspruch LICHTENBERGS »Wohlgefallen an Karikaturen« herzuleiten! – »In England findet man mehr Originalcharaktere. Wir hingegen haben eine Menge im Meßkatalog, wenige in Gesellschaft und im gemeinen Leben, und unter dem Galgen gar keine. Ist noch ein Land außer Deutschland, wo man die Nase eher rümpfen lehrt als putzen?«

Hat sich LICHTENBERG mit dem letzten Satz nicht selbst widersprochen? Verallgemeinerte er nicht, sobald er über seine Landsleute sprach? Wir meinen: nein. Sein Witz hat hier nämlich die Funktion eines rügenden Appells; er geißelt den Selbstwiderspruch, zu dem die Kraftgenies und angeblichen Originale des deutschen Sturmes und Dranges penetrant neigten: sie wollten ein Kollektiv von Originalen sein, – was allerdings ein Selbstwiderspruch ist: »Es gibt heuer eine gewisse Art Leute, meistens junge Deutsche, die das Wort ›deutsch‹ fast immer mit offenen Nasenlöchern aussprechen. Ein sicheres Zeichen, daß bei diesen Leuten sogar der Patriotismus Nachahmung ist«.

Nicht nur *Werther* wurde nachgeahmt, – *Werther*, den LICHTENBERG so haßte, daß er GOETHE wegen des Selbstmordes, aber nur deswegen, lobt! –; nachgeahmt wird vor allem das, was man unter einem »deutschen Charakter« verstand. KLOPSTOCK war der Oberbarde. »Wer wird mit dem ›Deutschen‹ so dicke tun?! ›Ich bin ein deutsches Mädchen...‹ – ist das etwa mehr als ein englisches, russisches, ein otohaitisches? – Ich bitte euch Landsleute, laßt diese gänzlich unnütze Prahlerei. Die Nationen, die uns verlachen, und die, die uns beneiden, müssen sich darüber kitzeln. Ich frage gleich: was ist ein deutscher Charakter? Was? Nicht wahr, Tabakrauchen und Ehrlichkeit? O', ihr einfältigen Tröpfe. Hört, seid so gut und sagt mir: was ist für Wetter in

Amerika? Soll ich es statt eurer sagen? Gut. Es blitzt, es hagelt, es ist dreckig, es ist schwül, es ist nicht auszustehen, es schneit, friert, wehet – und die Sonne scheint«.

Soviel über LICHTENBERG den Menschenkenner aus Menschenliebe. Seine Liebe zum Original, zur Karikatur, wie GOETHE sagt, erweist sich uns als Kehrseite seiner Zuwendung zum einmaligen Individuum. Nationalismus dagegen, Kollektiv – auch Original, Kraftgenie als »kollektiv« – sind ihm verhaßt. Der Göttinger Hainbund, die Stürmer und Dränger sowie all die »Völkischen« des 18. Jahrhunderts sind ihm ebenso verhaßt wie die »Physiognomien«, die den Menschen als statisches Naturphänomen nahmen. Das Wort »Seele« bedeutet LICHTENBERG – ähnlich wie das englische »*character*« – ebendiese Einmaligkeit der Persönlichkeit, heute sagen wir mit KIERKEGAARD »Existenz«, oder mit NIETZSCHE: »Selbst«. Widerlich wie die kollektiven »Originale«, sind ihm, dem Witzigen, die kollektiven Witzbolde: »Es gibt für mich keine gehässigere Art Menschen als die, welche glauben, daß sie bei jeder Gelegenheit *ex officio* witzig sein müßten. Ich spreche nicht mit ihrem Witz, der alles zu bemänteln weiß, sondern mit ihren Gewissen spreche ich. Die Menschen gehen nicht eigentlich selbst in Gesellschaft, sondern sie schicken eine angekleidete Puppe statt ihrer hin. Menschen denken über die Vorfälle des Lebens nicht so verschieden, als sie darüber sprechen. Ich habe durch mein ganzes Leben gefunden, daß sich der Charakter eines Menschen aus nichts so sicher erkennen läßt, als aus einem Scherz, den er übel nimmt. Über nichts wird flüchtiger geurteilt als über die Charaktere der Menschen, und doch sollte man in nichts behutsamer sein. Bei keiner Sache wartet man das Ganze weniger ab, das doch eigentlich den Charakter ausmacht, als hier. Ich habe immer gefunden, die sogenannten schlechten Leute gewinnen, wenn man sie genauer kennenlernt, und die guten verlieren. Man greife doch mehr in seinen eigenen Busen, und man wird finden, wie wenig sich etwas von anderen behaupten läßt«.

Dennoch sind fast alle »charakterologischen« Interpretationen LICHTENBERGS über den Buckel gestolpert. Ein GOETHE-Wort reichte aus, daß einer der gescheitesten Deutschen für immer zu einem Ressentiment-Talent relativiert wurde! Kurz gesagt: »Menschenkenner? Ja – aber«, es sei die Rache eines Buckligen; »Menschenliebe? Konstruktiv? Nein«, es sei immer etwas Hämisches dabei, wenn der Physiker seinen Tubus vom Himmel auf die Straße herabwende.

Fragen wir also abschließend: sind die Wahrheiten eines Buckligen notwendig auch bucklig? Gilt LICHTENBERGS eigenes Wort: »Sobald einer ein Gebrechen hat, so hat er seine eigene Meinung« auch in »eigener Sache«?

Hören wir auf, wissenschaftskritisch zu räsonieren; suchen wir lieber konkrete autobiographische Details, die uns beweisen sollen, wie wenig »bucklig« die »Seele« LICHTENBERGS gewesen ist. Ein besonders rührendes Beispiel lichtenbergscher »Rache« sei hier referiert. Wir haben es schon gehört, wie sehr der kleine bucklige Professor unter seiner körperlichen Mißbildung gelitten hat. Ebenso kennen wir seine psychologischen Verdächtiger. Und dennoch!

Da gibt es einen selten abgedruckten Briefwechsel zwischen der befreundeten Frau DIETERICH aus Göttingen, der »Frau Gevatterin«, und dem Professor. Die Vorgeschichte: aus irgendeinem Grunde zürnt Madam DIETERICH LICHTENBERG; er habe sie zweimal belogen. Überhaupt sei er ein »kleiner Professor«. »Kleiner Professor«! Wie »rächt« sich nun LICHTENBERG, der Menschen- und Frauenkenner?

»Werteste Frau Gevatterin! Schläge habe ich allerdings verdient, aber auch welche gekriegt, das weiß der liebe Himmel. Zweimal sagen Sie mir, daß ich die Unwahrheit geredet hätte; zweimal heißen Sie mich den – ›kleinen Professor‹, als wenn ich etwas dafür könnte, daß ich nicht größer bin. Einmal, und zwar gelegentlich der langen Arme (!), sagen Sie mir, ich wäre ja ›kein großer Herr‹ (!), eben als wenn man sich selbst zum großen Herrn machen könnte. Dieses hat mir noch kein Mensch gesagt und ist mir so recht durch die Seele gegangen…«.

Wer LICHTENBERGS Briefwechsel kennt, dem fällt vor allem auf, wie echt gekränkt der Ironiker hier schreibt. Doch er fängt sich gleich: er schildert spannend, wie er bei einem Empfang die dänische Königin in Celle beim Dinner erleben durfte:

»An der Treppe, die sehr erleuchtet war, dachte ich bei mir selbst: Professor! Was für seltsame Konjunkturen hat dir nicht dein Schicksal aufbehalten! In England stellte dich ein König einem Glasschleifer vor, und nun führt dich ein Hausknecht vor eine Königin, die unter allen jetzt lebenden die größten Artikel in der Geschichte bekommen wird…«, – *Man beachte die Spannung!* – »Nun stand ich vor dem Speisesaal, dessen Tür halb offen war; ›Gehen Sie nur hinein‹, sagte der Hausknecht. ›Gehen Sie nur getrost hinein‹, sagte eine Schildwache, ›es sind schon mehr Leute drin‹. So sei es denn, dachte ich, zupfte noch einmal an meiner Weste und Halsbinde und marschierte hinein. Ich verharre mit vollkommenster Hochachtung

   meiner wertesten Frau Gevatterin
   ergebenst gehorsamster Diener und Freund
   G.C. Lichtenberg«.

Bei oberflächlicher Lektüre könnte man etwa sagen: »Klatsch. Na und ?!« Tatsächlich hat hier LICHTENBERG – typischerweise – das böse Wort vom kleinen Professor mit den langen Armen auf seine Weise repliziert. Denn man stelle sich das weibliche Interesse der Frau Gevatterin vor an all dem höfischen Drum und Dran (vergleichbar etwa mit dem heutigen Interesse an FABIOLA oder ELIZABETH II. im Fernsehen…). Aber unser kleiner Professor schließt abrupt mit ironischer Überhöflichkeit. Kein Wort über den großen Akt! Ganze sechs Wochen später kommt ein Brief – mit der Fortsetzung: »Liebste Frau Gevatterin, und so wie ich in den Spiegelsaal hineintrat, war ein schicklicher Platz zum Observieren das erste, worauf ich dachte«.

Helle, frei schwingende Heiterkeit also war LICHTENBERGS Antwort auf den »kleinen Professor« mit den allzulangen Armen, das, scheint mir, beweist dieser Brief. – Dennoch bleibt die Frage: wie kommt es denn, daß er auf seine Mitwelt und Nachwelt so anders wirkte, siehe GOETHE, von kleineren zu schweigen? Vielleicht ist die Antwort leicht: LICHTENBERG wurde eben falsch beurteilt und gelesen. Denn in seiner Welt und Zeit ist er durchaus als glücklicher Mensch in Erscheinung getreten (was man halt so »Glück« nennt): überdurchschnittlich begabt, schon mit 27 Jahren nach sehr erfolgreichem Studium bereits berühmter Professor, frühzeitig mit Ehren überhäuft, seine vielseitige Forschertätigkeit wird im In- und Ausland gerühmt, als akademischer Lehrer hat er das größte und aufmerksamste Auditorium in Göttingen; ja, sogar die ganz kleinen Leute, die er übrigens besonders schätzte, haben großen Respekt vor ihm, der angeblich sogar den Blitz zu lenken vermochte und oft bei heftigsten Gewittern seine geheimnisvollen Drachen steigen ließ. Mit dem englischen Königshaus (Göttingen war ja dazumal englisch) pflegte er familiären Umgang. Mit den Größten seiner Zeit KANT, GOETHE, HERSCHEL, ALEXANDER VON HUMBOLDT und vielen anderen pflegt er einen sehr lesenwerten *al-pari*-Briefwechsel, er besucht sie z. T. und wird von ihnen besucht. Sein Buckel aber wird im Jahrhundert der Aufklärung, das Literatur über den »Minderwertigkeitskomplex« undemokratischerweise kaum publiziert, übersehen. Die Kunst eines guten Schneiders und entsprechende Haltung ersetzen ihm Psychoanalyse. »Seelisch« buckliger freilich erscheint mir ein Massenzeitalter, das das Bedeutende – unter Anleitung von Professoren – verharmlosen möchte, indem es gleichsam mit einem anbiedernden Ätsch-Affekt den Geist – »wissenschaftlich«, versteht sich, – vom bloß Leiblichen her deutet. Konkreter gesprochen: Jedermann, den die Dienstmagd zufällig in der Kindheit nicht fallen gelassen hat, oder der zufällig keine Rachitis hatte, kann dem äußerlich kleinen, aber geistig riesengroßen Manne gönnerhaft auf den Buckel klopfen! Man vergesse doch nicht, daß, biologisch argumentiert, der Mensch – verglichen mit den Tieren – ein »schlecht Weggekommener« ist, allerdings insoweit bevorzugt, als er aus seiner animalischen Not humane Tugend zu machen imstande ist.

Freilich litt LICHTENBERG unter seiner Mißbildung. Entscheidender jedoch war für ihn die Tugend der »eigenen Meinung«, die er – wie wir hörten – seinem »Gebrechen« geradezu verdankt. »Weder leugnen, noch glauben«, scheinbar »Aufklärıcht«, erwies sich uns als Überwindung der unmenschlichen Fixiertheit im Körperlichen wie im Geistigen. Die »eigene Meinung« des Gebrechlichen, sowie die geistige Freiheit und Offenheit trotz Dummheit entsprechen einander. LICHTENBERGS Anglomanie, sein Understatement, seine Fasziniertheit durch Originale (also auch Karikaturen), seine Abneigung gegen die anmaßenden philosophischen Systeme und die Vorliebe für den Aphorismus gehören zusammen: man kann dies profan oder auch metaphysisch erbaulich formulieren: »Zweifle an allem wenigstens einmal, und wäre es auch der Satz: $2 \times 2 = 4$. – Ist denn wohl unser Begriff von Gott etwas anderes als personifizierte Unbegreiflichkeit?«

»Eigene Meinung« und Skepsis – scheinbar ein Widerspruch – werden zur evidenten Formel: »Weder leugnen, noch glauben«, die in eins faßt: Witz und Frömmigkeit, Aufklärung und Pietismus, Glauben und Skepsis; – vergessen wir nicht, LICHTENBERG wäre selbstverständlich Pfarrer geworden ohne seinen mißratenen Leib, die »eigene Meinung« hätte ihn im 18. Jahrhundert nicht daran gehindert.

Allmählich beginnen wir Heutigen umzulernen, wenn von Aufklärung die Rede ist. Es fällt uns schwer, bei aller Kulturbeflissenheit: noch stehen wir »hier, und können nicht anders«, noch glauben wir an ein okkultes *daimonion* – »Gott helfe mir, amen!« Wage es doch ein Kriegsdienstverweigerer Vernunftgründe vorzubringen statt eines mystischen »Gewissens« (am Rande: LICHTENBERG haßte am meisten junge Offiziere und Kleriker)! Noch heute ist es undeutsch, aus noch so vernünftigen Gründen das Kriegshandwerk abzulehnen; »intellektuell«, »spitzfindig«, »Intellektualbestie« sind noch immer suspekte Vokabeln. Ein liberaler KARL JASPERS darf noch unwidersprochen für die bedenkenlose Verwendung der Atombombe eintreten! Sein philosophischer Begriff der mystischem »Leidenschaft zur Nacht« (so in seiner *Metaphysik*) ist ebenso erhebend fürs deutsche Gemüt wie sein Drohen mit der Wasserstoffbombe, falls die abendländische Freiheit sich bedroht fühlen sollte. Sonst wackerer Kämpfer für Vernunft »wider die Widervernunft in unserer Zeit«, ist der Kommunikationsphilosoph – bei allem »philosophischen Glauben« – bereit, den Planeten Erde zu zerstören um einer »Freiheit« willen, die vielen Völkern gar nicht so wünschenswert erscheint.

Wer will da sagen, daß LICHTENBERG unmodern sei? Dabei ist sein »philosophischer Glaube« nicht einmal intellektuelles Fürwahrhalten von Unbewiesenem. Altmodischer und moderner zugleich versteht LICHTENBERG unter Glauben: Vertrauen in eine höhere unbegreifliche Macht. Dieses Vertrauen besaß LICHTENBERG zeit seines Lebens. Spöttisch aber wird er und läßt alle Deisten seiner Zeit hinter sich, wenn sich solches Vertrauen wissenschaftlich drapieren möchte; er lächelt über alle Gottesbeweise, wie KANT: »Die Naturlehre ist wenigstens für mich eine Art *sinking-fund* (Tilgungs-Fonds) für die Religion, wenn die vorwitzige Vernunft Schulden macht. Zu untersuchen und zu lehren, inwieweit Gott aus der Welt erkannt werden kann? Sehr wenig, es könnte ein Stümper sein«. Da verläßt er sich lieber altmodisch auf die Bibel und das Gesangbuch, das man nicht modernisieren sollte. »Hat nicht unsere Gesangbuch-Verbesserung viel Ähnlichkeit mit dem Ausweißen der alten gotischen Kirchen, die dadurch geschändet werden? Man soll verhindern, daß sie nicht einstürzen und sorgen, daß der Boden reinlich ist. Eine ausgeweißte Abtei von Westminster wäre abscheulich. – Welch ein Unterschied, wenn ich die Worte ›Ehe denn die Berge wurden und die Erde und die Welt geschaffen worden, bist du, Gott, von Ewigkeit zu Ewigkeit‹, – in meiner Kammer ausspreche oder in der Halle von Westminsterabtei! Ich habe sie hier und dort ausgesprochen. In meinem Schlafgemach haben sie mich oft erbaut, ich habe sie von Kindheit an nie ohne Rührung gebetet;

aber hier durchlief mich ein unbeschreibliches, aber angenehmes Grauen: Ich fühlte die Gegenwart des Richters, dem ich auf den Flügeln der Morgenröte selbst nicht zu entrinnen vermöchte, mit Tränen, weder der Freude, noch des Schmerzes, sondern mit Tränen des unbeschreiblichen Vertrauens auf ihn«.

Für solches »unbeschreibliches Vertrauen« aber scheint LICHTENBERG keine menschlich-allzumenschliche Einrichtung angemessen. Damit und nicht mit seiner angeblichen Scheu vor einer Bindung hing es zusammen, daß er sich mit seiner ersten Frau überhaupt nicht, und mit seiner zweiten Frau erst nach langen Jahren der »Gewissensehe« und in tödlicher Gefahr trauen ließ. Freilich gibt es da auch andere Interpretationen: z. B. daß der Standesunterschied zwischen einem Universitätsprofessor und einem Blumenmädchen bzw. einer Weißbinderstochter eine Ehe nicht gestattet habe. Bekannt ist die Geschichte vom Studenten, der die zweite Frau LICHTENBERGS, MARGARETE KELLNER, bei der Küchenarbeit trifft und hochnäsig fragt: »He, Jungfer, könnten Sie mich beim Herrn Hofrat melden?« Antwort: »Nee«. Der Studiosus: »Dann melden Sie mich doch bei der gnädigen Frau Hofrätin an!« Sie: »Dat sin eck!« – Mit dieser Frau war LICHTENBERG glücklich verheiratet. Er nennt sie »meine liebenswürdige Gattin, der ich mein Leben zu danken habe«. Erst in Lebensgefahr, und um ihrer und der Kinder rechtlichen Sicherheit willen, läßt er sich trauen. Nie hat er sich ihrer geschämt.

»Sie können nicht glauben, was die gemeinen Leute (denn die vornehmen taugen überall nicht viel in der Welt) für gute Häute und Seelen sind!« Auch hier spreche man nicht – wie üblich – vom Buckel und Komplexen gegenüber standesgemäßen Kollegentöchtern! War denn da nicht – wie ein Literarhistoriker mit Recht bemerkt – in der gleichen Zeit noch ein anderes Mädchen, das zwar keine Blumen verkaufte, aber in einer Manufaktur künstliche Blumen herstellte, das ebenfalls Geliebte eines hochgestellten Mannes wurde, mit welchem es auch erst nach langen Jahren der »Gewissensehe«, und auch unmittelbar nach tödlicher Gefahr des Geliebten, kirchlich angetrautes Eheweib wurde. Anders gefragt: war auch GOETHE bucklig?

Aber jetzt genug vom Buckel! Genug auch von aller Apologie des 18. Jahrhunderts, das LICHTENBERG nicht überlebte, insofern er knapp 1799 starb, mit einem feierlichen Begräbnis, das seinem angeborenen Understatement sicherlich mißfallen hätte: »Was das Glockenläuten zur Ruhe der Verstorbenen beitragen mag, will ich nicht entscheiden; den Lebenden ist es abscheulich!«

Aber der Himmel selbst machte auf seine Weise mit; ausgerechnet bei der Beerdigung geschah es, daß ein höchst seltenes Naturereignis sich abspielte – ohne LICHTENBERG und seinen Tubus –: die ihn zeitlebens so fesselnden Nebensonnen wurden sichtbar! Mit lichtenbergschem Aberglauben möchte man vermuten, daß das alles zu Ehren des kleinen Professors geschehen ist. Denn es gehörte zu LICHTENBERGS »Heimlichkeiten«, daß zu klein sein ein Vorzug sei: denn die Blutbahn zwischen Herz und Kopf sei bei den zu Kurzen kürzer als bei normal gewachsenen Menschen.

Das Glück ist ein schwierig Ding – Bemerkungen zum Fall SCHOPENHAUER

Ich kenne kein tiefsinnigeres Gleichnis für die ganze Dialektik des Glücks als den Cellisten aus SAROYANS *Mini-Story*: Tag und Nacht spielte ein Mann auf seinem Cello; nur einen Ton. Jahrelang. Eines Nachts unterbricht ihn endlich seine Frau mit der Bemerkung: »Lieber Mann, Cello ist ein wundervolles Instrument, aber die andern Cellisten spielen es anders. Sie spielen nicht nur einen Ton, auf einer einzigen Saite, mit dem gleichen Bogenstrich. Nein. Sie fahren mit dem Bogen über verschiedene Saiten, wechseln die Höhe, spielen mit verschiedenen Fingern…«. Doch der Mann unterbricht sie: »Weib, dein Haar ist lang, dein Verstand kurz. Die andern suchen den Ton, ich aber habe ihn«. Und spielte weiter »seinen Ton«.

Moral: dieser Cellist hatte eine »undialektische« Auffassung vom Glück, darin verwandt den meisten Menschen, also auch Philosophen. Denn dieser eine Ton, für sich genommen, ist sowenig Musik wie etwa das »Lustprinzip« Glück ist, – wenn auch die Menschen gern die bloße Momentaufnahme »Glück« aus dem Film ihres Lebens isolieren und sagen: »Das da, das ist Glück!« Alle suchen solch stationäres Glück, ihre Oase, ihren »Raum in der kleinsten Hütte«, ihr Paradies, ihre klassenlose Gesellschaft, ihr ewiges Hallelujah in weißen Gewändern, ihr himmlisches Jerusalem. PASCAL sagt: »Alle Menschen suchen glücklich zu sein, selbst der, welcher hingeht, sich aufzuhängen«. Selbst der Atheist *wartet auf seinen Godot*.

Also: süßes, saures, bitteres Glück, aber Glück sozusagen »in einem Stück« als ein rundes Etwas, das man besitzen, erwerben, suchen müßte – das ist der Motor unseres ganzen Lebens; im einzelnen zwar sehr relativ – des einen Uhl des andern Nachtigall – aber: den »einen Ton«, die große Fermate, suchen wir alle. Wer wollte da Spielverderber sein? Zumal es ja auch das sadistische Glück des Spielverderbers gibt. Das unzarte, aber heftige Glück der Aggression um jeden Preis! Wir kommen scheinbar aus unserem Zirkel nicht heraus: der »eine Ton« ist langweilig, aber wir alle suchen ihn. Ist da nicht der so altmodisch gewordene SCHOPENHAUER doch die zuständige Instanz, weil er wenigstens zu folgendem Fazit kommt: »unser Unglück bestehe geradezu darin, daß wir dauernd nach Glück streben, und sei es auch nur ein banales Hausmacherglück?« Nun ja, hier stockt der Zeitgenosse schon: SCHOPENHAUERS – fast dogmatischer – Pessimismus, sagen die einen, ist selbst wiederum »nur ein Ton«, in des Philosophen Vokabular zu sprechen – nur »ein Grundbaß«, er also nur ein eben unglücklicher Cellist! Die anderen aber – von KIERKEGAARD bis JASPERS – monieren: SCHOPENHAUER habe ja gar nicht sein pessimistisches Denken gelebt; er sei ein Epikureer gewesen, der am Pessimismus Spaß gehabt hätte...

I.

Eines jedenfalls steht fest: unproblematisch ist der Fall SCHOPENHAUER nicht. Das könnte aber ein Vorzug sein, dann nämlich, wenn dieser »Fall« für unser Thema und seine Problematik aufschlußreich wäre. Die zeitgeschichtlichen Voraussetzungen SCHOPENHAUERS – 1788–1860 – sind thematisch vielversprechend; als er sein pessimistisches Hauptwerk *Die Welt als Wille und Vorstellung* schreibt, denken viele so wie er: »Es gibt nur einen angeborenen Irrtum, und es ist der, daß wir da sind, um glücklich zu sein«. BYRON, LEOPARDI, MUSSET, HEINE, PUSCHKIN, LERMONTOW, BEETHOVEN, SCHUMANN, CHOPIN – sie alle leben nicht nur in einer verzweifelten Kriegs- und Nachkriegszeit kontinentalen Ausmaßes: sondern ein Unbehagen am Dasein nagt selbst an Sonntagskindern wie GOETHE, der dankbar ist, in einer solchen Welt nicht mehr jung zu sein. NAPOLEON, dieser Sohn der Revolution, verkörperte für viele – nicht nur GOETHE und HEGEL – zunächst den Sieg der Glücksideale der Französischen Revolution. NAPOLEON, der strahlende »Genius der Menschheit«, eine Art Weltgeist, stürzte doppelt: einmal, als er aufgehört hatte, Sohn der Revolution zu sein, und stattdessen zum Schwiegersohn der Reaktion wurde; zum andern: als er seine Gläubigen durch seinen militärischen Sturz endgültig desillusionierte. *Die Welt als Wille und Vorstellung* erscheint 1818. Der Weltwille ist ein teuflischer Dämon gewesen. Gesiegt hatte das Leid, der Tod! Ein neuer »Ton«, eine neue Grundstimmung banger Sinnlosigkeit – JEAN PAUL, SCHOPENHAUERS erster Rezensent schreibt: »... ein genial-philosophisches, kühnes vielseitiges Werk voll Scharfsinn und Tiefsinn, aber mit einer oft trost- und bodenlosen Tiefe – vergleichbar dem melancholischen See in Norwegen, auf dem man in seiner finstern Ringmauer von steilen Felsen nie die Sonne, sondern in der Tiefe nur den gestirnten Taghimmel erblickt, und über welchen kein Vogel und keine Woge zieht«. Auch daß die *Nachtwachen des Bonaventura*, jenes anonym erschienene Buch, gleich einer ganzen Reihe großer Geister zugeschrieben worden ist, beweist: die Zeit war am Glück verzweifelt. Und die romantischen Konversionen zur katholischen Kirche bestätigen dies nur noch einmal: gibt es schon kein irdisches Glück, so wollen wir wenigstens ein Jenseits mit ewiger Seligkeit nicht ausschließen...

SCHOPENHAUER kam jedoch ohne Jenseits aus, obwohl er an der Möglichkeit diesseitigen Glückes nicht nur zweifelte, sondern dessen Unmöglichkeit auch systematisch beweisen wollte. Seine Aversion gegen religiöse Heilsversprechungen und gegen den »ruchlosen Optimismus«, der unsere Welt für die »beste aller möglichen Welten« hält – wie man im 18. Jahrhundert sagte –, ist so heftig, daß er außer sich gerät, wenn davon nur die Rede ist. Spricht er über vermeintlich Glückliche, dann schildert er uns Vorbilder jenes *Lucky* aus BECKETTS *Warten auf Godot*. Erst eine saturierte Gesellschaft des 19. Jahrhunderts, die sog. Gründerzeit, ist distanziert genug, SCHOPENHAUER zum Modephilosophen zu machen. Allerdings wurde seine Philosophie noch nicht als »wahr«, sondern als »interessant« goutiert. Jetzt erst wird es chic, SCHOPENHAUER als epikureischen Kauz zu karikieren, der nur in seinem Werk ein »Glücksmuffel« gewesen sei. Vornehm akademisch gesprochen: es fehle an der existentiellen Einheit von Leben und Werk. In der Tat: wurde SCHOPENHAUER nicht erst durch seine – übrigens nachgelassenen – *Aphorismen zur Lebensweisheit* wirklich berühmt? Also durch eine Eudämonologie, eine Glückslehre?

»Das Glück ist ein schwierig Ding, in uns finden wir es nur sehr schwer, außer uns überhaupt nicht«. Diese Worte CHAMFORTS sind das Motto zu SCHOPENHAUERS *Aphorismen zur Lebensweisheit*. Sie scheinen uns vorzüglich geeignet, über den »Fall Schopenhauer« nachzudenken, der verglichen mit seinem »ausgeklügelt Buch« auch noch ein »Mensch mit seinem Widerspruch« war. Äußerlich war SCHOPENHAUER reich, gesund, frei bis ins höchste Alter, da ihn ein schmerzloser Tod erlöste, in seiner Sofaecke, unter dem Goethebild. Innerlich war er verglichen mit anderen Menschen – doch auch ein Glückskind? Hohe Intelligenz, künstlerische Empfänglichkeit für alles Schöne, schriftstellerisches Talent. – Sein »Widerspruch«?

»In meinem siebzehnten Jahr, ohne alle gelehrte Schulbildung, wurde ich vom Jammer des Lebens ergriffen, wie Buddha in seiner Jugend, als er Krankheit, Alter, Schmerz und Tod erblickte«. Wir wissen darüber hinaus, daß er schon in seiner Kindheit sehr ängstlich, ja hypochondrisch war, ein Erbteil seines Vaters, der Selbstmord beging – übrigens ebenfalls im siebzehnten Lebensjahr Arthurs. Er schlief eine Zeitlang mit Waffen, versteckte seine Habseligkeiten systematisch; aus Neapel vertreibt ihn die Furcht vor den Blattern, aus Verona die Furcht vor vergiftetem Schnupftabak, aus Berlin die Furcht vor der Cholera – der gleichen Cholera, der HEGEL erlag. Stets führt er einen ledernen Becher mit sich, um nicht aus fremden Gläsern trinken zu müssen. Menschenscheu und mißtrauisch, schwermütig und reizbar, ist er konstitutionell unfähig zur normalen Freundschaft und Liebe. Im empfänglichsten Alter erlebt er auf ausgedehnten Reisen die Verwüstungen des Kontinents durch NAPOLEON. In Toulon schmachteten sechstausend Galeerensklaven: für den jungen SCHOPENHAUER ein Stück dantescher Hölle auf Erden. In Lyon erinnert vieles an die Greueltaten der Französischen Revolution, die

Verwahrlosung in Österreich und Italien ist unbeschreiblich. Millionen junger Menschen waren sinnlos gestorben. Er fühlt sich nicht zu Hause in der Welt: der Vater mußte aus Danzig fliehen, einen großen Teil seines Vermögens hinterlassen. In Hamburg wird er nicht Bürger, sondern »Beisasse«, ein Euphemismus für »Flüchtling«. Eine lieblose Mutter und ein viel zu alter Vater schicken den Jungen gegen seinen eigenen Willen in die kaufmännische Lehre. Nach dem Selbstmord des Vaters ziehen Mutter und Schwester nach Weimar. Die Mutter wird Hofschranze und Reiseschriftstellerin. Arthur aber bleibt allein. Empfindlicher als die meisten Menschen gelingt es ihm, – möchte man sagen – wenigstens Sonderling zu werden und zu bleiben: zu poltern, wenn andere weinen, sich zu ärgern, wenn andere sich grämen würden. Er spielt das ganze Lebensspiel mit, wohldosiert freilich, denn er durchschaut es. Sein Lebensplan steht schon früh fest. Zu WIELAND sagte der junge Student SCHOPENHAUER: »Das Leben ist eine mißliche Sache; ich habe mir vorgenommen, das meinige damit hinzubringen, über dasselbe nachzudenken«.

Von Anfang also steht fest: SCHOPENHAUER will über die Schwierigkeit, wenn nicht Unmöglichkeit des Glückes nachdenken. Nicht Lebensklugheit, auch nicht »Lebensweisheit« will er lehren, trotz seiner so betitelten *Aphorismen*, sondern die Vergeblichkeit des Glücksstrebens überhaupt: »Es gibt nur einen angeborenen Irrtum, und es ist der, daß wir da sind, um glücklich zu sein. – Angeboren ist er uns, weil er mit unserem Dasein selbst zusammenfällt, und unser ganzes Wesen eben nur seine Paraphrase, ja, unser Leib sein Monogramm ist. Sind wir doch eben nur Wille zum Leben. Die sukzessive Befriedigung allen unseres Wollens aber ist, was man unter dem Begriff des Glücks denkt. – Solange wir in diesem angeborenen Irrtume beharren, auch wohl gar noch durch optimistische Dogmen in ihm bestärkt werden, erscheint uns die Welt voller Widersprüche. Denn bei jedem Schritt im großen wie im kleinen, müssen wir erfahren, daß die Welt und das Leben durchaus nicht darauf eingerichtet sind, ein glückliches Dasein zu enthalten«.

Die hechelnde Jagd nach dem Glück ist der eine Sachverhalt, die faktische Unmöglichkeit, es je zu erreichen, der andere. Unbelehrbar wie wir sind, stellt sich uns der Kampf ums Dasein als Jagd nach dem Glück dar. Alle Wesen machen mit, getrieben vom bösen Dämon »Weltwille«, dem es nur darauf ankommt, daß dieses Gehetze möglichst ewig im Gang bleibe. Es ist in der Tat, wie NIETZSCHE kritisiert, ein »Wille ins Blaue«, und die vermeintlichen Glücksziele sind bloß »Vorstellungen«, Illusionen, die uns der Weltwille boshafterweise suggeriert, damit wir in Trab bleiben. Die Natur ist keineswegs besser dran als die Menschen. Pflanzen und Tiere kämpfen ebenso vergebens um Glück wie der Mensch. Das »glückliche« Tier, von dem schon die Antike schwärmt, aber auch der Primitive – der antike Hyperboreer bis zum Indianer des 18. Jahrhunderts – werden vom dämonischen Weltwillen, diesem säkularisierten *appetitus* des HL. AUGUSTINUS gleichermaßen gefoppt. War für AUGUSTIN dieses gierige Streben in letzter Instanz ein universales Streben zu Gott, also sinnvoll, Liebe, so vermag der Atheist SCHOPENHAUER nichts anders zu finden als einen »unbeschreiblichen Tumult«: »Da ist nichts aufzuweisen, als die Befriedigung des Hungers und des Begattungstriebes, und allenfalls noch ein augenblickliches Behagen. Man betrachte zum Beispiel den Maulwurf, diesen unermüdlichen Arbeiter. Mit seinen übermäßigen Schaufelpfoten zu graben, angestrengt zu graben, – ist die Beschäftigung seines ganzen Lebens. Was aber nun erlangt er durch diesen mühevollen und freudenleeren Lebenslauf? Futter und Begattung: also nur die Mittel, dieselbe traurige Bahn fortzusetzen und wieder anzufangen im neuen Individuum. Nur augenblickliches Behagen, flüchtiger, durch Mangel bedingter Genuß, vieles und langes Leiden, beständiger Kampf, jedes ein Jäger, und jedes gejagt, Gedränge, Mangel, Not, Angst, Geschrei und Geheul: und das geht so fort *in saecula saeculorum*, oder: bis einmal wieder die Rinde des Planeten bricht«.

»Allenfalls noch ein augenblickliches Behagen« konzediert SCHOPENHAUER dem Tier, und auch dieses nur als diabolisches Stimulans, um die trostlose Hetzerei weiter in Gang zu halten. Ebenso illusionär ist es beim Menschen, ob er sich nun »ganz kannibalisch wohl« fühlt, »als wie 500 Säue«, oder ob er seine seltenen Augenblicke »wahren Glücks« zu erleben meint. Im Prinzip geht es da auch nur um »Hunger und um Liebe«: »Nehmen wir noch die Betrachtung des Menschengeschlechts hinzu, so wird die Sache zwar komplizierter und erhält einen gewissen ernsten Anstrich, doch bleibt der Grundcharakter unverändert. Auch hier stellt sich das Leben keineswegs dar als ein Geschenk zum Genießen, sondern als eine Aufgabe, ein Pensum zum Abarbeiten. Und dementsprechend sehen wir, im großen wie im kleinen, allgemeine Not, rastloses Mühen, beständiges Drängen, endlosen Kampf, rastloses Mühen, erzwungene Tätigkeit, mit äußerster Anstrengung aller Leibes- und Geisteskräfte. Viele Millionen, zu Völkern vereinigt, streben nach dem Gemeinwohl, jeder einzelne seines eigenen wegen; aber Tausende fallen als Opfer für dasselbe. Bald unsinniger Wahn, bald grübelnde Politik, hetzt sie zu Kriegen aufeinander. Dann muß Schweiß und Blut des großen Haufens fließen, die Einfälle einzelner durchzusetzen oder ihre Fehler abzubüßen«. Krieg ist demnach nicht Vater aller Dinge, wohl aber das wahre Gesicht des Lebens, eine Art Fortsetzung des Friedens mit stärkeren Mitteln. Im Zeitalter des »atomaren Gleichgewichts« erscheint uns diese Sicht gar nicht so abwegig. Verwechseln wir also SCHOPENHAUER nicht mit dem Pazifisten. Er, als gelernter Kaufmann, erblickt auch im friedlichen Handel und Wandel, im Konkurrenzkampf nichts Idyllisches: »Im Frieden sind Industrie und Handel tätig; Erfindungen tun Wunder; Meere werden durchschifft; Leckereien aus allen Enden der Welt zusammengeholt, – aber die Wellen verschlingen Tausende. Alles treibt, die einen sinnend, die anderen handelnd, der Tumult ist unbeschreiblich. Aber der letzte Zweck von allem: was ist er?«

Ist er – »das Glück«? So meint »man«, nicht SCHOPENHAUER! Der Philosoph kannte unsere heutige Werbung noch nicht, die seine Desillusionierung voll bestätigen würde. Die kommerzielle Werbung unserer Tage zeigt fast nur glückliche Menschen, die ihr Glück einem Waschmittel, einer Zahnpasta, einem Auto verdanken, – so als hätte ausgerechnet nur dieses Erzeugnis zu ihrem wahren Glück gefehlt, so als wäre ein bestimmter Konsumartikel tatsächlich der »letzte Zweck«. Allein, der »Tumult bleibt unbeschreiblich«, und die Werbung »kommt an«, weil sie ein billiges Glück verspricht. Die Voraussetzung zu diesem Selbstbetrug ist der irrationale Glaube, daß es so etwas wie Glücksgüter gäbe, also: Tatsachen, die Glück verbürgen. – Dabei ist es genau umgekehrt. LUDWIG MARCUSE, selbst ein skeptischer Epikureer, meint in seiner *Philosophie des Glücks* mit Recht, daß es genau umgekehrt wäre. Am Beispiel des Märchens vom *Hans im Glück* – nicht zufällig handelt es sich um ein Märchen – wird offenbar, daß es keine Gegenstände gibt, die Glück verbürgen. *Hans* war »im Glück«, darum konnte er auf Güter – verzichten! SCHOPENHAUER freilich würde mehr als MARCUSE das Märchenhafte dieses *Hans'* unterstreichen. *Hans* war glücklich, weil er von Glücksgütern unabhängig war. Er hatte nicht etwa Begehrenswertes, dessen Besitz glücklich macht, sondern er war eben »im Glück«, er *hatte* nicht Glück, sondern *war* glücklich! Seine Güter – Gold, Pferd, Kuh, Schwein, Gans, Schleifstein, Trinkwasser – waren keine Mittel zum Zweck, denn *Hans* steht von Anfang außerhalb des Gehetzes von Mittel und Zweck. SCHOPENHAUERS Frage also: »Aber der letzte Zweck von allem: was ist er?« – geht ihn gar nichts an. Wie gesagt: *Hans im Glück* ist eine Märchenfigur. SCHOPENHAUERS Pessimismus aber handelt vom Leben, wie es ist.

Und dennoch: wir verstehen irgendwie *Hans im Glück*. Die Zeitlosigkeit seines Glücklich-Seins – und nicht Glücklich-werden-Wollens – ist uns nicht ganz unbekannt; solches Ausscheren aus dem ganzen Zweck-System »Welt« (samt Raum und Zeit und Raum und Zweck) beobachten wir z. B. bei Liebenden, die beim Kuß die Augen schließen. Sie sind – wie man sagt – »selbstvergessen«, man könnte hinzufügen: weltvergessen. Nicht zufällig suchen sie die Isolation, die Einsamkeit. Die Chiffren für Zeitlosigkeit und Raumlosigkeit sind der »Augenblick«, die »Ewigkeit«, das »Jenseits«, die »kleinste Hütte« und dergleichen mehr. Der »Augenblick«, dieses »Ewigkeitsatom«, wie KIERKEGAARD sagt, ist für den Religiösen jene Zeitkategorie, die alle Zeitlichkeit aufhebt, z. B. für Paulus (1. Kor 15, 51–52): »Wir werden alle verwandelt werden; und dasselbe plötzlich, in einem Augenblick, zur Zeit der letzten Posaune«. Nicht anders im *Faust*:

> Werd' ich zum Augenblicke sagen:
> verweile doch! Du bist so schön!

Überzeitlichkeit und Überräumlichkeit setzt die kommerzielle Werbung um in Urlaub und exotische Länder, wo man seine glückbringende Zigarette rauchen sollte; Sex und Jugend ohne Mundgeruch, überschnelle Automobile entführen aus dem normalen Trott dieser Alltagswelt. – Also: auch noch die Reklame profitiert von einem besseren Wissen, das sie freilich – *contradictio in adiecto!* – pervertiert zu ihren kaufmännischen Zwecken. Mit anderen

Worten: unser Ungenüge an der Reklame macht uns reif für SCHOPENHAUERS Fragestellung. Denn – um es ganz unphilosophisch zu sagen: – SCHOPENHAUER möchte ein höchstes Glück als letzten Zweck, aber er verzweifelt daran, weil er ein beständiges Glück wünscht, das weit aufgeschlagene Augen verträgt! Er möchte *Hans im Glück* sein, aber er kann nicht an Märchen glauben, die ihm – wie auch die Religionen – nur Ausdruck einer Sehnsucht sind, nicht aber einer nüchternen Bilanz der Realität: »Wenn man den verstocktesten Optimisten durch die Krankenhäuser, Lazarette und chirurgischen Marterkammern und Sklavenställe, über Schlachtfelder und Gerichtsstätten führen würde, – dann alle finsteren Behausungen des Elends, wo es sich vor den Blicken kalter Neugier versteckt, ihm öffnen wollte, dann würde sicherlich auch er zuletzt einsehen, welcher Art diese ›beste aller Welten‹ ist! Woher denn anders hat Dante den Stoff zu seiner Hölle genommen, als aus dieser unserer wirklichen Welt?! – und doch ist es eine recht ordentliche Hölle geworden...«. Den Einwand, daß DANTE doch auch ein Paradies geschildert habe, nimmt SCHOPENHAUER nicht allzu ernst: »Als Dante hingegen an die Aufgabe kam, den Himmel und seine Freuden zu schildern, da hatte er eine unüberwindliche Schwierigkeit vor sich: weil eben unsere Welt gar keine Materialien zu so etwas darbietet. Jede epische und dramatische Dichtung kann immer nur ein Ringen, Streben und Kämpfen um Glück, nie aber das bleibende und vollendete Glück selbst darstellen. Sie führt ihre Helden durch tausend Schwierigkeiten und Gefahren bis zum Ziel: sobald es erreicht ist, läßt sie schnell den Vorhang fallen. Denn es bliebe ihr jetzt nichts übrig, als zu zeigen, daß das glänzende Ziel, in welchem der Held das Glück zu finden wähnte, auch ihn nur geneckt hatte, und er nach dessen Erreichung nicht besser dran war als zuvor«.

Unser vorläufiges Fazit also wäre: SCHOPENHAUER ist eine Art PASCAL ohne Gott. Wie PASCAL sieht er das vergebliche, selbstbetrügerische *divertissement*, das Jagen und Hetzen der Menschen, die sich ein Glücksziel einreden, weil sie es sonst vor Langeweile nicht aushielten. Aber die Langeweile stellt sich ein, sobald das vermeintliche Endziel erreicht ist. Dann zeigt es sich, daß man – mit PASCAL zu sprechen – den Hasen, den man mit soviel Einsatz jagte, gar nicht eigentlich mag. Aber besser Hetzen als gar nichts tun, meint der »unglückliche Mensch ohne GOTT« bei PASCAL; SCHOPENHAUER stimmt in dieser Bestandsaufnahme mit PASCAL überein, nicht aber in der Deutung, in der Diagnose. SCHOPENHAUER sieht in dieser Glücksjagd kein Zeichen der Erbsünde wie PASCAL, sondern – als Kind des 19. Jahrhunderts – den allgemeinen Kampf ums Dasein (*struggle for life*). Daher NIETZSCHES etwas vorlaute Kritik: »Der Mensch strebt nicht nach Glück; nur der Engländer tut das«. Das menschliche Jagen nach Glück ist nur eine kompliziertere Variante des emsigen Maulwurfs mit seinen übergroßen Schaufelpfoten: der Mensch hat halt eine übergroße Phantasie, die ihn in Trab hält.

Seine (vom Standpunkte der Biologie) etwas stiefmütterlich behandelte Naturseite – sein Leib, seine Instinkte – bleibt die Basis auch seiner »höheren« Glücksziele, wenn kein Wunder eintritt. Z. B. die vielbesungene Liebe:

»Alle Verliebtheit, wie ätherisch sie sich auch gebärden mag, wurzelt allein im Geschlechtstrieb. Wenn man nun, dieses festhaltend, die wichtige Rolle betrachtet, welche die Geschlechtsliebe nicht bloß in Schauspielen und Romanen, sondern auch in der wirklichen Welt spielt, wo sie im Ganzen auftritt als ein feindseliger Dämon, der alles zu verkehren, zu verwirren und umzuwerfen bemüht ist, – da wird man veranlaßt, auszurufen: Wozu der Lärm, wozu das Drängen, Toben, die Angst und die Not? Es handelt sich ja bloß darum, daß jeder Hans seine Grete finde. Daß dieses bestimmte Kind erzeugt werde, ist der wahre, wenngleich den Teilnehmern unbewußte Zweck des ganzen Liebesromans: die Art und Weise, wie er erreicht wird, ist Nebensache, wie laut die hohen und empfindsamen Seelen aufschreien mögen«. Und wie Konrad Lorenz als Zoologe und Verhaltensforscher sich darum bemüht, z. B. die menschliche Moral von tierischen, biologisch zweckmäßigen Verhaltensweisen herzuleiten, z. B. die Demutsgebärden, die Ritualisierungen des Kampfes, die einem menschlichen Komment, den Spielregeln entsprechen, – so einheitlich begreift auch Schopenhauer die nur scheinbar höheren Werte des Durchschnittsmenschen als »unbewußt« und tierisch. Denn der Durchschnittsmensch, die »Fabrikware der Natur«, wie er sagt, ist auf ein Glück des Leibes und der Gattung aus, – wir wiederholen: wenn kein Wunder geschieht!

II.

Damit sind wir an dem Punkte angelangt, der Schopenhauers Philosophie überhaupt und seine Glückslehre im besonderen so widerspruchsvoll erscheinen läßt. Im Menschen nämlich kann dieses Wunder tatsächlich geschehen, daß ein Tier aufhören kann, Tier zu sein! Die Künstler, die Philosophen und die Heiligen, kurz die Genies, sind naturwidrig; sie leben nicht bloß ihr Leben und finden darin ihr »Glück«, sondern sie sind gleichsam Anti-Tiere – Nietzsche wird sagen Über-Tiere –, da sie sich über das bloße Dasein erheben, indem sie es durchschauen, ihm eine »metaphysische Bedeutsamkeit« geben, jenseits von Raum, Zeit und Zweck. Gewiß: wir sind vor allem wollende »Leiber«, »Monogramme« des Lebenswillens, »glücklich« bei allen gesteigerten Akten der Selbsterhaltung und Arterhaltung, also keine »geflügelten Engelsköpfe ohne Leib«, wie Schopenhauer spottet. Aber wir haben auch eine metaphysische Anlage, d. h. wir können auch gegen diesen Lebensstrom schwimmen, obwohl dies nur selten geschieht. In der Regel nämlich benutzen wir nur unsere antinatürliche Anlage dazu, unsere Animalität zu raffinieren. Ein grobes Beispiel wäre der Kitsch, – Schopenhauer erwähnt das appetiterregende Stillleben und das »lüsterne« Ballett. In all diesen Fällen – auch die Zweck-Moral, Sartres *mauvaise foi*, die Lebenslüge gehören hierzu – liegt kein »reiner« Gebrauch unserer Übernatürlichkeit vor. Sigmund Freuds Drama von »Ich und Es« – hier wird's Ereignis. Ein Beispiel für viele: »Die Not ist die Mutter der Künste. Aber auch La Rochefoucaulds Wort gilt: ›Eigenliebe ist geschickter als der gewandteste Weltmann‹«.

Wir sind widerspruchsvoll – als Tier und Über-Tier –, nicht aber SCHOPENHAUERS Philosophie, die unseren Widerspruch aufzeigen möchte, dabei aber selbst – zugestanden – in Schwierigkeiten gerät. Schon als »lachendes und weinendes Tier« sind wir nach SCHOPENHAUER mehr als Tier. (Die philosophische Anthropologie von heute hat diese Einsicht SCHOPENHAUERS besonders gebilligt und vertieft). Und was die Kunsttheorie des Philosophen angeht, so gilt auch von ihr, daß sie zeigen will, daß wir die Chance besitzen, das nach Glück hetzende Dasein insoweit zu verlassen, als wir es im Kunstgenuß durchschauen. Es scheint mir ein Mißverständnis zu sein, wenn die Ästhetik SCHOPENHAUERS als Widerspruch zu seinem Pessimismus interpretiert wird. Am deutlichsten bei NIETZSCHE: »Man mag sich daran erinnern lassen, daß Schopenhauer, obschon Pessimist, eigentlich die Flöte blies. Täglich nach Tisch: man lese hierüber seinen Biographen. Und beiläufig gefragt: ein Pessimist, ein Gott- und Welt-Verneiner, der vor der Moral halt macht und Flöte bläst: ist das eigentlich ein Pessimist?« Hätte SCHOPENHAUER gedacht wie SAROYANS Cellist spielte, dann hätte NIETZSCHE recht. Tatsächlich ist die Schönheit, die wir in der Kunst nach SCHOPENHAUER beglückt genießen, ein Abbild dessen, was wirklich ist. Und ganz besonders ist dies bei der Musik der Fall, die nicht nur nach BEETHOVEN »höhere Offenbarung als alle Weisheit und Philosophie« ist, sondern auch nach SCHOPENHAUER: »Der Begriff ist hier, wie überall in der Kunst, unfruchtbar: der Komponist offenbart das innerste Wesen der Welt und spricht die tiefste Weisheit aus. Sogar bei der Erklärung dieser wunderbaren Kunst zeigt der Begriff seine Dürftigkeit und seine Schranken«. Gerade NIETZSCHE, der Verfasser von *Geburt der Tragödie aus dem Geiste der Musik* müßte dies verstehen können.

Wieso aber gewährt Kunst Glück? Wieso ist dieses durch Kunst vermittelte Glück dem – nach SCHOPENHAUER so dürftigen und schalen – Glück des bloßen Naturseins so überlegen? – Gern zitiert der Philosoph die Goethezeilen:

> Was im Leben uns verdrießt,
> man im Bilde gern genießt.

Schopenhauerisch gesprochen werden wir im künstlerischen Erfassen des Lebens souverän und aus dem »unbeschreiblichen Tumult« des Begehrens und Erhaschens herausgehoben, wie sich schon an den vorkünstlerischen Erfahrungen zeigen läßt:

> Die Sterne, die begehrt man nicht,
> man freut sich ihrer Pracht,
> und mit Entzücken blickt man auf
> in jeder heitern Nacht.

Ja, schon das Glück des Reisens läßt sich als eine Art Vorform des ästhetischen Genusses begreifen: »Der Fremde oder bloß Durchreisende erhält die Wirkung des Malerischen, oder Poetischen, von Gegenständen, welchen dieselben auf den Einheimischen nicht hervorzubringen vermögen. So z. B. macht auf jenen der Anblick einer ganz fremden Stadt oft einen sonderbar angenehmen Eindruck, den er keineswegs im Bewohner derselben hervorbringt: denn er entspringt daraus, daß jener außer aller Beziehung zu dieser Stadt und ihren Bewohnern stehend, sie rein objektiv anschaut. Hierauf beruht zum Teil der Genuß des Reisens. Auch scheint hier der Grund zu liegen, warum man die Wirkung erzählender oder dramatischer Werke dadurch zu befördern sucht, daß man die Szene in ferne Zeiten und Länder verlegt«.

Auch den Versuch, sich selbst ästhetisch zu »objektivieren« – was ihm seine späteren Gegner noch oft vorwerfen sollten–, kennt SCHOPENHAUER: »In meinen Jünglingsjahren hatte ich eine Periode, wo ich beständig bemüht war, mich und mein Tun von außen zu sehen und mir zu schildern; – wahrscheinlich, um es mir genießbar zu machen«. Indem wir also ästhetisch genießen, klammern wir das Genossene aus der Welt der unmittelbar dienlichen, instinktiv begehrten Zwecke aus, wie sie uns normalerweise als Glücksgegenstände reizen.

Diese Distanz macht uns – wie SCHOPENHAUER sagt – zu einem »reinen Subjekt«, d. h. kantisch gesprochen: wir haben »interesseloses Wohlgefallen«. Diese unpragmatische Einstellung nennt SCHOPENHAUER »künstlerische Objektivität« - »abgelöst, frei schwebend, und doch höchst energisch tätig«. In der Kunst nun wird diese »Objektivität des reinen Schauens« künstlich herbeigeführt durch Darstellung im Bild, im Bauwerk, in Dichtung und Musik. Und da geraten wir in jenen glückhaft selbstvergessenen Zustand, von dem SCHOPENHAUER sagt: »Es ist der schmerzlose Zustand, den EPIKUR als das höchste Gut und als den Zustand der Götter pries: denn wir sind, für jenen Augenblick, des schnöden Weltdranges entledigt, wir feiern den Sabbath der Zuchthausarbeit des Wollens, das Rad des Ixion steht still. Es ist dann einerlei, ob man aus dem Kerker oder aus dem Palast die Sonne untergehen sieht«. Mit anderen Worten: das Glück der Kunst besteht darin, daß sie nicht engagiert ist, sondern, im Gegenteil, eine Art Ferien vom Weltgetriebe und seinem ephemeren Glück gewährt. Und genau an dieser Stelle setzt die Kritik des späten NIETZSCHE ein: ist das nicht schöngeistige Drückebergerei? Ein Pessimist, der Flöte spielt... Wird da nicht die ach so pessimistisch beklagte Wirklichkeit verdrängt zugunsten einer schönen Illusion, die nun als die wahre Wirklichkeit deklariert wird, als »reine Objektivität«, wie SCHOPENHAUER sagt? Dies wäre schließlich – um im Bilde zu bleiben – nur eine Variante des Augenschließens der Verliebten!

Nun, der Einwand ist nicht leicht von der Hand zu weisen. Nur trifft er SCHOPENHAUER nicht. Der Philosoph weiß es: wir sind kein »reines Weltauge«, wie wir auch nicht die Götter EPIKURS sind! Nicht einmal die Musik, diese intensivste aller Künste, erlöst uns wirklich und auf die Dauer. Musik packt uns zwar deswegen, weil sie uns den Weltwillen in seiner ganzen Dynamik am Werke offenbart, »wir schauen zu«, – allein, spätestens an der Garderobe, gleich nach dem Konzert hat er uns wieder. Während des Konzerts genossen wir das »reine Glück«, objektive Betrachter des Weltwillens zu sein, der uns normalerweise hat und der wir als Weltwesen sind. Ganz im schopenhauerschen Sinne spricht RILKE in seiner fünften *Duineser Elegie* von uns als den »Fahrenden«,

> ... die dringend von früh an
> wringt ein wem – wem zuliebe
> niemals zufriedener Wille? Sondern er wringt sie,
> biegt sie, schlingt sie und schwingt sie,
> wirft sie und fängt sie zurück...

Und ebendiesem »niemals zufriedenen Willen«, der uns sonst wringt, biegt, schlingt, schwingt und wirft, – dem schauen wir zu in der Musik: »... so zeigt uns eine beethovensche Symphonie die größte Verwirrung, welcher doch die vollkommenste Ordnung zugrunde liegt, den heftigsten Kampf der sich im nächsten Augenblick zur schönsten Eintracht gestaltet: es ist *rerum concordia discors*, ein treues und vollkommenes Abbild des Wesens der Welt, welche dahinrollt, im unübersehbaren zahlloser Gestalten und stets durch Zerstörung sich selbst erhält«.

Mag auch dieses Glück der Loge dynamischer und dialektischer sein als der eine Ton von SAROYANS Cellisten – daher auch WAGNERS SCHOPENHAUER-Enthusiasmus –: »Erlösung« verspricht sich SCHOPENHAUER auch nicht von der Musik! »Die Musik verursacht uns nie wirkliches Leiden, sondern bleibt auch in ihren schmerzlichsten Akkorden noch erfreulich, und wir vernehmen in ihrer Sprache gern die geheime Geschichte unseres Willens und aller seiner Regungen und Strebungen, mit ihren mannigfaltigen Verzögerungen, Hemmnissen und Qualen, selbst noch in den wehmütigsten Melodien. Wohingegen, in der Wirklichkeit und ihren Schrecken, unser Wille selbst das so Erregte und Gequälte ist«. Wir stehen also wieder an der Garderobe, im Kampf um Mantel, Straßenbahn, Taxe, das Zwecksystem Welt hat uns wieder: rechtzeitige Heimkehr, morgen im Geschäft, ausgeschlafen zu sein, fit zum Kampf ums Dasein, Familie usw. Ewiges und so weiter. Oder mit SCHOPENHAUER zu sprechen: »Jetzt sind wir selbst die gespannte, gekniffene und zitternde Saite«. Kunst also ist nicht das Höchste, nicht der letzte Ernst, sondern bloß Schauspiel im Schauspiel. »Daher erlöst sie nicht auf immer, sondern nur auf Augenblicke vom Leben, einstweilen ein Trost in demselben, bis seine dadurch gesteigerte Kraft, endlich des Spiels müde, den Ernst ergreift«. Elastisch – wie sich SCHOPENHAUER zum Vorteil seiner Leser gern ausdrückt – findet er ein Bild für den Übergang vom höheren Glück der Kunst zum höchsten Ernst: »Die Heilige Cäcilie ist der Übergang zum eigentlichen Ernst«. Es gibt also kein Fermatenglück in der Kunst. Auch die Musik, die auf ihren Grundton schließlich zurückkommt, befreit nicht auf die Dauer. Dieser eine Ton beruhigt, aber, sagt SCHOPENHAUER nüchtern: »... mit ihm ist aber nachher weiter nichts mehr zu machen, da sein längeres Anhalten nur lästige und nichtssagende Monotonie wäre, der Langeweile entsprechend...«.

Quod erat demonstrandum: trotz NIETZSCHE bleibt der Flötenspieler Pessimist! Immerhin haben wir bisher mehrere Stufen vorläufigen Glücks kennengelernt: zunächst die primitivste Stufe der »Befriedigung des Hungers und des Begattungstriebes, und allenfalls noch ein augenblickliches Behagen«, das »Glück« des Maulwurfs, dieses »emsigen Schauflers« und seiner Brüder, nämlich der Menschen, soweit sie »Fabrikware der Natur« sind. Dann folgen die Sublimationen der primitiven Triebbefriedigungen, also das Raffinement – eine Art Mittelklassen-Glück. Hierher gehört auch der größte Teil dessen, was man »Lebensweisheit« nennen kann: die Kunst, sich das Leben so erträglich wie möglich zu machen. Dann folgt die Kunst, und Philosophie, wobei SCHOPENHAUER aber der Kunst den Vorzug gibt, da sie ohne Begriffe in der Lage ist, das Leben zu durchschauen, besonders als Musik. Die Grenzen aller genannten Glücksarten lassen sich auf den einen Satz zurückführen: sie lassen alles beim alten, sie verändern die Welt nicht. Selbst die höchste Kunst ist noch Spiel, das vorübergeht; das »reine Weltauge«, ein Glücksfall, ist Ausnahme. Bezeichnend erscheint es SCHOPENHAUER, daß gerade bei größten Musikern auch der Unterschied zwischen Mensch und Werk am größten sei!

III.

Bevor wir von der höchsten Stufe bei SCHOPENHAUER sprechen – der Heiligkeit –, greifen wir noch einmal die alte Frage auf: wie stand es denn mit dem Menschen SCHOPENHAUER? Gibt es einen größeren Unterschied zwischen Mensch und Werk als hier? War er – um auf der niedrigsten Glücksstufe zu bleiben – nicht bloß ein »kleiner bösartiger ängstlicher deutscher Rentier«, wie LUDWIG MARCUSE schreibt?

Schon KIERKEGAARD, SCHOPENHAUERS Zeitgenosse, lobt 1854 den Stil des Philosophen, besonders dessen Antihegelei, übernimmt mit Vergnügen das Lieblingswort SCHOPENHAUERS für alle Philosophieprofessoren: »Windbeutel«, – aber: »Dies ist ein Haupteinwand. Wenn man SCHOPENHAUERS Ethik durchgelesen hat, so erfährt man – so ehrlich ist er natürlich –, daß er selbst kein solcher Asket ist. Also ist er nicht selbst die durch Askese erreichte Kontemplation, sondern eine Kontemplation, die kontemplierend zu jener Askese sich verhält. Das ist äußerst mißlich. Er ist charmant, vortrefflich, unvergleichlich an treffender Grobheit. Aber nun, siehe! Wie lebt er? Er lebt zurückgezogen und sendet so einmal zuweilen ein Donnerwetter von Grobheiten aus – die ignoriert werden. Er ist doch ein deutscher Denker, erpicht auf Anerkennung. Es kann kein Zweifel darüber sein, daß die Dinge jetzt in Deutschland so stehen, daß er jetzt auf die Szene vorgeschleppt und proklamiert werden soll. Man erkennt es leicht daran, daß die literarischen Eckensteher, Journalisten und Vielschreiber es mit SCHOPENHAUER geschäftig haben. Ich wette 100 gegen 1, er – er wird von Herzen froh sein; es fällt ihm gar nicht ein, diesen Dreck niederzumachen, nein, er wird glücklich!« Es ist immer eine mißliche Sache, einen Denker an seinem Leben zu messen, fast so abwegig, wie einen vorzüglichen Arzt an seinem eigenen Gesundheitszustand. KIERKEGAARD z. B. wird trotz all seiner Selbstinterpretationen als leidender »Spion Gottes« im Kampfe gegen alles »Bestehende« von ADORNO interpretiert als »Rentner, ausgeschlossen aus der wirtschaftlichen Produktion«. Sein gesellschaftlicher Standort ist »der des Privatiers in der ersten Hälfte des 19. Jahrhunderts«. Daher sein Kult der Innerlichkeit usw.. Was sagt LUKÁCS über ADORNO?!

Kehren wir zurück zu SCHOPENHAUER. Wir wissen bereits: er hatte Angst wie alles Lebendige, vielleicht noch mehr, weil er mehr Phantasie besaß. Er jagt hinter dem Glück her mit dem gleichen Ergebnis wie alle andern; nämlich wie jener Zwerg mit den Siebenmeilenstiefeln: mit jedem Schritt verfehlt er die Prinzessin. Sogar das Heldische probiert er, indem er sich eine komplette Kriegsausrüstung kauft, um 1813 dabei zu sein gegen NAPOLEON. Bald heißt es in einem Briefe: »Ich bin – wie Sie sehen – den Musen auch unter dem allgemeinen Waffengetümmel treu geblieben. Vielleicht wird es mancher tadeln. Das Land ist durch die Kosaken schrecklich verheert. Über die glückliche Befreiung Deutschlands und eben dadurch der höheren Kultur vom Druck der Barbaren, Ihnen meine Freude zu schildern...«. Und so weiter. Ja, das ist die »Wirklichkeit« SCHOPENHAUERS, scheinbar gar nicht wesentlich von der ihm so verächtlichen Masse, der »Fabrikware«, die nach ihrem kleinen Glück hetzt, verschieden! Und dennoch: er weiß dies und gibt sogar eine treffliche Erklärung für die komische Wirkung solcher Details: »Das Leben jedes einzelnen ist, wenn man es im ganzen und allgemeinen übersieht und nur die bedeutsamsten Züge heraushebt, eigentlich immer ein Trauerspiel; aber im einzelnen durchgegangen hat es den Charakter eines Lustspiels«.

Und lustspielhaft – für den Außenstehenden natürlich – ist eigentlich gerade das, was SCHOPENHAUER das Leben so schwer machte. So seine sprichwörtliche Reizbarkeit: im Jähzorn wirft er eine Näherin die Treppe hinunter – und muß ihr eine lebenslängliche Rente bezahlen. Übersensibel veranlagt wird er seinen Mitmenschen zum Ekel. So schon seiner Mutter, die dem Jüngling schreibt: »Du bist kein böser Mensch, Arthur. Du bist sicher nicht ohne Geist und Bildung. Du hast alles, was dich zu einer Zierde der menschlichen Gesellschaft machen könnte. Dabei kenne ich dein Gemüt und weiß, daß wenige besser sind, aber dennoch bist du überlästig und unerträglich, und ich halte es für höchst beschwerlich, mit dir zu leben: alle deine guten Eigenschaften werden durch deine Superklugheit verdunkelt und für die Welt unbrauchbar gemacht, bloß, weil du die Wut, alles besser wissen zu wollen, nicht beherrschen kannst. Damit verbitterst du die Menschen um dich her. Niemand will sich auf eine solche gewaltsame Weise bessern und erleuchten lassen, am wenigsten von einem so unbedeutenden Individuum, wie du noch bist. Niemand kann es ertragen, von dir, der sich auch noch so viele Blößen gibt, sich tadeln zu lassen, – am wenigsten in deiner absprechenden Manier, die im Orakelton gerade heraussagt: ›So und so ist es‹. Wärest du weniger als du bist, so wärst du nur lächerlich, so aber bist du höchst ärgerlich!« So weit JOHANNA SCHOPENHAUER an ihren siebzehnjährigen Sohn, der nicht bloß höchst ärgerlich, sondern wir sagten es schon – gerade damals tief unglücklich gewesen ist.

Die in Weimar gelandete Mutter jedoch, frisch verwitwet (ihr Mann hatte Selbstmord begangen) und doch fast ausgelassen kregel, schreibt an den Gymnasiasten ARTHUR die bekannten weltmännischen Worte: »Es ist zu meinem Glück notwendig zu wissen, daß du glücklich bist, aber nicht: Zeuge davon zu sein«. Das war ein glücklich formulierter Hinauswurf. Der unglückliche Sohn kommt aber trotzdem zuweilen noch, muß aber lesen: »Du bist in deinem Logis zu Hause, in meinem bist du ein Gast. An meinen Gesellschaftstagen kannst du abends bei mir essen, wenn du dich des leidigen Disputierens, das mich auch verdrießlich macht, wie auch allen Lamentierens über die dumme Welt und das menschliche Elend enthalten willst, weil mir das immer eine schlechte Nacht und üble Träume macht und ich gern gut schlafe«.

So weit die Mutter, bei der GOETHE regelmäßig verkehrt und dabei auch den jungen ARTHUR kennenlernt. GOETHE nennt ihn »einen meist verkannten, aber auch schwer zu erkennenden, verdienstvollen jungen Mann. Sein Besuch regte mich auf und gedieh zur wechselseitigen Belehrung«. Und auch als der Sohn seiner Mutter die geniale Erstlingsschrift *Über die vierfache Wurzel des Satzes vom zureichenden Grunde* überbringt, hat die Reiseschriftstellerin schon am Titel genug: »Das ist wohl etwas für Apotheker?« Arthur darauf: »Man wird meine Schrift noch lesen, wenn von den Deinigen kein Exemplar in einer Rumpelkammer zu finden ist«. – Die Mutter: »Von den Deinigen wird die ganze Auflage noch zu haben sein«.

Wie recht hatten beide! KUNO FISCHER schreibt: »Es kam eine Zeit, da die Werke Schopenhauers eingestampft und die seiner Mutter gesammelt wurden; heute liegen die Werke der Johanna Schopenhauer in den Rumpelkammern, wo sie wohl für immer bleiben werden, während die ihres Sohnes in Volksausgaben noch immer erscheinen«.

Ja, wir erkennen auch bei solch oberflächlich biographischer Sicht: »Das Glück ist eine schwierige Sache«... Aber noch viel schwieriger erscheint es uns, den Glauben an ein »inneres Glück« wachzuhalten, ja ideal hochzusteigern, wenn das »äußere Glück« – trotz aller bürgerlichen Sicherheit – nicht gewährt wird. Uns schiene es fast natürlich, wenn SCHOPENHAUER die üblichen Auswege gesucht und gefunden hätte; z. B. den stumpf-behaglichen Zynismus, also die Einstellung: mag doch der Teufel die ganze verrückte Welt holen. Oder: die versnobte unverbindliche Schöngeisterei, der die ganze Welt ein amüsantes Schauspiel ist, eine Möglichkeit, mit der – wie wir bereits wissen – der junge SCHOPENHAUER tatsächlich kokettierte. Es ist die »ästhetische Lebenshaltung« bei KIERKEGAARD, die aber SCHOPENHAUER bald als Eskapismus durchschaut: »In meinen Jünglingsjahren hatte ich eine Periode, wo ich beständig bemüht war, mich und mein Tun von außen zu sehen und mir zu schildern; – wahrscheinlich, um es mir genießbarer zu machen«.

Aber war das nicht tatsächlich Schopenhauers Lebenshaltung? Hat er die Welt nicht aus der Loge beobachtet und goutiert, und schließlich nur über die Kontemplation kontempliert, wie Kierkegaard tadelt? Kuno Fischer meint ja: »Die Tragödie des Weltelends spielte im Theater, er saß im Zuschauerraum auf einem höchst bequemen Fauteuil mit seinem Opernglas, das ihm die Dienste eines Sonnenmikroskops verrichtete. Viele seiner Zuschauer vergaßen das Weltelend am Büffet, keiner von allen folgte der Tragödie mit so gespannter Aufmerksamkeit, so tiefem Ernst, so durchdringendem Blick; dann ging er tieferschüttert und – seelenvergnügt nach Hause und stellte dar, was er geschaut hatte. Er ist der Zuschauer... nicht aber der Charakter und Held des Pessimismus gewesen«. Mit etwas anderen Worten sagt Marcuse dasselbe: »..., wenn er morgens an seinem Schreibtisch saß und das Unglück wegrückte und leidlos selig war: dann hätte ihn noch Epikur um sein Glück beneiden können«.

Eines ist schon merkwürdig: fast alle Kritiker Schopenhauers scheinen selbst eine »ästhetische« Einstellung zu Schopenhauer zu haben. Sie betrachten ihn wie ein Denkmal, wie einen Schauspieler auf der Bühne – und zeigen dann dieses frei entworfene *Vis-à-vis* als »bloß ästhetisch«. Eine kleine Blickwendung genügt, und schon ist aus dem vermeintlichen »Flötenspieler« etwas ganz anderes geworden, so bei Nietzsche:

> Was er lehrte, ist abgetan,
> was er lebte, wird bleiben stahn;
> seht ihn nur an –
> niemandem war er untertan!

Nietzsche ist ja bekanntlich auch der Verfasser der *Unzeitgemäßen Betrachtung: Schopenhauer als Erzieher!*

Fast immer vergessen diejenigen, die Schopenhauers strenge Ethik mit dem Leben Schopenhauers in Kollision bringen, daß die meisten Einwände gegen den Epikureer Schopenhauer von ihm selbst stammen. Es handelt sich also um Selbstkritik, die nun gegen den Selbstkritiker gerichtet wird. Ein sowohl unfaires als auch unredliches Verfahren: unredlich, weil nicht angegeben wird, woher man sein Pulver bezogen hat! Noch heute wirkt der Neid und Haß der Philosophieprofessoren nach, die von Schopenhauer dereinst beschimpft wurden. Einer der eitelsten Vertreter dieser Zunft wirft ausgerechnet Schopenhauer vor, er wäre so eitel und ruhmsüchtig gewesen, daß er »Lorbeerblätter gefressen hätte wie Salat«! Akademisch Stillste im Lande ereifern sich über die Zurückgezogenheit des unheldischen Schopenhauer! In der Tat: der Fall Schopenhauer müßte immer wieder hochgespielt werden. Das Tragikomische seines Lebens ist genügend ambivalent, um die Diskussion in Gang zu halten: es ist die gleiche Ambivalenz, die wir aus unserem eigenen Leben recht gut kennen. Nur sprechen wir weniger davon. Die Schopenhaueranekdoten haben ihren Wert vor allem darin, daß sie der Betroffene selbst berichtet hat, z. B. die meistzitierte, die aber ohne Quellenangabe gegen ihn verwendet wird: »Ich damals die Welt von mir stoßen? Denken Sie, in einem Alter von 30 Jahren, wo das Leben mich anlachte! Und was die Weiber betrifft, so war ich diesen sehr gewogen – hätten sie mich nur haben wollen«.

Dies erklärte SCHOPENHAUER seinem Anhänger KARL BÄHR. SCHOPENHAUER war nicht so bitter, wie er scheint. Selbst in seinen Schimpftiraden steckt oft Souveränität: es sind Bravourarien, die er – *L'art pour l'art* – schmettert, juristisch wohlberaten, wie weit er gehen könne, ohne wegen Verbalinjurien belangt zu werden. Mir scheinen diese lustspielhaften Züge der Biographie gerade dafür zu sprechen, daß er legitimiert ist, über das allgemeine menschliche Dasein, sein Glück und Unglück zu reflektieren. Das erhebt ihn über die Mediokrität, daß er sein Wissen seiner eigenen überempfindlichen und darum so heftigen Natur gleichsam abtrotzt. In dieser seiner Selbstüberwindung – scheint uns – liegt sein Glück. So ergibt sich eine Zweistufigkeit in seinem Leben und seinem Werk. Er zersetzt zwar zynisch alles kleinliche Glücksstreben – aber aus enttäuschtem Idealismus gewissermaßen, der das Glück zu hoch ansetzte. Knurrig und pedantisch lebt er das Leben eines Spießers, das er gleichzeitig verachtet. In dieser Verachtung hat er nicht bloß »seinen Widerspruch« – wie selbst Seminaristen wissen – sondern auch seine Größe. Dem entspricht auch seine Ahnung – oder besser Sehnsucht? – nach einem übermenschlichen Glück, das in dieser Welt, so wie sie ist, unmöglich erscheint. Es ist das Glück des überweltlichen »Heiligen«. Also doch der Liebe? Ja, und nein. Ja: weil der Heilige jenseits aller egoistischen Raffgier steht, die man landläufig Glücksstreben nennt. Es ist nicht etwas, das man hat, noch etwas, das einem andere gewähren, wie Ehre und Ruhm, sondern ein Sein. Gern zitiert SCHOPENHAUER GOETHE:

> Volk und Knecht und Überwinder,
> sie gestehn zu jeder Zeit:
> höchstes Glück der Erdenkinder
> sei nur die Persönlichkeit.

Und: »Was einer für sich selbst ist, was ihn in die Einsamkeit begleitet und was keiner ihm geben oder nehmen kann, ist wesentlicher als alles, was er besitzen, oder auch, was er in den Augen anderer sein mag«.

»Persönlichkeit« meint entschieden nicht: »Privatier«. Denn das höchste Glück dieser »Persönlichkeit« ist keineswegs schmarotzender Selbstgenuß, sondern »Liebe«. Hier trifft sich SCHOPENHAUER wiederum mit AUGUSTINUS. Sie trafen sich auf der elementaren Ebene der allgemeinen *cupiditas*, – und jetzt wieder auf der höchsten Stufe der *agape* oder *caritas*. Bei SCHOPENHAUER ohne alles theologische Beiwerk, sondern im Gegenteil: als eine Art Mystik ohne Gott. Solche Liebe ist für SCHOPENHAUER ohne jegliche Kontinuität mit der Welt und ihren Begierden, ja sie ist das Gegenteil davon. Also: jener feindselige Dämon, der alles zu verkehren, zu verwirren und umzuwerfen bemüht ist, damit jeder Hans seine Grete bekomme, die Geschlechtsliebe also, ist alles andere als das große allumfassende Mitleiden des Heiligen und Asketen. In der Geschlechtsliebe wollen wir nach SCHOPENHAUER »nur haben«, bzw. als etwas gelten, sie verdient den Namen Liebe nicht. Eine interessante Ausnahme freilich läßt der Philosoph gelten – überraschenderweise mehr bei den sonst recht schlecht wegkommenden Frauen –: die Verbindung von *sexus* und *caritas*, z. B. bei SHAKESPEARES *Othello*, der beim Verhör sagt:

> Sie liebte mich, weil ich Gefahr bestand,
> ich liebte sie um ihres Mitleids willen.
> Das ist der ganze Zauber, den ich übte.

Liebe ist Mitleid. In diesem höchsten Satz SCHOPENHAUERS gipfelt auch seine Lehre vom Glück. Liebend kommuniziere ich mit dem Leiden der Welt. Darum ist Mitleid die höchste Erkenntnis. Also macht das Mitleiden mich zum Bruder aller leidenden Geschöpfe. Diese Liebe macht nicht blind, sondern hellsichtig (wiederum ein augustinischer Gedanke!): »Wer Mitleid hat, lebt in einer Welt befreundeter Erscheinungen. Das Wohl einer jeden derselben ist sein eigenes«.

Mitleid ist demnach nicht nur ethisch gesehen das Fundament der Moral, sondern als intuitives Erfassen des Daseins als Leiden auch tiefste Erkenntnis. Hier hört die Distanz des ästhetischen Kunstgenusses und der philosophischen »Objektivität« auf; daher die *Heilige Cäcilie* als Übergang von Kunst zur Ethik. Die Heilige der Musik leitet von der höchsten Kunst, der Musik, hinüber zur Heiligkeit und ihrem engagierten »Glück«. Freilich kennen wir Durchschnittsmenschen – zu denen sich SCHOPENHAUER mit großer Entschiedenheit zählt – nur ahnungsweise die überweltliche Seligkeit des Heiligen. Aber wir ahnen es in seinen Vorformen, ist es doch das »ethische Urphänomen«: »Die Befriedigung, die wir nach jeder uneigennützigen Tat verspüren, entspringt daraus, daß unser wahres Selbst nicht bloß in der eigenen Person, dieser einzelnen Erscheinung, da ist, sondern in allem, was lebt. Dadurch fühlt sich das Herz erweitert, wie durch den Egoismus zusammengezogen. Der Egoist fühlt sich von fremden und feindlichen Erscheinungen umgeben, und alle Hoffnung ruht auf dem eigenen Wohl. Der Gute lebt in einer Welt befreundeter Erscheinungen: das Wohl einer jeden in derselben ist sein eigenes Wohl«.

Das »Absterben« des Willens, wie es sich im Heiligen ereignet, ist kein mürrischer, böser Affekt, wie wir ihn z. B. beim Selbstmörder finden, sondern eine Art höherer Heiterkeit, wie wir sie auch kennen, sofern wir das Gute wollen: »Wenngleich die Erkenntnis des Menschenloses die Stimmung des Guten nicht zu einer fröhlichen macht, so gibt die bleibende Erkenntnis seines Wesens in allem Lebendigen ihm doch eine gewisse Gleichmäßigkeit und selbst Heiterkeit der Stimmung«. Hier etwa, wenn überhaupt, wäre das einzige »Glück«, das SCHOPENHAUER gelten ließe, zu finden. Kein exaltiertes orgiastisches Verzücktsein, kein Behagen, aber auch kein Logen-Genuß des

Schöngeistes. SCHOPENHAUER weiß, daß man dieses transzendente Heitersein nicht geradezu wollen kann: der heftige Wille würde ja nur wieder zum fragwürdigen Glück »dieser Welt« und ihrem Genußbetrieb führen, siehe oben! Das Fazit des Ganzen?

»Das Glück ist eine schwierige Sache. In uns selbst finden wir es nur sehr schwer, außer uns überhaupt nicht«.

Sauer verdiente Weltbetrachtung – Aus WILHELM BUSCHS Altersweisheit

Wenn man in den Prosaschriften und Gedichten WILHELM BUSCHS blättert, mag man an das Scherzo aus JOHANNES BRAHMS' d-moll-Violinsonate denken: ein Scherzo in Moll sozusagen. Eigentlich nichts zum Lachen; norddeutsch herb beides, mehr ergreifend als erheiternd. Der kecke Rhythmus, die Drolerie mit dem nachklappenden *pizzicato*, – ja, das ist schon da und auch irgendwie komisch und witzig – aber könnten Sie lachen

– durch ein Gemecker
zeigen, daß Sie Witzentdecker?

Wohl nicht, bestimmt nicht. Beim BRAHMS jedenfalls scheint es klar. Aber WILHELM BUSCH? Seine berühmten Bildergeschichten, z. B. *Tobias Knopp* – »... und er ärgert sich darob...« – waren ein großer Lacherfolg, gewiß. Alles andere als ein Scherzo in Moll, wird man sagen.

Konnte BUSCH damit zufrieden sein? Hören wir, was er selbst zu berichten weiß, nachdem er im Eisenbahnwagen unfreiwilliger Zeuge seines Erfolges wurde.[1] Er schreibt seinem Freunde Erich: »Nun fuhr ich recht gemütlich.

---

[1] Das Funkmanuskript sieht an dieser Stelle eine kurze Hörspielszene vor, in der ein Reisender den anderen unter meckerndem Gelächter einen Abschnitt aus den *Abenteuern eines Junggesellen* vorträgt. Der unbekleidete *Tobias Knopp* versucht, auf einer Wiese seine gerissene Hose zu flicken; zwei Mädchen nähern sich in Begleitung ihrer Gouvernante, und *Knopp* rettet sich durch den Sprung in einen Teich vor ihnen: „Kaum hat er den Zweck erreicht, / Wird er heftig aufgescheucht, / Und es zeigt sich, ach herrje, / Jetzt sind Damen in der Näh'. // Plumps! - Man kommt. - Indes von Knopp / Sieht man nur den Kopf gottlob! – / Wie erschrak die Gouvernante, / Als sie die Gefahr erkannte, // Ängstlich ruft sie: »Oh, mon dieu! / C'est un homme, fermez les yeux!« // Knopp, auf möglichst schnelle Weise,/   Schlüpfet in sein Beingehäuse. / Dann verläßt er diesen Ort / Und begibt sich weiter fort."

Aber da zog ein Herr meine ›Abenteuer eines Junggesellen‹ aus der Tasche und las sie laut der Reisegesellschaft vor bis Nordstemmen. Ich tat als wenn ich schliefe. Es war mir sehr peinlich – ekelhaft«.

Dies sagte nicht der alte BUSCH, der einmal zu seinem Besucher MICHELMANN die ärgerlichen Worte sprach: »Als ich das schrieb, da hatte ich wohl selber Freude dran, ich habe auch wohl darüber lachen können. Meine Sachen habe ich schon lange nicht mehr angesehen – und ich will sie nicht mehr sehen«. Diesem alten Einsiedler mochte wohl der Erfolg seines Junggesellen Knopp »peinlich und ekelhaft« gewesen sein. Der zitierte Brief stammt vielmehr aus dem Jahre 1876, also ganz aus jener Zeit, da BUSCH an *Herr und Frau Knopp* arbeitete – *Julchen, Balduin Bählamm, Fipps der Affe* und anderes war noch gar nicht da.

Aber was hatte WILHELM BUSCH denn gegen das Lachen einzuwenden? – Um diese Frage zu beantworten, sind ein wenig umständliche Auslassungen notwendig, die den lachenden Liebhaber der Bildergeschichten BUSCHS enttäuschen mögen, auch wenn dabei die Bildergeschichten beileibe nicht über Bord geworfen werden sollen. Vielleicht wird man nur etwas anders darüber lachen als jenes Reisepublikum – oder sagen wir besser »richtig lächeln«. – Es geht nicht mehr und nicht weniger als um das, was BUSCH selbst einmal seine »sauerverdiente sogenannte Weltbetrachtung« genannt hat.

BUSCH hat viel und gründlich über das Lachen nachgedacht. Er war keineswegs schon froh, wenn er die Lacher auf seiner Seite hatte, wie der erwähnte Brief zeigt. Dennoch war er kein Verächter des Lachens in jedem Falle. Es gibt jenes schöne Gedicht des 72-jährigen BUSCH, der schon seit zwanzig Jahren keine Bildergeschichte mehr geschrieben hatte. Darin macht er sich über jenen angeblichen Weisen lustig, der nie lacht. Das Gedicht heißt *Der Philosoph* und steht in *Zu guter Letzt*:

> Ein Philosoph von ernster Art,
> Der sprach und strich sich seinen Bart:
>
> Ich lache nie. Ich lieb' es nicht,
> Mein ehrenwertes Angesicht
> Durch Zähnefletschen zu entstellen
> Und närrisch wie ein Hund zu bellen;
> Ich lieb' es nicht, durch ein Gemecker
> Zu zeigen, daß ich Witzentdecker;
> Ich brauche nicht durch Wertvergleichen
> Mit andern mich herauszustreichen,
> Um zu ermessen, was ich bin,
> Denn dieses weiß ich ohnehin.
>
> Das Lachen will ich überlassen
> Den minder hochbegabten Klassen.
>
> Ist einer ohne Selbstvertraun
> In Gegenwart von schönen Fraun,

So daß sie ihn als faden Gecken
Abfahren lassen oder necken,
Und fühlt er drob geheimen Groll
Und weiß nicht, was er sagen soll,
Dann schwebt mit Recht auf seinen Zügen
Ein unaussprechliches Vergnügen.

Und hat er Kursverlust erlitten,
Ist er moralisch ausgeglitten,
So gibt es Leute, die doch immer
Noch dümmer sind als er und schlimmer.

Und hat er etwa krumme Beine,
So gibt's noch krümmere als seine
Und tröstet sich und lacht darüber

Und denkt: Da bin ich mir doch lieber.
Den Teufel lass' ich aus dem Spiele.
Auch sonst noch lachen ihrer viele,
Besonders jene ewig Heitern,
Die unbewußt den Mund erweitern,

Die, sozusagen, auserkoren
Zum Lachen bis an beide Ohren.

Sie freuen sich mit Weib und Kind
Schon bloß, weil sie vorhanden sind.

Ich dahingegen, der ich sitze
Auf der Betrachtung höchster Spitze,
Weit über allem Was und Wie,
Ich bin für mich und lache nie.

Hier wird offenbar der humorlose Verächter des Lachens lächerlich gemacht. Man könnte auch so sagen: BUSCH macht sich über den Weisen lustig, der anmaßend über der lachenden »minder hochgabten Klasse« stehen möchte. Dies ist aber nur die halbe Wahrheit. Denn der angebliche Ernst des »Weisen« ist noch kein echter Ernst: im Grunde steht ja dieser sogenannte Weise auf einer Stufe mit dem Schadenfrohen, der krumme Beine hat und sich sagt: »So gibt's noch krümmere als meine«. Vergessen wir nicht, daß BUSCH eine ganz andere Vorstellung hat vom wahren Weisen, der nichts mehr lächerlich fände. Er sagt: »Dem warmen, alles umfassenden Mitgefühl wird nichts lächerlich erscheinen«. Jener griesgrämige »Philosoph« aber lacht aus dem entgegengesetzten Grunde nicht; statt warmes und alles umfassendes Mitgefühl zu haben, sagt er von sich:

Ich dahingegen, der ich sitze
Auf der Betrachtung höchster Spitze,
Weit über allem Was und Wie,
Ich bin für mich und lache nie.

Fast immer ist es das Lachen der Schadenfreude, der Selbstliebe, das BUSCH so abstößt: »Man lacht, wenn man andere in Verdrießlichkeiten und kleinen Malheurs bemerkt, wenn man ihre Verstellung, ihre Pfiffigkeit, ihre Einfalt durchschaut; denn da fühlt man sich verhältnismäßig so wohl und gescheit, daß es ein rechtes Vergnügen ist. Lachen, Bedauern, Verachten sind nach der Wurzel zu intime Verwandte, gemeinsam erzeugt von dem wohltuenden Gefühl der Überlegenheit«. Und BUSCH geht noch weiter. Er wird den Verdacht nicht los, daß es nicht einmal mit dem Lachen über sich selbst wesentlich besser bestellt sei: »Zuweilen lacht man über sich selber, sofern man sich mal bei einer mäßigen Dummheit erwischt, indem man sich nun sogar noch gescheiter vorkommt, als man selbst«.

Selbstbelächeln wie auch Selbstkritik brauchen also noch lange nicht dem eigentlichen Ernst zu entstammen; unser »Kritiker des Herzens« hat in einem sehr bekannten Gedicht sogar die vierfache Wurzel solcher falscher Selbstkritik entlarvt:

> Die Selbstkritik hat viel für sich.
> Gesetzt den Fall, ich tadle mich,
> So hab' ich erstens den Gewinn,
> Daß ich so hübsch bescheiden bin;
> Zum zweiten denken sich die Leut,
> Der Mann ist lauter Redlichkeit;
> Auch schnapp' ich drittens, diesen Bissen
> Vorweg den andern Kritiküssen;
> Und viertens hoff ich außerdem
> Auf Widerspruch, der mir genehm.
> So kommt es denn zuletzt heraus,
> Daß ich ein ganz famoses Haus.

Natürlich drängt sich der Verdacht auf, daß dem eine Weltbetrachtung zugrunde liege, die nicht nur sauerverdient, sondern geradezu selbst säuerlich ist. Aber stellen wir das einmal zurück und bleiben noch beim Lachen. BUSCH hat nämlich nicht nur »was zum Lachen« gezeichnet und gedichtet, sondern hatte im Lachen und in der Technik, Lächerliches hervorzubringen, sozusagen seine Experimentierwerkstätte: hier konnte er den Zugang zu der geheimen Triebfeder des menschlichen Herzens finden. Wie GOETHE findet auch WILHELM BUSCH, daß die Menschen durch nichts so sehr wie durch ihr Lachen ihr wahres Wesen verrieten. Und was GOETHE von LICHTENBERGS Späßen sagte, kann man auch von den seinen sagen: »Seiner Späße kann man sich als der wunderbarsten Wünschelrute bedienen; wo er einen Spaß macht, liegt ein Problem verborgen«. Als Praktiker – im Herstellen von komischen Produkten – wie als Theoretiker – in der Analyse des Lachens – besitzt WILHELM BUSCH einen genialen Spürsinn. Ja, auch als Theoretiker: in einer philosophischen Abhandlung über dieses Thema heißt es: »Mit vollem Recht darf man BUSCHS Auseinandersetzung mit dem Problem des Lachens neben die Erklärungsversuche der namhaftesten Denker stellen«. Und immer wieder enthüllt sich ihm als letzte Wurzel des Lachens das Selbstgefühl und die – wie er so schön sagt – »Konkurrenzdrüse« des Menschen, dieses »ledernen Sackes voller Kniffe und Pfiffe«. Lacher gibt es vom Trottel bis zum Teufel, heißt es bei ihm. Aber immer ist es eigentlich die »Konkurrenzdrüse«, die das Lachen speist. Einige bekanntere Beispiele:

> Dummheit, die man bei andern sieht,
> Wirkt meist erhebend aufs Gemüt.
> Wir mögen's keinem andern gönnen,
> Daß er was kann, was wir nicht können.

Noch kurz vor seinem Tode schreibt er – es ist aus seinem Widmungsgedicht *An Helene*, die fromme, versteht sich –:

> Und eben dies macht uns ein Hauptvergnügen,
> Wenn Biederleute, die allhier auf Erden
> Geruhig leben, recht gehudelt werden,
> Daß sie vor Ärger fast die Kränke kriegen.

Immer wieder das gleiche, wie es scheint. Und die drolligen Bildergeschichten bis 1884, über die man doch so herzlich, jawohl herzlich lachen kann – was haben die mit der bösen Schadenfreude und der Konkurrenzdrüse des Menschen zu tun? Sie handeln fast ausschließlich davon. Von unzähligen Beispielen seien nur ein paar genannt; die bekanntesten, wie etwa in *Plisch und Plum*:

> Schlich, der durch das Fenster sah,
> Ruft verwundert: »Ei, sieh da!
> Das ist freilich ärgerlich –
> Hehe!, – aber nicht für mich!«

Aus *Julchen*:

> Hopps! Der Rappe springt und schnaubt,
> Hebt den Schwanz und senkt das Haupt;
> Und am Halse hängt der Reiter. –
> Er ist ängstlich, Knopp ist heiter.

Balduin Bählamm ist eine Fundgrube für solches Behagen am Leiden anderer; nur eine Stelle, die vom Schmerz der Hühneraugen handelt:

> Zwar hilft so eine Angstgebärde
> Nicht viel zur Lindrung der Beschwerde;
> Doch ist sie nötig jederzeit
> Zu des Beschauers Heiterkeit.

Und so weiter, und so weiter! Das vielberufene goldene Lachen des Humors entspringt, wie man sieht, sehr dunklen Bezirken. Es sei an die Schlüsselformel WILHELM BUSCHS erinnert, die oben erwähnt wurde: »Lachen, Bedauern, Verachten sind nach der Wurzel zu intime Verwandte, gemeinsam erzeugt von dem wohltuenden Gefühl der Überlegenheit«. Das braucht nun nicht auf primitive Weise vonstatten zu gehen. Abgefeimte Dialektik *à la* NIETZSCHE gibt es da immer wieder. Im Grunde des Mitleids z. B. gibt es oft nur ein Gemisch aus Abscheu und Geltungstrieb, ähnlich wie im Gewände der Selbstkritik indirektes Selbstlob beabsichtigt sein kann. Auch dafür nur ein Beispiel:

> Du merkst, daß die Bedauerei
> So eine Art von Wonne sei.

Wie NIETZSCHE und SCHOPENHAUER leuchtet BUSCH den Menschen heim, zeigt die krausen Wege ihrer vermeintlichen Tugenden und guten Werke; die kleinen, aber arglistigen Tricks ihrer inneren Unwahrhaftigkeit werden mit einem Strich, einem gut sitzenden Vers festgehalten und vergrößert. Immer aber steht im Hintergrund die Auffassung: »Wir taugen alle zusammen in der Wurzel nicht, und schüttelten wir die guten Werke auch immer nur so aus dem großen Sack heraus«.

Das soll Humor sein? Jedenfalls ist es – WILHELM BUSCH. Ist das aber nicht schlimmer als Pessimismus, ist das nicht Nihilismus – und das auch noch in der Maske des heitern lebensbejahenden Humors? Sollen die Bildergeschichten auf dem Grunde einer Gesinnung entstanden sein, die sich im *Lukas*-Evangelium so ausspricht: »Wehe euch, die ihr hier lachet! Denn ihr werdet weinen und heulen«? Das wohl nicht. Aber was tat denn der »Humorist Busch«, wenn er seine lustigen Bilderbogen zeichnete und schrieb? Er schreibt über seine Anfänge in München:

»Um so angenehmer war es im Künstlerverein, wo man sang und sich nebenbei karikierend zu necken pflegte. Auch ich war solchen persönlichen Späßen nicht abgeneigt. Man ist ein Mensch und erfrischt und erbaut sich gern an den Verdrießlichkeiten und Dummheiten anderer Leute. Selbst über sich selbst kann man lachen mitunter, und das ist ein Extrapläsier, denn dann kommt man sich sogar noch klüger und gedockener vor als man selbst. – Lachen ist ein Ausdruck relativer Behaglichkeit. Der Franzel hinterm Ofen freut sich der Wärme um so mehr, wenn er sieht, wie sich draußen der Hansel in die rötlichen Hände pustet. Zum Gebrauch in der Öffentlichkeit habe ich jedoch nur Phantasiehanseln genommen. Man kann sie auch besser herrichten nach Bedarf und sie eher tun und sagen lassen, was man will. Gut schien mir oft der Trochäus für biederes Reden, stets praktisch der Holzschnittstrich für stilvoll heitere Gestalten. So ein Konturwesen macht sich leicht frei von dem Gesetze der Schwere und kann, besonders wenn es nicht schön ist, viel aushalten, eh' es uns wehtut. Man sieht die Sach' an und schwebt derweil in behaglichem Selbstgefühl über den Leiden der Welt, ja über dem Künstler, der gar so naiv ist«.

»So naiv« ist aber WILHELM BUSCH gar nicht. Seine Konturwesen, diese Phantasiefranzeln und Hanseln sind – wir sagten es schon – gleichzeitig Experimentierwerkstätten. Und der Wünschelrute des Lachens über sie bedient sich sein grüblerischer Sinn, der den Tiefen und Untiefen des menschlichen Herzens nachspürt. Umgekehrt freilich profitieren seine »bummeligen Wahrheiten«, wie er seine Verse nennt, von seinen Einsichten in die menschliche Natur. Nein, naiver Humor liegt da nicht vor. Es ist im Gegenteil ein ironischer Umweg zum Leser, daß er diesem zunächst naiv erscheinen will, – ihn dann aber nachdenklich macht. Anders gesprochen: die primitive Tiefenschicht des »erzböse lachenden« Lesers soll lächeln lernen. Denn Lächeln ist – wie ein sehr feinsinniger Franzose sagte – Erinnerung an gehabtes Lachen. Das Lächeln, könnten wir auch sagen, ist eine Art Selbstüberwindung des Lachens. Wird nun verständlich, warum die breite und satte Lache im Eisenbahnwagen WILHELM BUSCH so »peinlich und ekelhaft« gewesen ist?

Die Elementarstufe des Lachens wird also sublimiert, um einen Ausdruck der Psychoanalytiker zu gebrauchen: erstens soll keine Wirklichkeit verlacht werden, sondern die Konturwesen, zweitens geht es dementsprechend auch nicht um das elementare Lachen, sondern um reflektiertes Lächeln, mit dem Grundgefühl einer Solidarität mit dem Leiden der ganzen Welt. Das ist – wenn man so will – WILHELM BUSCHS »Humor«.

Aber hat BUSCH nicht doch Wirklichkeiten verlacht? Wie verhält es sich mit seinem Kampf gegen die Ultramontanen seiner Zeit; sind *Pater Filuzius, Der heilige Antonius von Padua* nicht doch Zeitsatiren? Auf *Pater Filuzius* trifft dies zwar zu, aber davon hat sich WILHELM BUSCH selbst bald distanziert und ihn als »Tendenzstückerl« abgelehnt. *Antonius* aber will nicht als Satire gewertet werden, was BUSCH freilich sehr schwer fiel anderen zu beweisen. Er galt nun einmal als »Kulturkämpfer«. Aber er wehrt sich dagegen heftig. Seinem Biographen DAELEN schreibt er: »Seltsam berührt es mich, daß Sie mich zu einem Rufer im Streit machen wollen. Dazu habe ich wohl nie das Zeug gehabt und heute erst recht muß ich diese Ehre dankend ablehnen. Mag sein, daß ich nur den Anschluß verpaßt habe. Aber Sie haben jüngere Schultern als ich und breitere, also sind Sie vermutlich dazu berufen«.

Nein, sein Thema ist ein allgemeineres und grundsätzlicheres gewesen: das menschliche Herz zu kritisieren, vor allem das eigene, und dies alles im Medium des Lachens, das sich zum versöhnenden Lächeln hochzüchten sollte. Ein schönes Beispiel für das Subtile am Humor BUSCH ist mir vor einiger Zeit in die Hände gefallen: ein Buch mit dem Titel »Der Philosoph von Wiedensahl« und dem sehr aktivistischen Untertitel »Der völkische Seher Wilhelm Busch«. Der Zeitabschnitt, in dem das Buch erschienen ist, dürfte klar sein, wenn wir aus dem Vorwort folgende Sätze zitieren: »Aber allen Literaten, Kritiküssen wie aufrichtigen Freunden ist entgangen, daß BUSCH ein völkischer Seher gewesen ist. Er hat gewußt, daß alles Lebensstarke im Völkischen ruht, er hat die Gefahren klar erkannt, die uns durch den Ultramontanismus umlauerten, er hat geahnt, daß einmal ein starkes Reich über all dieses triumphieren wird. Er dachte sozial, und weil er seine Heimat über alles liebte, mußte er notwendig ein Nationalist sein...«. Später nun versucht der Verfasser WILHELM BUSCHS Stellung zum Judentum zu umreißen, ohne aber zu merken, wie BUSCH ausgerechnet ihn, den Verfasser, ironisch geißelt in dem bekannten Judenverschen aus *Plisch und Plum*: »Kurz die Hose, lang der Rock...«. Denn dieses Verschen endet mit dem so entscheidenden ironischen Schwänzchen – bezeichnenderweise in Klammern hinzugefügt: »Schöner ist doch unsereiner«. Hat der Verfasser nichts gemerkt? Oder kommt er sich wirklich schöner vor?

Auf diese ironische Spätzündung kommt es bei BUSCH an, auch und gerade in den Bildergeschichten. Das Risiko ist groß, daß es bei vielen Lesern nicht dazu kommt, daß der primitive Lacheffekt allein zustande gebracht wird und das beabsichtigte Lächeln nicht eintritt. Ein Großteil von BUSCHS Berühmtheit beruht leider genau darauf. Er, dessen Schriften *Eduards Traum*, *Der Schmetterling* zur besten deutschen Prosa gehören, mußte es erleben, daß man ihn, den Denker und Dichter ablehnte, weil man an den – übrigens meist in die falsche Lachkehle geratenen – Bildergeschichten sein Genüge fand. Eine Art Berühmtheit, unter der BUSCH selber litt.

Da kommt 1906 von der Sektkellerei Kupferberg in Mainz die Anfrage, ob BUSCH bereit wäre, »Beiträge von sprühendem und fesselndem Humor« zu liefern, da er »auf diesem Gebiete einen beispiellosen Erfolg errungen« hätte und die Firma in ihre demnächstige Reklame das »humoristische Moment« hereinnehmen wolle. Einige schlagende Zwei- bis Vierzeiler »in poetischer Form« und eine Humoreske von 150 bis 250 Druckzeilen als Offerten erbeten. BUSCHS Antwort war natürlich: »Abgelehnt am 2. August 1906«.

Ehrenpräsidentenschaften werden dem berühmten Spaßmacher, für den man ihn hielt, angeboten; die *Lustige Welt*: »... würden uns erlauben, Ihnen monatlich pränumerando 200 Mark mit Dank zu überweisen. Etwaige gelegentliche Beiträge würden selbstredend extra honoriert werden...«. Oder die Firma *Gustav Kühn* in Neuruppin: »...der von uns gewünschte Erfolg von vornherein gesichert, wenn der allgemein verehrte Altmeister deutschen humoristischen Schaffens sich entschließen könnte, Zeichnung und Dichtung für vier solcher Bilderbogen zu verfassen. Ich hoffe, daß Ihre große Schaffensfreude und ihr erprobter Patriotismus Sie bewegen werden, keinen abschlägigen Bescheid zu geben ...«. Sogar ein »Krökelbund«, nach dem alten Klausner Krökel, dem »die Welt zum Ekel« ward, bildet sich und will BUSCH zum Ehrenkrökel ernennen! – Er war eben berühmt geworden, ein berühmter patriotischer Spaßmacher...

In dieses Bild gehört eine weitere Anekdote, die aber in eine ganz andere Richtung weist. Kurz nach WILHELM BUSCHS Tode brachte die *Frankfurter Zeitung* folgenden Tatsachenbericht: »In der Schule des Dorfes Schneen bei

Göttingen kam der Lehrer im Religionsunterricht auf geistliche Lieder zu sprechen. Nachdem die Dichter der bekanntesten Gesänge genannte waren, frug der Lehrer, welcher Dichter in neuerer Zeit geistliche Lieder gedichtet habe, die aber nicht im Gesangbuch ständen. Niemand schien es zu wissen. Schon wollte der Lehrer den Namen *Karl Gerok* aussprechen, als sich plötzlich ein Knirps triumphierend meldete. ›Nun?‹ fragte erwartungsvoll der Lehrer. Und kühn lautete die Antwort: ›WILHELM BUSCH‹«. Diese »Berühmtheit« als Gesangbuchdichter ist sicherlich sympathischer als die erwähnten patriotisch-kommerziellen diversen Angebote. Mag der Knirps auch vielleicht an *Die Fromme Helene* gedacht haben, tatsächlich aber führt uns diese kleine Geschichte aus der *Frankfurter* auf jenen Punkt, der uns BUSCHS Humor vollends den Krallen der Spaßmacher entreißen läßt. Nämlich auf seine Religiosität.

Dies betrifft beileibe nicht nur den ganz alten BUSCH. Was wir bisher über seinen Humor sagten, könnte auch vom Schopenhaueraner BUSCH stammen. Denn bekanntlich ist die Lehre SCHOPENHAUERS vom bösen Willen als dem eigentlichen Wesen der Welt – die Auffassung, daß einzig und allein das Mitleid das sinnlose Wollen aufbrechen könne und anderes mehr – von BUSCH gründlich studiert und auch angeeignet worden. Sogar seine Theorie des Lachens stimmt weitgehend mit SCHOPENHAUER überein. Aber das ist ja nicht alles. Seine Frömmigkeit ist nur vordergründig getroffen mit *Pater Filuzius*:

> Ach, man will auch hier schon wieder
> Nicht so wie die Geistlichkeit!

Vergessen wir – wenigstens vorübergehend – den sogenannten Kulturkämpfer. BUSCH war – und seine Angriffe auf die Scheinheiligkeit und religiöse Heuchelei sind keine Widerlegung davon – zeitlebens fromm, wenn auch nicht im strengen dogmatischen Sinne kirchlich. Als er den *Pater Filuzius* schrieb, besaß er längst mehrere Ausgaben der augustinischen *Confessiones*. Und es ist schwer zu sagen, ob es mehr schopenhauerische Willensmetaphysik war oder mehr augustinische Erbsündenlehre, die ihn immer wieder den gleichen Gedanken variieren läßt:

> Denn der Mensch als Kreatur
> Hat von Rücksicht keine Spur.

Oft geht er noch viel weiter: »Man leidet eben, weil man da ist; das ist die Kern- und Wurzelsünde«. Noch in *Eduards Traum* heißt es zum Schluß: »... und Spaß beiseit, meine Freunde, nur wer ein Herz hat, kann so recht fühlen und sagen, und zwar von Herzen, daß er nichts taugt. Das Weitere findet sich«. Dieser große Fall der menschlichen Natur, als den man die christliche Erbsündenlehre zu verstehen hat, ist BUSCH frühzeitig und bis zuletzt gegenwärtig.

Aber nicht nur der HEILIGE AUGUSTINUS, auch mittelalterliche Meditationen, das berühmte Erbauungsbuch des englischen Baptistenpredigers JOHN BUNYAN, Lutherschriften, die *Nachfolge Christi* des THOMAS A KEMPIS, Mystiker wie EKKEHARD und der unbekannte Frankfurter Verfasser der mystischen *Theologia Deutsch* – diese Bücher begleiten BUSCH bis zuletzt. Er spricht nicht viel über seinen Glauben, mehr und lieber über SCHOPENHAUER. Aber gelegentliche Briefstellen sowie charakteristische Bilder seines *Eduards* sind der Bibel oder den genannten Erbauungsbüchern entnommen.

Es gibt ja die Auffassung, daß WILHELM BUSCH sich erst, nachdem er aus München wegkam, bekehrte. Nun, BUSCHS Neffen, mit denen er viel plauderte, wissen es nicht anders, als daß ihr Onkel immer recht religiös, ernst und tief fromm gewesen wäre. Fromm ist schon ein häufig bezeugter Zug seines Wesens zu nennen: das »warme, allumfassende Mitgefühl«. Dies will man offenbar nicht gern an ihm entdecken. Sein wundervolles Bienenbuch *Schnurrdiburr* hat nur wenige Auflagen erlebt. Aber eben dieser franziskanische Zug im Wesen BUSCHS – wer das nicht hören mag, sagt: »byronsche Zug« –, sich mit allem, was da kreucht und fleucht, verbrüdert zu fühlen, ist BUSCH schon von frühester Jugend an eigentümlich. Eine kleine Probe aus einem Brief an Frau MARIA ANDERSON stehe hier für unzählige weitere Beispiele. Es ist nebenbei eines der schönsten Stücke deutscher Prosa:

»Sie mögen gern Tiere leiden; ich auch. – Des Morgens um halb sechs werden die Hühner gefüttert und der schlanke Pfau mit dem Krönchen auf und dem Gefieder von Gold und Edelstein. Das ist der Vornehmste. Er pickt nur wenige Körner – dann geht's trrrrr! und ein Fächer von tausend Liebesaugen flimmert in der Morgensonne. Das zittert und trippelt und macht mit den Flügeln! Aber die alten Hühnertanten kucken nicht hin, sondern hacken mit ihren harten knöchernen Nasen im Sande weiter. Er muß wohl ein verwunschener Prinz oder ein metamorphisierter Olympier sein; denn wenn die Frau Brückner, das kleine Waschweibchen, auf den Hof kommt, so fliegt er auf ihren Rücken und faßt sie ganz ordentlich und regelrecht beim Zopfe an. Wenn sie nur nicht nächstens das Eierlegen anfängt. Wenigstens schnattern und gackern tut diese Madam Leda genug...«. Und dann noch ein BUSCH tief erschütterndes Erlebnis, das auch in einem Gedicht festgehalten wurde,– aber bei weitem nicht so großartig wie in den wenigen Briefsätzen: »Neulich pusselt Nachbar Mumme mit dem Spaten in seinem Garten herum, dicht bei den Stachelbeerbüschen. Auf einmal springt ein fremder Hund heraus und knurrt und will nicht weg und zeigt die Zähne. ›Der Hund ist toll‹, so heißt es gleich. Man holt die Flinte – bum! – die Kugel geht dem Hund durch den Kopf, er streckt sich und stirbt. Wie man genauer zusieht, liegen drei ganz kleine, neugeborene Hündchen im Gebüsch. Ach, meine liebe Frau Anderson! Es regnet und regnet und hat nur sieben Grad plus...«.

In BUSCHS Leben wird es immer stiller. Aber es ist kein Bruch in ihm, weder zwischen Jugend und Alter, noch zwischen Leben und Werk, wie der sonst so feinsinnige Essayist HOFMILLER vermutet. Er wird nur immer innerlicher, abgeschlossener, aber auch immer freundlicher, genügsamer. Auch keine neue Philosophie braucht er, wenn auch so viel um die Jahrhundertwende geschrieben wird. An GRETE MEYER schreibt er: »Du willst was wissen von der vorläufig neuesten Philosophie. Ja, das geht man nicht so. Zu dergleichen braucht's eine verbohrte Betriebsamkeit. Ich selbst, der ich natürlich keine Lust habe, meine sauerverdiente sogenannte Weltanschauung über die Hecke zu schmeißen, um dafür eine andere, jedenfalls nicht weniger hypothetische, mir anzuquälen, las von dem, was du meinst nur wenig...«. Und an seinen alten Freund ERICH: »Was mich betrifft, so bin ich bescheiden und bewahre mir wenigstens eine heitere Gelassenheit, die jeden gewähren läßt in seiner Art«. Und an FRITZ KAULBACH der letzte Brief vor seinem Tode: »Ich selbst versuche zu leben nach dem Grundsatz des berühmten Schusters zu Görlitz: ›Wem die Zeit wie Ewigkeit und Ewigkeit wie diese Zeit, der ist befreit von allem Streik‹, aber es geht man nicht recht. Die Malefizzeit, so wesenlos, im Kopfe betrachtet, sie scheint, hält und zieht uns beständig am Frack! Leb wohl, lieber Kaulbach«.

Bald hatte ihn die Malefizzeit freigegeben, und vielleicht hat ihn sein »Fährmann Augustin« über jenen Strom geführt, dessen Wellengekräusel BUSCH so gründlich und liebevoll gezeichnet hat, um ihn dann die *Ewige Stadt* zu zeigen, nach der er sich gesehnt.

Das Komische und die Philosophie

Ein Philosoph von ernster Art,
Der sprach und strich sich seinen Bart:
Ich lache nie. Ich lieb' es nicht,
Mein ehrenwertes Angesicht
Durch Zähnefletschen zu entstellen
Und närrisch wie ein Hund zu bellen;
Ich lieb' es nicht, durch ein Gemecker
Zu zeigen, daß ich Witzentdecker;
Ich brauche nicht durch Wertvergleichen
Mit andern mich herauszustreichen,
Um zu ermessen, was ich bin,
Denn dieses weiß ich ohnehin.
Das Lachen will ich überlassen
Den minder hochbegabten Klassen.

(Wilhelm Busch: *Der Philosoph*)

Es ist merkwürdig, daß die meisten Philosophen »von ernster Art« seit Aristoteles' Zeiten fast alles ernstgenommen haben – außer dem Lachen. Das Lächerliche als das »unschädliche Häßliche« (Lessing) ist offenbar zu harmlos, zu »unedel« (Aristoteles) und zu scheinhaft, als daß es zum Gegenstand einer Besinnung gemacht würde, die aufs Wesentliche gerichtet ist. Die »minderhochbegabten Klassen« der lachenden Philosophen – die Ironiker, Satiriker und Humoristen – begnügten sich denn auch damit, das Komische als Form der Mitteilung, als *façon de parler* unreflektiert zu gebrauchen – oder: sie reflektierten und betrachteten das Komische als Problem der Ästhetik. Damit war dem Komischen freilich auch nicht gedient: wurde es doch so als Infragestellung des Schönen, Erhabenen (Kant, Fr. Th. Vischer bis Fr. G. Jünger) angesehen und damit zu einer Art Grenzbegriff des Ästhetischen im engeren

Sinn. Dieser Heimatlosigkeit konnte auch JEAN PAULS *Vorschule der Ästhetik* prinzipiell nichts anhaben, obwohl JEAN PAULS eigene Produktion bereits anzeigt: hier (wie überhaupt in der Romantik) wird eine Weise des Komischen (die »romantische Ironie«) zur »Existenz-Sphäre« (KIERKEGAARD) und sprengt damit prinzipiell zum ersten Mal den Kategorienapparat des philosophischen Regelkataloges. Das philosophische Selbstbewußtsein beginnt, »unendlich« zu reflektieren und nimmt an sich selbst dialektische Vollzüge wahr, die es als phänomenologische Gemeinsamkeit mit – dem Komischen begreift (so schon bei HEGEL). Mochte man auch das »komische Bewußtsein« (HEGEL) oder die romantische Ironie als radikal getrennt vom Lächerlichen und den »niederen Formen« des Komischen (Groteskes, Kalauer, Ulk und dergleichen) begreifen, so war doch der Sinn für die mehr als »ästhetische« Bedeutung des Komischen unwiderruflich geweckt.

Gelacht wurde freilich wohl seitdem es Menschen gibt, aber der Rang des Komischen wird spät begründet. Es bedurfte dazu einer Legitimierung des Grenzbewußtseins, aktueller ausgedrückt: eines existentiellen Verständnisses von Wahrheit. Solange Wahrheit grundsätzlich etwas war, was man gedanklich ergreifen konnte, wenn man im Besitz der geeigneten Mittel (der adäquaten Begriffe, Vorstellungen und Methoden) war, so lange war auch das Bewußtsein der Grenzen eine verdächtige Desertion, eine voreilige Kapitulation vor der Anstrengung des Begriffs: wer lachte, machte es sich zu leicht, verzichtete er doch bloß auf den mühsamen schmalen Weg, der sicher zum Ziel führte. Der Ernst gilt einem solchen kosmischen Optimisten als der sicherere Weg; der lachende Abenteurer machte es sich zu leicht. Lachend verharmlost man das »an sich Ernste«: »Wehe denen, die da lachen« (*Lukas* 6, 25) heißt das in religiöser Sprache. Ethisch mag man das Lachen der *mesotes* noch durchgehen lassen, das sich wohlanständig zwischen trockener Steifheit und ausgelassener Possenreißerei hält (ARISTOTELES, *Nikomachische Ethik* IV, 14), anthropologisch mag man konzedieren, daß Lachen (übrigens auch das Weinen) zu jenen »Affekten« gehört, »durch welche die Natur die Gesundheit mechanisch befördert« (KANT, *Anthropologie in pragmatischer Hinsicht* § 76): prinzipiell aber bleibt das Lachen und sein Gegenstand, das Komische, ein *pudendum*. Die Rechtfertigung des Komischen würde ja bedeuten, daß das gesamte System der wohlgeordneten Welt des Ernstes samt seiner Relevanz für den sich einordnenden bzw. sich darin orientierenden Menschen vorläufig, hinfällig, wenn nicht gar wurmstichig wäre! Der Treuhänder, um nicht zu sagen: der »Hirte des Seins«, in unserem Fall der Philosoph, wird ähnlich wie der Priester deshalb den nihilistischen, uneigentlichen Wolf, der selbst bei harmloser atomarer Zersetzung Kettenreaktionen auslöst, aussperren. Er übergibt ihn dem Ästhetiker – oder gar dem Physiologen, dessen Seziermesser die mechanische Bewegung des Lachens in die nächste Nähe zur Zuckung des Froschschenkels bringt und damit praktisch umbringt, noch bevor die Sektion praktische Ergebnisse zeitigen kann. (Nebenbei: sie kann es prinzipiell nicht zu Ergebnissen bringen, da die Motorik des Lachens bei elektrischer

Reizung, beim Kitzel an der Fußsohle und bei der Lektüre *Tristram Shandys* die gleiche sein kann!).

Es gibt freilich noch viele Arten, das »unschädlich Häßliche« vollkommen unschädlich zu machen. So z. B. wenn man es an die Psychologie überweist. Sofern diese noch durch die alten Bewußtseinspsychologen bestimmt wird, geschieht grundsätzlich nichts, was nicht auch die Ästhetiker schon vor ihnen mit dem Komischen angestellt haben. Die Ungereimtheit der Verbindung heterogener Vorstellungen wird das Hauptkriterium des Komischen. Daß dann freilich Irrtum, Täuschung, Enttäuschung, ja sogar Verzweiflung nur schwer als nicht-identisch mit dem Komischen definiert werden können, liegt auf der Hand. Es geschieht hier eben jener methodische Schnitzer, auf den NIETZSCHE zum Segen der Gegenwartspsychologie hingewiesen hat: man stellt Fragen, wobei die erfragten Größen Systemen entlehnt sind, die mit dem gemeinten Tatbestand nichts zu tun haben. In der Tat: »Ehemals fragte man: was ist das Lächerliche? wie als ob es außer uns Dinge gebe, welchen das Lächerliche als Eigenschaft anhafte, und man erschöpfte sich in Einfällen (ein Theologe meinte sogar, daß es ›die Naivität der Sünde‹ sei). Jetzt fragt man: was ist das Lachen? Wie entsteht das Lachen? Man hat sich besonnen und endlich festgestellt, daß es nichts Gutes, nichts Schönes, nichts Erhabenes, nichts Böses an sich gibt, wohl aber Seelenzustände, in denen wir die Dinge außer und in uns mit solchen Worten belegen. Wir haben die Prädikate der Dinge wieder zurückgenommen, oder wenigstens uns daran erinnert, daß wir sie ihnen geliehen haben« (*Morgenröthe*, Aphorismus 210). Die mechanische Vorstellungsweise der Assoziationspsychologie mußte denn auch das Komische primär als heterogene Vorstellungsverknüpfung definieren und machte infolge des Fehlens einer Affektenlehre, die korrigierend hätte eingreifen können, aus dem Komischen einen Sonderfall des – theoretischen Irrtums. Man könnte wirklich glauben, die Philosophie habe hier über ihre psychologische Tochter das Komische selbst lächerlich gemacht: selbst SCHOPENHAUER, dem wir so wichtige Aufschlüsse über die Psychologie des Lachens verdanken, steht noch so sehr im Banne der rationalistischen Heterogenitätshypothese (das Lächerliche beruhe auf dem »Gegensatz zwischen anschaulichen und abstrakten Vorstellungen«, *Die Welt als Wille und Vorstellung* II, Kap. 8), daß er aus treuer Gefolgschaft selbst über geometrische Fehler »zwar äußerst schwach«, aber immerhin lächelt (a. a. O.)! Erst NIETZSCHE und die ihm weitgehend folgende Psychoanalyse und zuletzt LUDWIG KLAGES' Lehre vom Ausdruck haben endlich mit der Forderung ernst gemacht, den »Seelenzustand« des lachenden Menschen zum Ausgangspunkt zu machen. Das »Ungereimte« ist nichts anderes als ein Derivat des ursprünglicheren Tatbestandes: des lachenden Menschen. »Das Komische« ist eine begriffliche Setzung, eine Hypostase, der primäre Sachverhalt aber ist der konkrete Lachende als Leib-Geist-Seele-Einheit und -Ganzheit. Es kommt hier nicht darauf an, zu prüfen, inwieweit nicht (besonders in der Tiefenpsychologie FREUDS und seiner Schüler) statt der alten rationalistischen Philosopheme nun mythische Bilder leitend sind, die ebenfalls leicht hypostasiert werden: entscheidend ist vielmehr, daß die ästhetische und vermögenspsychologische Betrachtungsweise im Rückzug ist. Der *homo ridens* ist nicht mehr ein Degenerat des *homo sapiens*!

Dieser Wandel in der Erforschung des Komischen und des Lachens steht freilich in einem größeren Zusammenhang. Und das ist höchst aufschlußreich. Hatte nicht NIETZSCHE mit seiner Kritik an der zeitgenössischen Psychologie – wir zitierten oben eine Stelle – gleichzeitig eine Forderung ausgesprochen, die dem Weltgefühl der alten Metaphysik den Boden entzog? Die »Begriffe« (z. B. der des Lächerlichen) hätten – so sagte er – keine von uns unabhängige Existenz, sie seien nicht Eigenschaften der Dinge »außer uns«, sondern immer schon Anleihen *an* die Dinge, entsprungen aus unserem konkreten Seelenzustand. Diese Auffassung von Mensch und Welt kennt den alten Ernst nicht mehr, da man sich noch als Teil und Teilnehmer am Ganzen des Seins begriff, am wohlgeordneten Kosmos, der auch unabhängig von uns genauestens dem Koordinatensystem unserer Vernunft und unseres Gewissens entsprach. Da gab es den alten seinsintimen Ernst noch. Der Subjektivismus des modernen Menschen, seit der Renaissance mehr und mehr entfesselt, brachte die kopernikanische Wendung KANTS ebenso mit sich wie NIETZSCHES Radikalisierung. Wir meinen die Geschichte, wie die »wahre Welt« zur »Fabel« wurde (NIETZSCHE)... Wir schreiben nicht nur mit KANT der Natur die Gesetze vor, sondern bezweifeln heute auch diese Gesetze noch, wenn sie *a priori* gelten wollten, wenn auch wir es sind, die jenen *a-priori*-Zwang ausüben sollten. Nein, das ganze Ich-Welt-Schema der alten Metaphysik wird uns fragwürdig: das menschliche Subjekt und das Erkenntnis-Objekt stehen sich nicht in einem Spiegelungs- oder Abbildungsverhältnis gegenüber, so daß die kantische Frage nach dem Ding an sich unseren heutigen Erkenntnistheoretikern als *non-sensical*, wie die Angloamerikaner sagen, gilt. Die Fragestellung wird bestenfalls als Ausdruck eines spezifischen Seelenzustandes verstanden – vgl. auch schon DANTE: *La vita nuova 25*, wo erklärt ist, daß »die Liebe kein selbständiges Wesen (*per sè siccome sustanzia*), sondern nur der Zustand eines Wesens (*accidente in sustanzia*) ist«. Der fraglose Bezug von Mensch und an sich seiender Welt ist jedenfalls verloren gegangen – und damit jener alte Ernst.

So ist denn die Geschichte der Theorien des Komischen gleichzeitig ein erregender Kommentar zum Problem des Lachens und des Lachenden.

Heißt das nicht, daß es uns damit ergehe wie dem Königsmörder Macbeth, der in letzter Verzweiflung die »entsetzlich ergreifende Wahrheit« (KIERKEGAARD, *Der Begriff Angst*) ausspricht:

> Von jetzt gibt es nichts Ernstes mehr im Leben,
> Alles ist Tand, gestorben Ruhm und Gnade!
> Der Lebenswein ist ausgeschenkt!

In der Tat. Diese tiefste Verzweiflung, die »den Ernst verloren hat« (KIERKEGAARD), erscheint uns als der philosophische Ausgangspunkt der heutigen Frage nach dem Komischen. Der auf sich selbst gestellte Mensch, der sich dauernd auf dem Spiele weiß, weil ihn kein umgreifendes System des Ernstes mehr hält, fragt nach dem Wesen seines Lachens. Ihm will scheinen, als wäre der alte Ernst ein glückhafterer Zustand als sein jetziger Zustand des verlorenen Ernstes. Fast als ob jener Ernst eher ein – Spiel gewesen wäre: irgendwie hatte man immer noch »einen Gott zur Gesellschaft« (NIETZSCHE), selbst die Hölle DANTES war nicht sich selbst überlassen, auch sie war nicht aus der umgreifenden göttlichen Liebe gefallen – so heißt es in der Inschrift über dem Höllentor in der *Divina commedia* (*Inferno*, Dritter Gesang):

> Gerechtigkeit trieb meinen hohen Schöpfer,
> Geschaffen haben mich die Allmacht Gottes,
> Die höchste Weisheit und die erste Liebe.

Aber der moderne Mensch fällt »aus einem Zentrum ins x«. (NIETZSCHE). Das Komische hört auf, jener Grenzgänger zu sein, den man aussperrte, weil er schon in der Antike dem Ernst ungemütlich wurde: denn die Tragödie war – besonders seit Euripides – auch Ausdruck einer umgreifenden Ordnung, selbst wenn der Einzelne sie nicht kannte: aber er glaubte an sie. Wie dem frühen Christen die Tugenden der Heiden »glänzende Laster« waren, so ist der heutige Mensch selbst vor der antiken Tragödie zuweilen mehr heimlich als unheimlich betroffen. Schon KIERKEGAARD (*Furcht und Zittern*) stellt den durch den Humor transzendierenden »Ritter des Glaubens« über die ethische Gesichertheit des tragischen Heiden. Die Isolation des Glaubens liquidiert alle Sicherungen der Antike, ihre *polis* und ihren *nomos*: seine paradoxe, absurde Exponiertheit spiegelt vielleicht mehr das Selbstverständnis des modernen Menschen wider als die christliche Existenz der Urgemeinde. Jedenfalls: KIERKEGAARD wie NIETZSCHE kennen den Ernst der alten Geborgenheit nicht mehr. Die Absurdität des Glaubens und der »Tod Gottes« sind in gewisser Weise nur Kennworte für den gleichen Tatbestand, den Verlust des alten Ernstes.

Als was wird das Lachen und das Komische nun gedeutet? fragen wir weiter. Wird es nicht vielleicht am besten mit Galgenhumor verstanden: »Humor ist, wenn man trotzdem lacht« (O. J. BIERBAUM)? Gewissermaßen ein »Zu guter Letzt«, ein letztes Spiel zwischen »Schein und Sein«, ein »Immerhin«, um einige bezeichnende Überschriften WILHELM BUSCH zu nennen?

> Es sitzt ein Vogel auf dem Leim,
> Er flattert sehr und kann nicht heim.
> Ein schwarzer Kater schleicht herzu,
> Die Krallen scharf die Augen glüh.
> Am Baum hinauf und immer höher
> Kommt er dem armen Vogel näher.
>
> Der Vogel denkt: Weil das so ist
> Und weil mich doch der Kater frißt,
> So will ich keine Zeit verlieren,

> Will noch ein wenig quinquilieren
> Und lustig pfeifen wie zuvor.
> Der Vogel, scheint mir, hat Humor.
> (WILHELM BUSCH, *Kritik des Herzens*)

In rein zeit- und kulturkritischer Sicht wäre man freilich versucht, den komischen Typus Galgenhumor als Etikette unserer Zeit anzusprechen. Damit wäre zweifellos Richtiges getroffen auch im Blick auf die psychoanalytische Auffassung des gesamten Komischen als auf Angst reduzierbaren seelischen Vorganges. Allein, damit hätten wir sowohl BUSCH als auch die bedeutendsten psychologischen und anthropologischen Arbeiten auf diesem Gebiete zu Unrecht vernachlässigt.

Seit KIERKEGAARDS genialem Erstling, der Dissertation über die Ironie des SOKRATES, ist das Komische – wenn auch nur in den ausgezeichneten Spitzenformen der Ironie und des Humors – grundsätzlich als eine menschliche Seinsform in den Blick gekommen: die romantische Ironie der TIECK, SCHLEGEL, NOVALIS, JEAN PAUL hatte die Pionierarbeit geleistet. Seit KIERKEGAARD also gilt das Komische und das Lachen als eine menschliche Existenz-Sphäre, die aber umgreifend den eigentlich »ernsten« Stadien (des Ästhetischen, Ethischen und Religiösen) zwischengelagert erscheint: KIERKEGAARD nennt deshalb das Komische ein »Konfinium«. Galgenhumor ist in gewisser Hinsicht weniger. Denn hier geht dem Lachen gerade jener »unendliche« Zug ab, der ihm seine eigentliche Würde als allgegenwärtiges Konfinium verlieh. WILHELM BUSCH hat diese Grenze des Galgenhumors klar gesehen und durch reflektierende Komik selbst schon überwunden:

> Ih-ah! Die Welt ist nicht so übel.
> Wozu das närrische Gegrübel?
> Ich bin Papa, und damit gut.
> (WILHELM BUSCH, *Zu guter Letzt*)

Kierkegaardsch gesprochen: hier hat das Konfinium Humor die Sphäre der ethischen Sicherheit in die Schwebe gebracht. Denn der Galgenhumor ist selbst nicht die höchste Gattung des Komischen, ja von ihm gilt fast das, was NIETZSCHE einmal vom Helden gesagt hat; dem jungen Idealisten HEINRICH V. STEIN schrieb er nämlich (Dezember 1882): »Was den ›Helden‹ betrifft, so denke ich nicht so gut von ihm wie Sie. Immerhin, er ist die annehmbarste Form des menschlichen Daseins, namentlich, wenn er keine andere Wahl hat«.

Das Komische hat also einen unendlichen Zug, über dem Humor steht immer noch ein transzendierender »Überhumor« usw. Diesen Überhumor macht NIETZSCHE ebenso wie GOETHE beim Lehrmeister aller Humoristen, dem unübertroffenen LAWRENCE STERNE (*Tristram Shandy*) geltend.

Ist es nicht merkwürdig, daß nun – ganz umgekehrt wie bei den anfangs glossierten »ernsten Philosophen« – das Komische geradezu jene Adelsprädikate zugesprochen bekommt, die sonst der »Geist« tragen durfte? Das Lachen wird »heiliggesprochen« (NIETZSCHE, *Also sprach Zarathustra*), es wird zum »Korrektiv« (KIERKEGAARD), ja zum Stimulans des Menschen, der als Leib-Seele-Ganzheit sich im Dasein verwirklicht! Dieser extremen Wandlung des geistigen Bewußtseins merkt man freilich das Moment der Widerspruchsfreude gegen einen Ernst an, der bekämpft werden soll. Viel Unheiliges ist seit SCHLEGELS *Lucinde* in dieser Euphorie heiliggesprochen und deswegen das Lachen selbst in zeitweilige Ungnade gebracht worden; allein es ist nicht nur im philosophischen Selbstbewußtsein der Zeit eine Umwertung vorgenommen worden: nein, auch die Wissenschaft vom Menschen vermochte den in der Tat umgreifenden Sinn des Lachens mehr und mehr zu erhärten, so daß aus dem »Affekt, der durch mechanische Bewegung die Gesundheit befördert« schließlich ein anthropologisches Schlüsselphänomen geworden ist. Dieser Aufschlußcharakter des Komischen für die Wesensbestimmung des Menschen als Menschen ist kurioserweise gerade der Existenzphilosophie – die ja ohne KIERKEGAARD und NIETZSCHE nicht gedacht werden kann – verborgen geblieben. Wenige Außenseiter (H. PLESSNER, H. LIPPS, O. FR. BOLLNOW) haben darauf abgehoben. Indes: charakterologische Grenzen der Hauptvertreter bedingten eine auffällige Vernachlässigung des Phänomens in ihren Philosophien, deren Grundcharakter psychologisch gesprochen teils erhaben schwermütige, teils verbissen kontemplative Stimmungslagen vorherrschen läßt: im Stil des Werks wie in der Stoffwahl. Gegenüber KIERKEGAARD und NIETZSCHE scheint dies (nicht nur literarisch!) eine Verkürzung. Es ist, als ob hier das Lachen und das Komische die gleiche Rolle spielte wie bei KIERKEGAARD das ästhetische Stadium mit seiner spezifischen Verdeckung des existentiellen Ernstes (vgl. besonders K. JASPERS, *Von der Wahrheit*, Vorrang des Tragischen und Vernachlässigung des Komischen, obwohl gerade das Letztere für eine Logik des philosophischen Selbstbewußtseins ergiebiger wäre). Es darf aber nicht übersehen werden, daß für die Existenzphilosophie der charakterologische Befund – die Hauptvertreter seien eben gedrückten Stimmungslagen stärker ausgesetzt als »gehobenen« – nicht so entscheidend ist wie die Tatsache, daß die heutige psychologische und anthropologische Forschung überhaupt erst beginnt, einen geeigneteren Begriffsapparat zur Erfassung und Deutung psychophysischer Grenzgebiete zu schaffen (Psychoanalyse und Gestaltpsychologie, Umweltforschung und dergleichen mehr). Als Beleg sei darauf hingewiesen, daß schließlich nicht nur das Lachen, sondern noch viel mehr das Weinen gänzlich ignoriert worden ist, obwohl es doch zweifellos den sog. gedrückten Stimmungen (Schwermut, Verzweiflung, Trauer, Kummer usw.) korrespondiert – dies sei gegen BOLLNOW u. a. gesagt. In der Tat: außer einigen existentiell vollkommen blinden physiologischen bzw. psychologischen und physiognomischen Arbeiten ist das Weinen auch von der neutralen positivistischen Wissenschaft bislang stiefmütterlich behandelt worden.

Dabei merkt man erst die Modernität KIERKEGAARDS und NIETZSCHES: KIERKEGAARDS leib-seelische »Synthese«, die sich als »Geist« zu »sich selbst verhält« und NIETZSCHES »Leib-Selbst« als »große Vernunft« sind trotz des

Sprechens über konkrete Existenz und Geschichtlichkeit bis heute noch nicht einmal so ernst genommen worden wie etwa im *Begriff Angst* KIERKEGAARDS. Es scheint, daß die griechische Mitgift der rationalistischen Metaphysik und ihrer einseitigen Orientierung an theoretischen Bewußtseinsakten bei KIERKEGAARD und NIETZSCHE bereits in höherem Maße überwunden war als in der heutigen Existenzerhellung. Aus diesem Grunde werden Lachen und Weinen zu »ungriffig«: die Bewußtseinspsychologie altehrwürdiger Tradition hat eben nicht die Mittel, diese »Grenzen menschlichen Verhaltens« (H. PLESSNER, *Lachen und Weinen*) in den Griff zu bekommen. Obwohl doch andererseits seit der Antike immer wieder erklärt wird, Lachen und Weinen seien ein charakteristisches Vorrecht und Merkmal des Menschen (SCHOPENHAUER, *Die Welt als Wille und Vorstellung* II., Kap. 8). (Nicht einmal in seiner *Allgemeinen Psychopathologie*, geschweige denn in der Existenzerhellung vermag JASPERS z. B. diesen Grenzen ihre Bedeutung zu vindizieren: »Lachen und Weinen stehen für sich«, heißt es in der *Allgemeinen Psychopathologie*, »sie sind Reaktionen auf eine Krise menschlichen Verhaltens, sind in solcher Krise kleine Katastrophen der Leiblichkeit, in denen diese ausweglos sich gleichsam desorganisiert. Nur ist diese Desorganisation noch Symbol, wie Symbolik in aller Mimik ist, aber im Lachen und Weinen ist sie undurchsichtig, weil beide Antworten an der Grenze sind«. Das Problem ist hier gesehen, aber abgedrängt: der Existenzphilosoph scheitert vor – dem Scheitern, das im Lachen und Weinen stets irgendwie, wenn auch zunächst »undurchsichtig«, gegenwärtig ist. Der allzu rationalistische Ausweg steckt in dem zitierten Satz: »Reaktionen auf eine Krise menschlichen Verhaltens«. – Nein: es handelt sich nicht um »Reaktionen auf...«, sondern es *sind* Krisen menschlichen Verhaltens! Man denke an das obige NIETZSCHE-Zitat und erkenne bei JASPERS den Hang, nun eine »Eigenschaft der Dinge außer uns« ausfindig zu machen, die die »Reaktion« affiziert, bewirkt: z. B. das »Kritische«, – analog dem »Lächerlichen« im Ausspruch NIETZSCHES. – Das einheitliche Phänomen des Lachens bzw. des Weinens wird so wieder rationalistisch aufgespalten).

So stellt das Lachen ein anthropologisches Schlüsselphänomen dar, wie sogar der primitivste Mensch weiß: er fühlt instinktiv, wenn irgendwo jemand lacht oder weint, gehe Menschliches vor. (In diesem Zusammenhang könnte die Wendung »tierischer Ernst« erörtert werden.) In der Tat, das spontane Interesse des Mitmenschen am Lachen und Weinen überragt die Teilnahme am Sprechen des Artgenossen. Könnte man nicht vielleicht sagen: wo Menschen in der Krise des Lachens und Weinens stehen, geben sie ihre Menschlichkeit noch beredter kund als da, wo sie sprechen? (Wir kennen Ansätze zum Sprechen bei Tieren, aber keine zum Lachen und Weinen.) Analog zur ebenfalls menschlichen Krise der Scham und der Angst steht der Lachende und der Weinende (wenn auch in höchst verschiedenen Graden) »auf der Spitze seiner Existenz« (KIERKEGAARD), wobei wir Existenz ruhig mit HEIDEGGER als »Ek-sistenz« verstehen dürfen. All die ambivalenten Seelenzustände wie Lachen, Weinen, Scham, Verlegenheit, Angst usw. zeigen den Menschen sozusagen auf der Kippe seines Wesens, nämlich in seiner wesenden vibrierenden »großen Vernunft«. Eine Wendung KIERKEGAARDS mag diesen Tatbestand spekulativer aussprechen; von der Scham heißt es beispielsweise: »In der Scham ist eine Angst, weil der Geist auf dem Höhepunkt der Differenz der Synthese (scil. von Leib und Seele) so bestimmt ist, daß der Geist nicht bloß als Leib bestimmt ist, sondern als der Leib mit geschlechtlicher Differenz«. (*Der Begriff Angst*) Mag man die zugrundeliegende romantische Metaphysik ruhig abstreichen, die »ungeheure Zweideutigkeit« (KIERKEGAARD) ist zutiefst gesehen.

Diese anthropologische Ek-statik, die sich so »undurchsichtig« (JASPERS) im Lachen ankündigt, muß der Bewußtseinspsychologie und -philosophie zwangsläufig verschlossen bleiben: das »noch nicht festgestellte Tier« Mensch, dieses »Seil über dem Abgrund zwischen Tier und Übermensch« (NIETZSCHE), dieses Wesen, das sich selbst stets »Zweck und Ziel der Bearbeitung« bleibt (HERDER), dieses »exzentrische« Lebewesen, das da gleichzeitig »Leib ist und Leib hat« (PLESSNER). Diese »ungeheure Zweideutigkeit« (PASCAL) bedingt das »Undurchsichtige« des Lachenden und des Weinenden, der dialektischerweise auch noch um diese Undurchsichtigkeit selbst weiß und sie dadurch nur noch potenzierend undurchsichtiger macht (z. B. dann aktuell, wenn ich über mein taktloses Lachen verlegen werde, verlegen lächle und noch um das Deplacierte dieses mißverständlichen Lächelns weiß usw). Was will da »heterogene Subsumtion einer Anschauung unter einen Begriff« besagen?

Fragen wir also prägnanter: »was ist das Lachen?« – und nicht: »worin besteht das Lächerliche?«, – dann gewinnen wir eine ganzheitliche Sicht vom dialektischen Wesen des Menschen. Dagegen ist das Schema Aktion-Reaktion, Wesen-Ausdruck und dergleichen mehr leicht irreführend, wenn man es für den zu sezierenden Organismus hält, während er nur die Pinzette ist.

Wenn ein Phänomen durchsichtig ist, so kann dies auch daher kommen, daß ich es durchsichtig gemacht habe: man kann den Papst genauestens mit der Mikrowaage wiegen, Rembrandts Bilder abmessen usw. Die spezifischen Unwägbarkeiten scheinen indes wesentlicher das Phänomen zu treffen als die Ponderabilien. So ist es auch mit dem Lachen, das darüberhinaus geradezu als unser Organ für die spezifischen Imponderabilien angesehen werden kann. Das Scheitern der bewußtseinspsychologischen Analyse des Lachens und seines Komischen ist darum so beredt wie die Geschichte der Theorien des Komischen uns aufschlußreich wurde im Blick auf die Dimension des lachenden »Ernstes«. Die Krise des Lachens ist ja die Krise eines Ernstes, der transzendiert worden ist, wobei ich das Scheitern der Koordinatensysteme der jeweiligen Welt des Ernstes zustimmend ergreife. Auf unseren Zusammenhang angewandt: humoristisches Lachen ist eine totale (leib-seelische) Zustimmung zur Vorläufigkeit eines allzu Durchsichtigen:

> Zweimal zwei gleich vier ist die Wahrheit.
> Schade, daß sie leicht und leer ist,
> Denn ich wollte lieber Klarheit
> über das, was voll und schwer ist.
> Emsig sucht ich aufzufinden,
> Was im tiefsten Grunde wurzelt,
> Lief umher nach allen Winden
> Und bin oft dabei gepurzelt.

So lacht beispielsweise WILHELM BUSCH. Seine Zustimmung (d. h. ja »Humor«) zum Purzeln erhellt aus diesem Vers:

> Endlich baut ich eine Hütte.
> Still nun zwischen ihren Wänden
> Sitz ich in der Welten Mitte,
> Unbekümmert um die Enden.
> (WILHELM BUSCH, *Schein und Sein*)

Die Bedeutung des Humors besteht freilich darin, nicht bloß freudig zu scheitern, sondern je und je transzendierend eine neue Welt zu ergreifen. Wie dies *in concreto* vor sich geht, kann daran gezeigt werden, daß der versifizierten Ausgestaltung des eben zitierten Gedichts *Beruhigt* eine »niedrigere Komik« voraufging, nämlich die (erst witzige und nicht humoristische) kleine Aufzeichnung: »Sagst du 2 × 2 = 4, so ist das klar, aber leer. Sagst du ›Wurst‹, so ist was drin; aber kann man das Wesen einer Wurst je ergründen?!« Getragen wird aber auch schon die witzige Vorform vom Wissen:

> Ewig an des Lebens Küsten
> Wirst du scheiternd untergehn.
> (*Schein und Sein*)

Das Lachen, dieser Grenzgänger der philosophischen Ernsthaftigkeit, leitet seinen Rang nicht von einer einsichtig und durchsichtig entworfenen Welt her: zu deren System steht es vielmehr seinem Wesen nach in (aggressiver, skeptischer, resignierender usw.) Opposition. Seinen Rang erhält das Lachen und damit das Komische durch seine Totalität; es ist in zweifachem Sinn total: zunächst deswegen, weil es welthaft ist (vgl. den schönen Essay JOACHIM RITTERS *Über das Lachen* in den *Blättern für Deutsche Philosophie* 1940/41), stellt es doch immer eine ganze Sphäre in Frage, selbst wenn es ein Einzelnes belacht; zweitens ist es total im anthropologischen Sinne: der ganze Mensch lacht, die ganze Leiblichkeit erschüttert unter der »Katastrophe« des Lachens (JASPERS). Mit NIETZSCHE zu sprechen: Lachen ist ein Zustand, der das Umgreifende des leib-geistigen Seins des Lachenden bestimmt, und zwar dynamisch (im Gegensatz zum Weinen und seinem passiven Hinschmelzen in der Stimmung).

Diesen Rang ist man geneigt nur den »höheren Formen« des Komischen zuzusprechen. Meines Erachtens zu Unrecht. Ohne eine Berücksichtigung auch der primitivsten Lächerlichkeiten, des Grotesken, der Clownerien, der Zote gerät die Analyse leicht in intellektualistische Gefahren: Komik als »theoretischer Irrtum«! Es ist unmöglich, hier mehr als Andeutungen zu bieten, aber ganz flüchtig sei die Möglichkeit einer Analyse angedeutet, die von »primitivsten« Ur-Erfahrungen ausgehend zum höchsten in der Tat »philosophischen« Humor differenzierend aufsteigt. Zugrunde liege die Erfahrung des Dämonischen, d. h. die totale (aber vor-theoretische) Betroffenheit durch Infragestellung der fraglos gegebenen anschaulichen Welt (Weltkatastrophen, Jüngste Gerichte, Apokalypsen sind mythische Bilder für diese Grenzerfahrung). Die Bedrohung durch das Dämonische ist noch im Grotesken gegenwärtig (im Bizarren, Skurrilen, vgl. amerikanische und skandinavische »Comics« u. ä.), aber als harmlos erfahren: eine gespannte Erwartung löst sich auf in nichts (vgl. KANT, *Kritik der Urteilskraft*, § 53). Die Intensitätsgrade schwächen sich ab, aber die Penetranz nimmt mit der korrelativen Differenzierung der jeweiligen »Ernst-Systeme« zu, bis schließlich im Humor wie im Weinen (beide sind auf der Spitze »osmotisch«!) gar kein Bruch mehr vorliegt und die Ent-Dämonisierung vollständig geworden ist. Das letzte Stadium also bringt eine »Stimmung« zustande, d. h. ein Überein-Stimmen von Ich und Welt, während in den niedrigsten Formen des Komischen Stimmung am totalsten zerstört war. Die Zwischenbereiche zwischen dem Grotesken und dem Humor als Grenzen des Komischen sind durch eine mehr und mehr abnehmende Perforation der Stimmung ausgezeichnet.

Ein Beleg aus NIETZSCHE (man findet auch bei KIERKEGAARD und bei den Psychoanalytikern viele), der wegweisend sein kann für eine Aneignung gerade vom angeblich »gedrückten« (BOLLNOW) *Sein und Zeit* HEIDEGGERS aus: »Herkunft des Komischen. – Wenn man erwägt, daß der Mensch manche 100.000 Jahre lang ein im höchsten Grade der Furcht zugängliches Tier war, und daß alles Plötzliche, Unerwartete ihn kampfbereit, vielleicht todesbereit sein hieß, ja, daß selbst später, in sozialen Verhältnissen, alle Sicherheit auf dem Erwarteten, auf dem Herkommen in Meinung und Tätigkeit beruht, so darf man sich nicht wundern, daß bei allem Plötzlichen, Unerwarteten, in Wort und Tat, wenn es ohne Gefahr und Schaden hereinbricht, der Mensch ausgelassen wird, ins Gegenteil der Furcht übergeht: das vor Angst zitternde, zusammengekrümmte Wesen schnellt empor, entfaltet sich weil – der Mensch lacht. Diesen Übergang aus momentaner Angst in kurzdauernden Übermut nennt man das Komische«. (*Menschlich-Allzumenschliches I*). Ferner: »Vielleicht weiß ich am besten, warum der Mensch allein lacht: er allein leidet so tief, daß er das Lachen erfinden mußte. Das unglücklichste und melancholischste Tier ist, wie billig, das heiterste« (*Wille zu Macht*, Aphorismus 91).

Im einzelnen kann nun eine solche das Dämonische, die Angst, das Leiden zugrundelegende existenzphilosophische Theorie des Lachens nicht nur eine sinnvolle, der Ästhetik nur indirekt verbundene Hierarchie des Lachens aufstellen (vom Grotesken bis zum Humor), sondern auch den transzendierenden Zug des Lachens von Stufe zu Stufe säuberlich sondieren. Dabei bringt diese Sondierung einzelne Seinsstufen in den Blick, die wiederum der Existenzerhellung gerade in dem Grenzbereich des Lachens, dieses »undurchsichtigen«, zugute kämen. Und dies alles könnte geleistet werden, ohne wie bisher stets die belachte Sache zu beäugen und den Lachenden durch die Physiologie verhaften zu lassen. (Die Franzosen sind hier besser dran, weil ihre Sprache glücklich zwischen zwei Weisen des Lach-Gegenstandes unterscheidet: dem *risible* – und dem *ridicule*).

    Abschließend stellen wir also nochmals fest: Philosophie als Selbstbesinnung des Menschen auf sein Wesen und Lachen scheinen zusammenzugehören. Im Lachen leistet der Mensch gerade jenes totale (also auch pathische und nicht nur gnostische) und transzendierende Infragestellen als konkretes Selbst, das in der philosophischen Reflexion in theoretischer Abbildlichkeit allein vollzogen wird. Somit leistet es spontan die Korrektur, deren das Denken als eine dauernd »verfliegende Tugend« dringend bedarf. Erst recht aber bedarf das Philosophieren über das Lachen jener Korrektur. Heißt es nicht, daß nichts so melancholisch mache wie das Nachdenken über das Lachen? Aber die Arbeit an diesem ausgezeichneten menschlichen Verhalten an der Grenze ist darüber hinaus ein Schlüssel zu unserem Hauptproblem – zu uns selbst. Wie sagte doch GOETHE, als er auf LICHTENBERG zu sprechen kam: »Lichtenbergs Schriften können wir uns als der wunderbarsten Wünschelrute bedienen; wo er einen Spaß macht, liegt ein Problem verborgen«.

Kitsch und Kunst

Was ist Kitsch?

»Gefallen, wie ich das Wort hasse!«
GOETHE

Leider haben die Ästhetiker das *je ne sais quoi* des Kitsches, seine swesentliche Penetranz und Klebrigkeit, den qualitativen Sprung, der ihn von Kunst distanziert, noch zu wenig bedacht. Ein Versäumnis, das bestimmt nicht damit zu begründen ist, daß Kitsch ein zu modernes Phänomen wäre. Das Wort ist freilich noch jung, nicht aber die Sache. Das Abgleiten in den Kitsch ist eine latente Möglichkeit des Ästhetischen, gehört mit zur Hinfälligkeit des Schönen (SOLGER). Auch Kunst ist gegen kitschige Aneignung nicht gefeit, es sei denn, sie gäbe aus bewußtem Anti-Kitsch-Affekt das Schöne preis, dessen Fragilität sie fürchtet, scheinbar kühn, tatsächlich aber nur als polemische Attitüde, die letztlich auf Sicherheit bedacht ist.

Vielleicht besteht das »Neue« unserer Gegenwart – ästhetisch nämlich – darin, daß Kunst extrem polemisch im erwähnten Sinne geworden ist. Gleichzeitig hat sich das Kitschbedürfnis der breiten Massen zu einem nicht zu übersehenden Faktor unseres modernen Daseins ausgewachsen. Es kann mit industriellen Mitteln großzügig befriedigt werden wie nie zuvor. Das Bild wird von einer beziehungslosen Diastase bestimmt: auf der einen Seite die immer exklusivere Kunst von Eliten, auf der anderen eine hemmungslose Erzeugung von Kitsch. Das zeitkritische Schrifttum unserer Tage hat diese Diastase oft beschrieben. Die Faszination durch geschichtsmetaphysische Postulate jedoch war einer Analyse des Kitsches nicht günstig.

Innerhalb der Panorama-Betrachtung des Kulturkritikers hat der Kitsch nur eine untergeordnete Bedeutung: er ist ein Symptom unter anderen. Der Ästhetiker aber, vorwiegend mit prinzipiellen Erwägungen über die Kunst selber beschäftigt, beziehungsweise in der Bemühung, das Chaos der zeitgenössischen »Ismen« zu sondieren, kommt kaum zur speziellen Frage nach dem Wesen dieses »defizienten« Gebildes. Geschieht dies dennoch am Rande, dann unterliegt fast jeder der Gefahr des Historisierens: indem man Kitsch allein als ein bestimmtes Verfallssymptom einer Epoche sieht, zum Beispiel des neunzehnten Jahrhunderts, erspart man sich die Mühe, sein Wesen zu deuten. Es genügt ja der Nachweis seines Auftauchens.

Indes, gerade die moderne Philosophie und Anthropologie hat für Untersuchungen negativer, defizienter, depravierter Phänomene (des Durchschnittlichen, Alltäglichen, des Man, des Ekels, der Angst, usw.) nicht nur viel Sinn, sondern vermag zu zeigen, wie dialektisch »Positivitäten« (Humanität, Wahrheit, Freiheit, Schönheit, Glück usw., nicht zuletzt Kunst) zu begreifen sind. Die bloße Konfrontation, Aufzählung, Gruppierung von Phänomenen befriedigt nur ein sehr vordergründiges Erkenntnisziel. Der prinzipiellere dialektische Weg aber ist langwierig und kommt zu keinem runden Ende. Besonders unbefriedigend müssen daher diese wenigen Seiten sein, die den langwierigen Weg selbst nur andeuten können und das zu Leistende eigentlich dem Leser anheimstellen.

I.

Das Wesen des Kitsches zu bestimmen, ist nicht leichter als anzugeben, was die Kunst denn eigentlich »sei«. Denn *in concreto* begegnet uns Kitsch als Pseudokunst. Ihn als Kitsch zu erfahren, setzt demnach bereits ein – wenn auch unexplizites – »Wissen« um »eigentliche« Kunst voraus. Darüber jedoch ist nicht das objektiv vorhandene Kunstwerk zu befragen, sondern die Erfahrung selbst, die erst einem Gegebenen zur Dignität verhilft, ein Kunstwerk zu sein. Mit dieser Bemerkung soll keine erkenntnistheoretische Betrachtung über die Subjektivität des Ästhetischen oder dergleichen angebahnt werden, die der Erfahrung nicht gerecht zu werden pflegt. Denn zum ästhetischen Erlebnis gehört gerade die Nicht-Subjektivität des Erfahrenen, also die Begegnung, das Ereignis eines Anderen. Ob man dies nun, wie die Erkenntnistheoretiker, als »Extrapolation« des subjektiven Bewußtseins deutet, oder metaphysisch vom An-sich-Sein des Kunstwerks spricht, ändert nichts am primären Sachverhalt: daß das Kunsterleben eben intentional auf ein »Anderes« gerichtet zu sein weiß, und daß dies konstitutiv ist für die ästhetische Erfahrung überhaupt.

Schon hier ist eine Eigentümlichkeit der Kitscherfahrung ausfindig zu machen. Kitsch ist seinem Wesen nach stärker subjektiv, weniger Begegnung, Ereignis. Die Bewußtseins-Transzendenz des kitschigen Gegenstandes ist wesentlich reduziert: er wird weniger als Gegen-Stand erlebt. Darin gründet ja eben seine Klebrigkeit, daß man weniger gegenübersteht, als sich in ihm ergeht, von ihm eingenommen, ja benommen ist. Nicht als ob Kunst nicht auch ergriffe, als Empfindung gegenwärtig wäre, spezifische Stimmung auslöste – allein, es handelt sich hierbei immer gleichzeitig um eine Erfahrung von Anspruch, Ereignis (*Du mußt dein Leben ändern*). Mit anderen Worten: Phänomenologisch gilt die »Bewußtseinsimmanenz« in höherem Maße für den Kitsch. Kitsch steht näher den zuständlichen Gestimmtheiten, dem Dösen zum Beispiel, insofern als die Bewußtseinstranszendenz niedergehalten ist. Daher jene dumpfe Privatheit, die noch dem forciert grandiosen Kitsch eigentümlich bleibt. Die Probe: Er ist ohne Schaden *en miniature* zu reproduzieren. Man versteht, warum nicht die dinglich vorhandenen, »objektiven« Kunst-Gegenstände nach ihrem kitschigen beziehungsweise künstlerischen Wesen befragt werden sollen: denn alle Bewußtseinshaltungen des spezifischen Kitscherlebens können auch sanktionierten Kunstwerken gegenüber eingenommen werden. Kaum einem sogenannten klassischen Kunstwerk – es sei denn, es war zu spröde – blieb es erspart, kitschigem Erleben preisgegeben zu sein. (LIONARDOS *Abendmahl* im Schlafzimmer, der »schöne« MOZART.)

Somit ist, wenigstens vorläufig, weder von Kitschobjekten, noch von deren Herstellungstechniken zu sprechen, es sei denn zur Veranschaulichung unserer prinzipiellen Ergebnisse. *De facto* macht es ja auch die sogenannte objektivistische Betrachtung nicht anders, denn indem sie zwar von gegebenen Produktionen ausgeht, spricht sie – implizit appellierend – doch vom Erleben. Dennoch, müssen wir hinzufügen, ist Kitsch nicht nur Erleben, sondern schlägt sich nieder in eigentümlichen Erzeugnissen beziehungsweise wird angesichts dieser erst aktuell. Also wenn es auch primär eine kitschige Erlebnisweise gibt, deren Analyse zur Wesensbestimmung des Kitsches unerläßlich ist, so verstehen wir doch unter Kitsch ein Gegebenes, ohne welches Konkrete (optisch, akustisch usw. Begegnende) man nicht von Kitsch sprechen kann. Gleichwohl gilt, daß die faktische Gegebenheit (Objektivität) des kitschigen Dinges gar nicht in dem Sinne zu einer Begegnung führt wie das Kunstwerk. Der Charakter der Intentionalität des ästhetischen Bewußtseins ist in beiden Fällen grundverschieden. Im Kitscherleben ist ähnlich wie im Behagen die spezifische Distanz des Ästhetischen zugunsten eines Zustandsgefühls weitgehend unterdrückt. Darauf bezieht sich HANS LICKS spöttische Bemerkung, der Laie fühle beim Anhören von Musik viel mehr als der Kenner. Der genießerische Laie nämlich nimmt das Kunstwerk zum Anlaß, seine eigene Affiziertheit, nicht aber das Kunstwerk als »Wertträger« zu erleben. »Der Genuß«, sagt MORITZ GEIGER, »ist, so lange er dauert sich selbst genug.« Es führt keine Brücke zum übrigen Leben. Ihm eignet insofern schon jene charakteristische Privatheit und Isolation, die wir dem Kitschigen durchweg zusprechen.

Wenn wir mit diesen – hier nicht in gebotener Schlüssigkeit nachzuweisenden – Strukturmerkmalen des Kitscherlebens: Gefühlsimmanenz, Privatheit, Isolation, Distanzlosigkeit, auskommen wollten, würden wir dem Kitsch noch nicht gerecht, denn er würde sich nicht von den übrigen Weisen des Behagens unterscheiden. Ja, der Apologet des Kitsches, zum Beispiel aus dem Raume religiöser oder politischer Kollektive, könnte auf die hier besonders aufdringliche »Transzendenz« des Kitsches (im Gegensatz zur »esoterischen Kunst«) verweisen, die mit seiner – fast immer beabsichtigten – Tendenz bewiesen scheint. »Will« denn Kitsch nicht immer das »Gute«, das »Heilige«, das »Patriotische« usw.? Zumindesten aber das »Schöne«? Treibt er damit nicht das Erleben aus sich heraus?

Indes, diese Apologie trägt nicht weit, wenn sie auch auf die Ergänzungsbedürftigkeit des bisher Gesagten hinweist. Fragen wir deshalb nach dem Ursprung der »Tendenz« im Kitsch. Anthropologisch aufschlußreich ist jenes merkwürdige »schlechte Gewissen« (Scham), von dem fast jeglicher Zustand der Gefühlsimmanenz, besonders bei lustvollen Leibgefühlen, begleitet ist. Transzendierender Gefühlsaufschwung – zur »Welt«, zu »Werten« – gilt dem Menschen als eigentlicher, denn die leib-(sinnen-)näheren Zustandsgefühle. Schmunzelnd drückt man beispielsweise nicht nur das Behagen über eine Speise aus, sondern auch die Souveränität über sich selber als bloß Genießendem. So kommt es denn zu jenen Pseudotranszendenzen, die den faktischen, meist lustvollen Zustandsgefühlen aus einer gewissen Scham unterstellt beziehungsweise mit gewisser Bereitwilligkeit geglaubt werden. Bekanntlich ist man ja sogar lieber »intentional« böse als »zuständlich« dumm. Es gibt ein fundamentales Freiheitsstreben des Menschen, das sich als Tendenz zur Intentionalisierung des Zuständlichen ganz allgemein zeigt, zum Beispiel beim Ekel, wo die Zuständlichkeit des Angewidertseins dazu tendiert, sich sachverhaltsmäßig umzuinterpretieren, also sich sozusagen – sekundär – eine intentionale Spitze zu geben. Etwa in folgender Staffelung: Ekel vor Etwas wird als moralischer Widerwille interpretiert; dieser als ethische Abscheu, als Verachtung oder gar, in letzter Versachlichung, als theoretische Ablehnung von Etwas aus »hygienischen Gründen«.

Dieser menschliche Grundzug zur Intentionalisierung – auch mit dem unlauteren Mittel von Pseudotranszendenzen – ist es, dem die »Tendenz« im Kitsch entspringt. NIETZSCHE, KIERKEGAARD und die französischen Moralisten entlarvten unentwegt gerade diese allgemeine Tendenz, sofern sie unwahrhaftig am Werke ist. Die »Tendenz«, gleichgültig welcher Art, im Kitsch ist also eine zusätzliche Intentionalität, die die primäre, zur Immanenz drängende Gefühligkeit gleichsam überkompensiert. Hierin – und nicht so sehr im Technischen – liegt die fundamentale Unwahrhaftigkeit des Kitsches. Der Zweck (die Tendenz) soll gewissermaßen die Mittel des im weitesten Sinne wertlosen Genießens heiligen. Und diese Rechnung geht nicht auf. Darum ist der Kitsch grundsätzlich so verlogen, ohne daß er im einzelnen Unzutreffendes auszudrücken braucht. Phänomenologisch irrelevant ist dabei zum Beispiel die im katholischen Frömmigkeitswesen auftauchende Frage: ob Kitsch nicht legitimes Mittel zum Ansprechen der breiten Massen sei. Jedenfalls steht der Kitsch dem Obszönen insofern nahe, als er, da die Tendenz weniger zum Tragen kommt als die Sinnfälligkeit, exhibitionistisch wirkt, und – bei entsprechender Primitivität – die Tendenz als »Legitimierung« einer bewußten Uneigentlichkeit gern mit in Kauf genommen wird.

Schließlich sei noch kurz auf die ästhetische Unwahrhaftigkeit hingewiesen, die aus dem – wiederum durch den Zweck der Tendenz geheiligten – Anspruch hervorgeht, Kunst zu sein. Ein Anspruch, der um so peinlicher empfunden wird, je selbstverständlicher ihn der Kitsch erhebt, zum Beispiel durch seinen Charakter als quasi-naiv, -infantil, -folkloristisch, -fromm usw. Dagegen ist Kitsch weitgehend aufgehoben, wenn er in ironischer Distanz gehalten wird, die ihn bewußt relativiert. Dann kann er sogar Material künstlerischer Gestaltung werden. Dies ist beispielsweise oft bei THOMAS MANN der Fall, auch in Songs, überhaupt in der Persiflage. Ob freilich ironische Distanz immer auch schon die für Kunst wesentliche ästhetische Distanz gewährleistet, ist damit nicht entschieden. Immerhin erfährt Kitsch durch das ironische Distanzieren eine so starke Einbuße an Gefühls-Solipsismus, daß er praktisch aufhört zu sein.

Unsere prinzipielle Sicht wird nicht in Frage gestellt, wenn es viele Fälle gibt, in denen die Unterscheidung Kitsch-Kunst schwierig ist. Manches bei den Nazarenern, bei RAFFAEL oder BERNINI zum Beispiel wird heute zum Edelkitsch gezählt. Die strittigen Fälle beweisen nur, daß angesichts ein und desselben Objekts verschiedene Erlebnisweisen möglich sind.

II.

Verläßt man die prinzipielle Ebene und wendet sich der Frage nach dem Kitsch in unserer Gegenwart zu, so drängen sich vor allem zwei Tatsachen auf: einmal das überempfindliche Kitsch-Bewußtsein der künstlerischen Elite, zum andern die gesteigerte Nachfrage nach Kitsch seitens der breiten Massen. So exklusiv die Elite wird, so hemmungslos gibt sich die Masse dem Kitsch hin, zumal ihr dieser dank der allgemeinen Industrialisierung (Film, Rundfunk, Presse, Vervielfältigungsanstalten, Fernsehen usw.) grenzenlos geboten werden kann. Der Hang zum Kitsch wird zudem – im Zuge der Emanzipation der Massen – nicht nur legitimiert, sondern durch »volkstümliche« politische Führung noch ausgenutzt. Schon der Stil staatsmännischer Reden »ans Volk« und die dem Kitschbedürfnis so weit entgegenkommende Lenkung der öffentlichen Meinung verraten einen bezeichnenden Wandel gegenüber autokratischeren Zeiten. Die auf allen übrigen Gebieten des Lebens so oft beklagte Kluft zwischen Masse und – praktisch politisch unwirksamer – Elite scheint unüberbrückbar: der uralte und stets aktuelle Antagonismus – siehe PLATOS *Gesetze*, viertes Buch – zwischen Kunst und Masse ist soweit gediehen, daß er *de facto* meist gar nicht mehr zum Austrag kommt, weil nicht einmal mehr ein Streit besteht. Mit zwangsläufiger Notwendigkeit scheint sich ein Prozeß abzuspielen, der mit dem absoluten Sieg der Massen endet. Mag auch schon einer der ersten mit Namen bekannten deutschen Künstler, LUKAS MOSER, im Jahre 1431 auf dem Rahmen seines *Tiefenbronner Altars* die Worte geschrieben haben: »*Schri, kunst, schri und klag dich ser, din begehrt jecz niemer mer. So o we*«, es ist doch ein weiter Weg bis zu jener totalen Resignation des Künstlers, die aus KARL HOFER spricht: »die Illusion, die Kunst müsse in erster Linie Volkskunst sein, muß grausam und restlos zerstört werden. Je größer und bedeutsamer eine Kunst ist, desto weniger kann sie Kunst für die Massen sein, ist es nie gewesen und kann es nimmer werden. Das was die Masse in der Kunst sucht, ist der Kitsch. Aber im Kitsch wird das tiefe und reine Gefühl der Masse für das Edle und Schöne auf eine kompromißlose, unkomplizierte und sinnvolle Art befriedigt«.

So wenig dieser Nachsatz auch von anderen Malern unterschrieben werden dürfte, so ist in ihm doch die Kapitulation des Künstlers vor seiner Zeit auf unüberbietbare Weise zum Ausdruck gekommen: der Künstler sagt Ja zum Kitsch, weil er nicht einmal mehr dessen Widersacher ist. Die extremste Polemik ist der radikale Abbruch der Kommunikation. Für solche totale Resignation weiß das Kollektiv Dank, indem es – noch – den »Stars«, einer Massenkategorie also, eine Art Naturschutzpark reserviert, gleich anderen zum Aussterben verurteilten Spezien.

Nur soviel zum Sachverhalt, denn es gibt tatsächlich, paradoxerweise, heute bereits eine massentümliche, kulturkritische Literatur. Was haben unsere phänomenologischen *Aperçus* mit diesem Sachverhalt zu tun? – wobei wir nicht betonen brauchen, wie wenig der Sachverhalt allein für die bildende Kunst gilt. Eins vor allem: Kitsch und Massenpsyche haben dieselbe Struktur. Es sind nicht naive Gemüter, die den Kitsch heutzutage produzieren, sondern raffinierte Massenpsychologen, kurzum Menschen, bei denen das Kitschbewußtsein durchaus gegenwärtig ist, ja diese »Mittler« erforschen sogar systematisch die Techniken zur Erzeugung spezifischer Kitscherlebnisse. Die Organisationen der großen Filmgesellschaften, des Rundfunks, der Illustrierten usw., finanzkräftig und zielbewußt, sind selbst nicht Masse, haben selbst durchaus keinen Gefallen am Kitsch, fördern sogar in Geberlaune so am Rande, was sie selber für Kunst halten, produzieren aber Kitsch *en gros*. (In gewisser Hinsicht ist der östliche Kitsch – sofern man das überhaupt sagen kann – »echter«, da er weitgehend von primitiveren, weniger kitschbewußten, dumpf fanatischen Menschen produziert wird. Er ist übrigens deshalb auch weniger gefährlich, weil er dem verwöhnteren westlichen Kitschgeschmack zuwider ist: teils, weil die »Tendenz« als zu aufdringlich empfunden wird, teils, weil die Sentimentalität zu dumpf bleibt. Letztlich sind es freilich nur Gradunterschiede zwischen östlicher und westlicher Kitschproduktion, die Kunstferne ist prinzipiell überall die gleiche). Schlagerkomponisten und Schlagertexter, Drehbuchautoren, Devotionalienfabrikanten, Verleger und Autoren der Konsumliteratur, Gebrauchsgraphiker und Fotografen, Rundfunkexperten – sie alle arbeiten mehr oder weniger zynisch, reflektiert, technisch und psychologisch nüchtern, routiniert. Sie wissen, im Unterschied zur Masse, die sie gleichzeitig hervorbringen, beziehungsweise im Massendasein fixieren, daß Kitsch nicht Kunst ist. Eine Kultursoziologie täte gut daran, dieser Managerschicht Aufmerksamkeit zu schenken statt voreilig geschichtsmetaphysische Fatalitäten zu postulieren.

Die rationell arbeitenden Kitschproduzenten liefern mit ihren stets durch Kontrolle verifizierbaren Methoden nebenbei wertvolles Material für die Analyse des Kitschphänomens: die »bewährten« Techniken, die in systematisierten Arbeitsgängen »angewandte Ästhetik« des Kitsches bieten dem Analytiker fast eine Art Laboratorium, in dem er experimentell forschen kann.

III.

Eben jenes *je ne sais quoi* des Kitsches wird griffig, wenn man zum Beispiel den spezialisierten Arbeitsprozeß hochgezüchteter Betriebe studiert, etwa der »Walt Disney Production«. Die einzelnen Abteilungen lassen sich gut als »Elemente« ästhetischer Erfahrung betrachten. Aufschlußreich ist beispielsweise der Herstellungsprozeß von *Fantasia*: durch sehr exakte Synästhesien wird im ganzen der kitschige Gesamteffekt erzielt. Präziseste Synchronisation von *action, dialog, effects* (beispielsweise Geräuschen), *music, animation, camera* usw. gewährleistet das »atmosphärische« Ergebnis: nämlich Kitsch. Ein Effekt, der besonders peinlich wird dadurch, daß noch ausgerechnet J. S. BACHS *Toccata* und *Fuge in d-Moll*, BEETHOVENS *Pastoralsymphonie* und andere Kompositionen durch solche Techniken »gedeutet« werden sollten. So fehlte sogar das ästhetische Alibi der naiven Kindlichkeit, von der die Zeichentrickfilme Disneys sonst profitieren. Immerhin, dieses Experiment, wegen seines überdimensionalen Kitsches zwar selbst vom breiten Publikum heftig abgelehnt, war wertvoll. Was der Edelkitsch noch geschickt verhüllt, macht der technisch perfekte, reine Kitsch offenbar: den anthropologischen Ursprung von Kitsch. Denn die Technik zu seiner Erzeugung beweist, daß man sich keineswegs mit vagen ästhetischen Allgemeinheiten begnügen muß, wenn man das Wesen des Kitsches bestimmen will, sondern die kitschige Erlebnisweise selbst durchaus griffig darstellen kann.

Als wichtigstes Ergebnis nennen wir die Technik totaler Synästhesie. Dem entspricht auf der Erlebnisseite die Stimmung. Präzise Synchronisation von Erlebnisstrukturen aus verschiedenen Erlebnis-(Wahrnehmungs-)Sphären führt zu gesättigten Stimmungen. Ebenso ließe sich Stimmung in unserem Sinne[1] umgekehrt auch als erhöhte Bereitschaft, Disposition zu Synästhesien kennzeichnen. Was als homogene Gestimmtheit gefühlt wird, als »gleichmäßiges Schwingen« und »Ausgeglichenheit« (BOLLNOW), entspricht auf der Wahrnehmungsseite einem Übermaß an synästhetischen Koordinationen. Ins Ästhetische gewendet, kann gesagt werden: je totaler zum Beispiel ein Kunstwerk im Sinne des Wagnerschen Gesamtkunstwerks sein will, um so stärker will und wird es Stimmungen provozieren. Nicht umsonst läßt sich NIETZSCHES Wagnerkritik leicht als phänomenologische Analyse des Kitsches interpretieren. Der »Naturalismus« des Kitsches besteht weitgehend weniger im naturgetreuen Kopieren von »wirklichen« Wahrnehmungen, als in seiner Neigung zum Homogenisieren verschiedener Erlebnissphären, und analog ist das spezifisch »Abstrakte« der Kunst nicht so sehr jenes »Weglassen« von Strichen (LIEBERMANN), Tönen usw., als vielmehr ein grundsätzlicheres Abstrahieren: von synästhetischen Qualitäten nämlich. Die starke Gefühls-Aura des Kitsches

---

[1] »in unserem Sinne«, da die einschlägige Literatur über Stimmung irrigerweise auch, manchmal sogar gerade das radikalste Aussetzen von Gestimmtsein als »Stimmung«, Grundstimmung u. ä. interpretiert. Hinsichtlich dieser für die Deutung des Kitschphänomens in unserer Zeit so charakteristischen Fehlinterpretationen siehe unten.

steht der gewissen Stimmungskälte, Herbheit, ja Sprödigkeit des Kunstwerks gegenüber. Und das »Schöne« des Kitsches, seine auf den Leib rückende Beglückung, steht der transzendierenden Schönheit des Kunstwerks radikal gegenüber (*ein Versprechen von Glück*, so STENDHAL und NIETZSCHE). Es leuchtet vielleicht nicht so ohne weiteres ein, wieso die Überladenheit des Kitsches dem Stimmungsgehalt der synästhetischen Technik entspricht. Psychologisch jedoch läßt sich dieser Zusammenhang doppelt verifizieren. Man kann dabei von dem ausgehen, was KLAGES unter »elementarer Ähnlichkeit« versteht; das ist die strukturelle Verwandtschaft von Erlebnissen, etwa von Blau mit Ferne, mit Heimweh, Sehnsucht, Himmel, blauer Aura der Berge usw. Analog können wir andere Reihen aufstellen: Triller (akustisch), Glitzern (optisch), Kitzeln (taktil) usf. Diese Reihe kann man nun synästhetisch als einheitliches Kitsch-Gebilde etwa im Tonfilm so erscheinen: Szene auf dem Wasser, ein Mädchen hält die Hand ins glitzernde Wellenspiel, akustisch sekundiert beispielsweise von LISTZS *Wasserspielen der Villa d'Este*, mit ihren Trillerketten und Kaskaden von Appregien. Umgekehrt: die Stimmung als erlebte teilt sich zum Beispiel in der Lyrik mit, indem sie solche »Quermontagen« durch synästhetische Wendungen und transparente Wörter beim Leser provoziert. Was wir als Transparenz erleben, das ist, psychologisch betrachtet, Synästhesie. Und wie Stimmung zu synästhetischen Erlebnissen disponiert, so führt die Technik, mit der synästhetische Gebilde produziert werden, zu Stimmungen.

Allein, dieser Zusammenhang ist noch nicht entscheidendes Kriterium, um Kitsch von Kunst unterscheiden zu können. Synästhetische Gebilde sind als solche noch keineswegs Kitsch, sowenig wie Stimmung allein schon kitschig ist. Vielmehr bedarf es einer näheren Kennzeichnung der spezifisch kitschigen Stimmung. Ganz allgemein gesprochen ist es die oft betonte »Unwahrhaftigkeit« des kitschigen Gefühls. Aber was heißt das? Es handelt sich um jenes schwierige Problem, das ANDRÉ GIDE im *Journal des faux monnayeurs* auch aufwirft: welchen Unterschied gibt es zwischen einem gewollten und einem empfundenen Gefühl? Die Hingabe an kitschige Gefühle (Stimmungen) ist ein ambivalentes Spiel von Willen und Empfindung des Gefühls. Insofern verwandt der hysterischen Unwahrhaftigkeit des Erlebens.

Stimmung als ein das ganze Erleben tragendes Lebensgefühl, als Grundbefindlichkeit, ist als geradezu gewollte, induzierte, scheinbar unmöglich. Des Menschen faktische Ungestimmtheit im Alltag, Langeweile, besorgte Unruhe, Zerstreuung in einem anarchischen Chaos von unzusammenhängenden Weltbezügen – dies weckt in ihm eine *nostalgie d'unité*, wie CAMUS sehr schön sagt. Künstlich jedoch vermag man sich in Stimmung hineinzusteigern, also Stimmung zu erzeugen, sei es durch erinnernde Vergegenwärtigung eines gehabten Gestimmtseins (Vergangenheit als solche ist infolge der homogenisierenden Funktion des Gedächtnisses *eo ipso* eine Art Panorama-Stimmung), sei es durch Narkotika aller Art, wie Alkohol oder Stimmungsmache durch eigens dafür arbeitende Gewerbe und Industrien. Das scheinbar Unmögliche wird möglich: Grundbefindlichkeiten *ad libitum* zu erzeugen, mit Hilfe geeigneter Techniken. Wir sprechen noch nicht vom Kitsch, wohl aber von seiner unwahrhaftigen Grundlage. Denn jenes anthropologisch so wichtige Schamgefühl des Menschen, das sich schon jeder »echten Stimmung« beigesellt und sie als – wenn auch verschieden stark empfundenen – Mangel, Versagen, Passivität, Benommenheit, Ausgeliefertsein u. ä. vergegenwärtigt: dieses Schamgefühl wird erst recht bei induzierten Gefühlen und Stimmungen zur Stelle sein.[2] Stimmung beziehungsweise Gestimmtheit ist als fundamentaler Bann des gesamten Erlebens eben nicht bloß beglückende Einheit von Ich und Welt, sondern gleichzeitig Index der »Geworfenheit« (HEIDEGGER) des menschlichen »Daseins«. Die mögliche Freiheit der Existenz sträubt sich immer »irgendwie« gegen die Ausgeliefertheit an – selbst noch als Beseligung – fixierende Befindlichkeiten.

Und hier ist die spezifische Schamlosigkeit des Kitsches evident zu machen. Nicht die zufällige erotische Assoziation einer Kitschpostkarte macht den Kitsch so wesentlich schamlos, sondern eine fundamentale Schamlosigkeit, die unzüchtig die heikle Freiheitsdialektik des Menschenwesens negiert. Analoges wäre auch, zu den vielberufenen weiteren Prädikaten des Kitschs, wie Süßlichkeit, Billigkeit, Flachheit, Dumpfheit, Aufdringlichkeit usw. zu sagen. All diese Charakteristiken gründen in der prinzipiellen Unwahrhaftigkeit des Kitsches, wie diese flüchtigen Bemerkungen sie anvisieren wollen. Und insofern ist die zunächst so barbarisch-theologisch anmutende Herleitung des Kitsches vom »Vater der Lüge«, nämlich dem Satan, beziehungsweise von der Erbsündenlehre, wie wir sie beim katholischen Moraltheologen RICHARD EGENTER finden, viel belangvoller als die am objektiven Vergleichen interessierte Kitschanalyse vieler Kunsthistoriker. Die bloße Beschreibung von ästhetischen Mängeln, wie sie sich aus dem Vergleichen »so ergibt«, verzichtet nämlich auf die Frage nach der »Bedingung der Möglichkeit« des Kitsches, während die theologische Fragestellung diese Bedingung gerade sehr tief sucht: nämlich im erbsündigen Wesen des Menschen selber.

Wenn Kitsch demnach als menschliche Möglichkeit begriffen wird, und nicht bloß als ein mangelhaftes, quasi-künstlerisches Erzeugnis, dann werden seine Merkmale sich quer durch die gesamten Dokumentationen des Menschen namhaft machen lassen. Es gibt nicht nur kitschige Quasikunst, sondern auch kitschiges Verhalten, Sichbefinden, kurzum: Leben, das kitschige Züge trägt. Der Terminus Kitsch, der aus der Sphäre der Malerei stammen soll – jene billigen Erinnerungspostkarten, die *sketches*, standen etymologisch Pate – konnte ja deswegen so schnell auch auf andere Bereiche ausgedehnt werden, weil »das Kitschige« nicht etwa ein bloß technischer Mangel ist, sondern eine Struktureinheit menschlichen Erlebens überhaupt. Ästhetische Qualifikation wird Kitsch deshalb, weil es sich um Niederschlag beziehungsweise Anlaß solch kitschigen Erlebens dabei handeln muß. Leben mit

---

[2] Eine religiöse Variante dieser Scham ist der antiästhetische Zug bei AUGUSTINUS, dessen Purismus erst durch seine fundamental-anthropologische Lehre von der *concupiscentia* und ihrer wesentlichen Unfreiheit philosophisch relevant wird.

kitschigen Zügen wird Kitsch erst in seiner (Selbst-)Darstellung: aus ästhetischer Distanz, die ich einnehmen kann, wird mir beispielsweise die karitative Geste des Staatsmanns kitschig anmuten, und zwar weil ich sie sehe, »als ob« sie sich selber darstellte, zum Genuß anböte: Kitsch ist also Darstellung eines Kitschigen, seine Objektivation im Ästhetischen.

Indes, auch solche Objektivation ist im primären kitschigen Erleben schon angelegt. Denn auf unecht-spielerische Weise goutiert sich das kitschige Erleben selber, halbdistanziert – halbeingenommen von sich. Eine gewisse Distanz, die sich als echte ästhetische Distanz mißverstehen will, hat die Sentimentalität etwa stets sich selbst gegenüber, weil sie ja kein totales Gefühl ist: ein »Gefühlchen« (NIETZSCHE) wird nicht nur gefühlt, sondern, auf ästhetisch kokette Weise, noch genossen. Dieser Selbstgenuß setzt eine, eben nur »gewisse«, Distanzierung, die wiederum nicht ganz ernstgenommen wird, voraus. Der Niederschlag solchen primären Erlebens ist Kitsch, beziehungsweise will der Kitsch im Nachvollziehenden solches Erleben erzeugen.

Das kann auf grundsätzlich zweifache Weise geschehen: Darstellung des kitschig Erlebenden selber – zum Beispiel die unzähligen Karten mit tränenfeuchten Mädchenantlitzen, auch Iphigenien, büßenden Magdalenen usw. – oder Darstellung des kitschig Erlebten. Oft verbindet sich beides, um desto sicherer die gewünschte Wirkung zu erzielen.

IV.

Was Kunst also vorwiegend vom Kitsch unterscheidet, ist ihre Transzendenz oder ihre Überwindung des Kitschigen als latenter menschlicher Möglichkeit. Mag diese Transzendenz auch keine hinreichende Kennzeichnung von Kunst sein – aus hier nicht weiter explizierbaren Gründen läßt sich überhaupt nicht bestimmen, was Kunst sei –: zur Wesensbestimmung des Kitsches leistet dieser Hinweis auf den transzendierenden Zug des Kunstwerks und des Kunsterlebens gute Dienste. Kunst als spezifische Überwindung des latenten Kitsches läßt eine ganze Reihe von Phänomenen begreifen, die als »Hinfälligkeit des Schönen« in den Blick kommen können. Die bekannte Frage nach der »Materialechtheit« oder auch die weniger bekannte Frage nach dem Verhältnis von Kitsch und Kunst in unserer Zeit. Zum ersteren: Kitsch ist material-unecht nicht erst dadurch, daß beispielsweise statt Marmor Gips verwendet wird, vielmehr ist auch das »lebende Bild«, wo Menschen Menschen darstellen, kitschig, wenn die transzendierende Wertbezogenheit des lebendigen Sinnbildes ästhetisch nicht gewährleistet wird, da gerade das allzu echte Material sich als Selbstzweck in den Vordergrund drängt. Das ästhetisch »Billige« ist nicht unbedingt auch ökonomisch Talmi (RITA HAYWORTHS Figur bleibt auch in reinem Gold Kitsch). Das Problem der kitschigen Reproduktion in unechtem Material ist eines der ästhetisch aufschlußreichsten, es zeigt nämlich die eben erwähnte Überwindungstendenz der Kunst deutlich an. Denn in der kitschigen Reproduktion wird eben jenes Überwindungsmoment wegretuschiert, und der Rest ist der Kitsch. So entstehen gerade heute, im Zuge einer Popularisierung der klassischen Kunstwerke, besonders in Amerika, unzählige Kitsch-»Werke« dadurch, daß in bekömmlicher Reduzierung – als Film, als Story usw. – Kunstwerke ausgerechnet um ihre künstlerische Pointe verkürzt werden. Und das Ergebnis ist ungewöhnlich »reiner« Kitsch.

Damit ist die zweite Frage erreicht, die Frage nach dem Verhältnis von Kitsch und Kunst in der Gegenwart. Wir haben zwar angedeutet, wie Kitsch und Massenpsyche zusammenhängen, wie Industrie und Massenkitsch ein ernstes kultursoziologisches Problem darstellen, aber es gilt auch die andere Seite zu sehen: nämlich die des heutigen Künstlers. Vor allem die Literaturentwicklung unserer Tage wollen wir nach dem Überwindungskoeffizienten befragen, der in ihr zum Ausdruck kommt. Das soll heißen: inwieweit ist sie Überwinden des latenten Kitsches? Inwieweit teilt sie mit den anderen Künsten nur die polemische Haltung, und riskiert gar nichts?

Sehr aufschlußreich ist in diesem Zusammenhange die faktische Abneigung des schreibenden Zeitgenossen, sich »Dichter« zu nennen. Er ist bewußt »nur Schriftsteller«. Drückt sich darin nur Bescheidenheit aus, oder nicht vielmehr ein – wenn auch unreflektierter – »böser Blick« gegen das Geschäft des Dichters? Schon bei den Naturalisten (ARNO HOLZ) und Expressionisten (*Der Sturm*) dokumentierte die merkwürdig gleichlautende Kritik an HEINE und GOETHE einen Affekt gegen die Unwahrhaftigkeit des Dichtens im alten Stil. Es geht auch hier nicht um bloße Technik – mag diese auch noch so eingehend erörtert werden –, sondern um jenes »Nur Narr, nur Dichter« NIETZSCHES und, wenn man will, schon PLATOS. Und ist es nicht merkwürdig, daß die Kritik am Dichter so häufig die (unfreiwillige) Kitschwirkung der Dichtung älteren Stils ins Feld führt? Das Pathos fürs echte, wahrhaftige, wirkliche Leben und Erleben überschreit den unnatürlichen und künstlichen »Dichter«-Ton, dessen schöner Schein – oft recht heiser – als glatte »Lüge« an den Pranger gestellt wird. Auch die antinaturalistischen Bewegungen teilen die Opposition gegen die Lebensfremdheit, gegen die Unwirklichkeit des Dichtens. Das Schöne will als Lebensmacht wirken, »durchglühen«. Dichter bilden »Kreise« um sich, wollen am Gegenwärtigen und Zukünftigen »schaffen«, zuweilen sogar cäsarisch, mindestens aber »gesetzgeberisch« Schicksal sein. *Littérature engagée* ist fürwahr keine Erfindung SARTRES. Allein, wie unglaubhaft erscheint schon uns Heutigen diese vermeintliche »Aktualität« des Dichters in der vorletzten und letzten Generation. Wie resignierend klingen die Klagen über den Niedergang der Lyrik in unserer Zeit, die wir in den kaum gelesenen literarischen Zeitschriften von Zeit zu Zeit finden! Wir leben gegenwärtig wahrhaftig im Zeitalter einer betonten »Schriftsteller«- und nicht »Dichter«-Literatur. Es fehlt nicht an Versuchen, dieses Faktum mit gutgemeinten akademischen Mitteln (Akademiengründung und Zeitschriften) oder ökonomisch durch karitative Preisverleihungen zu unterminieren – doch das Ergebnis ist bekannt.

Die »Elite« – soziologisch heute übrigens viel ungriffiger als die anonyme »Masse« – glaubt selber nicht mehr an den Dichter. Und der »Schriftsteller« hält sich nicht für einen Künstler, der das Schöne zu sagen hätte. Ja, es ist wie eine heimtückische Rache des Zeitgeistes, daß sogar die Klagen über den Verlust des Schönen aus prominentestem Munde dem heutigen Ohr zu oft leicht edelkitschig klingen. Große Namen könnten genannt werden, aber es sind keine Zeitgenossen, wenn sie auch heute noch leben.

Trägt den Schriftsteller überhaupt noch so etwas wie ein betontes künstlerisches Selbstbewußtsein? Und wie verhält er sich zum Kitschbedürfnis der Massen? Nun, vom Schönen gibt es einen Weg auch zur Masse, vom heutigen Schriftsteller, der für Schriftsteller schreibt, nicht. Der Schriftsteller, gleichgültig welchem »Ismus« zugetan, will heute aussagen, die Zeit, das Leben, den Menschen deuten. Allein: unter bewußter Umgehung der Risikozone des Schönen. (Wie *noire* ist heute auch unsere *littérature rose*.) So charakterisiert unsere Kulturzeitschriften ein eigentümliches Handinhand von Schriftsteller-Essays und Kulturphilosophen-Abhandlungen. Der vielberufene »Tiefgang der Aussage« ist zu einer literarkritischen Kategorie geworden, und umgekehrt werden immer stärkere Impulse von der ästhetisch »neutralsten« Sphäre in der Literatur wirksam (Philosophie, Psychoanalyse, Existentialismus, Weltanschauungs-Ideologien). So riskiert also der Schriftsteller weder das Schöne noch den Kitsch. Er ist nicht der Künstler, der den Kitsch überwindet, sondern er kommt gar nicht in jene Bewußtseinslage, da er ihn riskieren könnte.

Es ist selbstverständlich, daß wir hierbei nicht von der breiten Konsumliteratur sprechen, die erotischen, religiösen, politischen usw. Kitsch bewußt erzeugt. Zwischen dieser Konsumliteratur und dem repräsentativen – was repräsentierenden? – Schrifttum unserer Tage besteht eine weite Kluft. Nicht so sehr im Technischen, denn bekanntlich profitiert die Darstellungstechnik der »Elite« weitgehend von den massetümlichen Reportern, vom technischen Vokabular, von der Filmtechnik: Montage, Schnitt, Überblendung usw. Was den Unterschied ausmacht – wenn auch nicht allein –, das ist am ehesten noch von der ganz verschiedenen Rolle der Stimmung aus zu beleuchten. Während die breite Masse vor allem (möglichst ohne Engagement) »gestimmt« werden will, und das auf dem bequemsten und schnellsten Wege, vermeidet der zeitgenössische Schriftsteller fast methodisch die Erlebnisregion der saturierten Stimmungen. Auch wenn er sie gelegentlich streift, so hebt er sie in der stimmungslosen Gesamtbewegung wieder auf. Und wenn er sie in Gedichten scheinbar geradezu beschwört, so nur deshalb, weil sie ihm als transitorische Momente gegenwärtig sind. Er steht außerhalb ihrer.

Freilich, man kann aus verschiedenen Gründen auch die Ungestimmtheit als »Stimmung« bezeichnen. Dies ist eine mehr oder weniger terminologische Frage. Aber kennzeichnend bleibt doch die Tatsache, daß eben jene »stimmungslosen Stimmungen«, wie Angst, Langeweile, Ekel, im weiten Sinne der sartreschen *nausée*, die Affekte der Panik, des Entsetzens, des Schreckens usw. an die Stelle der harmonischen, Ich und Welt harmonisierenden Stimmungen treten. Auch ohne direktes Beschwören werden diese stimmungslosen Stimmungen vergegenwärtigt, sehr oft durch ausgesprochene kitschige Stimmungen, die indessen hier keineswegs, wie im Kitsch, Selbstzweck sind, sondern gerade die umgekehrte Funktion haben: Widerwillen gegen Gestimmtheit überhaupt zu provozieren. Hier liegt eine viel differenziertere Bewußtseinsverfassung vor als beim primitiveren Kitschbedürfnis. Die Stimmungsdichte ist da also kein Zeichen von Ansässigkeit, sondern etwas bewußt vorläufiges im Zuge einer Fluchtbewegung. Diese fahle Ungestimmtheit meinen wir noch bei den »lyrischsten« Rilkegedichten als tragenden Unterton vernehmen zu können. (Nicht so beim Rilkeaner, der so oft nur in den kitschigen Vordergrund verliebt bleibt). Ein weiteres Merkmal dieser – nur transitorischen – Stimmungen ist, daß sie gewöhnlich etwas eigentümlich Verbeultes haben, akustisch gesprochen, keinen schwingenden Hall. Daher beklemmen sie. Trotz ihrer Dichte besitzen sie nicht den einschmelzenden Sog kosmischer Stimmungen, sondern bedrücken, wenn man sich ihrer Immanenz preisgibt. Das Ergebnis für den Nachvollziehenden ist also weder jenes »klassische« Ausschwingen der gestimmten Seele, noch die mikrokosmische Behaglichkeit der Kitschigen und ihrer Hausmacher-Stimmung, sondern ein bezeichnendes Drittes: ein, wie man ist versucht zu sagen, geradezu kosmisches Unwohlsein, ein metaphysisches Katergefühl, das mit »Elegie« sehr unzutreffend charakterisiert wäre.

Ästhetisch-psychologisch könnte man den vielberufenen »Nihilismus« unserer Literatur besser von dieser Un- beziehungsweise Anti-Stimmung her fassen, als vom »Verlust der Mitte«, vom »Gott ist tot« und dergleichen mehr. Es fehlt heute eben jene Art »kosmischer Gemütlichkeit« glücklicherer Epochen, denen Stimmungen glaubhaftere Enthüllungen des Seins waren als uns.

Nicht nur in der zeitgenössischen Philosophie, sondern auch in der Literatur scheint die Auffassung zu herrschen, daß erst in der Ungestimmtheit menschliches Dasein sie sich unverhüllt zeige. Ob man nun solche Ungestimmtheit geradezu als »Grundstimmung« bezeichnet, ändert nichts am Sachverhalt. Allein, es wird ein wichtiger Aspekt noch zu wenig beachtet: daß nämlich die Angst, die vielzitierte, nicht bloße »Ungestimmtheit« ist, sondern die Beklemmung, wie sie sich beim Stimmungsentzug, beim Kollabieren des Gestimmtseins in der Welt einstellt. Angst ist eine Art Erregungszustand beim Aussetzen von Stimmung überhaupt. Das ist die bloße Furcht nicht. Furcht ist literarisch betrachtet ein Mittel zur Erzeugung von Spannung, Angst dagegen macht beklommen. Mit Furcht kann man sich innerhalb der Welt zurechtfinden, ihrem Feindseligkeitskoeffizienten Rechnung tragen, Angst stellt den eingespielten Weltbezug aber grundsätzlich in Frage, macht ihn im weitesten Sinne problematisch. Angst ist keine »Befindlichkeit« mehr, sondern beklemmende »Un-befindlichkeit«. Es scheint überflüssig, den Angstcharakter der zeitgenössischen Literatur im einzelnen belegen zu wollen. Dagegen verdient in unserem Zusammenhang ein Randphänomen Erwähnung: das feuilletonistische Mißverständnis der Angst als Furcht, als ob es bloß um zeitgeschichtliche Reaktionen ginge, um die Atombombe, um »Ost und West«, um notwendige Restaurationen des religiösen Lebens usw. Dieses Mißverständnis verfälscht den Charakter unserer Literatur auf Grund eines Dogmas: daß nämlich Literatur, wie Kunst überhaupt, von einem (dem Kulturfeuilletonisten durchaus einsichtigen) »Zeitgeist« zu künden habe und gleichzeitig auch »positive Lösungen« bieten müsse (da man »das Problem der Zeit« ja kenne, sei die Lösung forsch zu finden). Wäre die Literatur tatsächlich bloße Furchtreaktion, dann hätte solche Argumentation recht. Aber es gibt zu denken, daß die im kulturfeuilletonistischen Sinne »positivsten« Schriftsteller die mäßigsten sind, es sei denn man verfälscht die – mit Majuskeln zu schreibende – ANGST-Literatur zu zeitgemäßer Anweisung zum praktischen Leben im weiß Gott bedrohten Zeitalter.

Doch der extremste Antipode der Literatur der Elite ist wie gesagt das Kitschbedürfnis der Massen. Es ist nicht die sogenannte Unbildung des Publikumsgeschmacks, die unsere führende Literatur unzugänglich macht. Schon der Hinweis auf die heute oft schon zur Manier werdende »Metaphysik des Banalen« mit ihrer bewußt trivialen Sprache – es sei nicht nur die GRUPPE 47 gemeint – entkräftet den Einwand, die Schriftsteller schrieben zu »hoch«. Es ist vielmehr jene charakterisierte »polemische« Haltung der Modernen. Polemisch nämlich im Sinne der Anti-Stimmung, der metaphysischen Unbehaglichkeit. Das stößt die Massen auf den primitivsten Kitsch zurück, manche »Gebildete« auf den Edelkitsch beziehungsweise auf die mit kitschhaftem Auge gesehenen Großen der Vergangenheit. Vermittelnde Gruppen gibt es heute freilich auch. Man kann zum Exempel schreiben »wie Goethe«, dichten »wie Schiller«. Doch wenn dies ein TH. MANN tut, so ist ihm dabei durchaus modern zumute: als Artist und Ironiker bedient er sich des »Stils«, geht also nicht in ihm auf, ja, man goutiert als Leser die gekonnte Persiflage. *Zeitblooms* gepflegter Humanistenjargon und *Felix Krulls* Hochstapler-»Stil« sind sehr verwandt. Natürlich kann man MANN auch lesen wie »seinen Goethe«, aber man hat ihn substantiell verfälscht. Mag sein, daß solche Verfälschungsmöglichkeiten noch einigen zeitgenössischen Schriftstellern zu einer mäßigen Breitenwirkung verhelfen – das widerlegt aber die Existenz der faktischen Kluft nicht, wie sie unsere Gegenwart kennzeichnet.

Nach diesen Bemerkungen über die Situation der Literatur scheint das Problem des Kitsches in unserer Zeit einseitig auf jene soziologische Tatsache »Masse« abgewälzt worden zu sein. Aber gerade die phänomenologischen Untersuchungen über den Kitsch, die noch ausstehen, könnten aufzeigen, wie dialektisch das Kitsch-Kunstverhältnis bis Ende des neunzehnten Jahrhunderts noch war, im Gegensatz zur starren »polemischen« Kunst. Ferner: eine Soziologie des Kitsches könnte – nicht zuletzt am Phänomen des Edelkitsches – nachweisen, daß »Masse« nicht nur ein soziologisches Gebilde sei, sondern, wie schon ORTEGA Y GASSET in seinem *Aufstand der Massen* sagt, eine »menschliche Kategorie«.

Der kitschige Mensch

Den kitschigen Menschen zum Thema einer Betrachtung zu machen, ist gar nicht selbstverständlich. Zumal dann nicht, wenn bei diesem Titel kaum an die kitschige Darstellung von Menschen gedacht werden soll, ebenso wenig wie an das sprichwörtliche »*Lieschen Müller*«. Vielmehr erscheint uns das Problem grundsätzlicher. Sagen wir es so: Es geht uns um die Kitsch-Schicht im Menschen selber, um das »Lieschen Müller in uns« selbst, wie man in Anlehnung an MAX PICARDS Wendung »*Hitler in uns*« sagen könnte. Mit anderen Worten: wir fragen anthropologisch nach dem Kitsch. Wir fragen nach der Bedingung der Möglichkeit, kantisch zu sprechen, des Kitsches. Die anthropologische Fragestellung unterscheidet sich von anderen, üblicheren – etwa der soziologischen, die geneigt ist, eine gesellschaftliche Gruppe bzw. die Masse ins Auge zu fassen – mit der Frage, inwieweit sich besonders hier jenes Kunstsurrogat kitschbreit machen könne – oder der ästhetischen Fragestellung: diese zielt auf die im kitschigen Produkt, Bild, Musik, Buch usw. objektiv nachweisbaren Mängel, orientiert am Gegenbilde der eigentlichen Kunst.

Für unsere Betrachtungsweise ist die soziologische und ästhetische Problematik zwar nicht unwichtig, aber nicht grundsätzlich genug. Entgegen der Voraussetzung, dass Kitsch etwa auf soziale Schichten beschränkt bleibe, sind wir der Ansicht, dass auf jeder Stufe spezifische Kitschregionen ausfindig zu machen seien. Und gegen die objektive, also am kitschigen Produkt orientierte Ästhetik des Kitsches steht unsere Ansicht, dass auch besonders schöne Kunstwerke durchaus in kitschiger Weise angeeignet werden können, sowie umgekehrt sogar ausgemachter Kitsch von einem großen Künstler richtig eingemeindet in ein Kunstganzes integriert, also – um vornehmer zu sprechen – zur Kunst geadelt wird. Ja, es erhebt sich hier sogar die nachdenkliche Frage, der wir aber jetzt nicht nachgehen wollen, ob nicht vielleicht Kunst gerade darin besteht, eine kitschige Sphäre zu überwinden, wohlgemerkt zu »überwinden«, nicht zu »umgehen«. Aber zurück zum Thema: der Kitsch-Schicht im Menschen. Lieber noch würden wir von »Zustand« statt von Kitsch sprechen. Zustand nämlich in jenem weiten Sinne, in dem NIETZSCHE das Wort zu verwenden pflegte, also im Sinne einer Gesamtverfassung oder Befindlichkeit des Seelenlebens, so wie man ja auch vom Zustand und nicht der Schicht des Traumes, des Rausches usw. zu sprechen gewohnt ist.

NIETZSCHES eigene, überaus fruchtbare Kunsttheorie und -kritik war in unserem Sinne anthropologisch, weil sie stets darauf bedacht war, eben diese Zustände ausfindig zu machen, aus denen heraus geschaffen bzw. nachvollzogen wird. Von seiner Erstlingsschrift *Geburt der Tragödie* bis zur späten WAGNER-*Kritik* handelt NIETZSCHE eigentlich immer vom Boden, sprich Zustand, der spezifische Früchte trägt bzw. in sich aufnimmt. Ein Beispiel nur mag verdeutlichen, was das Wesentliche der anthropologischen Betrachtungsweise ist und worin diese sich von der objektivistischen unterscheidet. In der *Morgenröthe* (Aphorismus 210) spricht NIETZSCHE vom »Lächerlichen«: »Ehemals, sagte, fragte man, was ist das Lächerliche, als ob es außer uns Dinge gebe, denen das Lächerliche als Eigenschaft anhafte, und man erschöpfte sich in Einfällen. Jetzt fragt man, was ist das Lachen, wie entsteht das Lachen? Man hat sich besonnen und endlich festgestellt, dass es nichts Gutes, nichts Schönes, nichts Erhabenes, nichts Böses an sich gibt, wohl aber Seelenzustände, in denen wir die Dinge außer uns mit solchen Worten belegen. Wir haben die Prädikate der Dinge wieder zurückgenommen oder wenigstens uns daran erinnert, dass wir sie ihnen geliehen haben«.

Versuchen wir nun, in diesem Sinne vorübergehend zu vergessen, dass es kitschige Dinge in großer Zahl gibt, mit ihren Prädikaten »süß«, »gefällig«, »penetrant«, »klebrig«, »gefühlig«, »rührselig« und so weiter und so weiter. Zu dieser methodischen Vergesslichkeit sind wir umso berechtigter, als wir in den einschlägigen Ästhetiken ohnehin nur sehr selten erfahren, worin denn das »Süße«, »Klebrige« und so weiter eigentlich bestehe.

Es kann sich dabei ja nicht um rein technische Probleme handeln, wie z. B. KARL-HEINZ DESCHNER in seiner Streitschrift *Kitsch, Konvention und Kunst* meint. Wäre dies nämlich der Fall, dann bleibt das unverständlich, was der gleiche Verfasser ja durchaus zugibt. Er sagt: »Was GOETHE für eine bestimmte Publikumskategorie ist, ist COURTHS-MAHLER für eine andere«. Ja, ich würde noch hinzufügen, man kann sehr wohl auch Altmeister GOETHE auf höchst gebildeter Stufe edel-kitschig genießen. Es gibt ein recht kultiviertes *vibrato* und *tremolo* kitschiger GOETHE-Aneignung. Mit diesem kleinen polemischen Seitenblick werden wir in unserer vom Menschen und nicht vom kitschigen Produkt ausgehenden Betrachtungsweise bestärkt, weiterzufragen haben. Gibt es also kitschige Zustände? DESCHNER meint entschieden: nein – wir ebenso entschieden: ja. DESCHNER, wir zitieren ihn nur deswegen, weil bei ihm die Auffassung besonders offen ausgesprochen wird, übrigens sehr zum Vorteil für eine Erklärung unseres Problems. DESCHNER also erklärt: »Es ist das Charakteristikum des Kitsches, dass er unecht ist«. Soweit, so gut.

Aber unrichtig ist die Fortsetzung: »Das Leben als solches aber, das heißt, ein Bewusstseinszustand, ein Gefühl an sich, ist niemals unecht«. Diese letzte Behauptung leugnet also das Vorhandensein eben des von uns zum Thema gemachten »*kitschigen Menschen*«, lässt aber umso entschiedener bzw. wacker für sich existierende kitschige Produkte da sein. Sie sind halt bloß nicht geglückte Erzeugnisse eines an sich immer echten Lebens.

Stimmt dies? Es gibt unechte Gefühle. Die innere Verlogenheit, SARTRES berühmte *mauvaise foi*, die ganze Reihe von diminutiven »Gefühlchen«, wie NIETZSCHE sagt. Es gibt z. B. nicht bloß Hunger, sondern auch Appetit, bei dem ich mir auf unechte Weise Hunger suggeriere, um dann die Lust der Befriedigung zu genießen, nicht aber eigentlich die Speise. Es gibt außer der Scham die Prüderie, die sich – welch ein Widerspruch – kokett-demonstrativ schämt, genüßlich ein halb peinliches, halb wohliges »Gefühlchen« auskostend. Wir könnten eine solche Reihe beliebig fortsetzen – stets mit der gleichen Pointe – innerhalb unseres Bewusstseinszustandes an sich und nicht erst im objektiven Produkt, spezifische Brechungen, Reflexionen, Verbeulungen, ja, Metastasen unechter Gefühle, die als unecht bewusst sind, ausfindig zu machen. Die psychoanalytische Literatur, vor allem aber die Psychopathologie der Hysterischen liefern ein unerschöpfliches Material. Aber so wird der allmählich ungeduldige Hörer fragen: »Was soll dies alles mit dem kitschigen Menschen zu tun haben?« Nun, wir sprechen bereits von dessen Grundvoraussetzung, nämlich von der sogenannten Unechtheit des Gefühlslebens. Sie erkennen, dass wir keineswegs – wie in kulturkritischen Kitschanalysen üblich – von von primitiver Masse sprechen und wenig leutselig die besseren Stände der echten, wahren Kultur und Kunst ergeben sein lassen. Nein, dass wir vielmehr dazu neigen, das Kitschige als etwas höchst Raffiniertes, Komplexes zu begreifen, gleichsam quer durch alle Bildungsschichten hindurch. Gewiss, die vermutliche Wortgeschichte des Kitsches, das eigentlich *Sketch* bezeichnete, die billigen, geschmacklosen Ansichtskarten, die man in München gegen Ende des vergangenen Jahrhunderts feilbot; die Geschichte also des Wortes Kitsch lässt scheinbar keine so prinzipiellen Erörterungen zu. Indes, man bedenke dies gründlich.

Das Wort konnte sich ja deswegen von der Sphäre der Ansichtskarten auf Malerei überhaupt, auf Musik, Dichtung, Theater usw. hinaus erstrecken, weil es einen umfassenderen Sachverhalt meint als bloß geschmacklose Ansichtskarten. Einen ähnlichen Vorgang erleben wir ja heute mit dem Wort »Schnulze«. Der verallgemeinernde Griff nach solchen Vokabeln beweist ein Bedürfnis, ein sehr durchgehendes Phänomen zu benamsen, eben jenes Phänomen, von dem wir sprechen, den kitschigen Menschen in all seinen Äußerungen. Dass der Sprachgebrauch »Kitsch« oder »Schnulze« nur die objektiven Produkte trifft, enthebt nicht von der Aufgabe, die Voraussetzung der Entstehung solcher Produkte und ihrer Wirkung ins Auge zu fassen, zumal diese Voraussetzungen viel älter sind, als die sich im Laufe der Zeit wandelnden Wörter. Schon PLATON klagt über die gesetzlosen, keineswegs talentlosen

Dichter seiner Zeit, die – ich zitiere – »sich einer wilden Begeisterung überließen und mehr als rechtwahr von den Prinzipien des sinnlichen Vergnügens beherrscht wurden« (*Gesetze*, III. Buch). Und von den Kirchenvätern bis zu NIETZSCHE und TOLSTOI reicht die Kette derer, die die auf den Leib rückende Beglückung durch die Kunst kritisieren und dabei oft das Kind Kunst mit dem Badekitsch hinauswerfen möchten. Nein, die Kitschanalyse ist nicht erst seit der Jahrhundertwende in Schwabing aktuell.

Lüge, Unwahrhaftigkeit, Sinnlichkeit, diese uralten Vorwürfe, zum Teil sogar gegen die hohe Kunst vorgebracht, werden vor allem dem Kitsch nachgesagt. Aber die Tatsache, dass diese Vorwürfe auch gegen wirkliche Kunst erhoben worden sind, beweist nur noch einmal, dass die Untersuchung des Kitsches grundsätzlicher getrieben werden muss, als dies bisher geschehen ist. Und eine anthropologische Untersuchung der spezifischen Lüge, Unwahrhaftigkeit, Sinnlichkeit des Kitsches könnte auch der Ästhetik des Kunstwerkes überhaupt nur förderlich sein. Vor allem ist die Untersuchung des Verlogenheitscharakters im Genuss, also das Problem Kitschgenuss und Kunstgenuss, voranzutreiben. Am wichtigsten ist leider immer noch die schon 1913 erschienene Arbeit des Phänomenologen MORITZ GEIGER: *Beiträge zum Phänomen des ästhetischen Genußes.* Der Hass des Menschen auf die der Tierheit näher gebliebenen Stufen, wovon NIETZSCHE spricht, ist gerade im Genuss jeder Art zur Stelle. Der Freiheitsprotest gegen die Natur des Menschen lässt sich schon an primitivsten Völkerstimmen nachweisen, deren Tischsitten z. B. es mit dem Zivilisierten aufnehmen können. Die Distanznahme von körpernahen Empfindungen ist ein Grundzug des Menschen, der sich in allen kulturellen Entfaltungen des Menschengeschlechts als Sublimation und Differenzierung der latenten Tierhaftigkeit nachweisen lässt. Insbesondere die schon von SCHILLER hervorgehobene Stellung der Fernorgane Auge und Ohr in der Kunst ist beachtenswert, da – wie SCHILLER sagt – »dem Auge und dem Ohre die andrängende Materie von den Sinnen weggewälzt sei«. Der ästhetische Genuss nun hat eine recht paradoxe Funktion im Zusammenhang des zur Freiheit drängenden Menschen. Denn im ästhetischen Genuss wird – was man schon lange vor KANT wusste – ein »interesseloses Wohlgefallen« erlebt. Also distanziert, aus ästhetischer Distanz, wie man sagt, wird gleichwohl genossen, wohlgefallen.

Es ist somit keine bloße *façon de parler*, wenn man dem Kitsch ausgesprochen leibnahe, also nahsinnige Eigenschaften zuzuschreiben pflegt. »Süße«, »Kitzel«, »Duft«, »Parfum«, »Klebrigkeit« und anderes mehr. Die ästhetische Distanz wird gegenüber den legitimeren Kunstgenüssen sozusagen verkürzt. Vielleicht ist es auch die unbewusste Assoziation von »Schnuller«, »Schnalzen«, »Schmalz«, »Schmatzen«, die dem Wort »Schnulze« eine so schnelle Umlaufgeschwindigkeit gab. Aber das interesselose Wohlgefallen wird im Kitschgenuss noch auf eine ganz spezifische Weise pervertiert. Die distanzlose, behagliche, leibnahe Genüsslichkeit wird auf charakteristische Weise verlogen. Man redet sich sozusagen eine Distanz ein, die man nicht nur nicht aufzubringen gewillt ist, Lüge Nr. 1, sondern für die man, Lüge Nr. 2, noch scheinbar edle Werte oder Wertträger (Symbole) vortäuscht. Kitsch ist in der Regel edel. Und nun Lüge Nr. 3: Diese beiden vorhin genannten Verlogenheiten werden zu allem Überfluss noch genossen. Man genießt sein eigenes, an sich schon verlogenes Gerührtsein noch einmal. Mit Rücksicht auf die ohnehin gefährdete Verständlichkeit haben wir nur drei Lügen auf einen Schlag genannt. *De facto* ist jedoch die Verhedderung der Unwahrhaftigkeitsdialektik noch viel schlimmer, wie dies gut an der Stimmung des kitschigen Gerührtseins zu demonstrieren wäre. Die vorhin, wie gesagt, grobskizierte Dialektik des kitschigen Gerührtseins – meines Erachtens eine Schlüsselposition aller anthropologischen Ästhetik – war gleichzeitig eine Skizze des kitschigen Menschen überhaupt; gleichgültig, ob er sich nun künstlerisch objektiviere oder nicht. Es war jener Zustand, der Kitsch hervorbringen kann, bzw. der Zustand, in den der Kitschgenuss versetzt. Bevor wir nun abschließend noch einige Bemerkungen zum Kitsch-Kunstverhältnis machen, seien wenige Beispiele kitschigen Menschentums, also Menschen, die Kitsch leben, Kitsch sind, gegeben.

Kitschige Menschen in unserem Sinne hat besonders DOSTOJEWSKI meisterhaft geschildert. Beachten Sie bitte eben jene spezifische Gefühlsverlogenheit, von der wir soeben sprachen, z. B. *Marmeladow* in *Schuld und Sühne*, jener dauernd gerührte masochistische Säufer mit Anwandlungen von Edelmut: »Erlauben Sie, junger Mann«, redet Raskolnikow an. »Können Sie wohl, oder nein, ich will mich stärker und deutlicher ausdrücken, wagen Sie es wohl, wenn Sie mich jetzt anblicken, rückhaltlos zu behaupten, ich sei kein Schwein?« Später: »Ich bin nie ein Gegenstand der Sehnsucht, nie einer des Mitleids gewesen. Mein Gesicht zeigt es schon, dass ich nur als Vieh geboren bin«. Nun zum Selbstgenuss der eigenen Minderwertigkeit, die aber kleinlich bedacht noch etwas herausfeilschen möchte an latenter Größe: »So sehe ich aus. Wissen Sie, mein Herr, wissen Sie, dass ich selbst ihre Strümpfe vertrunken habe? Nicht die Schuhe, meine Frau, nur ihre Strümpfe. Die Strümpfe habe ich vertrunken«. *Marmeladow* verschweigt hier allerdings, dass seine halbwüchsige Tochter für seine Trunksucht auf den Strich gehen muss. Und jetzt das große Gefühl: »Katharina Iwanowna hat eine schwache Brust. Das fühle ich wohl. Warum soll ich es nicht fühlen? Und je mehr ich trinke, umso mehr fühle ich es. Eben deshalb trinke ich ja, denn im Trinken suche ich Mitleid und Gefühl. Ich trinke, denn ich will zweifach leiden – wie in Verzweiflung«.

DOSTOJEWSKI schreibt sehr gewissenhaft: »Wie in Verzweiflung neigte er den Kopf auf den Tisch.« Wer wollte da nicht gleich auch an *Lebedew* im *Idioten* denken oder an den verlogenen vitalen *Vater Karamazow*, der zu *Aljosha* sagt: »Und es wird für dich geziemender sein, bei den Mönchen zu leben als bei mir, einem betrunkenen alten Kerl. Ja, mit Dirnen. Obgleich zu dir wie zu einem Engel nichts hingelangt. Ich aber werde dich erwarten. Siehst du, ich fühle es ja, dass du der einzige Mensch auf der Welt bist, der mich nicht verdammt. Du, mein lieber Junge, siehst du das? Fühle ich? Wie sollte ich das nicht fühlen?« Und er begann sogar zu flennen. Er war sentimental, er war bösartig und dabei doch sentimental. Bei jeder passenden und unpassenden Gelegenheit – ihm passen aber alle Gelegenheiten – steigert er sich in ein falsches Gefühl, z. B. beim *Greis Sosima*, wir zitieren: »Das sage ich an Ihre Adresse, heiligstes Wesen, Ihnen sage ich dies, Begeisterung ströme ich aus«. Er stand auf, und indem er die Hände erhob, rief er aus (man beachte nun, wie der Begeisterungsstrom gleichwohl von der Frivolität des alten Lüstlings fast unfreiwillig durchsetzt ist); also er rief aus: »Gesegnet, o Greis, sei der Leib, der dich gebar und die Brüste, die dich nährten, ganz besonders die Brüste, die dich nährten«. Der hat den Gefühlsclown längst durchschaut und sagt: »Die Hauptsache von allem lügen Sie nicht; vor allem belügen Sie sich nicht selbst. Sich selbst gekränkt fühlen, ist ja bisweilen sehr angenehm, nicht wahr?« Und nun eine sehr präzise Interpretation der Gefühlsverlogenheit: »Und es weiß ja der Mensch, dass niemand ihn beleidigte, er sich vielmehr die Kränkung ausdachte und zu ihrer Ausschmückung log und übertrieb. Er weiß dies selber, und trotzdem fühlt er sich zuallererst beleidigt, fühlt sich gekränkt bis dahin, dass es ihm angenehm ist. Ja, bis zum Empfinden eines großen Vergnügens. Ja, stehen Sie nur auf und setzen Sie sich, ich bitte Sie sehr«.

Das sind ja auch nur verlogene Gesten. Was hat das mit kitschigen Menschen zu tun? Alles. Ja, Dostojewskis Fortsetzung dieser Szene gibt uns geradezu einen Hinweis für die Entstehung auch noch des kitschigen Produktes. Die innere Verlogenheit wird kitschig genossen – als quasi Kunst – und schlägt sich dann objektiv als Kitschprodukt nieder. Ja, die kitschige Befindlichkeit des alten *Karamasow* verwandelt – fast automatisch möchte man sagen – auch noch die Worte des ihn durchschauenden *Sosima*, nämlich dessen Mahnung zu innerer Wahrhaftigkeit, in Lüge: »Gesegneter Mann, lassen Sie mich Ihnen die Hand küssen. So ist es, so ist es. Es ist angenehm, sich beleidigt zu fühlen. Das haben Sie so schön gesagt. Ja, so ist es. Ich habe mich mein Leben lang beleidigt gefühlt – bis dahin, dass es mir angenehm war. Für mein Ästhetisches habe ich mich beleidigt gefühlt.« Man beachte, wie hier die an sich bestehende innere Verlogenheit noch mit dem Wert des Ästhetischen legitimiert werden soll. »Denn«, fährt er fort, »es ist nicht nur angenehm, es ist bisweilen auch schön, sich beleidigt zu fühlen. Das haben Sie vergessen, großer Greis, es ist schön. Das werde ich in mein Büchelchen schreiben.«

Das Büchelchen nun wäre der objektive Niederschlag eines kitschigen Menschen. Nehmen wir nun einen anderen Fall, da eine kitschige Regung überwunden wird. Ein großer Psychologe ertappt sich bei einer sentimentalen Anwandlung: Schopenhauer. Er liest mit feuchten Augen die Dankadresse der befreiten Negersklaven, bemerkt seine eigene Gerührtheit und findet, dass er wohl ein guter Schauspieler geworden wäre mit seiner Gabe, sich in hohem Grade selbst erschüttern zu können. Durch diese seine Bemerkung überschreitet er die genüssliche Gerührtheit und wird wieder frei. Und Freiheit in diesem Sinne ist es, die wir am Kitsch vermissen. Seine dumpfe

Privatheit, Hautnähe, ist deswegen ja so besonders pervers, weil verlogene Gefühle – aus zweiter Hand zugelegt und künstlich gehätschelt – sich wie Kunst als Verfremdetes, also Überwundenes geben möchten. Schon Gestaltung ist ja in gewisser Hinsicht solche Überwindung. Man sieht Lügen über Lügen noch fortgesetzt durch die Aneignung von Seiten kitschiger Menschen. Wer mit kitschigem Auge ein Pendant zu GOETHES *sonnenhaftem Auge* Kunst nachvollzieht, verkürzt das Kunstwerk gerade um jene Überwindungs- oder Freiheitsleistung, von der wir sprachen. Die Literatur bietet uns viele Beispiele. Der klassische Fall ist wohl *Madame Bovary*. Wie gut versteht *Léon* seine Geliebte; von Literatur ist die Rede: »Man denkt an nichts, und die Stunden verrinnen. Ohne sich zu rühren, wandelt man in fernen Ländern. Man dichtet mit, malt sich die Einzelheiten aus und spinnt die Abenteuer weiter. Man mischt sich unter die Menschen, von denen man liest. Es ist ganz, als wäre man es selber, dessen Herz hinter ihren Kleidern zittert. Sehen Sie, deshalb liebe ich die Dichter vor allen anderen«.

Ich finde, dass die Verse viel zarter sind als die Prosa und vielmehr zu Tränen rühren. Dies eine Stelle von vielen. In diesem Zusammenhang gilt jenes Wort des WAGNER-Kritikers HANS LICK, der Laie fühle beim Anhören von Musik vielmehr als der Kenner. Denn so dürfen wir fortsetzen. Er, der Laie, gibt sich seiner privaten Gefühligkeit, für die die Musik nur der willkommene Anlass war, lieber hin, als die ästhetische Distanz, die berühmte Interesselosigkeit zu wahren, die allein das Kunstwerk als Kunstwerk sozusagen für sich stehen lässt. In der Tat: der Verschmelzungsvorgang mit dem Genossenen scheint in kitschigen Menschen viel inniger vollzogen zu werden, als es dem Kunstgenuss legitim dünkt. HANS LICKS Kenner zum Beispiel wird im Kunstgenuss über das eigene, sozusagen kuhwarme Erleben hinausgehoben. Sein Laie dagegen kuschelt sich wohlig in das Gefühl, indem er gleichzeitig das Kunstwerk zum Aperitif solchen Selbstgenusses degradiert. Man erkennt nun leicht, weshalb die Kitsch-Analysen, die nur vom objektiven Kitschprodukt ausgehen, das Spezifische des »Klebrigen«, »Süßen« oder auch »Sauren«, des »Parfümierten«, des »Gefühligen« usw. des Kitsches vorwiegend am billigsten Machwerk demonstrieren, aber bodenlos bzw. verlegen werden, sobald der technisch äußerst gekonnte Kitsch zur Diskussion steht. Gegen die bemalten Sofakissen zu polemisieren, geistreich Andenkennippes als Nichtkunst nachzuweisen, schlechte Gedichte umständlich als solche anzuprangern, dies alles führt nicht sehr weit, sondern amüsiert bestenfalls wegen der zum Besten gegebenen Proben. Dagegen leuchtet eine Untersuchung des kitschigen Menschen in jene Dimension hinein, wo über Kitsch oder Nicht-Kitsch eigentlich entschieden wird: nämlich in den Menschen, der wie gesagt auch Kunstwerken gegenüber durchaus zu Kitsch-Erlebnissen in der Lage ist. Freilich, die bloße Aufzählung von offensichtlichen technischen Mängeln am billigsten Kitsch-Produkt ist einfacher als die Untersuchung der viel komplexeren anthropologischen Sachverhalte, die wir kurz angedeutet haben.

Kitsch, dies zeigten schon unsere flüchtigen Andeutungen, ist kein bloßes Problem unseres Massenzeitalters. Mit der Erfindung des »*Lieschen Müller*« hat man sich bestenfalls ein Recht reservieren wollen, auf edel-kitschigere Weise seine Wahren, Großen genießen zu können. Die uns aus der Antike überlieferte Mahnung von der Schwierigkeit des Schönen, dem *difficile* des *pulchrum*, besagt nicht nur, dass die Vollendung eines Kunstwerks schwierig sei, sondern ebenso, dass es eine Anstrengung von Seiten des Aufnehmenden bedürfe, des bloß Gefälligen, also des anstrengungslosen Genießens Herr zu bleiben. Das heißt, das Kunstwerk als selbstherrlichen Anspruch gelten zu lassen. Mindestens ebenso gefährlich wie die massenhafte Kitschproduktion in unserem Zivilisationszeitalter ist die hohe Kultur als Hobby der *happy few* als Liebhaberei. FRIEDRICH SIEBURGS Wort: »Es ist leichter und ungefährlicher zu bekennen, dass man nicht an Gott glaube, als öffentlich zu verkünden, dass Romy Schneider eine Null sei«. Dieser Ausspruch trifft nur eine Seite. Rührselige Betulichkeit um die wirklich große, gefühlsträchtige Aneignung alles dessen, was gerade ein durch das Zehnersystem unserer Mathematik begünstigtes Jubiläum feiert, ist meist nichts anderes, als auf höherer Ebene Kitsch zu treiben. Kult mit Gefühlen treiben ist noch keine Kultur. DESCHNERS von uns zu Beginn ablehnend erwähnte Streitschrift hat unseres Erachtens gerade darin ihren Wert, dass sie mit großer Berechtigung gegen falsche Kulturbeflissenheit und -pietät ausholt – hellhörig für den falschen Zungenschlag des Edelkitsches anspruchsvollerer Klassen. Es gibt nämlich einen tierischen Ernst, der den Edelkitschigen ebenso demaskiert wie den dumpfen Starkult der Massen.

Es ist eben jener Ernst, dem SCHILLER die oft missdeutete Heiterkeit der Kunst gegenüberstellte. Jener Ernst aus zweiter Hand, der sich gerührt, innig mit dem Kunstwerk als Ersatzleben verschmilzt, unwirklich wird, mit seinen Wachträumen versponnen in ein Reich des Edlen, ergriffen seine Deplaziertheit in unserem groben Massenzeitalter beweinend. Solchem Ernst seien die nachdenklichen Jubiläumsworte von der wahren Muse in Erinnerung gerufen, eine Muse, die das düstere Bild der Wahrheit in das heitere Reich der Kunst hinüberspielt, die Täuschung, die sie schafft, aufrichtig selbst zerstört und ihren Schein der Wahrheit nicht betrüglich unterschiebt:

»Ernst ist das Leben, heiter ist die Kunst.«

Der »Kitsch-Mensch« als Tourist

HERMANN BROCHS kulturphilosophische – und nicht bloß soziologische oder ästhetische – Sprechweise vom »*Kitschmenschen*« erscheint vielen seiner Kritiker als zu »prinzipiell«, zu allgemein, um damit *in concreto* Analysen kitschiger Objekte durchführen zu können. Wie viel einfacher ist es demgegenüber, evident geschmacklose, künstlerisch mißglückte Massenwaren amüsiert oder verärgert zu präsentieren und wegen ihrer Mängel zu tadeln! Es gibt zahlreiche Alben und Anthologien, die der »Abreaktion« solchen Unmuts dienen. Die Kommentare – falls man es nicht bei neckischen Glossierungen bewenden läßt – sind in der Regel am »Kitsch-*Objekt*« orientiert: a) *ästhetisch* wird vor allem eine Gegenüberstellung von Kitsch und Kunst versucht, mit dem Resultat: Kitsch ist schlechter Geschmack; Kitsch ist dilettantisch; ferner: unoriginell, d. h. konventionell; überhäuft von Reizqualitäten primitivster Art, rührselig, oberflächlich… Es ist überflüssig, Titel zu nennen, denn die keineswegs überraschende Schlußpointe solcher kommentierter Sammlungen lautet: Kitsch sei eben nicht Kunst. Akademische Kunsthistoriker fügen solchen – teils neckisch-euphorischen, teils schöngeistig-pädagogischen, also »kulturdepressiven« (»ernsten«?) – Dokumentationen plus Kommentaren oft gelehrte Informationen über die Geschichte des Kitsches hinzu: z. B. über den antiken Kitsch (etwa hellenistische Miniaturen, mittelalterliche Votiv-Bilder u. ä.), wobei sich die Relativität des Geschmackes im Laufe der Zeiten und Kulturkreise als ernsthaftes Handicap einstellt: wo und wann beginnt der Kitsch? Zwei extreme Positionen seien hier genannt: Kitsch gab es immer – oder: Kitsch beginnt in der 2. Hälfte des 19. Jahrhunderts (vulgarisierte Romantik plus Emanzipation des Kleinbürgertums). Damit stehen wir eigentlich schon bei den b) *soziologischen Fragestellungen*; etwa mit dem Problem: ist Kitsch nicht Charakteristikum aller Massenzeitalter, begonnen vom Alexandrinismus in der Antike, dem römischen Hellenismus bis zum »eindimensionalen

Menschen« des mittleren 20. Jahrhunderts? Welche Zusammenhänge gibt es zwischen der Industrialisierung, dem Kapitalismus und der Verwandlung des Menschen in einen totalen Konsumenten auf der einen und dem Kitschboom auf der anderen Seite? (Reproduzierbarkeit von kitschigen Massenwaren wird grenzenlos möglich; der »Aufstand der Massen« à la Ortega y Gasset entfesselt auch den Massengeschmack; kulturtragende Eliten haben die Verbindung zum Publikum verloren, daher ist die Kluft zwischen den »esoterischen« modernen »Ismen« und dem breiten Publikumsgeschmack meist unüberbrückbar usw.). In diesem Zusammenhang versuchen Kultursoziologen auch das neue (»circenses?«...) durch Rationalisierung und Automatisierung akute Problem der Massenfreizeit (D. Riesman: *Lonely Crowd*) geltend zu machen. Auch unser Titel-Problem käme dabei in Sicht: ist der Massen-Tourismus mit seinen überwältigenden Rekordzahlen (1966: rund 128 Millionen Touristen; 1965: Gesamtausgaben im Welttouristenverkehr: 57,3 Milliarden US-$!) nicht eine zwangsläufige Kitsch-Explosion planetarischen Ausmaßes? (Vgl. den »Unesco-Kurier« 1966, Nr. 2).

Zahlen, Statistiken, Dokumentationen – kurzum *facts* – haben etwas Unwiderlegliches, Massives; und dennoch lassen sie uns im Stich, wenn wir aus guten altmodischen Gründen nach dem »*Wesen des Kitsches*« fragen! Denn, um zu unserer Ausgangsfrage nach dem »Kitschmenschen« zurückzukehren, noch so runde Zahlen und noch so massenhafte Kitsch-Dokumentationen setzen ja voraus, daß man sich über das Wesen des Kitsch-Phänomens bereits einig wäre! Und das ist nicht der Fall. Ad a) *ästhetisch* betrachtet ist z. B. »Kitsch« keineswegs alles, was an »Schund, namentlich [...] Bildern« (Friedrich Kluge: *Etymologisches Wörterbuch der deutschen Sprache*, 1960) vorliegt: 1) ist »Kitsch« längst über die bloß optische Sphäre hinausgedrungen (z. B. Schlager, Literatur etc.); 2) gibt es viel »Schund«, der gar nicht kitschig zu sein braucht, sondern bloß ungekonnt, mißglückt ist; 3) die spezifisch »kitschige« Qualität erhält ein Produkt erst durch eine charakteristische Penetranz, die mit »technischer Ungekonntheit« nichts zu tun hat. Umgekehrt gibt es das leider viel zu wenig beachtete »*kitschige* Aneignen« von Kunstwerken durch das kitschige Bewußtsein des genießenden Subjekts; ebenso übrigens auch das nicht minder interessante »*künstlerische*« Integrieren eines kitschigen Objekts durch einen großen Künstler (klassisches Beispiel: Franz Schuberts Zyklus *Die schöne Müllerin*, op. 25, dessen Textvorlage von Wilhelm Müller um 1820 als bewußte Kitsch-Parodie »gedichtet« worden war, um die romantisch-biedermeierliche »Dichtung im Volkston« lächerlich zu machen! s. z. B. Ludwig Kusche: *Franz Schubert*, S. 36 ff.). Wir können zwar diese drei genannten Punkte aus Bequemlichkeit ignorieren, aber damit riskieren wir gerade, »objektiv« zu scheitern: nämlich über eine scheinbar fixe »Tatsache« zu sprechen (weil wir ein Bild gezeigt, oder eine Zahl genannt haben), tatsächlich aber gerade das »Objekt« unserer Analyse gar nicht zu treffen, sondern einen vagen Wechselbalg! Ad b) *Soziologisch* kommen uns zweifellos wichtige Phänomene in den Blick (z. B. betreffend Klassenbildungen, Industrialisierung, Konsumgesellschaft, Freizeit der Massen, Kommunikationsmittel usw.). Aber die Grenze dieser Betrachtungsweise liegt genau dort, wo unser Problem beginnt: bei der »Wesensfrage«. Denn die soziologischen Bedingungen des Auftauchens eines Phänomens sagen noch nichts über dessen Wesen, oder gar Wert aus. HEINRICH HEINE spottet einmal – methodologisch recht tiefsinnig – darüber, daß man meine, einen Vogel zu kennen, wenn man das Ei kenne, aus dem er gekrochen. Sprechen wir konkreter: gibt es überhaupt Kitsch für Kinder? (und ab wann?). Ist einer sog.»Masse«, die überhaupt noch kein Bewußtsein von Kunst hat, ohne weiteres ein Kitschbewußtsein zu unterstellen? (und wenn ja, ab welcher Stufe?). Genießt der sentimentale »gebildete« Kunstfreund und -kenner nicht eigentlich Kitsch, wenn er – wie so oft – Kunst zum Anlaß gerührten Selbstgenusses degradiert? – Solche Fragen, die beliebig zu ergänzen wären, sind ernst zu nehmen, weil sie die prinzipielle Grenze aller sog. »objektiven« (*de facto* aber die Wesensfrage *ignorierenden*), am puren Gegenstand als solchem orientierten Methode vordringlich machen.

Vielleicht ermessen wir nun der *Vorzug* einer scheinbar allzu prinzipiellen Betrachtungsweise, die z. B. vom »Kitschmenschen« spricht und nicht kitschige Postkarten, Sofakissen und Souvenirs (»wissenschaftlich«) sammelt und katalogisiert?! Man kann sehr wohl – wie z. B. der Vf. selbst – einen anderen Geschmack haben als HERMANN BROCH bzw. dessen Wertphilosophie in vielen Punkten kritisieren – dennoch ist der Vorzug von BROCHS »Kitschmenschen« evident, selbst wenn er bloß als methodologische Reizthese dienen sollte. Denn der *challenge* Kitschmensch will vor allem jene Dimension treffen, wo über »Kitsch« entschieden wird: nämlich das menschliche *Leben und Erleben*. Mit anderen Worten: es geht um die *Analyse des Kitsch-Bewußtseins*, das ja auch letzten Endes darüber befindet, ob etwas kitschig sei oder nicht.

Nehmen wir als Beispiel den Touristen, wie im Titel angekündigt, dann heißt dies: es wird uns darauf ankommen, zu zeigen, welche spezifischen Möglichkeiten das touristische Leben für den »Kitschmenschen« (sprich: Kitsch-*Bewußtsein*, oder weniger glücklich: die »Kitsch-Schicht«) evoziert oder provoziert. Man versteht, daß hier von »Kitschmensch« im Sinne einer spezifischen Disposition des Menschen gesprochen wird, die bereit ist, Kitsch zu produzieren oder zu genießen. Bewußt sprechen wir hier von »*Möglichkeiten*« des »Kitschmenschen«, weil Tourismus – primär wertindifferent – gerade auch *Anti*-Kitsch-Reaktionen auslösen kann: z. B. kann das Erlebnis des Fremden (»Exotismus«) so übermächtig sein, daß die latente Kitschbedürftigkeit des Touristen (selbstgenießerische *privacy*, Diminutiv-Gefühle am heimatlichen Herd, das Familiarisieren alles Begegnenden ins Gemütliche und Behagliche) geradezu aufgehoben würde. (Klassisches Paradebeispiel: die entsentimentalisierende Wirkung der 1. Italienreise GOETHES). Wir tun überhaupt gut daran, das moderne Phänomen des »Tourismus« (einer spezifischen Freizeitgestaltung des modernen Menschen, der seinen Urlaub, seine Ferien in der »Fremde« verbringt, meist unter sehr zahlreichen Menschen

»seinesgleichen«) deutlich abzuheben von früheren »Kuren« (aus Gesundheitsgründen, bei physischer Insuffizienz), Bildungsreisen (mehr oder weniger zielgerichtete Studienreisen mit besonderem Arbeitsprogramm), ebenso auch von abenteuerlichen Reisen Einzelner (Kitschgenuß und Abenteuer schließen sich aus: erst der »ästhetische« d. h. literarische Niederschlag des Abenteuers kann kitschig sein, bes. 18. Jahrhundert, z. B. *Robinson* und die unzähligen Epigonen DEFOES!). Der moderne Tourismus, als organisierter Massenverkehr (organisiert ist schon die Freizeit selbst, dann die Reisebedingungen, der Aufenthaltsort mit seinen Erlebnismöglichkeiten usw.) nivelliert und kollektiviert die Bewußtseinslage der Reisenden und reduziert die oben erwähnte Möglichkeit, sich kitschigen Erlebnissen zu entziehen, auf nahezu systematische Weise. Studiert man die internationalen Werbeprospekte, also das »Erlebnis-Angebot«, so zeigt sich eindeutig, daß eigentlich der »Kitschmensch« im Touristen angesprochen wird. Phänomenologisch interessant ist hierbei, daß die Werbung den latenten Zusammenhang von Kitschbereitschaft und Tourismus als »gegeben« voraussetzt. Ebenso tragen die am Urlaubsort bereitgestellten allgemein-»atmosphärischen« als auch speziell-dinglichen Angebote dem Kitschkonsumenten – oft mit höchstem ökonomischen Aufwand – Rechnung. Damit sind wir bei unserem Thema. Dabei kommt es uns weniger auf die Vollständigkeit bei der Aufzählung des Kitschangebotes an, als auf den prinzipielleren Sachverhalt der Affinität von Kitschmensch und Tourismus. Aus dieser Affinität lassen sich zwanglos die im Grunde recht »homogenen« (auch international stark angeglichenen) kitschigen Reizobjekte und atmosphärischen »Urlaubswelten« verstehen. Unser Ausgangspunkt ist also ein anthropologischer, d.h. wir fragen zunächst und vor allem nach dem Menschen als der Voraussetzung allen kitschigen »Drums und Drans«...

I.

»*Der beste Beweis für die Jämmerlichkeit des Daseins ergibt sich aus der Betrachtung seiner Herrlichkeiten...*«.

S. KIERKEGAARD

Daseinsanalytisch betrachtet ist der Mensch als Tourist unserer Tage nur ein besonders aufschlußreicher und auffallender Sachverhalt jenes »*divertissements*«, mit PASCAL zu sprechen, das einen Grundzug unserer Existenz darstellt: also eine Fluchtbewegung, weg von der wirklichen *condition d'être* mit ihrer faktischen Ungeborgenheit, die sich als Angst, Langeweile, Sorge im Alltag nur schlecht unterdrücken (»verdrängen«) läßt. Die ältesten Paradies-Vorstellungen (sei es als vorgeschichtliche, sei es als – eschatologische – nachgeschichtliche Glücksprojektionen der Menschheit) und die säkularisierten »sauren Wochen, frohe Feste« (GOETHE) gehören *vor* aller soziologischen und ästhetischen Fragestellung (betreffend Massendasein, Kitsch, Tourismus) mit zur *fundamentalen Unruhe des Menschen*, wie sie sich seit den ältesten Zeiten als »Vertreibung aus dem Paradies«, als »Wanderung«, als »Reise« (z. B. als Schiffsreise schon beim HL. AUGUSTINUS: *De beata vita*), als Zwischenexistenz (»zwischen Tier und Engel«), als *gemina natura* usw. artikuliert. Das – zunächst – religiös apostrophierte »Wissen« um das Abnorme der mühseligen Normalität (Arbeit »im Schweiße des Angesichts«, trotz »Distel und Dornen« ist ebenso ein Fluch wie die – zum Normalbestand des Menschengeschlechts gehörige – Geburt »mit Schmerzen«!) ist noch in den bewußt atheistischen Sozialutopien unserer Tage (»klassenlose Gesellschaft«!) zur Stelle (»Proletarier« sind noch beim nüchternsten Marxisten nicht frei von der emotionalen Aura der »Mühseligen und Beladenen«!). »Ewige Stadt« (*Civitas Dei*), ewiger Friede, Erlösung – alles uralte Projektionen des »Prinzips Hoffnung« (BLOCH) – entsprechen dem »Wissen«, daß unsere faktische *condition humaine* transitorisch sei.

Solche Reminiszenzen sind bei aller Trivialität für unsere Aufgabe – der Kitschmensch als Tourist – nicht überflüssig. Denn E. BLOCH wie H. BROCH sind sich darin einig, daß die großen Menschheits-Sehnsüchte und Hoffnungen, sobald sie ihren Unendlichkeitsduktus verlieren durch voreiligen Zugriff, in ihrer vorgegaukelten Vorhandenheit (als ob man es schon hätte, vgl. PAULUS im *Philipperbrief* 3, 12 ff.) den Menschen zu einem Lebenslügner machen. »Da wird der unendliche Akt des ethischen Strebens mit einem Male abgestoppt, wird die unendliche ethische Forderung herabgedrückt zu einem Kochrezept«. Sozialistische Dogmatiker, religiöse Schwärmer, »fromme« abergläubische Fetischisten (schon die Kreuzritter) – ebenso aber auch Touristen-*Paradiese* (der häufigste Topos in der internationalen Reklame!) sind anthropologisch verwandte Phänomene. Und es ist nicht erstaunlich, daß auch die ästhetischen Objektivationen (eben der Kitsch) solchen »gestoppten« Unendlichkeitsduktus sich so sehr ähneln. Das heimgebrachte Jordanwasser der Kreuzfahrer und das Berliner Spreewasser (vorübergehend sogar »Berliner Luft« in Dosen!) unterscheiden sich nicht wesentlich.

Lapidarisch lautet die Devise der Vollversammlung der UNO am 4.11.1966 – auf Antrag der »Internationalen Union der Nationalen Fremdenverkehrsverbände« – so: »*Tourisme, passeport pour la paix!*« Diesem säkularisierten Chiliasmus der UNO schloß sich in Rom (April 1967) – »Kongreß für die geistigen Werte des Tourismus« – sogar der Vertreter der Römischen Kurie an! (Tourismus sei eine »anregende Kraft für den theologischen Fortschritt«). Wir stellen nur fest, daß PASCALS augustinischer Jansenismus und die Kurie jahrhundertelang divergierten. Jedoch scheint uns das *divertissement* (dem bei AUGUSTINUS vor allem die *concupiscentia*, insbesondere die *concupiscentia oculorum* entspricht, z. B. *Confessiones*, X, xxx ff.), dieses fluchtartige Heraustreten aus dem eigenen Zentrum bei PASCAL und in seiner Gefolgschaft, das »ästhetische Stadium« bei KIERKEGAARD und die »Uneigentlichkeit« in der Philosophie HEIDEGGERS dasselbe Grundphänomen am menschlichen Dasein zu treffen, das auch FREUD in seiner vermeintlichen »Kunst«-Theorie (tatsächlich analysiert er haarscharf den *Kitsch*!) so deutete: »Der Künstler ist ursprünglich ein Mensch, der sich *von der Realität abwendet*, weil er mit der Forderung auf eine Befriedigung seiner Triebwünsche in ihrer primären Form zu verzichten, *nicht fertig* zu werden vermag, und der dann in der *Welt der Phantasie* seinen erotischen und ehrgeizigen Triebwünschen freien Spielraum läßt. Er findet jedoch seinen Weg aus dieser Welt *in die Realität* zurück; mittels einer spezifischen Begabung gestaltet er seine Phantasien zu *einer Art Realität*, und die Menschen räumen diesen Phantasien eine Berechtigung als wertvolle Reflexe wirklichen Lebens ein. So wird er auf einem bestimmten Wege zu dem Helden, König, Schöpfer, Favoriten, der zu sein er so begehrte, *ohne* daß er den verschlungenen Umweg über die *Herbeiführung realer Veränderungen* der Außenwelt beschreiten muß« (Freud, *Ges. Schriften* IV, 19).

Genau diesen »phantastischen« Weg des Illusionismus seiner selbst und seiner Welt finden wir als Konstituens des Kitschmenschen und seines *divertissement*! Einschränkend müssen wir freilich hinzufügen, daß nicht jeder Kitschmensch auch Kitsch-Produzent ist. Aber wichtiger ist die Tatsache, daß der Kitschmensch – unter anderem auch als Tourist – *sich selbst* und seine *Erlebniswelt* »verwandelt«, u. zw. durch spezifische Illusionen, die durch den objektiven Kitschgenuß außerordentlich gefördert werden.

Bekanntlich sind Pascals Beispiele für das *divertissement* alle Arten von *ablenkenden künstlichen Emotionen* (*passions artificielles* unserer *imagination*, die sowohl in den besonderen Veranstaltungen der Spiele (Glücksspiel!), der Jagd (auch auf Hasen, die einem im Grunde gar nicht schmecken), aber ebenso auch die »Lebensrolle«, die wir – in aller Ernsthaftigkeit – »spielen«. Was das mit Tourismus zu tun hat? »Ich fand, daß alles Unglück der Menschen einem entstammt, nämlich: daß sie *unfähig* sind, *in Ruhe in ihrem Zimmer zu bleiben*« (*Pensées*, Fragment 139). Und das Glück der Könige besteht darin, daß sie »von Leuten umgeben sind, die nur daran denken, Zerstreuung zu verschaffen, zu hindern, über sich nachzudenken« (a. a. O.) Und das gleiche gilt für die Rollen, die man sonst »im Leben« spielt: »Natürlicherweise halten sich die Menschen für Dachdecker oder was immer, nur *nicht, wenn sie allein im Zimmer sind*. Scheinbar nur sucht man Ruhe und stetiges Glück. Man sucht Ruhe, indem man einige Hindernisse bekämpft; und wenn man sie überwunden hat, wird die Ruhe unerträglich durch die Langeweile, die sie erzeugt. Man muß frei werden von ihr und den Tumult erbetteln. Und selbst, wenn man sich von allen Seiten hinlänglich gesichert sähe, würde unfehlbar die Lebensöde (*l'ennui*) aus der Tiefe des Herzens aufsteigen« (*Pensées*, Fr. 138).

Versuchen wir nun auf dieser anthropologischen Grundlage den Kitschmenschen als Touristen näher zu beschreiben, dann verstehen wir sowohl den »Reiz des Tourismus« wie auch den Touristenkitsch als Paradigma des *divertissements*. Wir sind davor gefeit, das landläufige *Quid-pro-quo*-Spiel mitzumachen und »objektive« Faktoren wie Massendasein als Ursache und Kitsch als Folge zu betrachten. Denn »Massendasein« ist qualitativ selbst bereits eine Flucht ins *divertissement* (es soll z. B. Menschen geben, die von Massen umgeben eine Art individuellen (»asozialen«) Inselgefühls entwickeln!). »Masse«, »Primitivierung«, »Infantilisierung« – das sind bereits Verdrängungen des Kitschproblems, das von seiner originären Basis, nämlich dem Menschen, möglichst entwurzelt wird. Ist es nicht nachdenkenswert, daß PASCAL sein *divertissement*-Argument meist an Königen, Höflingen, Feldherrn, *honnête hommes* aller Art demonstriert? (Von Dachdeckern und Soldaten spricht er viel seltener). Wir verstehen, warum ORTEGA Y GASSET »Masse« als anthropologische Kategorie gewertet wissen will.

II.

Wenden wir uns – sozusagen paradigmatisch – zwei bevorzugten Phänomenen zu, die – *pars pro toto* – in ihrer kitschigen Struktur wenigstens andeutungsweise evident gemacht werden sollen. Wir meinen: *das Souvenir und die Ruinen*. Der »positivistische« Häufigkeitsnachweis beider Phänomene ist überflüssig. Es entspricht aber auch unserer Methode, nicht von den Objekten, sondern vom Kitscherlebnis auszugehen. Die fundamentalen Voraussetzungen haben wir bereits genannt: die Glückssuche des Menschen, sein Eskapismus in der Zerstreuung, wobei aber – und dies ist entscheidend wichtig: – weder ein wirkliches (also: abenteuerliches) Suchen eines schlechthin Unbekannten (»Exotischen«) noch eine statische wirkliche Ruhe (vgl. PASCAL, oben) angestrebt wird. Es handelt sich vielmehr um ein annehmliches »Pseudo-Abenteuer« beim touristischen *divertissement*. (Man vergesse nicht: noch im 18. Jahrhundert empfand man Berge und das Meer als »gräuslich«, so KANT. Reisende ließen sich z. B. bei Überquerung des Mont-Blanc die Fenster zuhängen, um dem »schrecklichen« Anblick der Alpen nicht ausgesetzt zu sein. HALLERS Gedicht *Die Alpen* war in der Tat eine Entdeckung, sowie in der Antike erst VERGIL »Arkadien« *entdeckte*; s. BRUNO SNELL: *Die Entdeckung des Geistes*, S. 371 ff.). Zwischen Langeweile und wirklichem Aufwand, zwischen Allzufremden und Allzuheimlich-Vertrautem, zwischen Indolenz und Engagement liegt die touristische Annehmlichkeit. Die sogenannte »Unwahrheit« des Kitsches ist deshalb nicht – wie man oft meint – bloß in der »idealisierenden« Pathetik oder in der unnatürlichen Retouchierung der dargestellten Realität zu finden. Das sind sekundäre Phänomene, die übrigens oft genug auch beim Kunstwerk vorkommen können, ohne dessen Wert zu beeinträchtigen! Vielmehr handelt es sich um dieses pseudo-abenteuerliche *ma non troppo* des kitschigen Bewußtseins.

a) Nehmen wir z. B. das Souvenir, diesen Vergangenheits-Fetisch. »Normalerweise« ist unser Zeitbewußtsein mehr oder weniger aufmerksam auf die Gegenwart gerichtet, in der wir uns zu bewähren haben, arbeitend, umsichtig, alert, weil eine noch nicht eingetretene Zukunft uns in Trab hält. Die einzige Zeitdimension, die ruhig und beruhigt »hinter uns liegt« ist die Vergangenheit. Sie ist selbst – als Erinnerung, als Gewesensein – irgendwie dem reißenden Zeitstrom überlegen als Ruhe. Vergangenheit ist z. B. durch ihr

Homogenisierendes, emotional betrachtet, *eo ipso* von großer Stimmungsresonanz: sie hat eine Art Hall, eine Patina, eine Aura (*Tempi passati! Aetas aure*). GOETHE bringt daher sehr schön Vergangenheit als solche und Romantik in einen ästhetischen Zusammenhang: »Das sogenannte Romantische einer Gegend ist ein stilles Gefühl des Erhabenen unter der Form der Vergangenheit, oder was gleich lautet: der Einsamkeit, Abwesenheit, Abgeschiedenheit«. Gewiß spricht GOETHE hier keineswegs von Kitsch oder kitschigen Souvenirs. Aber das kitschige »Kokettieren mit dem Gewesensein als einer Pseudo-Ewigkeit« und die menschliche Einheit von Vergangenheit und subjektiver Erlebnis-Isolation mit dem »eigenen Gefühl« ist »fundiert« in seinem Ausspruch. Im Souvenir nun als Objekt ist – wie in der Muschel das Rauschen des ganzen Ozeans – Vergangenheit *in nuce* eingefangen. Daher sprachen wir von einem »Erinnerungs-Fetisch«. Dieser kann künstlerisch betrachtet sogar sehr wertvoll sein (vgl. historische Sehenswürdigkeiten, Museen): aber für den Kitschmenschen wird er kitschige Perversion des eigenen Zeitbewußtseins auslösen. Und das ist phänomenologisch gut verständlich: schwebt schon das Sich Erinnern mit seiner spezifischen Stimmungsaura des Gewesenseins zwischen meinem Jetzt (und seiner akuten Realität) und meinem zeitlichen »Exotismus« = Vergangenheit, dann erleichtert das Souvenir solche annehmliche Ambivalenz durch seine handgreifliche Faktizität. Zeitlicher und räumlicher »Exotismus« ergänzen sich im Souvenir als »Mini-Denkmal« aufs beste! Man beachte hierbei vor allem die emotionale »Montage« beider Exotismen: des räumlichen (»Ferne«, »Fremde«) und des zeitlichen (Vergangenheit, die ja emotional, d. h. stimmungsmäßig, ebenfalls ihr historisches »Fernblau« besitzt). Vielleicht versteht man folgende paradoxe Reizthese: in gewisser Hinsicht ist der (»objektiv«) kitschige Dolch des heimgekehrten Abenteurers, mit dem dieser sich in der Fremde verteidigen mußte »weniger kitschig« als das (»objektiv«) künstlerisch wertvolle Souvenir des sentimentalen Touristen! Welches Kunstwerk wäre schon imstande nur dank seiner »objektiven« ästhetischen Qualitäten vor kitschiger Aneignung sicher zu sein! So ist denn – in gewisser Hinsicht »konsequent« – ein Großteil der Souvenirs, u. zw. der kitschigsten, *de facto* Reproduktion von Kunstwerken aus dem Touristenlande! Anthropologisch spielt es dabei gar keine Rolle, ob die Reproduktion mehr oder weniger wertvoll ist. Denn die Kitschigkeit bemisst sich nach dem sentimentalen Stellenwert, den der »Schlüsselreiz« Souvenir besitzt. Dieser aber hängt vom jeweiligen Genießer ab.

Nach diesen dürftigen Andeutungen, die jedoch die prinzipielle »Bedingung der Möglichkeit« des Kitsches mitteilen wollten, können wir sozusagen einen »skalar« der Kitschigkeit vorstellen. Gemessen am Gegenbild des Abenteurers, der ja das Unheimliche, Fremde, Nicht-Assimilierbare gerade sucht, ist der Tourist zum Kitscherleben insofern prädisponiert, als er ja mit der Fremde »wie« mit eigenen Erinnerungen umgehen möchte: er hat seine mehr oder weniger deutlichen stereotypen Erwartungsmuster, da er ja keineswegs »schlechthin Fremdes« sucht. Sein Bewußtsein ist vielmehr dem eigenen

Wohnwagen oder der eigenen Campingausrüstung, mit heimatlichem Proviant, zu vergleichen. Seine *Recherche du temps perdu* ist meist schon vor Reiseantritt ein halbes *trouvé*, seine Reisegesellschaft sichert ihm den heimatlichen Stammtisch, die »Attraktionen« sind ihm schon durchs Reisebüro vermittelt worden, sodaß er ziemlich genau weiß, worauf er seine Photokamera zu richten haben wird.

In dieser *Familiarisierung des Exotischen* – ein Analogon zur Privacy des kitschigen Kunstgenusses, (vgl. Vf. *Phänomenologie des Kitsches*, 1960) bezw. »*Exotisierung des Familiären*« – beides geht meist ununterscheidbar Hand in Hand – liegt für den Kitschmenschen der Reiz des Tourismus. Er läßt sich als Torero photographieren, die Akropolis ist der passende Hintergrund. Man kann da sogar Kategorien der sogenannten »Umweltforschung« (Oekologie) heranziehen, mit den – der zoologischen Beobachtung entlehnten – Unterscheidungen von »Merkwelt«-»Wirkwelt«, bzw. »Merkling«-»Wirkling«. JACOB VON UEXKÜLL, der Vater der Umweltforschung macht z. B. folgende Probe seiner Theorie: »Als ich auf der Akropolis von Athen mich in den wunderbaren Farbenkontrast der im Laufe der Jahrhunderte goldgelb gewordenen Säulen des Parthenon gegen den ewig blauen Himmel Attikas vertiefte, standen zwei Berliner neben mir, ein Fabrikant von Hosenträgern und ein Schnürsenkelfabrikant. Dem ersten liefen beim Anblick der Säulen des Athenatempels die hellen Tränen die Backen herab, und er wiederholte immer nur: ›Es ist zu schön‹. Der andere hingegen schlich sich hinter eine Säule und schrieb mit einem Bleistift seinen gleichgültigen Namen auf den gottgeweihten Marmor. Der Hosenträgerfabrikant war ein ausgesprochener Merkling, während der Verfertiger von Schnürsenkeln ein typischer Wirkling war«.

Diese uexküllsche Typologie ließe sich leicht von uns aufgreifen, wenn nicht meist beide Typen in Personalunion vorkämen.

b) Damit stünden wir beim zweiten Beispiel: den Ruinen. Es bedarf auch hier keiner positivistischen Legitimation, warum wir darauf eingehen. *En miniature* bezw. in Abbildung sind sie ebenfalls Souvenirs. Für Ruinen gilt in höchstem Maße, was wir vom »historischen« Exotismus gesagt haben. Als Ausgangspunkt mag eine selbsterlebte Geschichte dienen: aus phänomenologischem Mutwillen habe ich 1945 kurz nach der Kapitulation Deutschlands amerikanischen Besatzungssoldaten, die eifrig mit *picture taking* am Heidelberger Schloß beschäftigt waren, auf ihre Frage nach dem Schicksal dieses Wallfahrtsortes aller Kitschmenschen geantwortet: »*it was destroyed by american bombs*«. Die Reaktion der Soldaten war sehr lehrreich: Ich will mich aber theoretisch kurz fassen: der Bewußtseinsschock – bestimmt nur ein ästhetisches, nicht ethisches Problem – war außerordentlich: die »Ruine« erschien ihnen nicht mehr »schön«, vielmehr bedauerten sie (also: mit realistischem Jetzt-Bewußtsein) die kürzliche Zerstörung eines großen Gebäudes. Es war dies eine *metanoia*, die an AUGUSTINUS puritanische Klage erinnert: er habe sündhafterweise über die tote *Dido* geweint, aber die beklagenswerte Realität trockenen Auges hingenommen! (*Conf. I, xiii*). Der bedeutende Kultur- und Zeitkritiker GÜNTHER ANDERS hat darauf hingewiesen, daß – entgegen weitverbreiteter Ansicht – nicht die Romantik erst den Blick für die »Schönheit der Ruine« geweckt habe. Vielmehr habe folgende »Inversion« stattgefunden: die Renaissance (u. zw. die erste Generation) habe den antiken Torso verehrt, »nicht weil, sondern obwohl er ein Torso« war. Man fand Schönheit, aber »leider« (!) nur als Ruine. Die zweite Generation »invertierte« die »Ruine des Schönen« zur »Schönheit der Ruine«. Und von hier bis zur industriellen »Herstellung von Ruinen« war der Weg eindeutig: wie Gartenzwerge setzt man nun Ruinen in die Landschaft, um die Landschaft zu »verschönen«; Man sieht wie AUGUSTINUS Klage über sein »Vergnügen an tragischen Gegenständen« bei G. ANDERS, der seit Hiroshima keine Ruinen mehr schön finden kann, Resonanz findet. (G. ANDERS: *Die Schrift an der Wand*, S. 214 ff.). Ausgerechnet dieses Inversionsphänomen (letzter Schrei: *Disneyland*), das zunächst nur die Kunst betrifft, ist von starker – sagen wir – »Kitsch-Affinität«. Denn dem »Inversions«-Anachronismus entspricht genau auch die *second-hand*-Begeisterung der Kitschmenschen, die übergroße Bereitschaft der wirklichen Zeitlichkeit des Menschen, deren er im Alltag oft genug inne ist, zwei bis drei Wochen lang einen kleinen ästhetischen Streich zu spielen. Für sein Geld kann er schon eine gute Portion Quasi-Ewigkeiten verlangen! Auch bei dieser (schon im künstlerischen ausfindig zu machenden) anachronistischen *Quid-pro-quo*-Spielerei mit der Zeitlichkeit entdecken wir unschwer die dem Kitschmenschen eigentümliche Neigung zu familiarisieren. Eine Neigung, die geradezu monströs wird, wenn selbst unser Planet zu klein geworden ist, um aus der Welt eine Wohnküche zu machen: so geschehen 1965 in der «Gemini-4»-Kapsel, worin die um die Erde kreisenden Piloten mit ihren Familien *small talk* machten. Es wäre pietätlos unserem Thema gegenüber, ihre Namen nicht zu erwähnen: MR. WHITE und MR. MC. DIVITT (S. *Spiegel*, 1965, Nr. 25, S. 112 ff.). Mit diesem Nonplusultra haben wir unseren Themenort – Erde – bereits überschritten...

Um den avantgardistischen Film:
Die Heidelberger Filmkunsttage 1951

I.

Es war kein übliches »Festival«, es war viel mehr: das erklärten einmütig die ausländischen, kongreß- und biennalegewohnten Journalisten. Vielleicht haben sie recht, denn es wurde jedes »Konzept« gesprengt. Schon rein äußerlich: das verträumte als akademisch-konservativ bekannte Heidelberg tritt für den avantgardistischen Film ein! Ja, der Prorektor der Universität gibt in der altehrwürdigen Aula den Startschuß und der Lehrkörper stellt drei Jurymitglieder, vor allem aber den Ehrenpräsidenten der ganzen Veranstaltung, die vorwiegend vom *Heidelberger Filmclub*, einer Vereinigung studentischen Ursprungs, getragen wird. Ohne Geldgeber, ohne Förderung durch Produzenten, ohne die obligaten Stars und Manager improvisiert also Heidelberg zusammen mit ausländischen Freunden des künstlerisch wertvollen Film im schwülsten Hochsommer eine fast zwei Wochen dauernde Diskussion – und redet sich noch um zwei Uhr nachts die Köpfe heiß über Schnitt, Montage, Einstellung… Namhafte in- und ausländische Filmkritiker und -schaffende (darunter Wolfgang Staudte und Marcel Carné) stehen Rede und Antwort oder haben im Koffer ihr letztes Produkt gleich mitgebracht. Das alles war gar nicht feierlich und das Publikum so gar nicht »Masse«, als sensationslüsternes Opfer perfektionierter Technik. Auch gut eingespielte zeitkritische Kategorien verloren vorübergehend ihren Nimbus. Und das tat wohl.

II.

Vielleicht ging die Tagespresse leer aus, weil man ihr ein »avantgardistisches Manifest« vorenthielt, das man billigerweise erwartet hatte. Indes, auch dies gehört zur Diskussionsatmosphäre der Heidelberger Filmtage: das reflektierte

Mißtrauen gegen alle rein intellektuelle Dilettanten-Ästhetik, die unabhängig von Kamera und Leinwand die leidige Katechismusfrage immer wiederkäut: »Kann ›der‹ Film überhaupt ›Kunst‹ sein?«. Als ob man bloß auf Grund von LESSINGS *Laokoon* oder SCHILLERS *Briefen über ästhetische Erziehung* a priori entscheiden könnte, was »die Kunst« oder »der Film« zu sein hätten!

So hatte die Jury z. B. den Mut, entgegen ihrer anfänglichen Absicht, einfach zu erklären: über einen »Begriff des Avantgardismus« haben wir uns nicht geeinigt (obwohl es natürlich ein Leichtes gewesen wäre, das Schlagwortbedürfnis durch eine zügige Allerweltsformel zu befriedigen). Dagegen war man sich einig, daß der Film – gerade wegen seiner Wirkung auf die Masse wegen – besonders vom Kunstfreunde in seinen spezifischen Ausdrucksmöglichkeiten gewürdigt und gefördert werden müsse. Für diese Tendenz freilich läßt sich eine *ad-hoc*-Definition, wie sie besonders den französischen Freunden am Herzen lag, so wenig finden wie eine Definition von Kunst. Daß dies eingesehen wurde, war sehr nützlich. So blieb man offen für die Dinge auf der Leinwand.

III.

»Leinwand« gibt freilich nicht das Ganze eines Filmgeschehens: der (technisch) springende Punkt ist die *Synästhesie*, das heißt die strukturelle Entsprechung von Optischem und Akustischem, von innerer Dynamik und Montage – und wie groß ist gerade hier der Unterschied zwischen Film und Film! Der preisgekrönte französische Kurzfilm *Guernica* z. B. – die Geschichte der Zerstörung einer Stadt, gedeutet in Bildern von PABLO PICASSO – leistet in diesem Punkte schlechthin Vollendetes. Unvergeßlich schon das atonale Harfenarpeggio im Vorspann, das quirlend den Filmtitel sozusagen aus sich herauswirbelt und auf dem letzten dissonanten Akkord »stehen läßt«. Überhaupt wäre über die guitarrisierende und – an einer herzzerreißenden Stelle – die großartige Rezitatorin durch eine virtuose Violinpassage in Doppelgriffen ablösende Musik des Films allein unendlich viel zu sagen. PAUL ÉLUARDS auch vergleichsweise als Buch heranzuziehender Text, die Auswahl der PICASSO-Bilder, vor allem die sensible Bewegung der Kamera: dies alles zusammen eine großartige Synästhesie! Was SCHOPENHAUER von der Musik sagt, gilt von der Totalwirkung dieses Kurzfilms: der ergriffene Zuschauer wird »jetzt selbst die gespannte, gekniffene und zitternde Saite«. Man steht keinem »Dokumentarfilm« gegenüber, sondern vernimmt in der »synästhetischen« Sprache dieses Streifens »die geheime Geschichte unseres Willens und aller seiner Regungen und Strebungen…«

Vielleicht war dies der »avantgardistischste« Film, falls man diesem unglücklichen Superlativ überhaupt verwenden darf. Wohlgemerkt: »avantgardistisch« nicht wegen seiner uns so zeitnahen Bomben- und Ruinen-Thematik, sondern wegen der künstlerisch einmalig geglückten Koordination von heterogenen Sinnessphären. Vielleicht…

IV.

Das breite Publikum fragt freilich – sein eigenes Erleben mißverstehend, ja ausklammernd – in erster Linie nach dem »Stoff« (dem »Thema«, der »Story«): als ob dieser für sich schon Mächtigkeit besäße. Der »Rest« ist dann die (»bloße«!) »Form«. Nun, auch darin war die Filmkunstwoche lehrreich: es ist das *Ganze* von Form und Stoff worauf es ankommt. Die scheinbar gleichgültige Story von einem arrivierten italienischen Konditor, der seinem Töchterchen schließlich doch noch zum Kommunionskleidchen verhilft, eine »leichte Komödie« also, erschütterte viele Menschen stärker als eine »dämonische Liebe« mit Unterschlagung und obligatem Selbstmord. (Der Schuß löste Lachsalven aus.) Freilich, es scheint so etwas wie »Themen der Zeit« zu geben: allein, bei den Meisterfilmen lagen sie nicht in der Handlung! Man kann zwar sagen, daß die soziale und religiöse Problematik irgendwie bei den wirklich großen Würfen gegenwärtig war, – aber nur *irgendwie*. Tatsächlich war – unerachtet der Stilverschiedenheiten – beim »sozialen Problemfilm« keine Doktrin oder Ideologie oder Pointe und beim religiösen keine Institution oder Konfession. Der preisgekrönte englische Film *Give us this day* schildert zwar ergreifend das Schicksal eines Bauarbeiters im Brooklyn der Depressionsjahre Amerikas; aber er fesselt nicht primär als »Zeitdokument«, sondern als »Tragödie des Menschlichen«, der – kurz formuliert – die 4. und 5. Bitte des Vaterunsers erst viel zu spät als zusammenhängend erkennt. Und *Dieu a besoin des hommes* wirkt als Ganzes wie ein Appell an den vorkonfessionellen Ursprung des Christentums selber.

Der referierbare »Stoff« ist es also nicht allein, ebensowenig der Dialog als solcher. Denn in stärkerem Maße als in der Literatur »geschieht« das Wort im Film: der filmische Erstling MALAPARTES, *Il Cristo proibito*, bewußt eloquent-problematisch angelegt, erlebte einen offenen Beifall ausgerechnet an der Stelle, wo der viel zu beredte Held nichts sagt als »si – si – si«, – während seine erlösungslüsternen, pathetischen Schluß-Schreie *à la Draußen vor der Tür* (W. BORCHERT), seine viel zu vielen Schuld-Unschuld-Dialoge wie Papier raschelten. Es war dies eine gute Lektion für solche, die da meinen, es fehle dem Film nur an der Mitarbeit der Dichter.

V.

Es bleibe dahingestellt, ob die Heidelberger Filmkunsttage und ihre Bilanz signifikant für »die Lage des Films« sind oder nicht. Dafür waren sie viel zu schnell improvisiert. Aber *daß* die Tage überhaupt abgehalten werden konnten, daß das Publikum mit einer so wachen Lebendigkeit durchhielt, läßt hoffen. Zumindest hat sich das Übergewicht des Kommerziellen, des Organisatorischen und Massentümlichen, wie man es »dem Film« landläufig als Wesensmerkmal zuspricht, während dieser reichen Tage nur am Rande bemerkbar (und da sehr schlechte Figur) gemacht. Vorherrschend waren kritischer Ernst und Erlebnisbereitschaft auf Seiten der Teilnehmer, – und entsprechend Wahrhaftigkeit und Menschlichkeit bei den Meister-Filmen. Wollte man um jeden Preis einen Nenner für den hervorstechendsten Zug des Gebotenen suchen, so käme man vielleicht auf die Väter des Existenzialismus zu sprechen: KIERKEGAARD und NIETZSCHE oder: »Innerlichkeit« und »Redlichkeit«. Denn gleichgültig ob »Neorealismus« der Italiener, »Symbolismus« der Franzosen oder andere Stilrichtungen vorlagen: die stärksten Wirkungen erzielten jene Filme, die ohne Klischee, ohne Ideologie, ohne Parolen des Einzelmenschen zeigten, der sich illusionslos bewährt. Daß die vielgeschmähte »Flimmerkiste« auch in diesen schwierigen Bereich vorzustoßen vermag – wenn auch oft noch ungelenk, manchmal sogar peinlich –: das hat mancher Skeptiker freudig erfahren dürfen. Vielleicht erfährt es auch noch der deutsche Produzent?

Zur Idee einer »Subjektiven Kamera«

I.

Meist geht der über »Wirklichkeit« Redende von der sogenannten *Subjekt-Objekt-Spaltung* aus. Und zwar so: Es gibt auf der einen Seite Objekte, die wirklich sind – auf der anderen Seite Subjekte, d. h. Bewußtseine, die erlebende »Seele«, die sich sehr täuschen kann. Sagt man dann »Realismus«, meint man eine solche Einstellung, die möglichst unter Absehen vom Erlebenden (Subjekt), die wirklichen, bewußtseinsunabhängigen Objekte vergegenwärtigt. Indes, wer nur ein wenig philosophisch (erkenntnistheoretisch) vorgebildet ist, weiß, welcher Wust von Problemen man schon mit dieser so selbstverständlich scheinenden Subjekt-Objekt-Theorie heraufbeschwört. Sprechen wir nicht weiter darüber. (Was ist z. B. »objektiver«: der Schmerz, den ich erleide – oder: »die Krankheit«? usw. usw.)

Werden wir konkreter. In der *Literatur* kann man eine interessante Entwicklung beobachten. Mehr und mehr setzt sich eine Darstellungstechnik durch, die peinlich genau darauf bedacht ist, möglichst alle Ereignisse, Vorgänge, äußerliche wie innerliche, von einem einzigen Beobachter aus anzuvisieren. Während z. B. die altmodischen Romane (die unter Umständen auch neuesten Datums sein können) den Dichter, der da schreibt, wie einen Gott überall sein lassen, so daß er von Raum, Zeit, Laune usw. unabhängig vergegenwärtigt, was er will –, ist dies heute nur mehr sehr bedingt möglich. Die *short-story*, besonders aber die Ich-Erzählung, drängt zu einer *Einheit des »Point-of-view«*, viel straffer, als die meisten Leser merken. Im krassesten Fall, nämlich der Ich-Erzählung, »gibt es« nichts, was der Autor berichten könnte, ohne dabei gewesen zu sein; ferner keine Gedanken, die er nicht selbst dächte, keine Empfindung, die nicht die seine wäre. Er kann zwar schreiben: »ich dachte...«, nicht aber: »*er* dachte...«. Zumal dann nicht, wenn »ich« gar nicht dabei ist. Also: »ich« und »er« müßten in diesem Falle 1. unbedingt zusammen sein; 2. könnte es bestenfalls heißen, »er dachte wohl...«. Freilich kommen fremde Bewußtseinsinhalte auch vor, aber nur indirekt, vor allem durch die Rede vermittelt: »er sagte: ...«. Nichts ist ungereimter, als wenn in einer Ich-Erzählung, der »Ich« etwas schildert, was nicht in sein Bewußtsein getreten sein kann, weil es z. B. einem fremden Bewußtsein allein angehört, von diesem aber in keiner Weise geäußert worden ist, so daß »Ich« es hätte erfahren können.

Aber ausgerechnet diese Ungereimtheit wird beim »objektivistischen« Literaturstil dauernd verschuldet. Man hat sich so sehr daran gewöhnt, daß man zumeist gar nichts dabei findet. Es geht dann so zu wie beim Wachtraum, den ich mit der Wirklichkeit verwechsle, wo ich sehen kann, dass ich an meiner eigenen Bahre stehe: also »Ich × 3«! (1. Ich die Leiche, 2. Ich der Weinende, 3. Ich, der mich, als Weinenden, Sehende). Wer einen derartigen Traum geträumt hat, muß über solche Ungereimtheit oft lachen, er wird jedenfalls nicht sagen, er habe einen »realistischen« Traum geträumt, oder er habe »objektiv« geträumt! Wenn aber Film oder Literatur mit der gleichen Technik arbeiten, spricht man von – Realismus! (»Die erbarmungslose harte Realität«, sagt dann der Feuilletonist). Der Film überhaupt wirkt – selbst noch in seinen modernsten Leistungen – in diesem Sinne altmodischer als BALZACS Romane. Ja, man könnte das viel spezieller gebrauchte Wort von der »*Traumfabrik*«-Film einmal so interpretieren: im Film wird wesentlich geträumt, weil es die konsequente Bewußtseinseinheit (den *Point-of-view*) meist nicht gibt.

II.

Wir fragen noch einmal kurz nach der *Leistung* der Bewußtseinseinheit als künstlerischem Gestaltungsprinzip. Die Hauptleistung scheint mir in der *Identifizierung* (»Einsführung«, SCHELER) des Lesers bzw. Zuschauers mit dem »Ich« (Helden) zu sein. Sonst ist er bloß »*dabei*«: wie beim Durchblättern eines Albums, beim Gucken durch ein Astloch, beim Dösen »in die Gegend« u. dgl. m. Begleitet wird solches Dabeisein von vagen »uneigentlichen« Haltungen und Einstellungen: der Neugier, der Sensation, der neutralen Gleichgültigkeit, kurzum: des nicht-persönlichen – »objektiven«? – Daneben- und Davorstehens. Dagegen zwingt die aus einem Bewußtsein gestaltete Perspektive zum persönlichen Engagement, sie ist zweifellos »aufdringlicher«, penetranter, aber auch – glaubhafter (später werden wir sagen »realistischer«!). Paradox gesprochen, gibt es *nichts »Wirklicheres« als die wirkliche Beziehung zu einer Wirklichkeit*.

Als konkretes Beispiel sei eine beliebige Szene aus dem *Dritten Mann* herausgegriffen. Wodurch wird die Entsetzlichkeit der Folgen gefälschten Penecilins beschworen? »Objektiv« (»realistisch«?) wäre die brutale Photographie der armen, sich windenden Opfer im Krankenhaus gewesen. Der Film jedoch sah davon ab und schuf ein viel stärkeres Ausdrucksmittel durch seine »indirekte« Aussage: man sieht, wie der *Freund Harry Limes'* auf den – dem Zuschauer verborgen bleibenden! – Eindruck reagiert. Mit anderen Worten:

der *Eindruck vom Eindruck*. *Cottons* wirkt stärker, realer, als die »Realität« es vermocht haben würde. Was besagt dies? Der Zuschauer wird zum Miterlebenden, weil er die Wirklichkeitsbeziehung das Darstellers (des »Ich«) mitmacht, er gerät in den Erlebnisstrom des erlebenden Darstellers hinein.

Diese Einheit des *Point-of-view* wird im gleichen Film – wenn auch nicht ganz konsequent – durch einen weiteren, in der Kritik des *Dritten Mannes* leider nie gewürdigten, technischen Kniff ganz pauschal gewährleistet: es gibt im Film – soweit ich mich erinnere – keine einzige Szene (und das will bei dem flotten Szenenwechsel sehr viel heißen), bei der *Harry Limes' Freund* nicht zugegen wäre, zumindest ist er bereits in der Nähe! Dadurch erhalten die Sequenzen alle einen Zusammenhalt, den die raffiniertesten Überblendungen so überzeugend nicht hätten zusammenbündeln können: von der Ankunft am Wiener Bahnhof bis zur reflektorisch angesteckten Zigarette in der verlassenen Allee – man ist nicht bloß dabei und guckt zu, was wohl noch passieren mag; nein, man steht am Schluß allein da, eins mit dem Darsteller, und blickt dem *Mädchen Schmitt* nach, das eigentlich (»objektiv«) gar nicht mehr zu sehen ist.

Aus den bisherigen Beispielen sollte hervorgehen, daß die so naheliegende, in der Alltagspraxis wohlbewährte, Gleichsetzung von »objektiv« mit »wirklich« für das Kunsterleben zumindest höchst fragwürdig ist. Denn die bloße Abschilderung, d. h. Abbildung der massiven Facta ist als solche noch nicht wirklich-»wirkend«. Dies weiß übrigens der Filmbesucher zuweilen sehr gut, ohne jedoch darüber nachzudenken. Z. B. dann, wenn er den – neuerdings so beliebten – *Kommentator* zum Teufel wünscht, weil dieser auf billigste Weise, nämlich durch bloße Worte, das ersetzen will, was eigentlich der Film von sich aus leisten sollte. Wohlgemerkt: Es ist nicht bloß die Diskrepanz von Bild und Rede, die schockiert, wie man zuweilen meint, sondern die Entwirklichung des Filmerlebens durch einen Schulmeister, der einem das Erleben zerstört, weil er es gängeln will. Besonders kraß trat dies in Erscheinung in *Vivere in pace*, einem sonst recht verdienstvollen Streifen. Nicht nur, daß der Kommentator – also eine außerhalb der »Filmwelt« stehende Instanz – sich einem aufdrängt, ist ärgerlich, sondern seine zweimal, anfangs und zum Schluß, vorgebrachte Versicherung: es handle sich um eine »wahre Geschichte«. Es gibt kaum etwas Kunstfremderes als ausgerechnet diese Versicherung. Leider drängen banausenhafte Filmrezensenten dem Drehbuchautor auf diese Bahn: der Schrei nach dem »zeitnahen Stoff«, dem »Thema unserer Tage« u. dgl. m. verführt zu solch falschem »Realismus«. Am handgreiflichsten konnte ich dies anläßlich einer Diskussion mit Peter Lorre über den *Verlorenen* erfahren: Kriminalisten und Reporter verteidigten den genannten Film mit dem Hinweis auf eine dokumentarische »Belegtheit«! Auf die Frage nach dem Unterschied zwischen Wochenschau und Spielfilm – abgesehen von der verschiedenen Länge – blieb man die Antwort schuldig und flüchtete in den Hinweis auf die »weiß Gott schwere Arbeit der Polizei«.

»Realismus« so verstanden – die Geschichte hat sich, »man höre und staune«, wirklich, ganz wirklich zugetragen, lieber Zuschauer! –, brächte es nie zum Range wirklicher Kunst, ja man darf bezweifeln, ob das dokumentarisch noch so gut belegte Manuskript allein wegen seiner Verbürgtheit schon »wahr« und »wirklich« (als Kunst) wirkt. Und darauf kommt es doch an!

Man verstehe die Pointe recht. Der Sprecher und Kommentator braucht kein Lückenbüßer zu sein. Er ist es nicht in *Sunset Boulevard*: einfach deswegen nicht, weil hier der »Held« selber spricht, und zwar im Stile eines »inneren Monologs«, den man selbst da noch glaubt, wo er tot aus dem so begehrten »eigenen Schwimmbad« herausgefischt wird. Die Bewußtseinseinheit wird hier durch den Sprecher geradezu gewährleistet. (Verstärkt durch den weiteren Umstand, daß keine Szene ohne ihn vorkommt; vgl. oben zum *Dritten Mann*). So ist auch im Kurzfilm *Guernica* der éluardsche Text kein danebenstehender Kommentar, sondern eine Dichtung, fast ein Weinen (großartig die Rezitation!), zu dem sich Picassos Bilder zwanglos einstellen. (Es wird nicht im Album geblättert). Eine makabre Elegie aus *einem* Erlebnisgrund hervorgehend, darum wahrer und wirklicher bei allem Surrealismus und aller Abstraktion als jeglicher Dokumentarfilm.

Kurzgefaßt: Die ganze Spiegelfechterei mit dem Wort Realismus beruht auf sehr eingefleischten Verallgemeinerungen. Der unreflektierte Gebrauch der Wörter »subjektiv« – »objektiv«, »real« – »irreal« (ver-)führt zu falschen Alternativen, die weder dem Erleben selbst noch der Erkenntnistheorie Rechnung tragen.

III.

Unter einer »subjektiven Kamera« wäre ein solche zu verstehen, die – kraß gesprochen – *das leistet, was das Auge des »Helden« leistet*. Sie würde somit dem Ich der Icherzählung entsprechen, nur, daß sie die Erlebnisse des Ichs ins Optische projizierte; sie würde sozusagen den optischen Zipfel des Ich-Erlebens herauspräparieren. Ein gutes Beispiel für das Gemeinte: die Szene aus Willi Forsts *Mazurka*, da das junge Mädchen endlich seinen geliebten Musiklehrer umarmen kann. »Objektiv« wäre die Szene vermutlich kitschig ausgefallen, wie so häufig *Happy-Ends* in Großaufnahme, wenn der weibliche Teil mit geschlossenen Augen »endlich« in den Armen des Geliebten ruht. Forst vermeidet dies so: Er läßt die Lichter des Leuchters an der Decke *verschwimmen*. Der Kinobesucher interpretiert spontan richtig: so sieht der Leuchter für das halbgeschlossene tränende Auge des Mädchens aus. Wolfgang Staudte bedient sich des gleichen Mittels am Anfang seines *Untertan*, wenn er die Kamera mit dem Auge des furchtgeplagten Kleinkindes, später Schulkindes identifiziert. (Darin war ihm natürlich manch anderer Regisseur der zwanziger Jahre bereits ebenbürtig, besonders Vigo in seinem *Zéro de conduite*.) Daß diese Beschränkung des »Subjektiven« aufs Optische nicht unbedingt zu gelten braucht, zeigt besonders eindrucksvoll de Sica in den *Fahrraddieben*: z. B. durch die akustische Kulisse in der Nähe des Stadions: man hört mit dem gehetzten Arbeiter bloß einen unheimlich feindseligen Schrei ungeheurer Massen, ohne zu wissen, wer eigentlich schreit: es ist wohl die ganze »Welt«, die sich verschworen hat gegen ihn, die ihm sein Fahrrad stahl und nun Tausende von Fahrrädern (dies ist optisch demonstriert) aller Güteklassen ihm vorenthält. Akustische und optische »Subjektivität« gehen hier (wenn auch noch nicht ganz konsequent) Hand in Hand und erklären z. T. die Wirkung dieses »realistischen« Films.

Das »Wirklichste« ist die wirkliche Beziehung zu einer Wirklichkeit. Stellt das Geschehen auf der Leinwand eine solche dar, nämlich eine solche »Beziehung zu…«, dann korrespondiert dem auf Seiten des Zuschauers ein Analoges: Er hört eigentlich auf, »bloß neugierig« zuzuschauen, sich sensationslüstern, d. h. aus der Distanz, zu orientieren, die Leinwand zu begaffen, zu staunen bzw. sich zu langweilen. Nein, er geht innerlich mit.

Der konsequenteste Versuch einer »subjektiven Kamera« wäre – technisch gesprochen – ein Film, bei dem es sich eigentlich nur einem (selbst unsichtbar bleibenden: man kann sich selbst höchstens nur im Spiegel sehen) Helden gäbe, dessen Seheindruck und Höreindruck allein wiedergegeben würden. (MONTGOMERY soll in dieser Richtung gearbeitet haben, mir sind seine Versuche leider unbekannt.) Die beeindruckendsten Filme zeigen bislang nur *Ansätze* zu einer subjektiven Kamera, beweisen aber auch schon damit die frappierende Leistungsfähigkeit dieses Gestaltungsprinzips, das in der modernen Literatur bereits seit längerem im Schwange ist. Dabei zeigen uns auch schon die erwähnten Ansätze (zuweilen nur als »*gags*« wirksam eingeblendet) den künstlerischen Vorzug gegenüber der landläufigeren Bilderbogentechnik. Die großen Regisseure arbeiten häufig – gleichsam kontrapunktisch – so, daß sie beide Techniken miteinander verbinden. Dem sensiblen Zuschauer jedoch wird dies oft Anlaß zu einem merkwürdigen Ungenügen, über das er sich selbst gar nicht Rechenschaft ablegen kann: Der Übergang von der je-meinigen subjektiven »Welt« zu einer »allgemeinen«, objektiv zu photographierenden, will nicht recht eingehen, man kann sich höchstens daran gewöhnen, daß dies im Film nun einmal so sei. Und diese Gewöhnung wird gefördert durch einen sehr gebräuchlichen Kniff: Die Regie überbrückt das Ungenügen am subjektiv-objektiven Sprung durch das emotionale Kontinuum, meist durch die »übergreifende« *Musik*. So wird durch *Atmosphäre* die Einheit des »*stream of consciousness*« leidlich gewährleistet. Daß es sich bei dieser Behauptung nicht um spekulative Ästhetik handelt, kann man sehr leicht beweisen: Sobald die akustische Anlage bei der Kinovorführung ausfällt, setzt eben dieses genannte Ungenügen mit doppelter Stärke ein. (Hier scheint m. E. die Hauptgefahr des »Tonfilmes« gegenüber dem Stummfilm zu liegen: Daß man nämlich die Stilbrüche im Optischen akustisch verkleistern kann und deshalb nicht so große Risiken übernehmen muß wie in der Stummfilmzeit. Damit soll nicht dem Stummfilm nachgeweint, sondern eine Chance des Tonfilms hervorgehoben werden.)

Es wäre freilich etwas ganz anderes, wenn die *Verquickung* der subjektiven und objektiven Gestaltungsweise im Film sich ausdrücklich als *Stilprinzip* verstünde und nicht bloß zufälliges Nebeneinander wäre. Also: wenn in der Weise PIRANDELLOS z. B. *bewußte* künstlerische Aussage ein legitimes *Ausdrucksmittel*, aber kein Zufallsprodukt ist. Die auf mehreren Bewußtseinsebenen spielenden Werke FAULKNERS (z. B. es dachte in ihm..., er dachte:..., er sagte: »...«, er tat das und das... = insgesamt 4 Ebenen) sind der gegenwärtigen Filmtechnik – gerade wegen ihrer z. T. recht unreflektierten Verquickung von »objektiver Bilderbogentechnik« und »subjektiven *gags*« – natürlich noch unerreichbar. Dabei fehlt es auch hierzu nicht an sehr aufschlußreichen Hinweisen (besonderes BRESSONS *Tagebuch eines Landpfarrers* scheint mir dahin bahnbrechend: Text des Tagebuchs, die Stimmung, aus der sich die Worte, wie aus einem dunklen Erdreich emporquälen, die Sicht der Welt aus der Perspektive des kranken Geistlichen – wie organisch und aus einem Guß wirkt dies alles, und wie unbemerkbar-zwingend die Überblendungen!)

IV.

Es scheint tatsächlich, dass bei der bisherigen Filmgewöhnung zunächst starke *Einwände* gegen die geäußerten Gesichtspunkte in Kauf genommen werden müssen. Der stärkste Widerstand scheint sich aus dem Wesen der Kamera selbst zu erheben: Das *Vis-à-vis-Verhältnis* scheint unaufhebbar zu sein, sowohl beim »Auf-Nehmen« als auch nachher beim »Zu-Schauen«, das kein »Mit-Schauen« werden will. Indes läßt sich gegen diesen Einwand manches sagen; schon der Hinweis auf Filme, die – wenigstens partiell – mehr als »Abphotographieren« waren, müßte genügen. (Selbst die unbewegte Photographie erweist sich, nach den Ausstellungen zu urteilen, als »subjektivierbar«). Ein anderer Einwand könnte etwa lauten: Der rechteckige *Rahmen*, innerhalb dessen auf der Filmwand Optisches sich ereignet, suggeriere bereits Distanz. Aber, warum könnte man es nicht einmal in einem *ovalem Sehfeld* versuchen, das dem Sehraum des menschlichen Auges besser entspricht? (Hinzu kämen sogar wesentliche Vorteile: Bewegungen und Kompositionen im Oval können andere Ausdruckswerte besitzen als die im rechteckigen »Rahmen« stehende Schärfe und Unschärfe im Fokus als Ausdrucksmittel usw.) Auch andere Einwände vom Technischen her sind zu gewärtigen, die jedoch von einer Überschätzung der Kameraarbeit, zugunsten der Regie, ausgehen. Auf sie ist hier nicht einzugehen, da es uns vor allem darauf ankam, bestimmte selbstverschuldete Grenzen des gängigen Films namhaft zu machen und die Idee einer »subjektiven Kamera« gleichsam als Korrektiv dagegenzustellen. Drehbuch, Regie, Kamera – sie alle profitieren gleichermaßen von der Möglichkeit künstlerischer Sublimierung. Nicht darum geht es, daß die »subjektive Kamera« *das* Rezept zur Verfeinerung besserer Filme wäre, sondern um die bewußtere Verwendung technisch-ästhetischer Ausdrucksmittel, die mit der Literaturentwicklung Schritt halten.

Über Spiel und Ernst

Motto: A<small>UGUSTINUS</small>, *Conf. III, ii.*

I. D<small>AS ALLTÄGLICHE</small> V<small>ERSTÄNDNIS VON</small> E<small>RNST UND</small> S<small>PIEL</small> (H<small>UIZINGA</small>)

Wie selbstverständlich erscheint dem *Alltag* doch die geläufige Gegenüberstellung von Ernst – Spiel, Ernst – Scherz, Ernst – Heiterkeit, oder auch Arbeit – Ernst und Scherz – Spiel u. a. m.! Erwägt man aber, wie spät in der Menschheitsgeschichte ein ausdrückliches Bewußtsein von dem, was eigentlich »ernst« sei, aufgekommen ist, dann erkennt man zugleich, wieso viele Schwierigkeiten im »dialektischen« Verhältnis beider (des Ernstes und des Spiels) durch unbekümmerten Sprachgebrauch verdeckt werden. Dabei meinen wir noch gar nicht den mißlichen, noch zu erörternden Umstand, daß »Ernst« gar nicht zu definieren ist: denn Definitionen in streng logischem Sinne haben es ja ohnehin – je nach dem Grade ihrer Strenge und »Pünktlichkeit« – primär mit denkimmanenten Funktionen zu tun, und nicht mit »Wesen« und »Sachen«. Aber das späte Aufkommen eines ausdrücklichen Sinnes für »Ernst« weist auf eine späte Differenzierung des menschlichen Selbstbewußtseins hin, die durch den unbekümmerten (undifferenzierten) Sprachgebrauch nur zu leicht rückgängig gemacht wird.

Nehmen wir ein Beispiel. »*Ernst ist Nicht-Spiel*« sagt man mit der gleichen Sicherheit wie: »*kalt ist nicht warm*«. Dieser Begriffsmanichäismus ist insofern – aber *nur* insofern – berechtigt, als in der Tat erst mit dem Bewußtsein von Ernst ein Spiel-Bewußtsein gegenwärtig ist. Betrachten wir etwa die Wortgeschichte von »*Ernst*« bei Germanen, Griechen und Römern, so fällt uns auf, daß es einen gemeinsamen Zug gibt, der für *Ernst* charakteristisch ist: es ist der – dem Spiel gegenüber zusätzliche – »Aufwand«, die »Leistung«, die »Anstrengung«. Das griechische σπουδή z. B. heißt »Eifer«, »Eile«; das germanische *ernest, ernust* u. a. heißt »Streit«, »Kampf«; das lateinische *serius*, »schwer«, »mühsam«. Indes: die äußerliche, man ist versucht zu sagen, »energetische« Charakteristik des Ernstes gegenüber dem Spiel kann nicht entscheidend sein. Denn sicherlich kennt nicht erst der moderne Sport anstrengende, mühsame, eilige Verrichtungen, die als Spiel gelten. Tatsächlich ist der »ernste« Aufwand, durch den Spiel sich von Ernst unterscheidet, *innerlicher Art*. (Und damit sind die uns hier beschäftigenden Probleme von Spiel und Ernst gegeben.)

Die sehr pauschale und in ihren Konsequenzen sehr gefährliche Auskunft, beides sei eben »relativ«, kann durch am Äußeren haftende phänomenologische Untersuchung zwar gestützt werden, schafft aber das Problem selbst nicht aus der Welt.[1] In der Tat: äußerlich beobachtbar, kann jeder Ernst als Spiel vollzogen werden (ich kann immer phänomenologisch »Spielstrukturen« an seinem Vollzug herauspräparieren); ja, die meisten Kinderspiele sind wiederum Repräsentanten eines Ernstes, sie werden erst von einem bestimmten Alter an als »bloßes Spiel« verstanden.[2] Prinzipiell ist der äußere Ablauf von Ernst- und Spielhandlungen nicht verschieden. Auch die erwähnte »Anstrengung« eines Spielenden mag es mit der des Ernsten aufnehmen können.

Erstaunlich genug: wir unterscheiden dennoch Ernst von Spiel; selbst, wer ihre »Relativität« behauptet, gebraucht *beide* Vokabeln, nuanciert also. Somit käme es darauf an, zumindest den *Sinn* beider Begriffe (»idealtypisch« wenigstens) und den Umkreis der besagten Relativität beider herauszuarbeiten.

Ganz allgemein haben wir wenigstens den Weg zu einer solchen Untersuchung schon angedeutet, als wir fanden, es sei eine *zusätzliche Anstrengung innerlicher Natur*, die Ernst vom Spiel unterscheide. Ferner: die rein phänomenologische, also die Spielelemente am anschaulich gegebenen Spiel gewinnende Betrachtung vermöge u. E. das Unterscheidende (»Innerliche«) nicht zu fassen. Die phänomenologische Betrachtungsweise ist z. B. gleichermaßen am menschlichen wie am tierischen Spielen zu erproben,[3] wobei freilich dem Tier jene erstaunliche Fertigkeit zugemutet wird, jenen menschheitsgeschichtlich so späten Unterschied von »Spiel und Ernst« zu vollziehen. (Physiologische Abweichungen in den Muskelfunktionen, Innervationstypen u. dgl. meinen gewiß nicht unser Titel-Problem).

Dem Tier wird somit menschlicher Ernst zugemutet (was eine Abwertung des Ernstes bedeutet), bzw. wird dem Menschen auf phänomenologisch bestechende Weise die zweifelhafte Ehre erwiesen, in seiner ganzen Kulturgeschichte *Homo ludens* gewesen zu sein. So aber verlieren (durch

---

[1] Vgl. J. HUIZINGA: *Homo ludens: Vom Ursprung der Kultur im Spiel*, 1938. – Hervorhebungen in Zitaten sind im folgenden stets vom Verf.

[2] Vgl. EGGER: *Observations et Réflexions sur le développement de l'intelligence et du langage chez les enfants*, bes. p. 497: über die drei »Realitätsgrade«: 1. »*ce qui est vrai tour à fait*«, 2. »*ce qui est vrai de joujou*«, 3. »*ce qui n'est pas vrai du tout*«.

[3] F. J. J. BUYTENDIJK: *Wesen und Sinn des Spiels*, Berlin 1933.

phänomenologisches »Spiel« i. e. S.!) beide Wörter (‹Spiel› und ‹Ernst›) jeglichen Kurswert. Wir würden sagen: sie sind nicht einmal mehr »relativ«: »relativ« nämlich bedeutet doch noch eine bestimmte Verhältnismäßigkeit, die auch den »Spielraum« des Vokabelgebrauchs noch begrenzen müßte.

HUIZINGA geht mit Recht von der Auffassung aus, daß menschheitsgeschichtlich Spiel und Ernst erst spät auseinandergehalten worden seien: »Das Aufkommen einer Bedeutung für Ernst bedeutet, daß der Begriffskomplex Spiel als vollständige allgemeine Kategorie zum Bewußtsein gekommen ist«.[4] Dann aber ist es ein Anachronismus, nun die Kulturleistungen auch *des* Menschen, dem ein solches Bewußtsein zugegebenermaßen noch fehlte, auf seine Spielelemente hin zu prüfen. Mit Hilfe dieses – methodisch unzulässigen – Anachronismus war es möglich, das Schlagwort *Homo ludens* den älteren Etiketten *Homo sapiens, Homo faber* zur Seite zu stellen. Als Arbeitshypothese und phänomenologische Sonde war der Aspekt *Homo ludens* durchaus vertretbar, nicht aber in seiner Absolutsetzung. Denn nun verlieren beide Begriffe gerade ihr Eigentümliches.

Freilich, das Schlagwort »*Homo ludens*« verdankt seine Entstehung nicht nur dem erwähnten Anachronismus, sondern auch einer – uns im nächsten Abschnitt näher beschäftigenden – negativen Bewertung des *Ernstes*: »Betrachtet man das Begriffspaar Spiel – Ernst etwas näher, dann ergibt sich, daß die beiden Termini in ihm nicht gleichwertig sind. Spiel ist der positive, Ernst der negative. Der Bedeutungsinhalt von Ernst ist mit der Negation von Spiel bestimmt und erschöpft: Ernst ist Nichtspiel und nichts anderes. Der Bedeutungsinhalt von Spiel dagegen ist mit Nichternst keineswegs definiert und erschöpft: Spiel ist etwas Eigenes. Der Begriff Spiel als solcher ist höherer Ordnung als der des Ernstes. Denn Ernst sucht Spiel auszuschließen, Spiel kann sehr wohl den Ernst in sich einbeschließen«.[5] Der eigentliche »Aufwand« des Ernstes, von dem wir oben sprachen, entgeht HUIZINGA: er wird zur rein abstoßenden Haltung, die Spiel abweist, Spiel dagegen die reichhaltige Fülle alles Tuns. So wird natürlich »Alles« zum Spiel. Indes, man erweist so auch dem Spielbegriff keinen Dienst, ganz abgesehen vom prinzipiellen Mißstand: daß HUIZINGA seine so richtige Grundvoraussetzung hiermit wieder preisgibt; hatte er doch seinen Ausgangspunkt darin gefunden, daß der Spielbegriff immer einen Begriff des Ernstes voraussetze.

Wir erkennen jedenfalls aus all den erwähnten methodischen Bedenken – gegen HUIZINGA[6] wie gegen BUYTENDIJK – daß diese Forscher bestenfalls ein Gefühl für die Relativität beider Begriffe wecken, die im alltäglichen Sprachgebrauch freilich auch schon vieldeutig genug verwendet werden: spielend verrichtet man eine Arbeit, obwohl sonst auch das ernste Arbeiten dem unernsten Spielen gegenübergestellt wird. Der Spieler, weiß man, ist ernsthafter

---

[4] HUIZINGA: a. a. O., S. 73 f.
[5] *A. a. O. [recte]*
[6] E. FINK: *Oase des Glücks: Gedanken zu einer Ontologie des Spiels*, Freiburg/München 1957.

beim Spiel als bei der Arbeit, usw. Anders gesagt: das alltägliche Verständnis von Spiel und Ernst wird durch die erwähnten Untersuchungen nicht vertieft, sondern nur durch Dokumentationen belegt. Darüberhinaus trägt die paradoxe Absolutsetzung des Spiels (HUIZINGA) zu einer Verwirrung der Begriffe bei, die umso ernster zu nehmen ist, als sie kulturanthropologisches Gewicht beansprucht.

II. Ernst als Transzendieren – Immanenz des Spiels

Die »Negativität des Ernstes« (HUIZINGA) enthält ein Moment, das auch dem alltäglichen Sprachgebrauch (und damit dem alltäglichen Verständnis) entgegenkommt: die Sprache unterscheidet nämlich hellhörig zwischen der Art und Weise einer Verrichtung und der verrichteten Sache. Z. B. ist es merkwürdig, wie dem Sprachsinn bei *Ernst* mehr das Verhältnis des Menschen zu ..., während bei *Spiel* eher die Technik der Verrichtung, der Verlauf, die Struktur des Vorganges im Vordergrund des Bewußtseins stehen. Die Weise der Stellungnahme zu..., das Interesse, die Teilnahme an..., sind bei *Ernst* gemeint. Und dies führte HUIZINGA dazu, vom »Negativen« des Ernstes zu sprechen.

Fragen wir nun »positiv« nach dem, was als *differentia specifica* den Ernst bestimmt, so ist es zunächst dies, daß *Ernst über das Tun als solches hinausweist*. Da dieses Plus (des Hinausweisens nämlich) nicht schon im beobachtbaren Tun selber liegt, wird der phänomenologische Aufweis des Ernstes umstritten bleiben müssen (ohne deswegen schon »negativ« zu sein). Dieses »Hinausweisen über das Tun als solches« hatten wir oben als »zusätzlichen Aufwand innerlicher Art« charakterisiert, ohne welchen jegliches Tun als pure Verrichtung sofort Spielaspekte bietet. Die Anstrengung des Ernstes ist nicht der energetische Aufwand der Verrichtung als solcher.[7] Das pure Genüge an der Verrichtung, wie Geschäftigkeit, Betriebsamkeit, »Gschaftelhuberei« sind Spiel, obwohl mit den gleichen Muskel- oder Verstandesleistungen auch Ernstes geleistet werden könnte.

Dieses In-sich-kreisen des Spiels – es ist, wie man es längst charakterisiert hat: »Selbstzweck« – entbehrt jenes Hinausweisens (Transzendierens), das dem ernsten Tun eignet. Deshalb könnte man sinngemäßer von der »Negativität des Spiels« sprechen als vom Negativen des Ernstes (HUIZINGA). Und hier käme auch die Phänomenologie der Spielstrukturen insoweit zu ihrem Rechte, als oft am Spielphänomen zu beobachten ist, wie hier sozusagen das Gegenteil von Transzendieren stattfindet.[8] Wir könnten dies auch die strukturelle »Selbstgenügsamkeit« des Spiels nennen: Ambivalenzen aller Art (bis zur

---

[7] Man denke an KIERKEGAARDS häufigen Spott über den Prediger, der trotz seines Schwitzens auf der Kanzel »unernst« sei.

[8] Aber erst die »Transparenz« des phänomenologischen Befundes macht diesen für unsere Untersuchung relevant.

Äquivokation im Wort-*Spiel*), das Hin- und Her, das Auf- und Nieder, das Rund-Herum des Reigens (Ringel-Reihe) ...

Schon M. Lazarus[9] weist auf die bezeichnende Etymologie hin: *spilan* (ahd.) = eine leichte schwankende Bewegung, und findet, Spiel sei im weitesten Sinne eine »leichte, schwankende, ziellos schwebende Tätigkeit«, wie wir es selbst noch in den übertragenen Wendungen mitverstehen: *Spielart, Spielraum, Wellenspiel* u. a. m. Und Buytendijk bringt einen mndl. Beleg, wo unser Wort bedeutet: »sich in einer zuckenden Bewegung befinden, flimmern, Hin- und Her-Bewegen, hüpfen«.[10]

Solche äußerlich beobachtbaren Charaktere des Spielgeschehens sind gleichzeitig Chiffren für Sachverhalte der Innerlichkeit und können deswegen auch für unser Problem Ernst – Spiel relevant werden. Man nehme für das Gemeinte etwa folgendes Beispiel, das eine »Isomorphie« von Yo-Yo-Spiel und erotischer Tändelei zum Thema macht:

> »Welch ein luftiges Spiel! Es windet am Faden die Scheibe,
> Die von der Hand entfloh, eilig sich wieder herauf!
> Seht, so schein' ich mein Herz bald dieser Schönen, bald jener
> Zuzuwerfen; doch gleich kehrt es im Fluge zurück.«
> (Goethe, *Venezianische Epigramme*, 91)

Phänomenologisch gäbe es eine ganze Reihe solcher »Selbstgenügsamkeiten« (und damit Spiel-Affinitäten) geltend zu machen: das Spiel des Windes mit dem Laub, Wellenspiel, ja schon Elementareres wie Schillern, Flimmern, und hierzu analog (bzw. synästhetisch) im Akustischen den Triller, das Tremolo, das Vibrato u. ä. Spielhaft hierbei ist vor allem jenes Nicht-Transzendieren im rein Sensorischen. Dieses »Sinn-lose«, in sich selber Verharrende, ist es auch, was beim Spiel im übertragenen Sinne von höchster Bedeutung wird. Selbst das Ganze des Seins kann Spielcharakter erhalten, sobald der transzendierende Ernst wegfällt:

> »Not nennt's der Grollende,
> Der Narr nennt's Spiel...«.
> (Nietzsche, *An Goethe*)

Bezeichnenderweise ist hier vom Weltrade, »dem rollenden«, die Rede. So finden wir auch bei *Heraklit* schon den Ausspruch: »Der Weltlauf ist ein spielendes Kind, Brettsteine setzend – eine Königsherrschaft des Kindes«.[11] Aber selbst modernes Denken kann in ontologischer Verspieltheit von einer »spielhaften Offenheit des menschlichen Daseins zum spielenden Seinsgrund alles

---

[9] M. Lazarus: *Untersuchungen über die Reize des Spiels*, Berlin 1883, S. 20.
[10] F. J. J. Buytendijk: *a. a. O.*, S. 18–21.
[11] *Fragment 52*, Diels.

Seienden hin« träumen.¹² Eine solche fundamental-ontologische »Oase des Glücks« zu glauben, steht jedermann frei,– nicht jedoch, hierfür ausgerechnet die Jesus-Worte von den Kindern und dem Himmelreich als Schluß-*gag* zu verwenden. Man unterscheide Jesus von Fröbel: Jesu Pointe ist eine sehr ernsthafte: »Wer nicht die Herrschaft Gottes annimmt wie ein Kind, der wird nicht hineinkommen« (*Luk.* 18, 17; vgl. *Matth.* 19, 3–4 u. *Mark.* 10, 15): das *tertium comparationis* ist hier nicht die Verspieltheit unserer lieben Kleinen, sondern die anspruchslose Niedrigkeit (vgl. *Matth.* 18, 4).

III. Gespielter Ernst – ernsthaftes Spiel

Am Beispiel des *Pedanten* und dann am Gegenbeispiel des *Spielverderbers* soll nun kurz gezeigt werden, wie Ernst gerade durch »Negativität« zum Spiele, und umgekehrt, wie der Spielverderber durch seine leidige Teleologie, die er dem Spiel *hinzu*fügen möchte, lästig wird. Diese Betrachtung führt zu einer näheren Charakteristik des ernsten »Aufwandes«.

Die existentiellen Kategorien der Innerlichkeit und des Ernstes lassen sich am besten durch ihre Abhebung vom bloß Psychologischen der »Ernsthaftigkeit« herausstellen. Pascal, die französischen Moralisten, Nietzsche, Dostojewski, in der Gegenwart vor allem die Existenzphilosophie (Jaspers, Heidegger und Sartre) – sie alle sind vorwiegend damit beschäftigt, den Unterschied zwischen psychologisch konstatierbarer »Ernsthaftigkeit« und »eigentlichem« Ernste herauszustellen. Die »Uneigentlichkeit«, das *divertissement*, die *mauvaise foi*, die Unwahrhaftigkeit,– sie sind allesamt durchaus »ernsthaft«, aber entbehren des Ernstes. Es ist nun sehr schwierig, die »Wahrheit« von Gefühlen zu diskutieren.¹³ Aber Kierkegaard scheint bei der Analyse des »eigentlichen Ernstes«, den er – philosophiegeschichtlich sehr folgenreich – geradezu mit »Existenz« identifiziert hat, die entscheidenden Momente auch des Unernstes bei Ernsthaftigkeit herausgearbeitet zu haben. Und zwar am Paradigma des Pedanten, dessen Ernsthaftigkeit nichtsdestoweniger Spiel ist. Der Pedant in seinem Unernst gleicht religiös gesprochen dem Abergläubischen. Wie bei Pascal wird er als »zerstreut« im tiefsten Sinne interpretiert. Er ist so zerstreut, daß er dem Kopenhagener Kaufmann gleicht, der seine Frau zu fragen pflegte: »*Rebekka, bin ich es, der redet?*«. Diese Beziehungslosigkeit zu sich selber (kein »*Verhältnis zu sich selbst*«, Kierkegaard) ist es, die den pedantischen Abergläubischen »unernst« macht: »Er weiß alles, was zu wissen ist; er verbeugt sich vor dem Heiligen; die Wahrheit ist ihm ein Inbegriff von Zeremonien; er spricht davon, daß man vor Gottes Thron zu treten hat, und weiß, wie oft man sich da zu bücken hat; das alles weiß er, wie der, welcher einen mathematischen Satz beweisen kann, wenn man

---

[12] Vgl. Fink: a. a. O., S. 52.

[13] Vgl. hierzu bes. A. Gide: *Les Faux-Monnayeurs*. – Ferner: die Schwierigkeit, die Analyse kitschiger Gefühle durchzuführen. Vgl. vom Verf.: »*Was ist Kitsch*«, in: *Deutsche Literatur im 20. Jhdt.*, Heidelberg ²1956, S. 150 ff.

die Buchstaben ABC braucht, nicht aber, wenn man DEF setzt. Darum wird ihm angst, sowie er etwas hört, das nicht wörtlich dasselbe ist. Und doch, wie sehr gleicht er einem modernen Spekulanten, der einen neuen Beweis für die Unsterblichkeit der Seele gefunden hatte und dann in Lebensgefahr kam, nun aber seinen Beweis nicht führen konnte, weil er seine Hefte nicht bei sich hatte«.[14]

Auf die Frage nun, was hier denn fehle, antwortet KIERKEGAARD: »die Gewißheit«. Und näher bestimmt wird diese Gewißheit, die dem Abergläubischen mangelt, als *Ernst*, dieser wiederum als »Innerlichkeit«, »Ursprünglichkeit«, »die Persönlichkeit selbst«. Tatsächlich, die Pedanterie des Abergläubischen befolgt die Spielregeln peinlich genau, nur steht der Pedant gleichsam daneben. Er kommt, bei aller Anstrengung (bloß psychologischer Ernsthaftigkeit), leicht aus dem Konzept. Er tritt in seine Spielwelt ein, die er aber nicht aus sich selbst vertreten kann, da er gar kein Selbst ist, sondern sozusagen eine unpersönliche »Verrichtungs-Leitstelle«. So empfindet KIERKEGAARD den Pedanten geradezu als »dämonisch«. Zum Ernste dagegen gehöre der Einsatz eines »Selbst«, das sich im Tun verwirklicht. Ernst ist also innerliches *Inter-Esse*, es geht da um den Menschen selber. Im Spiel dagegen steht die Spielwelt mit ihren eigenen Regeln und charakteristischen Verrichtungen gewissermaßen emanzipiert im Vordergrund.

Das Spiel wird verdorben, wenn es aus irgendeinem *Grunde* gespielt wird. Die Komik, diese »Nemesis« unwahrhaftigen Ernstes (KIERKEGAARD), entlarvt mit Vorliebe existentielle Unstimmigkeiten, die beim angemaßten Ernste vorliegen. Die Komik von »Kraft durch Freude«, »Glaube und Schönheit« beruht eigentlich in solcher Disparatheit: Spielkategorien wird unpassenderweise ein transzendierender Schnörkel aufgepfropft.

Ernst aber ist immer »umwillen...«. Die oszillierende Unverbindlichkeit, die Ambivalenz des Hin und Her um ihrer selbst willen, steht dem Ernst mit seinem *Entweder – Oder*, seinem Ja und Nein gegenüber. Der Pedant hat also keinen Ernst – trotz aller angestrengten Ernsthaftigkeit; deshalb ist seine Betriebsamkeit so »leer« und wirkt komisch. Er trägt sozusagen nur die Insignien des Ernstes zur Schau; er verkörpert also das Paradox, *Ernst zu spielen*. Aber er weiß dies nicht einmal. Den charakteristischen Unernst der Pedanterie kann man auch an der Marotte, am Spleen, an der fanatischen Halbbildung u. ä. gut studieren. Eine Fundgrube ist STERNES *Tristram Shandy*. Alle Pedanterien haben ihre private Spielwelt, die sie rührend verwöhnen, in dauernder Unruhe um ihren Bestand. Diese Bekümmernis nun pflegt vom Außenstehenden psychologisch mit »Ernst« etikettiert zu werden; allein, es ist der drollig-putzige Ernst des Kindes im sorgsam behüteten Spielwinkel. (Wobei freilich beim erwachsenen Pedanten noch der zusätzliche Mangel eintritt, daß ihm das kindliche Wissen um das *vrai de joujou* abhanden kam.)

---

[14] S. KIERKEGAARD: *Der Begriff der Angst*, Jena 1923, S. 144 ff.; Neue Ausgabe: Abt. 11/12, 1952, S. 144 ff.

Indem wir den »innerlichen« Charakter des ernsten Aufwandes zur Sprache brachten, der an den Strukturmerkmalen des Transzendierens zu erfassen ist, bereiten wir jene Betrachtungsebene und -weise vor, die erforderlich sind, um die *Ernsthaftigkeit des Lachens und des Komischen* erörtern zu können. Zeigte doch schon der »verstellte Ernst« der Pedanterie[15] eigentümliche Paradoxien, die die *vis comica* mit unfehlbarem Spürsinn entdeckt, Paradoxien, die psychologisch kaum in den Griff zu bekommen sind. Hat JEAN PAUL nicht das Recht zu einer Klage wie der folgenden: »*Der Scherz fehlt uns bloß aus Mangel an – Ernst*«.[16] Und ein ernsthafter Paragraph der *Vorschule der Ästhetik* ist der »*Notwendigkeit deutscher witzigen Kultur*« gewidmet (der § 54); die »*wand-, band-, niet- und nagelfesten*« guten Ideen täten es noch nicht: »*Himmel, welche Spiele könnten wir gewinnen, wenn wir mit unsern einsiedlerischen Ideen rochieren könnten!*« Erst die ursprüngliche Freiheit, die KIERKEGAARD »Innerlichkeit«, »Gewißheit« oder »Ernst« nannte, unterscheidet die Pedanterie vom Ernst i. e. S. Die »Rochade« von ABC zu DEF ist dem Pedanten nicht möglich: seine Mathematik ist zu Ende, wenn seine Wortmagie getroffen wird.

Das Komische hat nun die höchst ernste Funktion, als Spielverderber falschen Ernst zu entlarven. Pedanten lachen ungern. Die kleinste Rochade bringt sie aus dem Konzept. Lachend würde ja die Relativität der Spielwelt durchschaut und damit überwunden. Das Verlachen des Pedanten (analog: des Zerstreuten, des Gewohnheitsmenschen, der »festgestellten« Natur der Type, Charge u. ä.) straft gerade die fehlende Ursprünglichkeit des verstellten Ernstes. Das Lachen, könnte man sagen, entlarvt in diesem Falle den Unernst im Namen eines besseren Ernstes, der aber nicht mehr gespielt wird. Besonders NIETZSCHE und KIERKEGAARD vollziehen in ihrem Lachen solche Kritik und Korrektur der fehlenden Ursprünglichkeit. Beide sind sie Spielverderber, so wie es SOKRATES mit seiner Ironie zu seiner Zeit war. Überraschend gut trifft HUIZINGAS Analyse des Spielverderbers den gemeinten Sachverhalt: »Dadurch, daß er sich dem Spiel entzieht, enthüllt er die Relativität und Sprödigkeit der Spielwelt... Er nimmt dem Spiel die Illusion, die in-lusio, buchstäblich: die Einspielung – ... Darum muß er vernichtet werden, denn er bedroht die Spielgemeinde in ihrem Bestand. Der Spielverderber zerbricht die Zauberwelt... Auch in der Welt des hohen Ernstes haben es die Falschspieler, die Heuchler und Betrüger immer leichter gehabt als die Spielverderber: die Apostaten, die Ketzer und Neuerer und die in ihrem Gewissen Gefangenen«.[17] Und NIETZSCHE selbst, der von allen Apologeten unverbindlicher Spielwelten, aber auch von »verstellt Ernsten« so gern Zitierte, – NIETZSCHE begreift

---

[15] H. LIPPS: *Die Menschliche Natur*, Frankfurt 1941, S. 110 ff.

[16] JEAN PAUL: *Vorschule der Ästhetik*, § 29. Interessant in unserem Zusammenhange ist R. BULTMANNS Plädoyer für die – auf KIERKEGAARD zurückgehende – »dialektische Theologie« in seiner Auseinandersetzung mit E. PETERSEN (R. BULTMANN: *Die Frage der dialektischen Theologie*, in: *Zwischen den Zeiten*, 4. Jgg., Heft 1, München 1926, S. 40 ff.).

[17] HUIZINGA: a. a. O., S. 19.

sich als Spielverderber *kat' exochen*, wissend um die »Selbst-losigkeit« falschen Ernstes. *Zarathustra* fordert: »*daß eure Tugend euer Selbst sei, und nicht ein Fremdes, eine Haut, eine Bemäntelung*«. Dagegen ist es unernste Spielerei, den »*Krampf unter der Peitsche, das Faulwerden der Laster Tugend*« zu heißen. »*Und andere gibt es, die sind gleich Alltagsuhren, die aufgezogen wurden; sie machen Tiktak und wollen, daß man Tiktak – Tugend heiße*«. Anderen ist Tugend »*eine Art Gebärde: Ihre Knie beten immer an, und ihre Hände sind Lobpreisungen der Tugend, aber* ihr Herz weiß nichts davon«. Diesem uneigentlichen Ernst steht NIETZSCHES Forderung gegenüber: »*Das euer* Selbst in der Handlung sei, *wie die Mutter im Kinde ist*«. – Sich selbst versteht *Zarathustra* ausdrücklich als Spielverderber: »*Wahrlich, ich nahm wohl hundert Worte und eurer Tugend liebste Spielwerke; und nun zürnt ihr mir, wie Kinder zürnen. Sie spielten am Meere, – da kam die Welle und riß ihnen ihr Spielwerk in die Tiefe: nun weinen sie*«.[18]

IV. VOM ERNST DES KOMISCHEN (WIEDERHOLUNG BEI BERGSON UND KIERKEGAARD)

Der verstellte Ernst der Pedanterie, also die bloß psychologische, nicht aber existentielle Ernsthaftigkeit, gilt dem ursprünglichen Ernst als Unernst. Die »selbstlose« Besorgtheit um den Bestand einer Spielwelt und deren Regeln, die sich aber für »Ernst« hält, besprachen wir kurz am Beispiel des Pedanten und des Abergläubischen. Der »Spielverderber« aus ursprünglichem Ernst entlarvte den unechten Ernst als Spiel.

Vor allem die *vis comica* ist es, die sich mit Vorliebe der Pedanten aller Grade annimmt: sie entdeckt die Unechtheit des vermeintlichen Ernstes und prangert sie an, scheinbar selber spielend, tatsächlich aber im Incognito des Unernstes eigentlichen Ernst auf den Plan rufend.[19]

H. BERGSON hat in seiner Theorie des Komischen diese Korrektiv-Funktion des Lachens von seiner vitalistischen Metaphysik aus zu deuten versucht.[20] Er erklärt das mechanisierte Lebendige zum schlechthin Komischen: »*Eine dem Mechanischen verfallene Natur, das ist ein schlechterdings komisches Motiv*«.[21] Wenn wir auch gleich erkennen werden, daß BERGSONS Metaphysik die »existentielle« Funktion des Lachens nicht tief genug erfassen kann, so leistet er uns doch gute Dienste, indem er auf den Ernst des Komischen aufmerksam macht. In der Tat: der verstellte Ernst erweckt stets die Erinnerung an einen Mechanismus, einen Automaten, der durch seinen Kontrast zum lebendigen

---

[18] NIETZSCHE: *Also sprach Zarathustra*, Kröner Taschenbuchausgabe, S. 99 ff.
[19] Die hohe Rangstufe des Humors bei KIERKEGAARD als »Konfinium« zwischen dem ethischen und religiösen Stadium, sowie der Ironie (schon in der Dissertation über SOKRATES' Ironie) ist in diesem Zusammenhang zu erwähnen.
[20] BERGSON: *Das Lachen*, Jena 1921.
[21] BERGSON: a. a. O., S. 32.

spontanen Menschenwesen in seinem äußersten Extrem dämonisch wirkt, in den schwächeren Abstufungen aber komisch.[22] Die Bürokratie, die Massenorganisationen, die Technisierung auch des persönlichsten Lebens-Mißstände, die in unserer Zeitkritik mit Recht beklagt werden –, führen oft zu einem schematischen »Ernst«, der sich mechanisch ab-spielt.[23] Freilich, solche komisch-groteske Perversion des Ernstes ist nicht erst mit unserer technischen Welt gegeben, wie BERGSON sehr gut weiß. Was BERGSON allerdings entgeht, das ist die existentielle Funktion sowohl des Lachens als auch des eigentlichen Ernstes. Verführt durch seinen Vitalismus (der menschliche Freiheit nur scheinbar in den Blick bekommen kann) wird ihm das Lachen zu einer bloßen Korrektiv-Funktion eines überpersönlichen »Lebendigen überhaupt«. Darüber hinaus neigt er – als »typischer Franzose«[24] – dazu, ein solches Lebendiges vor allem in der Gesellschaft, im *sozialen* Wesen zu lassen. Infolgedessen spricht er, im Gegensatz zu uns, von einer *fonction sociale* des Lachens, statt, wie wir: von einer *existentiellen*. Eine Auseinandersetzung mit der so erfolgreichen Theorie BERGSONS – besser: wenigstens mit ihren Grundvoraussetzungen – kann unser Problem Spiel – Ernst klären helfen, zumal eine solche Diskussion gleichzeitig die so verwandte Theorie des Lachens bei A. SCHOPENHAUER implizit auch kritisiert. BERGSON läßt sich vor allem durch psychologische Beobachtung zu seiner »sozialen« Theorie des Lachens verleiten: ihm wird entscheidend, daß die Menschen lieber und häufiger *en masse* lachen, während sie einsam und verlassen weinen. Uns erscheint die Häufigkeit des Lachens in Gruppen als eine periphere Eigentümlichkeit des lachenden Menschen. Denn der Gegenbeweis läßt sich leicht auf der gleichen Ebene erbringen: viele Menschen weinen auch lieber *en masse* als in der Stille ihres Kämmerleins (Staatsbegräbnisse, Theateraufführungen usw.)! Dies ist ein Thema der Sozialpsychologie (»Carpenter-Effekt«, »soziale Ansteckung«!). Primär ist Lachen u. E. eine mehr oder weniger sanktionierte Verlegenheitsäußerung angesichts einer zunächst nicht anders zu beantwortenden Situation.[25] Die Gesellschaft, das soziale Leben, schafft eben mehr Situationen, die lachend »beantwortet« werden, sowie mehr Sanktionen: im allgemeinen Gelächter erhält das Lachen des Individuums seine »Rechtfertigung«; und umgekehrt würde der Nichtlachende unter Umständen – als »humorlos« u. ä. – selbst den anderen lächerlich! Das gemeinsame Lachen bekommt den Charakter eines sinnvollen welthaften Tuns, mit dem z. B. der Komiker sowie sein Publikum durchaus rechnen. Lachen wird sozusagen »sozialisiert« und so erst zur Geste oder Gebärde, fast wie Beifallklatschen. Ja, man könnte mit gutem Grund in der

---

[22] Zur Dämonie des Maschinenmenschen: z. B. FR. G. JÜNGER: *Perfektion der Technik*, Frankfurt 1946.

[23] Hierzu: bes. die Zeichnungen SAUL STEINBERGS.

[24] Vgl. P. STAPFER: »*L'ésprit français, l'ésprit de société, naturellement ennemi de l'excentricité individuelle...*«, zitiert in: W. GOTTSCHALK: *Die humoristische Gestalt in der französischen Literatur*, Heidelberg 1928, S. 42.

[25] Vgl.: H. PLESSNER: *Lachen und Weinen*, Groningen 1941.

starken Neigung des Menschen aller Zeiten, möglichst als Gruppe zu lachen, ein Ausweichen vor der primär »einsamen« Lachsituation erblicken. Bekannt ist die Unheimlichkeit, die der einsam Lachende empfinden kann, ebenso die Gehetztheit, mit der jemand »seinen« Witz unbedingt öffentlich machen *muß*: denn *en masse* wird die ursprüngliche Verlegenheit des Einzelnen beruhigenderweise zum be-sprechbaren, be-lachbaren »Fall«. Ferner ist die sozialpsychologische Tatsache zu sehen, daß die Lachgemeinschaft als »Verstärker« (W. HELLPACH) wirkt.

Darüberhinaus belehrt uns die Geschichte des Komischen,[26] daß die *fonction sociale* des Lachens, wie sie BERGSON verabsolutiert, nur einen Aspekt des Komischen hervorhebt. Denn es gibt faktisch nicht bloß gesellschaftskritische Komödien, Possen, Witze usw. Vielmehr gibt es primär gewisse Urmotive des Lachens, die sich quer durch allen Wandel gesellschaftlicher Normen hindurch verfolgen lassen, weil sie gewissermaßen eine anthropologische »Verlegenheit a priori« betreffen. Und auch da, wo die Gesellschaft sich selbst lachend kritisiert, auch da zehrt das Lachen vom elementar-komischen Kern. Nur wird hier das Lachen in den Dienst der sozialkritischen Tendenz gestellt, wobei diese Tendenz gut auch mit anderen Mitteln hätte vertreten werden können. DAUMIERS Zeichnungen sind uns von zeitloser Komik, auch wenn sie sich z. B. noch über die Gewinnung des Zuckers aus Zuckerrüben lustig machen wollen oder über die Eisenbahnen. Eine unmittelbar wirkende ursprüngliche Komik der Zeichnungen steht hier der sozialen Funktion sogar gegenüber! Aber auch wenn wir über die Preziösen bei MOLIÈRE lachen, lachen wir nicht unmittelbar »sozialkritisch« über einen Mißstand der Gesellschaft, sondern über komische Szenen, die wir miterleben, und die auch dem Fürsprecher des Preziösentums komisch vorkommen müssen. »Lachen geißelt die Sitten« (BERGSON) sagt nicht einmal MOLIÈRE. Wie seine Vorreden, z. B. zum *Tartuffe*, aber auch seine Gesuche an den König beweisen, erkannte er sehr wohl, daß vom Standpunkte der »Sittlichkeit« aus, d. h. dem, was der Gesellschaft frommt, Lachen an sich noch keine Gewähr für Sittenstrenge darstelle. MOLIÈRE war überzeugt, daß sein *Tartuffe*, zu unrecht als anstößig beurteilt wurde; zugleich hielt er aber auch AUGUSTINS Ansicht von den *theatra*, die *caveae turpitudinem* seien (*De cons. evang.*, I, 51), insofern für richtig, als sie von jenen *vilains Spectacles* gelte, »*qu'on a eu raison de nommer les Spectacles de turpitude*«.[27] Also: die Komödie und das Lachen besitzen nicht an sich schon soziale Dignität.

Trotz aller anthropologischen Bedenken gegen BERGSONS Theorie des Komischen (die Ausschließlichkeit der *fonction sociale*, sowie die vitalistische Metaphysik, die zudem noch Gesellschaft mit Lebendigkeit identifizieren möchte, diese beiden Grundvoraussetzungen schienen uns am bedenklichsten) gilt:

---

[26] K. FR. FLÖGEL: *Geschichte des Grotesk-Komischen*, bearb. u. herausg. v. M. BAUER, München 1914.

[27] MOLIÈRE: *Oeuvres complètes*, éd. de la Pléiade, Paris 1951, vol. I, p. 679.

BERGSON hat – wie übrigens auch NIETZSCHE und KIERKEGAARD – die mögliche Korrektiv-Funktion des Komischen auf seine Weise erkannt und besonders den verstellten Ernst als bevorzugtes komisches Motiv gut belegt. Die Grenze seiner Betrachtungsweise, vor allem seine prinzipielle Unmöglichkeit, mit vitalistischen Kategorien den eigentlichen Ernst in den Blick zu bekommen, wollen wir indes an einer, u. E. recht interessanten Gegenüberstellung zur Sprache bringen: an der Kategorie der *Wiederholung*, die bei BERGSON (entsprechend seinem manichäischen Schema: »Repetition« = mechanistische Erstarrung; Spontaneität = Lebendigkeit) komische »Uneigentlichkeit« ist, bei KIERKEGAARD dagegen eigentlichen Ernst meint.

Zunächst scheint der Unterschied zwischen BERGSON und KIERKEGAARD – wohlgemerkt: nur was die Deutung der »Wiederholung« angeht! – nicht sehr groß. In BERGSONS Theorie des Lachens ist die Wiederholung (neben der Inversion und Interferenz) eine spezifische Weise des Erstarrens von Lebendigem und darum komisch, von der (für BERGSON so lebendigen) Gesellschaft mit Recht verlacht.[28] KIERKEGAARD nun erblickt in der Wiederholung zunächst (aber nur zunächst!) ebenfalls »Einförmigkeit«, Unlebendigkeit, die man durch »*Unerschütterlichkeit und zugleich durch Abstumpfung seiner Beobachtungskraft*« erreichen kann.[29] Es ist die Einförmigkeit, die sich, bei psychologischer (nicht existentieller!) Ernsthaftigkeit in der Pedanterie und Sturheit zeige. Auch die Gründe für diese Verkümmerung werden von beiden Denkern in einem fundamentaleren Versagen gefunden: der lebendige Mensch kann – komischerweise – mit der *Zeit* nicht fertig werden; statt sich in der Zeit werdend hervorzubringen, repetiert er. Diese Repetition reicht von der stereotypen Replik der komischen Figur bis zur Repetition einer ganzen Existenz: die Komik von Zwillingen z. B., oder von Herr und Hund, von sich angleichenden Ehepaaren u. a. m. Aber auch die stur wiederholte Verrichtung kann komisch wirken: es sei kein Lebensernst, sagt KIERKEGAARD, in der »Wiederholung«, königlicher Bereiter zu sein, auch wenn ein solcher, so oft er sein Pferd besteige, es mit allem möglichen Ernst tue. Soweit nun stimmen BERGSON und KIERKEGAARD überein.

Die Übereinstimmung hört jedoch mit KIERKEGAARDS überraschendem, das bergsonsche Schema transzendierenden Denkschritt auf: KIERKEGAARD nämlich benutzt nun ausgerechnet dieses Lächerliche der »Wiederholung«, um den wahren Ernst zu erhellen! Er läßt es nicht dabei bewenden, bloß die Komik der Wiederholung aufzuzeigen, sondern er erkennt das Komische auch des Gegenteils hiervon, sofern es sich in bloß vitaler Unmittelbarkeit zeige und sogar erhaben dünke![30] Es ist, nach KIERKEGAARD, nun keineswegs

---

[28] In diesem Zusammenhang sei noch einmal auf die phänomenologisch so wichtige Struktur des Spielablaufes verwiesen: die Wiederholung im Hin und Her, Auf und Ab, Rundherum usw. (s. o., S. 343).

[29] KIERKEGAARD: *Ges. Werke*, III. Bd., 1. Aufl., S. 163.

[30] Der »Ästhetiker« in *Entweder – Oder I* ist weitgehend Vitalist bergsonscher Prägung; man denke vor allem an die *Don Juan*-Analysen oder auch an die »Wechselwirtschaft«.

so, als wäre etwa das bloß Neue, Interessante, Sensationelle, Erste, Einmalige usw. schon Ernst im eigentlichen Sinne. Dies meint bloß der Ästhetiker z. B. vom Typus *Johannes des Verführers*. Dieser nämlich lehnt ja die Ehe als Inbegriff des ethischen Ernstes deswegen ab, weil er den Kampf des Ehemannes mit der Zeit – d. h. aber die Wiederholung – nur komisch findet. Der Verführer kämpft für den Moment, und damit gegen die Zeit.[31] Alles Gewicht fällt für ihn folgerichtig auf die Zufälligkeit des Ersten: auf die erste Begegnung, auf den ersten Kuß u. dgl. m. Dieses Erste kann aber notwendigerweise nicht wiederholt werden.

Der ästhetische Ausweg aus der scheinbar unvermeidlichen Komik der Wiederholung ist dem Ironiker KIERKEGAARD jedoch selber – komisch! Etwa: die Jagd nach immer neuen Sensationen, nach dem Ersten also, überspringt »verspielt« (!) – wenn, psychologisch betrachtet, auch schwermütig getönt – die konkrete Existenz des Menschen, die nun einmal *zeitlich* ist. Das selbstbetrügerische Überspringen der Zeitlichkeit, das Ignorieren der Geschichtlichkeit, ist KIERKEGAARD aber ebenso »Unernst« und Spielerei, wie es die komische Wiederholung des Pedanten und Sturen auch waren. Auch beim »Ästheten« lassen sich nämlich pedantische Züge, auf höherer Ebene gewissermaßen, feststellen. (*Johannes* erscheint dem Ehemann *Wilhelm* auch komisch). Ja, man könnte ein Großteil der pseudonymen Schriften KIERKEGAARDS auf die Frage reduzieren: ist denn kein Ernst möglich, der vor der Komik der Pedanterie gefeit wäre?

Und da geschieht das Merkwürdigste: »Wiederholung« wird für KIERKEGAARD die Kategorie des *Ernstes* im eigentlichen Sinne. Allerdings handelt es sich da nicht mehr um die bergsonsche Repetition, sondern, wie KIERKEGAARD sagt: »*Wiederholung in Ursprünglichkeit. Wenn die Ursprünglichkeit im Ernste erworben und bewahrt wird, so gibt es Sukzession und Wiederholung*«.[32] Also: dann erst gibt es die kontinuierliche Existenz des Selbst in der Zeit: »*sowie die Ursprünglichkeit in der Wiederholung ausbleibt, ist die Gewohnheit da.*[33] *Der ernsthafte Mann ist ernsthaft eben durch die Ursprünglichkeit, mit welcher er in der Wiederholung wiederkehrt*«.

Und paradox wie die Wiederholung als eigentlicher Ernst, tritt nun auch das Komische wiederum in Kraft: nämlich als jener »*eifersüchtige Wächter*«, als »*Nemesis*«, die (als Ironie und Humor) die Erstarrung in der Wiederholung hellsichtig entdeckt und an den Pranger stellt. Insoweit also garantiert das Lachen den Ernst im eigentlichen Sinne.

Beide, BERGSON wie KIERKEGAARD erkennen die Bedeutung des Lachens als eine gegen »Erstarrung« gerichtete »Reaktion«;[34] allerdings mit dem

---

[31] KIERKEGAARD: *Ges. Werke*, II. Bd., 1. Aufl., S. 119.

[32] KIERKEGAARD: *Ges. W.*, V. Bd. (*Begriff der Angst*), S. 148.

[33] Man denkt hier mit Recht an die augustinische Wendung von der Gewohnheit als dem »Tod der Seele«.

[34] BERGSON: a. a. O., S. 16 ff.

grundlegenden Unterschied, daß der vitalistische Metaphysiker BERGSON »das Leben« selbst gegen das »Mechanische als Kruste über dem Lebendigen«[35] lachend protestieren läßt, und die »Gesellschaft« als Vertreterin der Lebendigkeit sozusagen die Exekutive darstellt. Demgegenüber ist der Existenzphilosoph KIERKEGAARD der ihm aus der deutschen Romantik wohlvertrauten Personifikation des »Lebens« gegenüber mißtrauisch. Das Komische ist ihm eine »Existenzbestimmung«, die auf der Grundsituation des Menschen als Menschen beruht, d. h. auf dem *Leiden*. Verwandt ist NIETZSCHES Ausspruch: »Vielleicht weiß ich am besten, warum der Mensch allein lacht: er allein leidet so tief, daß er das Lachen erfinden mußte«.[36] Oder: »Die tief Verwundeten haben das olympische Lachen; man hat nur, was man nötig hat«.[37]

Freilich hat dies »Leiden« bei KIERKEGAARD einen ganz spezifischen Sinn: das Leiden an der Endlichkeit des Menschseins. Also leidet der Mensch primär gar nicht in vitalem Sinne, sondern als mögliches Selbstsein, das nur unter anderem freilich auch in vitale Bezüge verstrickt ist.[38] Ebenso ist die lachende »Nemesis«, die der Mensch als Korrektiv bei sich führt, wohl sozialpsychologischen Perspektiven zugänglich[39]: aber die »soziale Funktion« des Lachens ist für KIERKEGAARD nicht entscheidend, sondern die »existentielle«.

Fassen wir unsere KIERKEGAARD-Interpretation zusammen: der scheinbare »Ernst« des Pedanten scheiterte an der »Wiederholung«, die ihn komisch macht. Diesem fehlte jener Ernst, den KIERKEGAARD die erworbene Ursprünglichkeit des Gemütes nennt.[40] Diese erworbene Ursprünglichkeit (also keine »vitale Vorgabe«!) ist ihm gleichbedeutend mit »Innerlichkeit«, »Persönlichkeit«, kurzum »Selbst«,[41] das nunmehr kontinuierlich zur Stelle ist und die »Wiederholung« wagen kann. Daß nun dieser »existentielle Ernst« nicht mit Humorlosigkeit identisch ist, also keine »ernste Stimmung« im psychologischen oder alltäglichen Sinne meint, liegt ja nach dem Ausgeführten auf der Hand. Im Gegenteil: erst diesem existentiellen Ernst erschließt sich der sozusagen »habituell komische Aspekt« des je und je verfallenden Menschen.

Jedenfalls hat uns KIERKEGAARD soweit geführt, Ernst und Spiel dem vorläufigen Zugriff bloß psychologischer Zustandsanalysen sowie soziologischer Ortsangaben zu entziehen. Denn Ernst als fixierbares innerweltliches Phänomen »unter anderen« wäre schon von der Nemesis des Komischen getroffen, noch bevor er sich in gegenständlicher Faktizität breitmachen wollte. Spiel wird wiederum ebenfalls – auf Grund des existentiellen Vorverständnisses von Ernst – nicht mehr bloß ein Proteus von Strukturmerkmalen sein, die

---

[35] BERGSON: a. a. O., S. 29.
[36] NIETZSCHE: *Wille zur Macht*, Kröner Taschenausg., *Aphorismus 91*, vgl.: a. a. O.: *Aphor. 990.*
[37] A. a. O., *Aphor. 1040.*
[38] Zur Komik der Sexualität, bzw. der Zote, *vgl.* KIERKEGAARDS: *Der Begriff der Angst.*
[39] BERGSON: a. a. O., S. 15, 129 u. ö..
[40] KIERKEGAARD: *Ges. W.*, V. Bd., S. 147.
[41] A. a. O.: S. 148 f..

als solche bloß säuberlich herauszuschälen und aufzuzählen wären, sondern eben existentieller »Unernst«, auch noch in der Maske der depressiv getönten psychologischen »Ernsthaftigkeit«. Insofern ist KIERKEGAARDS scheinbar unbefriedigende Auskunft doch recht »korrekt«[42]: »Soviel mir bekannt, existiert eine Definition des Ernstes nicht. Wenn dem so ist, so soll es mich freuen. Nicht als ob ich an dem modernen, zerfließenden und verschwimmenden Denken, das die Definition abgeschafft hat, meine Freude hätte, sondern weil es in Beziehung auf Existenzbegriffe immer einen sicheren Takt verrät, sich der Definition zu enthalten. Denn, was man wesentlich anders verstehen soll oder selbst anders verstanden oder in einer anderen Weise liebgewonnen hat, kann man unmöglich gern in der Form der Definition auffassen wollen, durch die es so leicht fremd und zu etwas anderem wird. Wer wirklich liebt, kann kaum seine Freude und Befriedigung, geschweige denn eine Förderung darin finden, sich mit der Definition der Liebe abzugeben. Wer in täglichem oder doch festlichem Umgang mit der Vorstellung lebt, daß ein Gott sei, wird sich dies schwerlich dadurch verdorben sehen wollen, daß er sich eine Definition von Gott zusammenflickt. So ist es auch mit dem Ernst. Er ist eine so ernsthafte Sache, daß eine Definition desselben ein Leichtsinn ist. Das sage ich nicht, weil mein Gedanke unklar wäre oder weil ich fürchtete, von dem einen oder anderen Spekulanten dessen verdächtigt zu werden... Nein, meines Erachtens, beweist, was ich hier sage, besser als jede Begriffsentwicklung, daß ich im Ernst weiß, wovon die Rede ist«.

---

[42] A. a. O.: S. 146.

Von Pontius zu Pilatus

Landpfleger Pontius Pilatus hatte zwei Namen, war aber nur *ein* Mann. Deswegen kann man nicht »von Pontius zu Pilatus laufen« – das ist klar.

Viel weniger klar ist das Verhältnis von Stoff und Form. Wir ahnen zwar, daß im Kunstwerk jeglicher Art »Stoff« und »Form« vorliegen, kommen aber schon bei der vordergründigsten Überlegung zur Einsicht: wir können über diese beiden Begriffe nicht so sprechen wie über zwei Dinge, z. B. über Apfel und Birne.

Man spricht von einem Kunstwerk oft so, als gäbe es dabei einen »Inhalt« (oder »Stoff«) *und* eine »Form«. Etwa ähnlich wie es beim Kochen der Fall ist: da gibt es die Speise (Inhalt) und den Topf (Form); nur läßt sich beides hier gegenständlich gut auseinanderhalten und in seiner Verschiedenheit einwandfrei nachweisen. Aber so einfach liegen die Dinge beim Kunstwerk nicht. – Schon bei seelischen Sachverhalten, bei denen man auch geneigt ist, ihnen Außen und Innen, Fülle und Armut und dergleichen zu unterscheiden, beginnen sich die hartnäckigen Denkgewohnheiten aus dem Umgang mit der Dingwelt störend bemerkbar zu machen.

Um wie viel störender müssen die »dinglichen Wendungen« sein, wenn sie mit Stoff und Form in der Kunstbetrachtung umgehen. Und zwar deshalb, weil sie die Eigentümlichkeit des Kunstwerks im Grunde verfälschen: »Formal zwar sehr gekonnt, aber…«; »starker Stoff, aber formal ungenügend gestaltet…«; »glückliche Übereinstimmung von Stoff und Form« – jedermann kennt diesen selbstverständlich gewordenen Sprachgebrauch. Ebenso kennt man den Kampf gegen die »entleerte Form«, das Eintreten für den »Gehalt«, die Parole »gegen den Formalismus« und ähnliches. Solche Parolen sind, gleichgültig ob damit für das eine oder das andere Stellung genommen wird, unempfindlich für das höchst *komplizierte* Form-Stoff-Verhältnis in der Kunst, für die Dialektik von Stoff und Form, wie sie bereits ARISTOTELES erkannte. Statt beide nach Rezensentenmanier wie Dinge auseinanderzuhalten, sieht ARISTOTELES (ganz grob betrachtet!) die Form-Stoff-Beziehung etwa so: Stoff sei z. B. der Stein, Form sei die Quadergestalt. Aber dabei bleibt es nicht, denn nur relativ zum Stein ist der Quader Form – für die Mauer ist er Stoff, und die Mauer wäre Form; die Mauer ist Stoff für das Haus (als Form); das Haus ist Stoff hinsichtlich des Planes, den der Baumeister sich ausdenkt (Form) usw. Wohlgemerkt, dieses Beispiel ist eine starke Vereinfachung der aristotelischen Interpretation und soll nur zeigen, wie relativ beides, Form wie Stoff bestimmt wird. (Statt »relativ« müßte man besser sagen: »korrelativ«.) – Vielleicht hilft auch ein anderes Beispiel, die Begriffe abzugrenzen: Kristalle haben eine bestimmte »Form«; zerschlägt man diese, dann zerfällt sie wohl oder übel in ihren »Stoff«, der jedoch selbst wiederum die spezifische kristalline Struktur, die Form aufweist (gleiche Winkel z. B.). Oder: ich zerlege einen magnetischen Eisenstab, dessen Enden Nord und Süd genannt seien, in Teile. Dann wird jeder Teil wiederum Nord- bzw. Südpole haben, bis hinunter zu den entsprechenden Molekülen.

Schon aus diesen Andeutungen geht hervor, daß jegliches Sprechen über Stoff und Form notwendig ungenügend sein wird, wenn nicht genau angegeben werden kann, auf welcher Ebene das geschehen soll! Um beim ersten Beispiel zu bleiben: Es hat oft den Anschein, als diskutierte der Standpunkt des Steinklopfers mit dem Standpunkt des Architekten; der eine meinte (um im Bilde zu bleiben) den Quader und sagt »Form« – der andere aber meint den Plan des Hauses und sagt ebenfalls »Form«. Das wäre nicht allzu schlimm, falls die Sachlage dieselbe wäre wie beim Kristall oder beim Magneten, denn bei diesen – wir sagten es eben – bleibt die Form sich gleich auf allen Ebenen (»Isomorphie«). Allein, beim Haus besteht ein großer Unterschied zwischen den »Formen« verschiedener Stufen, unser erstes Beispiel zeigte das deutlich. Und so, will mir scheinen, steht es auch beim Kunstwerk.

Ein beliebig herausgegriffenes Modell für den Typus der »Steinklopfer-Architekt«-Diskussion: Es gibt heute das Schema »Formalismus-Realismus«. Der Osten bekämpft bekanntlich den bourgeoisen, »dekadenten« *Formalismus*; er stellt ihm seinen mehr oder weniger *»heroischen Realismus«* gegenüber. Ein Beispiel für diesen »heroischen Realismus« wäre EISENSTEINS Film *Iwan der Schreckliche*. Amerikaner, und mit ihnen viele Europäer, bezeichnen gerade diesen Film als »an outstanding example of a film quite away from the normal in its unrealistic use of formal design to achieve a calculated effect. This formalism (!) is even extended to the acting and beyond that to the characterization itself«.[1] Angesichts dieses Durcheinanders und Nebeneinanders von geradezu kontradiktorischen Sprachgebräuchen wird man zwangsläufig fragen müssen: liegen da nicht verschiedene *Ebenen* der Form-Stoff-Beziehung vor? (Falls man nicht unterstellt, daß eine Seite – oder gar jede – gar nicht wisse, wovon sie rede.)

---

[1] ROGER MANVELL (Leiter der *British Film Academy*) in: *Experiment in the Film*, 1949.

Indes, ich glaube, daß der scheinbar unzeitgemäße Hinweis auf ARISTOTELES uns selbst den sowjetischen Sprachgebrauch erklären kann; denn ARISTOTELES blieb ja nicht bei der Stufe des Architekten stehen (also beim Plan des Hauses), sondern ging noch weiter. Und zwar so: die Form des Kunstwerks (sprich, wie sie als Plan vorliegt) ist »Stoff« für die ästhetische Lust des Betrachters; diese aber ist Stoff für den Staatsmann als Erzieher der Polis. Vermutlich ist diese Ebene auch im sogenannten »Realismus« der Sowjet-Kunst gemeint. Wie dem auch sei: *Die Betrachtung eines Kunstwerks nach dem Form-Stoff-Schema ist nur insofern sinnvoll, als man seinem Gesprächspartner die Ebene der Betrachtung genau anzugeben in der Lage ist.* Jeder Künstler (und ARISTOTELES' *Metaphysik* ist künstlerisch-organizistisch!) weiß um das höchst verwickelte Spiel von Form-Stoff-Ebenen, er *realisiert* es schaffend. Die Analytiker, Ästhetiker und Rezensenten erweisen seinem Werk (sowie der Logik) einen großen Dienst, wenn sie zum mindesten weniger selbstsicher mit »Form« und »Stoff«, »formal«, »inhaltlich« und dergleichen herumjonglieren. Für den Künstler (wie für den Logiker) laufen sie sonst nur »von Pontius zu Pilatus«.

Liebe und Sexualität

Kritik: Über SIMONE DE BEAUVOIR. Liebe als Freiheit (1951)

»Welches Unglück, ein Weib zu sein! Und doch liegt das größte Unglück darin, daß das Weib es nicht faßt«. Dieses Wort KIERKEGAARDS ist eigentlich Motto des ganzen Buches, das nun wahrscheinlich, ebenso wie vorher in Frankreich, sein turbulentes deutsches Schicksal haben wird. Dabei besteht die große Gefahr, daß man das Motto zugunsten sensationeller Aspekte – und Sensation wird das Werk schaffen! – ganz beiseite läßt. Zu erwarten ist ein Erfolg, der auf dem grundlegenden Mißverständnis beruht, als ob es sich hier sozusagen um »Geist in Reizwäsche« handelte, jene widerliche Mischung von Prätention und Lüsternheit, die so oft beim Durchschnitt »einschlägt«. Schon die ersten Rezensionen sind leider in diese Richtung abgebogen. Und das ist sehr schade.

Der Verfasserin geht es bei allem Freimut, mit dem sie die intimsten Phänomene der Sexualität in großer Ausführlichkeit behandelt, nicht um »Aufklärung« zweideutiger Art, sondern um die tiefe Frage: was bedeutet es für ein menschliches Wesen, Weib zu sein? Geile Neugier verstellt sich *a priori* gerade diese Frage, weil sie am Wust des dargestellten Faktischen allein ihr zweifelhaftes Gefüge findet, das Problem jedoch gar nicht sehen will. Ebenso verfehlt ist es, »kulturgeschichtliche« Information zum Selbstzweck zu machen, obwohl das Werk reiches Material ausbreitet. Bei einiger Durchschnittsbildung wird man, nebenbei gesagt, kaum »Neues« erfahren, noch Altes in angenehmer Eingänglichkeit. Darauf kommt es, wie gesagt, auch gar nicht an, und die hier ansetzende Kritik bleibt irrelevant.

Dagegen gibt es, den unerhörten Anspruch des Buches herauszuhören, der sich aus dem existentialistischen »Freiheits«-Denken ergibt: der Mensch ist nicht bloß »so und so« da, sondern er entscheidet selber über sein

Schicksal. Dieses, in seiner Abstraktheit so fragwürdige, Axiom SARTRE erhält im Werk SIMONE DE BEAUVOIRS einen erschütternd konkreten Sinn. Denn nach Ansicht der Autorin ist das »andere« Geschlecht unfrei, nicht etwa bloß wegen seiner biologischen Grenzen, seiner (historisch aufgezeigten) materiellen und rechtlichen Benachteiligung durch die »starken« Männer, sondern primär aus einem viel weniger offenkundigen Grunde: das Weib verstehe sich selbst nach männlichen Modellen. Idealen, die es – in Verkennung seiner eigenen Freiheit – als »menschlich« schlechthin akzeptiere. (*L'homme* heißt nicht umsonst »Mann« und »Mensch«, betont SIMONE DE BEAUVOIR). NIETZSCHE meint das Gleiche, wenn er schreibt: »Der Mann hat das Weib geschaffen – woraus doch? Aus einer Rippe seines Gottes, – seines ‚Ideals'...« In der Tat, auch schmeichelhafte Idealvorstellungen (»Das Ewig-Weibliche«, »Die Dame« z. B.) machen unfrei, legen die davon Betroffenen fest. Vor allem aber: sie sind unwahr, wie die Verfasserin, besonders eindrucksvoll im Abschnitt »Mythos«, nachweist. Einige solcher Mythen läßt sie Revue passieren, indem sie anerkannten Dichtern der Liebe das Wort erteilt: MONTHERLANT, D. H. LAWRENCE, CLAUDEL, BRETON, STENDHAL. Es gelingt ihr dabei, am Modell gleichsam, ein übriges: nämlich den existentiellen Ursprung der Mythen vom Weib im Manne selbst aufzudecken, in dessen unwahrer Selbstdeutung.

Freilich, um abstrakte Freiheitsspekulationen geht es hier nicht. (Daß SIMONE DE BEAUVOIR auch zu philosophieren versteht, hat sie in ihrem Buch *Pour une morale de l'ambiguité* bewiesen.) Hier läßt sie massive Fakten sprechen: Biologie, Psychologie, Geschichte, vor allem aber: ihre eigene weibliche Erfahrung ihrer selbst. Und gerade dies ist das Umstrittenste, aber auch Wertvollste: eine so kluge und doch so weibliche Frau über »das Weib« zu hören, nicht aber Psychoanalytiker mit ihrem *orgeuil phallique*. Die Autorin treibt freilich auch Psychoanalyse, aber wie SARTRE: »existentielle Psychoanalyse«. Das heißt, sie läßt den Menschen nicht in psychische Automatismen und Mechanismen aufgehen, sondern erhellt auch noch im Triebhaften das Menschliche: die »Freiheit«, also das Vermögen, sich auch noch zu diesen Faktizitäten des Unterschwelligen zu *verhalten*. Ihre Analysen des sexuellen Entwicklungsprozesses beim Mädchen, der Frigidität, der alternden Frau, der Lesbierin wollen als mutige Aufhellung sehr subtiler Freiheitsdialektik gelesen werden. Nur wenige Philosophen haben sich bisher an diesen verwirrenden Problemen versucht, – Sexuologen, Psychoanalytiker und Mediziner übergehen aber meist das menschlich Schwierige, zu Leistende.

So ist *Das andere Geschlecht* auch ein wertvolles Stück Sexual*ethik*. Seine Wirkung sollte weniger in landläufiger »Aufklärung« als in seiner »Erhellung« bestehen, ja – und da darf man ruhig ein »erbauliches« Wort in den Mund nehmen – in seiner *Erweckung*. Mag das Temperament der Verfasserin sich auch gelegentlich in der Lautstärke des Tones vergreifen (die französische Originalausgabe ist übrigens dezenter in Sprache und Aufmachung): jedenfalls ist SIMONE DE BEAUVOIR keine hysterische Frauenrechtlerin schlechten

Angedenkens, kein Blaustrumpf, sondern eine um das menschliche »Mitsein« bekümmerte Frau. Sie weiß selbst um den »unguten Krieg« der Geschlechter: »Wenn man sich streitet, argumentiert man nicht gut«. Mag sie im großen Aufwasch ihrer Mythenstürmerei auch die christlichen Ideen treffen wollen – die alten Kirchenväter waren übrigens häufig aus *nicht*christlichen Gründen Misogyne! –: ihr Eintreten für die Frau als freie »Schwester« ist – christlich. Ihr Kampf für die Liebe als Freiheitsakt, ihre schonungslose Enthüllung der männlichen Mythen über »das Weib« und »das Ewig-Weibliche« wurden vor über 100 Jahren mit dem gleichen Elan auf dem Boden des Christentums geleistet: SØREN KIERKEGAARDS *Entweder – Oder* empfehlen wir ebenso als Korrektiv des vorliegenden Buches, wie wir *Das andere Geschlecht* als Korrektiv für RUSSELLS *Ehe und Moral* empfehlen mußten (»Lit. Deutschland« II, 15: »Sexualität und Tabu«).

Genauso wie die Schmetterlinge

»Als Waise bin ich aufgewachsen, lediglich unter der Obhut einer Amme, die mich liebte wie ihr Augenlicht. Sie bewahrte mich vor jeglicher Berührung mit der Welt. Die Folge davon aber war, dass ich ungewöhnlich schüchtern blieb. Es besuchte mich nur von Zeit zu Zeit ein Verwandter, ein Mann von Welt. Vertraut mit den fortschrittlichen Methoden des Westens, befleißigte er sich dabei, mir Einblicke in die Verschlungenheit des Lebens so zu eröffnen, dass die zarte Seele des Kindes keiner Gefährdung ausgesetzt war. Als es dazu kam, dass er mir über die Beziehung der Geschlechter zueinander Rechenschaft geben sollte, wählte er voll Zartheit solche Vergleiche, die aus der Tierwelt und dem Pflanzenreich herbeigeholt waren. Er sagte: ›Du entsinnst dich, liebes Kind, dass wir kürzlich auf der Wolfsjagd waren. Steht dir wohl auch noch im Gedächtnis, was wir mit den Zigeunerinnen taten, die wir zu unserer Zerstreuung mitgenommen hatten? Genau so, sagte mein Verwandter, machen es nämlich auch die Schmetterlinge‹.«

Vielen von uns ist es ähnlich ergangen wie Gregor von Rezzoris' maghrebinischen Bojaren: *genau so wie die Schmetterlinge.* »Nun aber werden«, so fuhr er fort, »die Vergleiche aus der Tierwelt als Mittel der Belehrung überschätzt«. In der Tat: Nicht nur wissen wir meist schon ziemlich früh, dass es die Erwachsenen gar nicht so treiben wie die Schmetterlinge, sondern auch, dass man als Kind Erwachsene nicht ganz ernst nehmen darf, z. B. dann nicht, wenn sie trotz aller Stattlichkeit und Kraft infantilstes Verhalten zeigen, dessen sie sich aber wiederum auch schämen.

Sind sie erotisch gestimmt, so fangen Erwachsene an, sich zu necken, zu streicheln, einander wie Kinder zu benennen: »Baby«, »Männlein«, »Schnutzli-Putzi«. Dazu kichern sie albern, fassen sich offenbar sinnlos, aber mit Lust an, sprechen über körperliche Merkmale des jeweiligen *Vis-à-vis* mit mehr oder weniger unterdrücktem Appetit und verrichten wie außer sich Dinge, die das Kind überraschen, befremden, ja bestürzen. Dazu kommt noch, dass die merkwürdigen Erwachsenen offenbar wissen, dass sich das nicht gehört. Denn sobald sie kindliche Zeugen vermuten, kaschieren sie das alles hastig und verlogen, als sei nichts gewesen. Das Alles geht dem Kind schwer ein.

Von wegen Schmetterlinge; mindestens so hilflos wie die Kinder sind aber die Erwachsenen selbst bei der Beantwortung der Frage: »Wie sag' ich's meinem Kinde?« Werden sie doch in der Regel mit ihrer eigenen Sexualität nur schlecht fertig, wie uns die Menschheitsgeschichte zeigt – angefangen von der Scham seit der Vertreibung aus dem Paradies bis hin zur Psychoanalyse mit ihrem Versuch, den Triebverdränger Mensch dazu zu bringen, dass er sich nichts mehr daraus mache.

Die Tatsache, dass das Thema Nummer eins aller Witze der Sexualität gilt, beweist direkt und indirekt: noch ist es uns gar nicht selbstverständlich, dass wir sexuelle Wesen mit sexuellem Verhalten sind. Schon Anspielungen auf die Sexualsphäre werden in der niedrigsten wie in der subtilsten Komik hellhörig registriert und durch Lachen, an sich eine hilflose Reaktion, beantwortet – dem elementarsten Lachen entspricht eine echte Verlegenheit. Die Scham ist meist mit Verlegenheitslächeln gekoppelt. Darum ist die Zote ein Beweis mehr für die Tatsache, dass wir mit unserer Geschlechtlichkeit durchaus nicht fertig werden. Perfekte Dirnen und Zuhälter sind nicht etwa nur schamlos, sondern auch an Zoten desinteressiert. »Heilige und Teufel lachen nicht«, heißt es bei WILHELM BUSCH. Umso verständlicher, dass der Mensch – dieses Wesen zwischen Tier und Engel, wie die Alten sagten – sich und seine Kinder aufklären will. Er will verstehen, was ihn bedrängt und auf so undurchsichtige Weise auch beglückt; nichts gegen Schmetterlinge, aber wir wissen schon sehr früh, dass wir keine sind. Eine Psychotherapeutin antwortete uns: »Schon mit zwei bis drei Jahren fangen die Kinder an zu fragen. Fast alle Eltern halten ihre Kinder viel zu lange für naiv, zahlreiche obszöne Kinderverse und Zeichnungen bestätigen dies. Selbstredend hat das Aufklärungsbedürfnis verschiedene Stadien. Die Probleme eines Pubertierenden unterscheiden sich in vielem von denen der Drei- oder Sechsjährigen, die oft schon erstaunlich korrekt *Vaterles* und *Mutterles* spielen.«

Unser Terminus *ad quem*? Nun, als die FÜRSTIN METTERNICH gefragt wurde, in welchem Alter eine Frau von ihrem Körper nicht mehr behelligt würde, antwortete sie: »Ich weiß es nicht, da ich erst 65 bin«. Das bestätigen nicht nur VAN DE VELDE und seine Epigonen; der Mensch bleibt wohl lebenslänglich aufklärungsbedürftig. Die Illustrierten und Soraya-Blätter sind voll von Inseraten der diskreten Versandbuchhändler. Titel wie: *Eros mit grauen Schläfen, Sexuelle Nöte. Ein Trostbuch für junge und alte Eheleute, Wechseljahre des Mannes und der Frau, Die Impotenz* und so weiter und so weiter. Alle versprechen sie Aufklärung in Liebesdingen. Die im- und potenziellen Leser der Sexmagazine sind laut demoskopischen Umfragen vorwiegend Männer über vierzig.

»Die Sehnsucht nach dem zweiten Frühling an der Seite eines taufrischen Mädchens lässt Männer dieser Altersgruppe gegenwärtig das Objekt intensiver Marktforschungsstudien der deutschen Zeitungsmacher sein«. »Liebesbücher gehen weg wie warme Semmeln«, bestätigt die D-MARK und KONKRET fragt: »Im deutschen Wohlstand rumort die Sinnlichkeit. Wer mag da schon ein Sexmuffel sein?« Strebsame *libertains* verlangen nach Fortbildung, um im Streit mit prüden Nachbarn bestehen zu können. Und all diese Lust- und Lebenshilfen, dem Kleinstkind und dem Lustkreis in den allerbesten Jahren zugedacht – von fortpflanzungsfähigen Jahrgängen ganz zu schweigen – gehen unter dem Titel »sexuelle Aufklärung«. Vorläufiges Fazit also: große Nachfrage und großes Angebot bezeugen ein Interesse am Sexuellen, ohne dass über die Motivation dieses Interesses Klarheit bestünde.

Von der häuslichen Pädagogik, die unseren lieben Kleinen gilt, über die nüchterne Information der Heranwachsenden bis zur Aufmöbelung derjenigen, die Venus längst aus ihrem Dienst entlassen hat, reicht die Skala von Angebot und Nachfrage. Wenden wir uns zunächst den Kleinsten zu. Fest steht – und auch die Statistik bestätigt es –, dass die Aufklärung des Kindes bis zur Pubertät wirklich im Argen liegt. Charakteristisch, weil sehr widerspruchsvoll, sind folgende Tatsachen: eine repräsentative Bevölkerungsumfrage des »Instituts für Demoskopie« in Allensbach richtete sich an Männer und Frauen zwischen 21 und 75 Jahren: »Bloß 5 % der Befragten halten eine rechtzeitige Aufklärung nicht für notwendig«. Man sollte also meinen, dass 95 % für rechtzeitige Aufklärung wären. Tatsächlich aber halten 53 % der Männer und 48 % der Frauen Aufklärung erst bei dreizehnjährigen und älteren Kindern für notwendig – nur 6 % waren für »so früh wie möglich«. Man kann sich leicht ausrechnen, dass jener abgedroschene Witz keine Erfindung ist:

> »Ihr seid schön doof«, sagt das Kind, »zu Meiers kommt ganz einfach der Klapperstorch und bringt das Kind. Und ihr?« Wir deuteten es schon an. Kinder sind mit Recht sehr frühzeitig misstrauisch, wenn Erwachsene, dazu noch in einer tabugeladenen Atmosphäre, mit verlegener Umständlichkeit ihr erstes Aufklärungsgespräch führen. Charakteristische Reaktionen sind z.B.: »Mich hatte man als Kind nur unzureichend und viel zu spät aufgeklärt. Ich hatte das meiste darüber auf der Straße oder in der Schule erfahren. Man soll nicht sagen, dass das verkehrt wäre. Jeden Tag eine neue Theorie, eine abenteuerlicher als die andere. Aber so eine kleine Straßengöre mit ihrer Altklugheit macht das bei weitem nicht so peinlich wie eine sich vor Scham windende Mutter.«

Mit fast instinktiver Witterung für die peinliche Situation des aufklärenden Elternteils wird das an sich schon misstrauische Kind nun vollends ungläubig, wenn es merkt, wie die Verlegenheit zur Verlogenheit führt, z. B. in diesem Bericht: »Bei uns zu Hause glaubte man nie an den lieben Gott. Ich war neun Jahre alt, meine Mutter war schwanger. Sie zog mich eines Tages mit hochrotem Kopf auf ihren Schoß und erzählte mir etwas von einem angeblichen

Korn, das unter ihrem Herzen wachse. Ich fragte sie, woher denn dieses Korn käme. Sie: ›Der liebe Gott habe es ihr eingepflanzt‹. Mit einem Mal sollte ich an den lieben Gott glauben.«

LESSING rät: »Man gebe dem Kind Wahrheit, nichts als Wahrheit, aber nicht die ganze Wahrheit«; KARL KRAUS dagegen: »Junge Mädchen können gar nicht früh genug erfahren, wie man keine Kinder kriegt.«

Nun, was tun? Zwischen der verschämten Lüge, der halben Wahrheit und der schonungslosen Enthüllung des Fortpflanzungsgeschäftes bewegen sich die Möglichkeiten einer Aufklärung, falls sie überhaupt stattfindet. Denn die bereits erwähnte *Allensbacher Umfrage* zeigt eine weitere Unstimmigkeit:

»Rund 75% sind für rechtzeitige Aufklärung. Aber obwohl diese hohe Prozentzahl Aufklärung durch die Eltern meint, sind bloß 28% der Frauen und 17% der Männer selbst durch ihre Eltern aufgeklärt worden«. Es wäre freilich noch interessanter gewesen zu erfahren, ob die Eltern, die so eifrig für rechtzeitige Aufklärung eintreten, ihre Kinder auch wirklich selbst aufgeklärt haben. Wahrscheinlich ist es, dass die Demoskopen ähnlich angeführt würden, wie das Mädchen mit dem göttlichen Korn unter dem Herzen der Mutter. Jedenfalls berichtet ein Kinderarzt über seine Erfahrungen mit sogenannten »modernen« Eltern: »Im Umgang mit Erwachsenen, speziell im Freundeskreis, gibt man sich gern frei, modern, oft revolutionär. Man ist souverän und gar nicht prüde. Man belächelt die verteidigte Jungfrauen-Ehre – ein uneheliches Kind sei doch heutzutage kein Malheur mehr –, die jungen Leute sollten sich ruhig vor der Ehe die Hörner abstoßen. Man polemisiert unmuffig gegen saubere Leinwand. Mit Emphase wird umstrittene Literatur verteidigt; ›Endlich frische Luft!‹ Genussvolle Entrüstung über hinterweltlerische Spießermoral und Heuchelei. Hochgefühl der gewonnenen Freiheit. ›Nein, wir lassen uns unseren Sex nicht vermiesen – Leben ohne Tabu‹. Schön. Aber, habt ihr es euren Kindern schon vorexerziert? Diese Frage wird nicht ernst genommen. Nein, den eigenen Kindern gegenüber schlägt man nur allzu gern gerührt die Augen nieder. ›Meine Tochter hat zwar einen Freund, aber sie sind noch wie die Kinder. Sie erzählt uns noch alles‹.«

Die Scham vor den Kindern und gerade *vor* ihnen verdirbt noch den Aufgeklärtesten das Konzept; genau genommen ist diese Scham der Eltern vor ihren aufzuklärenden Kindern besonders komplex und setzt sich aus mehreren Konflikten zusammen. Wir deuten nur an: *erstens* die primäre Scham, die man auch gegenüber anderen neutralen Mitmenschen empfindet, vor denen man sich, wenn auch nur verbal, exhibiert. *Zweitens*, die Scham vor dem Produkt der eigenen Sexualität: wie unproportional ist doch der Sexualakt im Verhältnis zu einem konkreten menschlichen *Vis-à-vis*, das dennoch seine Existenz gerade diesem Akt verdankt. *Drittens*, die Scham vor dem sich schämenden Kind. Wie gesagt: wir deuteten die Verhärtung der elterlichen Scham nur an. Aber selbst das genügt, um zu verstehen, warum Aufklärung ein so schwieriges Geschäft ist. Gibt es doch jenes Trauma der Geworfenheit, gar nicht vornehm heideggerisch gemeint?

A.: Es ist dein Vater. Er hat dir das Leben gegeben. Du bist sein Fleisch, sein Blut. Also sei er dir heilig.

Mohr: Ich möchte noch fragen, warum hat er mich gemacht? Doch wohl nicht aus Liebe zu mir, der erst ein Ich werden sollte. Hat er mich gekannt, *ehe* er mich machte? Oder hat er an mich gedacht, *wie* er mich machte? Oder hat er mich gewünscht, *da* er mich machte? Kann ich eine Liebe erkennen, die sich nicht auf Achtung gegen mein Selbst gründet? Wo steckt dann nun das Heilige? Etwa im Aktus selber, durch den ich entstund? Als wenn diese etwas mehr wäre als viehischer Prozess zur Stillung viehischer Begierden. Soll ich ihm etwa darum gute Worte geben, dass er mich liebt? Das ist eine Eitelkeit von ihm. Die Schoßsünde aller Künstler, die sich in ihrem Werk kokettieren, wäre es auch noch so hässlich. Sehet also: das ist die ganze Hexerei, die ihr in einen heiligen Nebel verschleiert.

So spricht freilich kein Kind; so spricht *Franz Mohr*. Und der aufklärende Vater empfindet sozusagen stellvertretend für das Kind die Scham des unheiligen *Franz*. Ist es nicht Hexerei und heiliger Nebel, was er da von sich gibt? Ob freudianisch oder alttestamentlich – von besagten Schmetterlingen ganz zu schweigen –, jedenfalls: wenn Eltern aufklären, sprechen sie nicht nur über die Intimsphäre des Kindes, sondern auch über ihre eigene, weil sie mit der »Existenz« gerade auch des aufzuklärenden Kindes zu tun hat. Und dieses Ineinander ergibt eine so komplizierte Verlegenheitssituation, dass man die Widersprüche der Statistik schon verstehen kann; sie spiegelt ja nur den Widerspruch in der Situation der Eltern wider. Man ist überwiegend für Aufklärung, leistet sie aber dennoch nicht. Es ist wie mit Urvater FREUD selbst, der davor zurückschreckte, seine *Brautbriefe* der Öffentlichkeit zugänglich zu machen oder gar sich selbst einer Analyse zu unterziehen, die er gleichwohl von seinen Adepten forderte – schade.

Aber kehren wir zurück zu den Kindern, die wir schließlich nicht nur alle einmal waren, sondern die wir haben. Da sollte es doch irgendwie zur Verständigung kommen, möchte man meinen, oder handelt es sich um Abstumpfung? Und zwar zunächst um ästhetische Abstumpfung? Denn die anatomische Seite der Sache, die das Kind interessiert, kommt schon bei der hygienischen Erziehung des Kindes derart in Misskredit, dass eine spätere Aufwertung – wie wir sehen werden, sogar Heiligung – nur schwer gelingt. Der Ekel vor allem, was mit Defäkation zusammenhängt, mit dem urogenitalen Apparat: »Pfui, das stinkt! Pfui, nicht anfassen! Vor dem Stuhlgang, nach dem Essen, Händewaschen nicht vergessen!« Sogar der Gebrauch von Ausdrücken, die sich auf diese Sphäre beziehen, wird streng verpönt. »*Interfeces, et urinam nascimur*«. Dieses Wort des HEILIGEN AUGUSTINUS, zu dem es zahlreiche antike und rabbinische Parallelen gibt, lässt alle hygienisch-ästhetisch gemeinten Wohlanständigkeitsregeln des Elternhauses wie Seifenblasen zerplatzen. Die Ekelreaktion des wohlerzogenen Kindes muss geradezu

Entwicklungsstörungen zur Folge haben, wenn das Kind erfährt, dass das Verpönteste, Ekelhafteste, Unanständigste, Voraussetzung seiner Existenz selbst ist. Simone de Beauvoir schreibt:

> »Wenn Eltern, Freunde, wenn die Herren und Meister in den Verdacht kommen, dass sie im Geheimen verdächtige Messen zelebrieren, dann bekommt es das Kind wirklich mit der Angst zu tun. Wie soll es den Übergang von der Vorstellung gut angezogener, würdiger Leute, von Menschen, die Wohlanständigkeit, Zurückhaltung, Vernunft lehren, zu dem Bild zweier nackter Tiere finden, die sich in den Haaren liegen. Die Erwachsenen stellen sich hierbei selbst in Frage; ihr Piedestal wird erschüttert, der Himmel verdunkelt. Oft lehnt das Kind hartnäckig die widerliche Enthüllung ab: ›Meine Eltern tun so etwas nicht‹, erklärt es.«

In dieser Hinsicht ist eine Rundfrage interessant, die von Wilhelm Liebmann veranstaltet wurde. Liebmanns Erhebungen bringen vor allem Antworten, die er von jungen Mädchen über ihre sexuelle Aufklärung erhielt. Dabei war es fast gleichgültig, ob die Aufklärung systematisch durch die Eltern inszeniert war, oder ob die Mädchen sie sich auf der sozusagen freien Wildbahn des Zufalls erwarben; fast durchweg war der Schock unerhört stark. Immer wieder heißt es: »Ich schämte mich. Ja, ich schämte mich meiner Eltern. Das alles machte mich zum anderen Menschen. Ich litt seelisch entsetzlich, betrachtete mich als ein ganz verworfenes Geschöpf, das ich schon von solchen Dingen wusste.«

Wir sehen: Aufklärung tut Not. Aber wie ist sie zu leisten? Wo liegen ihre Grenzen? Immer unter der Voraussetzung, dass wir keine Schmetterlinge sind, weder die Eltern noch die Kinder. Der Weg von den Schmetterlingen bis zu den lüsternen Bojaren mit ihren Zigeunerinnen ist weit. Noch weiter aber der Weg von den Pflanzen bis zur Sexwelle unserer Zeit. Dennoch klärt ein Constanze-Kinderbuch folgendermaßen auf:

> »Gewiss hast du in der Schule schon einiges darüber gehört. Vielleicht hat der Lehrer auch schon erklärt, wie sich in der weiblichen Pflanze aus ihren besten Stoffen inmitten der Blüte am unteren Ende des Stempels der Fruchtknoten bildet und in der männlichen aus deren besten Stoffen der Blütenstaub; wie dann der Wind oder ein Insekt mit dem Blütenstaub der männlichen Pflanze den Stempel der weiblichen Pflanze befruchtet und so, aus beiden gemeinsam, nämlich aus Stempel und Blütenstaub, entsteht aus weiblichen und männlichen Pflanzensäften im Fruchtknoten das eigentliche Samenkorn. Wie aber – wirst du nun wissen wollen – treffen diese beiden bei Tier und Mensch zusammen? Auch das ist von der Natur wunderbar und zweckmäßig eingerichtet. Erinnerst du dich noch an den Gärtner, der mit seinem Stäbchen dem Samenkorn Eingang in die Erde verschafft? So hat die Natur dem Körper aller männlichen Tiere und Menschen gleichfalls ein solches Stäbchen mitgegeben. Wie könnten die künftigen Tier- und Menschenmütter diese Samenfäden in sich aufnehmen, wenn die Natur nicht am unteren Ende ihres Leibes statt des Stäbchens die kleine Furche, den schmalen Gang ins Innere vorgezeichnet hätte, durch den sie sicher an

ihren Platz gelangen? Nun wirst du auch verstehen, warum die Geschichte vom Klapperstorch ein Gleichnis ist und keine Lüge. Der Schnabel von *Frau Holdars* Vogel ist das Bild für das Stäbchen, das die Samenfäden in die Erde senkt. Der Schornstein, durch den es das Kind wirft, die Furche, die tief in das Erdreich, das heißt in das Innere des mütterlichen Leibes, hineinführt.«

Selbst des maghrebinischen Bojaren *Kantakukuruz'* Schmetterlinge nehmen sich neben dieser »Stäbchen-Fürchleinbotanik« von heute aus wie geile Böcke. Wie soll denn das Kind den qualitativen Sprung von den stillen Pflänzlein zum Sex unserer Zeit, zum von aller Fortpflanzung emanzipierten Lustbetrieb finden? *Tante* CONSTANZE bleibt uns die Antwort schuldig. Aber wir brauchen gar nicht in die zeitkritische Kiste zu greifen: Was soll das Kind mit dem Blümlein anfangen, wenn selbst der anatomisch so gut informierte LEONARDO DA VINCI – seine Zeichnungen sind überdeutlich – als erwachsener Mensch es bezweifelt, dass Menschen sich fortpflanzen würden, wenn sie nur aus ihren ekelhaften *pudenda* bestünden? Hat denn die Verfasserin nicht einkalkuliert, dass ihre vegetarischen Diminutiva den Schock des Kindes noch verstärken müssen?! Unser vorläufiges Ergebnis kann nur Folgendes sein: aller Optimismus, durch naturwissenschaftlich zwar nicht unkorrekte, aber verniedlichende Banalisierungen das Kind aufzuklären, ist selbst unaufgeklärt. Denn das Problem besteht ja gerade darin, dass dem Kinde gar nicht zu Unrecht bewusst ist, dass zwischen dem geschlechtlichen Verhalten der erwachsenen Menschen und den Blumen bzw. Schmetterlingen ein Abgrund klafft.

Die vermeintliche Aufklärung weckt harmlose Erwartungen, die durch die Realität herb' enttäuscht werden müssen. Und das kann ja wohl nicht der Zweck der Aufklärung sein. Wie abgestumpft muss die unfreiwillig komische Verfasserin des zitierten Büchleins sein, wenn sie ihre Stäbchen-Furche-Fabel mit ihren eigenen sexuellen Erfahrungen identifizieren kann. Nur die Hemmung vor Pornographie hindert uns daran, diese im Einzelnen zu konfrontieren. War die Verfasserin aber nicht abgestumpft, dann war sie zu naiv, um zu erkennen, dass ihre eigene geglückte Verdrängung – Ergebnis mühseliger Rationalisierungen im Laufe eines Lebens – beim Kind, an das sie sich wendet, nicht vorauszusetzen sei. SIMONE DE BEAUVOIR, die sich ihre Kindheitserinnerungen, ihre Erwartungen, Schocks und Ängste zum Ärger ihrer Rezensentinnen taufrisch bewahrt hat, sieht die Möglichkeiten einer Aufklärung weit weniger optimistisch:

> »Es muss gesagt werden, dass selbst eine systematische Aufklärung das Problem nicht lösen würde. Trotz allem guten Willen von Eltern und Lehrern lässt sich die erotische Erfahrung nicht in Worte und Begriffe kleiden. Jede begriffliche Zergliederung, mag sie noch so ernsthaft sein, hat etwas Komisches an sich und vermag nicht mit der Wirklichkeit bekannt zu machen. Fängt man mit der poetischen Liebe der Blumen, der Hochzeit der Fische an, geht zum jungen Huhn, der Katze, der jungen Ziege über und steigt schließlich zum Menschengeschlecht auf, dann vermag man wohl theoretisch das Mysterium der Fortpflanzung aufzuklären.«

Aber die Frage ist eine ganz andere. Denn dem Kinde ist ja nicht das naturwissenschaftlich mehr oder weniger zu erklärende Funktionieren biologischer *facts* problematisch, vergleichbar etwa der Frage: »Warum donnert es bei Gewitter?«, worauf es gute physikalische Erklärungen gibt. Vielmehr – um im Vergleich zu bleiben – geht es darum, die Angst vor dem Gewitter zu verscheuchen, oder ein anderes Beispiel: die Wirklichkeit meiner Todesangst wird mir durch medizinische Literatur keineswegs in Lebensfreude umschlagen. Selbst die Statistik der voraussichtlichen Lebensdauer hat mit meinem Tode, wenig zu tun. Im Gegenteil: die Verwissenschaftlichung existentieller Probleme hat mit unaufgeklärter Tabuisierung sehr viel gemeinsam. Man lenkt ab von mir selbst und dem, was mich eigentlich so betroffen macht, und zwar dadurch, dass ich zu einem Fall von werde.

Es ist die gleiche Mogelei, und damit das Gegenteil von Aufklärung, wie wir sie auch sonst im Leben beobachten: mein Tod wird zum Todesfall im Allgemeinen; schlawinernd nennt man Todesversicherung einfach Lebensversicherung. Das Sterben wird wissenschaftlicherweise – man beachte die Wortmagie: *exitus*, klinisch – »Abgang«. Solche Buchungsnomenklaturen klingen souverän, aufgeklärt, aber sie stellen in Wirklichkeit das dar, was die Psychoanalyse Verdrängungen oder Rationalisierungen nennt. Um aber zurück zur Frage der sexuellen Aufklärung zu kommen: selbst wenn man das Schockante der Fortpflanzungswerkzeuge durch Aufklärung beseitigen würde, einschließlich der Peinlichkeit der Paarung, Präliminarien wie auch der Sache selbst, ein dunkler Faktor bliebe dennoch, dunkel nicht nur für das Kind, sondern für den Erwachsenen selbst. Es ist die Lust der Geschlechtsliebe, die keineswegs zufällig verketzerte Wollust, die alte *concupiscentia* der Kirchenväter und Moralisten, also die sich emanzipierende Sinnlichkeit. Aber werden wir konkreter, indem wir vom aufzuklärenden Kinde sprechen. Dass auch der Erwachsenen auch nicht viel darüber weiß, werden wir später erörtern. Zunächst also zum Kind. SIMONE DE BEAUVOIR meint, dass dieser Faktor der Wollust auch dann noch peinlich bleibt, wenn es mit der theoretischen Unterweisung *in biologices* gut gegangen wäre:

> »Aber das Geheimnis der Wollust und der Geschlechtsliebe bleibt immer noch bestehen. Wie soll man einem Kind mit ruhigem Blut die Wonne einer Liebkosung oder eines Kusses erklären? Im Familienkreis gibt und erhält es Küsse manchmal auch auf den Mund. Warum erregt in gewissen Fällen diese Berührung der Schleimhäute ein Schwindelgefühl? Das hieße einem Blinden Farben beschreiben. Solange die Erregung und die Begierde, die der erotischen Funktion Sinn und Einheit verleihen, nicht unmittelbar erfasst werden, wirken ihre verschiedenen Einzelheiten verletzend – ungeheuerlich. Exhibitionismus, Beobachtung von Tieren, Angst vor den Anfällen, die Verheirateten drohen – so sieht es das Kind nämlich –, Ekel vor schmutzigen Praktiken, Spott über Gesten, die völlig sinnlos erscheinen; all das bringt das kleine Mädchen oft so weit, dass es erklärt, ›ich heirate nie‹.«

Man macht es sich zu leicht, wenn man da ähnliche Verstehensbrücken schlägt wie mit der biologischen Aufklärung aller Schmetterling- und Pflanzenleben; z. B., wenn man einfach die Geschlechtslust dadurch aufklärt, dass man auf andere Triebe und Lüste verweist. Nicht nur die betuliche Tante mit ihren Stäbchen und Fürchlein-*Tatis*, sondern auch ein ernstgenommener und sich selbst ernstnehmender Rezensent in der Wochenzeitschrift DIE ZEIT. Da heißt es:

> »Es war einmal ein Land, in dem alles, was mit der Ernährung zusammenhing, als unanständig galt. Das Moralgesetz schrieb vor, dass die Nahrung in Klausur einzunehmen sei. Jeder bereitete sie sich zu, so gut er eben konnte. Kochen wurde nicht gelehrt. Es gab jedoch strenge Grundsätze darüber, was normal war. Hatte man beispielsweise eine Vorliebe für Pasteten oder gebackenen Fisch, hütete man sich am besten, dies irgendjemanden ahnen zu lassen. Solche unnatürlichen Gelüste nämlich wurden hart bestraft. Speisekarten und Bilder von Nahrungsmitteln gehörten zum jugendgefährdenden Schrifttum. Natürlich litten viele Leute an Mangelernährung, aber Ärzte und Ernährungswissenschaftler konnten ihnen wenig helfen. Denn amtlich Bestellte, wie auch selbsternannte Wächter der diätetischen Moral, bekämpften jeden Ansatz, Fragen der Ernährung mit wissenschaftlichen Methoden vorurteilsfrei zu erforschen. Eine absurde Geschichte? In der Tat. Doch sie ist unsere Wirklichkeit. Man braucht nur das Wort Ernährung gegen Geschlechtsleben auszuwechseln und an die Stelle der kulinarischen Tabus sexuelle zu setzen.«

Diesen Vergleich stellte kürzlich der englische Biologe und Soziologe ALEX COMFORT an. Ich weiß nicht, ob MR. ALEX COMFORT diese Maxime seinen Töchtern mit Erfolg einschärft. Aber sehr aufgeklärt kommt mir diese Analogie nicht vor. *Erstens* wird sie dem Kind schwer einleuchten. *Zweitens* leuchtet sie aber auch mir nicht ein, abgesehen davon, dass man von einem Engländer doch mehr vom sprichwörtlichen Pragmatismus erwartet, also etwas Phantasie über die Folgen eines solchen Grundsatzes. Kontinentale Nachdenklichkeit aber lässt uns fragen: Kann einem Kind diese Analogie einleuchten? Breichen und Geschlechtsverkehr?

Doch auch als Erwachsener, dem Geschlechtslust durchaus bekannt ist, hat man seine prinzipiellen Schwierigkeiten, die so harmlos klingende Analogie von Hunger und Liebe zu verkraften. Zwar sprechen Liebende gerne davon, dass sie sich zum Auffressen gern hätten. Auch kennen wir *Penthesileas* Liebeswahn:

> »Küsse, Bisse, das reimt sich. Und wer recht vom Herzen liebt, kann schon das eine für das andere greifen.«

Dennoch trägt dieser Reim nicht sehr weit. Was KLEIST hier als dämonische Exaltiertheit einer Liebenden darstellt, ist doch gewiss nicht die Pointe des aufgeklärten Briten gewesen mit seinem Vergleich von Küche und Couch, Appetit und Geschlechtslust. Wenn wir MR. COMFORT wörtlich nehmen, dann träte er ja für Kannibalismus ein. Und da er Biologe ist und nicht nur Soziologe, könnte er gleich mit den Spinnenweibchen fortfahren, die ihre Männchen nach der Hochzeitsnacht tatsächlich aufzufressen pflegen. Hier wäre das Modell seines Einleitungs*gags* über die Vergleichbarkeit von Hunger und Liebe in der Tat gegeben. Wahrscheinlich aber dachte COMFORT zarterweise nicht an Spinnenweibchen und *Penthesilea*, sondern an das, was SIMONE DE BEAUVOIR den *orgueil fallique* nennt: nämlich an den Mann, den herrlichsten von allen, der das Weib nehmen soll, wann ihn danach gelüstet, ohne altmodische Skrupel. Aber selbst dann hinkt der Vergleich: tatsächlich will nämlich der Liebende die Geliebte gar nicht als eine Sache – "als das Glas Wasser" –, sondern als ebenfalls Liebende. Um es mit SARTRE zu sagen:

> »In der Liebe erstrebt man als Ideal, mit dem freien Anderen eins zu werden. Der Liebende wünscht nicht, die Geliebte zu besitzen, wie man eine Sache besitzt. Er will eine Freiheit als Freiheit besitzen. Lieben heißt gleichzeitig, sich lieben lassen.«

Man erkennt leicht, solche Freiheitsdialektik gibt es in unserem Verhältnis zum Essen nicht. MR. COMFORT und CONSTANZEN-*Tante* wollen von ihrem Braten sicher nicht geliebt werden, wollen dessen Freiheit nicht, sondern das Ding: das wohlschmeckende kulinarische Produkt. Die Verwechslung aber von Liebespartner und Speise scheint uns höchst unaufgeklärt, und konsequenterweise auch der Satz »Liebe ist kein Problem, sondern ein Vergnügen«. Ja, wir gehen weiter: weiß das Kind mit seinem Schock vor den sexuellen Zudringlichkeiten der Erwachsenen nicht mehr vom wirklichen Problem der Liebe als der aufgeklärte und aufklärende Sozio-Biologe mit seinem *quid pro quo* von Hunger und Liebe? Nicht nur das bedauernswert unaufgeklärte Kind, sondern auch der Erwachsene kennt sehr wohl diese Problematik des Liebesvergnügens. Beruht etwa der, wie man sagt, Kater nach liebloser Intimität wirklich auf altmodischen Tabus und nicht vielmehr darauf, dass man sich rein kulinarisch verhalten hat? Eine Ehe wird trotz VAN DE VELDE nicht vollkommen, wenn die Partner einander manipulieren, was manche dann aufgeklärt nennen. Nicht erst HANS LICK hat darauf aufmerksam gemacht, dass unser Interesse an *Tristan und Isolde* nachlässt, wenn beide unter dem Einfluss einer Droge, eines Liebestrankes stehen. Warum dieses Ungenügen? Weil in diesem Falle der Mensch zu einer rein physiologischen Tatsache zusammenschrumpft. Es spielen sich Kausalitäten ab, die unterhalb des Menschlichen liegen. Nenne man das Menschliche nun Freiheit oder Existenz oder Geist, das spielt keine Rolle. Wichtig ist aber vor allem dieses: wir wollen weder Sachen, Dinge sein, noch solche lieben. Die Hörigkeit, die Verführung z. B., sind noch diesseits aller historisch gegebenen Morallehre peinlich, weil die für Liebe so wesentliche Freiheit zu kurz kommt; wären wir tatsächlich Schmetterlinge, Pflanzen, Spinnen oder meinetwegen bloß hungrige Genießer, dann gäbe es das Problem der Liebe nicht. Und auch nicht das Problem der sexuellen Aufklärung.

Sexuelle Aufklärung aber, die den Menschen reduzieren möchte auf pflanzliche oder tierische Wesen und nichts weiter, kann man nicht Aufklärung nennen. Wesentliche Schwierigkeiten außer Acht lassen heißt sonst im landläufigen Sprachgebrauch Verdummung. Diese mag praktisch sein, aber vieles Praktische ist nicht wahr. Praktisch ist es z. B., einen Kranken in manchen Fällen über sein Leiden im Unklaren zu lassen. Ebenso ist es praktisch »Notstandsgesetze« für den »Tag X« auszudenken und dazu die Pressefreiheit einzuschränken, damit die Leute sich keine Gedanken machen, die ihren wackeren Einsatz beeinträchtigen könnten. Niemand würde aber in solchen Fällen das Wort Aufklärung in den Mund nehmen. Nur auf dem Gebiet der sexuellen Aufklärung hat es sich so ergeben, dass man für Groß und Klein Scheuklappen bereithält, die jedoch seit Adam und Eva leicht verrutschen und eine Wirklichkeit von höchster Komplikation und Schwierigkeit sichtbar werden lassen.

Das praktische Interesse, unbequeme Dialektiken durch simplifizierende Theorien oder Märchen aus der Welt zu schaffen, ist verständlich. Daher wandten wir uns auch an die als obszön verschrieenen Franzosen Sartre und Simone de Beauvoir, weil hier mit radikaler Konsequenz gerade das Problematische des Liebesvergnügens aufgezeigt wird – im Namen der menschlichen Freiheit gegen die modernen Verfälschungen des Aufklärungsproblems, gegen die edel-verniedlichenden sowie gegen die scheinwissenschaftlichen – ohne Reue, Genießenden. Beide mogeln sie mit Schmetterlingen oder Freud: »Es gelte, den Menschen natürlich aufzufassen. Aber was heißt bei Menschen Natur? Fragt Nietzsche nicht mit Recht. ›Was verstehe man darunter? Malthus, Rousseau oder Seneca?‹ Wir Menschen sind eben nicht bloß Natur. Ja, selbst unser Begriff von der nichtmenschlichen Natur ist oft menschlich-allzumenschlich. Eines aber wissen wir, und zwar gerade dank der Scham, dass wir als Sache, als Ding genommen, zum Beispiel nur als Leib, nur als Rolle, nur als Geschlecht und so weiter verlegen werden. Eine Art Freiheitsprotest ist unsere Scham, ebenso unser Ekel, ja selbst noch unsere Lust, wenn sie sich selbstständig macht.« Statt harter Sartre-Beauvoir-Sentenzen ein Gedicht Tagores mit dem Titel *Der Gärtner*:

> »Befrei mich von den Banden Deiner Süße, Lieb! Nichts mehr von diesem Wein der Küsse. / Dieser Nebel von schwerem Weihrauch erstickt mein Herz. / Öffne die Türen, mach Platz für das Morgenlicht. / Ich bin in Dich verloren, eingefangen in die Umarmungen Deiner Zärtlichkeit. / Befrei mich von Deinem Zauber und gib mir den Mut zurück, Dir mein befreites Herz darzubieten.«

Kein angebliches Tabu, aber auch kein antimasochistischer Protest sprechen aus diesen Zeilen, sondern eine menschliche Grunderfahrung: Wir wollen nicht als Naturding genießen, noch genossen werden, sondern nehmen Stellung zu uns, sofern wir Natur sind. Auch unsere Lüste, unser Genießen werden uns peinlich, schal, klebrig, süßlich, kurzum führen zum Katergefühl, wenn sie uns unfrei machen.

Darum wirkt auf uns das Außer-Sich-Sein vor Lust so unmenschlich, ja tierisch, ganz im Sinne des *Zecherchores* in Auerbachs Keller: »Uns ist ganz kannibalisch wohl, als wie fünfhundert Säuen.« Diese Unfreiheit persifliert *Mephisto* denn auch ironisch: »Das Volk ist frei. Seht an, wie wohl's ihm geht.«

Stimmt das wirklich mit der Freiheit? Es ist bezeichnend, dass heutzutage der Aufklärer*trend* in der Tat das kannibalische Wohlsein als Freiheit des Volkes interpretieren möchte. Nicht die angeblich muffigen Tabus machen die unfreie Genüßlichkeit madig, sondern die banale anthropologische Tatsache, dass der Mensch eben nicht Tier ist. NIETZSCHE, der mit den Tabus der Frömmler wohl am rücksichtslosesten abgerechnet hat, schildert diesen anthropologischen Sachverhalt eindringlich zu Beginn seiner unzeitgemäßen Betrachtung über *Nutzen und Nachteil der Historie für das Leben*: »Betrachte die Herde, die an dir vorüberweidet. Sie weiß nicht, was gestern, was heute ist, springt umher, frisst, ruht, verdaut, und so vom Morgen bis zur Nacht und von Tag zu Tage, kurz angebunden mit ihrer Lust und Unlust, nämlich an den Pflock des Augenblicks, und deshalb weder schwermütig noch überdrüssig. Dies zu sehen, geht dem Menschen hart ein, weil er seines Menschentums sich vor dem Tiere brüstet und doch nach seinem Glücke eifersüchtig hinblickt. Denn das will er allein, gleich dem Tiere, weder überdrüssig noch unter Schmerzen leben. Und will es doch vergebens, weil er es nicht will wie das Tier. Das Menschen-Dasein ist ein nie zu vollendendes Imperfektum, nur ein ununterbrochenes Gewesensein. Ein Ding, das davon lebt, sich selbst zu verneinen und zu verzehren, sich selbst zu widersprechen.«

Knapper drückt NIETZSCHE – wohlgemerkt der Immoralist und Antichrist – dies auch so aus: »Er ist das Nicht-mehr-Tier, das in höchst gefährlicher Weise den gesunden Tierverstand verloren hat, als das wahnwitzige Tier, als das lachende Tier, als das weinende Tier, als das unglückselige Tier; das Übertier mit seinem Hass gegen die der Tierheit näher gebliebenen Stufen. Selbst wenn er gemäß der Natur leben will, verlangt er in Wahrheit, dass die Natur der Stoa gemäß Natur sei.«

Kurzum: er ist die komplizierteste Tatsache der Welt. Was Wunder, wenn ihm die eigenen tierischen Funktionen nicht wie »fünfhundert Säuen« gelingen wollen. Also nicht die Tabus machen die sexuelle Aufklärung so notwendig und zugleich so schwierig, sondern die Tabus sind bereits eine der vielen Konsequenzen des Menschseins. Der aufklärungsbeflissene Optimist, der meint, mit der Abschaffung des einen oder anderen Tabus wäre *es* geschafft, benimmt sich wie ein Arzt, der gegen Scharlach Pudern des Ausschlags verordnen würde. Unsere *gemina natura*, unser widerspruchsvolles Wesen, »der Januskopf des Menschen«, wie KONRAD LORENZ sagt, bereitet die Komplikationen. Nur ein Beispiel, das uns PROFESSOR LORENZ in seinem bedeutenden Werk über das sogenannte Böse gibt und aufgibt: »Das ist der Januskopf des Menschen. Das Wesen, das allein im Stande ist, sich begeistert, dem Dienste des Höchsten zu weihen, bedarf dazu einer verhaltensphysiologischen Organisation, deren tierische Eigenschaften aber die Gefahr mit sich bringen, dass es seine Brüder totschlägt, und zwar in der Überzeugung, dies im Dienste eben dieses Höchsten tun zu müssen. *Ecce Homo*«.

Aber kehren wir zu unserer Ausgangsfrage nach der Möglichkeit sexueller Aufklärung zurück. Schon nach dem bisher Erörterten wissen wir, dass prinzipiell die Parole, Vergnügen statt Problem, einfach das komplizierte Menschsein ignoriert. Sie stimmt ebenso wenig wie die Schmetterlingsthese, die fünfhundert Säue und der angeblich so natürliche Spaß an der ungebrochenen Lust: der Schock des Kindes, die Betroffenheit des Heranwachsenden, die Komplikationen des Erwachsenen sind prinzipiell nicht so verschieden, wenn man sich anthropologisch klarmacht, dass der Mensch seinem Wesen nach eben jener Januskopf ist, von dem Lorenz sprach. So weit sind wir gekommen, zu vermuten, dass die nach Alter abzustufenden Probleme der Sexualität prinzipiell doch recht verwandt sind.

Aber, so wollen wir zum Schluss immer fragen, sind wir denn historisch nicht fortgeschrittener? Was können denn die altmodischen Zöpfe uns modernen Menschen noch sagen? Um diese naheliegende Frage dürfen wir uns umso weniger drücken, als auch heute noch viele Aufklärer eine Sexualpädagogik vertreten, die unbewusst zwar in der Tradition wurzelt, aber die Pointe sozusagen vergessen hat. Wir wollen Ihnen zwei Beispiele bringen, die das schön belegen: AUGUSTINUS gar nicht so unmoderne Auffassung, die gute 1500 Jahre alt ist und dann die uns scheinbar doch viel näherstehende Aufklärung des religiösen Pietismus im 18. Jahrhundert. Wir werden aus diesem historischen Vergleich vielleicht mehr lernen, als aus einer amüsanten Blütenlese unserer Tage. Also zunächst AUGUSTINUS. Auch wenn wir die ganze theologisch-dogmatische Theorie über die Erbsünde ausklammern, verstehen wir die Grunderfahrung des »Heiligen«, der bekanntlich im sprichwörtlichen Alten Rom vor seiner Bekehrung ein wirklich tabufreies *Dolce Vita* mitgemacht hat. AUGUSTINUS schreibt in seinem *Gottesstaat* über die sich emanzipierende Sexualität: »Der Lust des Fleisches geht eine Begierlichkeit voraus, die man im Fleische fühlt, gleichsam als dessen Begierlichkeit, wie Hunger, Durst oder das, was man in geschlechtlichen Dingen *libido* nennt, obgleich dies das Wort für Begierde ganz allgemein ist. Selbst diejenigen, die diese Lust lieben, ob sie nun in rechtmäßiger Ehe leben oder nicht, haben diese Regungen nicht immer nach ihrem Willen, zuweilen entstehen sie ohne alles Verlangen, zuweilen auch versagen sie bei jenen, die mit aller Gier danach glühen, und indes ihr Gemüt ganz von Begierlichkeit entflammt ist, ist diese Glut im Leibe erkaltet.«

Diese Unfreiheit der Begierden sowohl wie der eigenwilligen Organe bringt es mit sich, dass wir uns schämen, meint AUGUSTIN. Ganz im Sinne von SARTRE, dessen *Matthieu*, der Professor aus dem als pornographisch verschrienen Roman *Zeit der Reife*, sich seiner Nacktheit schämt, wenn seine Geliebte ihn sieht in seinem Widerspruch von Liebesbereitschaft und physiologischer Unfähigkeit zum Liebesakt. Der HEILIGE AUGUSTINUS nun fährt ganz im sartreschen Sinne fort: »Mit Recht also schämt sich der Mensch dieser Begehrlichkeit. Und mit Recht auch werden die Glieder selbst, die nicht ganz auf den Wink unseres freien Willens erregt oder nicht erregt werden, Schamglieder genannt.«

Wir merken, dass AUGUSTIN hier Scham, frei von aller frömmelnden Prüderie anthropologisch interpretiert als, wie wir heute sagen würden, Zeichen unserer »Exzentrizität«. Darunter verstehen wir mit MAX SCHELER und HELMUTH PLESSNER die Tatsache, dass der Mensch ein gebrochenes Verhältnis zu seiner Leiblichkeit hat. Er *ist* einerseits Leib und er *hat* seinen Leib. Anders gesagt, ich bin nicht Leib, ganz und gar, sondern habe ein Verhältnis zu meiner Leiblichkeit. Diese Grundtatsache der »Exzentrizität« ist die Voraussetzung der Tabus und nicht umgekehrt. Theologisch gesprochen klingt das bei AUGUSTINUS so: »Im Paradiese gab es keine Schamglieder. Denn es steht geschrieben, sie waren nackt und sie schämten sich dessen nicht. Nicht, weil ihre Nacktheit ihnen unbewusst, sondern weil sie noch keine schändliche Nacktheit war.«

Der paradiesische Adam war eben nicht exzentrisch im erwähnten Sinne, sondern *corpus* und *spiritus* gehörten harmonisch zusammen. Der Leib tat, was die Seele wollte, ohne Krankheit der Begierde: *sine libidinis morbo*. Daher keine Scham, keine Leere, sondern wahre Freude, *verum gaudium*, wenn er sich mit seinem Weibe vereinigte. Höchste Gesundheit im Fleische, völlige Harmonie in der Seele. Die Sexualität hatte nichts Dämonisches, man wurde von ihr nicht überfallen. Der Kirchenvater gibt ein sehr deutliches Gleichnis für Adams Leistungsfähigkeit. Ein Paradies wohl gemeint: »Es gibt ja auch Leute, die mit den Ohren wackeln, einzeln und auch mit beiden zugleich. Manche können sogar die ganze Kopfhaut, soweit die Haare reichen, zur Stirn hochziehen und zurückschieben, wann immer sie wollen.«

Wie gesagt, das war Adams Situation im Paradiese; unsere Lage ist anders: »Lieber erträgt der Mensch eine Schar von Augenzeugen, wenn er auf ungerechte Weise zürnt, als den Blick auch nur eines einzigen, wenn er seinem Weibe auf rechtmäßige Weise beiwohnt. Wer aber wüsste nicht, was die Gatten miteinander tun, um Kinder zu erzeugen; wird doch zu diesem Ende die Gattin mit großer Feierlichkeit heimgeführt. Und dennoch werden zu dem Werke, wodurch Kinder erzeugt werden, selbst die Kinder nicht als Zeugen zugelassen, die etwa schon aus dieser Ehe geboren sind.«

Der Kirchenvater analysiert die Situation des nicht paradiesischen Menschen ohne alle zarte Illusion. Ja, er geht sogar noch weiter in seiner Psychoanalyse. Er erkennt, dass die Scham sich selbst dann noch einzustellen pflegt, wenn man sich z. B. schämt, *dass* man sich schämt und aus diesem Grunde zum aufgeklärten Zyniker wird. Er selbst bezichtigt sich solcher Scham über die eigene Scham. Also, der nicht paradiesische Mensch kann gar nicht über seinen Schatten springen, der Teufel würde da nur mit Beelzebub vertrieben. Es ist schon wie in jenem billigen Witzchen, der zerstreute Professor, der seine Badehose am Nacktstrand anbehielt und sich darob schämte. Vergleichbar sind auch die Eingeborenen, die sich ihrer Missionarshemdchen schämten. Die Kompliziertheit unseres Wesens wird keineswegs aufgeklärt, sondern geradezu ignoriert, wenn wir uns einbilden, *bloß* Natur zu sein. Wir sprachen bereits über jenen Aufklärungstypus, der durch bloß biologische und anatomische Information meint, sein Ziel erreicht zu haben. Allein wir müssen auch die entgegengesetzte Tendenz kritisieren, also jenen Optimismus der einseitigen Betonung des freien Menschen, der überhaupt nichts Tierisches an sich hätte oder haben sollte. BLAISE PASCAL hat diese Gefahr so umschrieben: »Der Mensch ist weder Engel noch Tier. Das Verhängnis aber will, dass wer den Engel spielen will, zum Tier wird.«

Es gibt nicht nur beim Heranwachsenden, sondern auch bei religiös gestimmten Sexualpädagogen jenen begreiflichen Hass gegen die der Tierheit näher gebliebenen Stufen – mit NIETZSCHE zu sprechen: »Lust, Sinnlichkeit, Begierde werden zwar nicht ignoriert, aber verketzert.«

Damit macht man es sich ebenso leicht, wie mit den Schmetterlingen, an deren Stelle nun eben der Engel rückt. So kommt es denn zur paradoxen Verwandtschaft der einseitigen Extreme. Puritanische Aufklärer sprechen von engelgleichen Ehen, Partner, die sich lustlos vereinigen wie *Tantes* Schmetterlinge. Statt lieblicher Naturschwärmerei mit Fürchlein und Stäbchen bedient sich die religiöse Aufklärung zum Beispiel des beginnenden 18. Jahrhunderts einer paradiesischen Heiligung des Menschen: Adam und Eva vor dem Sündenfall werden das Modell unschuldiger Sexualität.

Da diese Spielart religiös-optimistischer Aufklärung auch heute noch in hohen Auflagen Absatz findet, bringen wir einige Kostproben, und zwar pietistische, die zu ihrer Zeit als geradezu revolutionär-aufklärerisch empfunden wurden. Wir meinen die Sexualpädagogik des GRAFEN ZINZENDORF und seiner *Brüdergemeinde*. Einerseits ist ZINZENDORF ganz modern in seiner Verwerfung der traditionellen Tabus, die, wie wir zeigten, darauf beruhen, dass der Mensch an seiner Doppelnatur leidet. ZINZENDORF erklärt deutlich: »Man soll den vermaledeiten Gedanken fahren lassen, dass an einem menschlichen Gliede von Natur aus mehr Sünde hafte als am anderen. So ist es bei uns informiert. Die Geschlechtsglieder sind etwas Großes, Wichtiges, Heiliges. Darum wurden sie verborgen. Durch Maria ist das weibliche Glied keine Scham mehr, sondern das Ehrwürdigste unter allen Gliedern. Die menschlichen Unterscheidungsglieder der Christen sind die ehrwürdigsten am ganzen Leibe, weil sie mein Herr und Gott teils bewohnet, teils selbst getragen hat.«

Auf unsere naheliegende Frage, warum sich denn dann die Menschen schämen – AUGUSTINUS' und SARTRES Antwort wissen wir bereits – also, auf die Frage nach der Scham antwortet ZINZENDORF: »Damit aber die ungläubigen Menschen nicht zügellos geraten, gab Gott den Menschen die Schamhaftigkeit. Denn Geilheit ist etwas ganz Unnatürliches und von der Menschen ordentlichen natürlichen Liebe zu unterscheiden in ihrer Beschaffenheit und Wirkung«.

Zu dieser unschuldigen Natürlichkeit, d. h. Keuschheit, kommt der Mensch durch Aufklärung: »Der Anfang der Keuschheit ist Erkenntnis des Elends, Schmerz über sein Verderben. Aber die Vollendung der Keuschheit ist, das man *agnos* wird – wozu wir im Deutschen kein Wort haben – wieder unschuldig wie ein Kind. Wahrhaftes Erkennen führt auch in der Ehe zur Unschuld.«

Pietistische Aufklärung heißt freilich vor allem Erziehung zur kindlichen Unschuld des Gemütes. Sonst kommt es zur sündigen Wollust, die ja ausgeklammert werden soll. Also keine Gedanken an die Lust verschwenden, sondern, wie ZINZENDORF sagt, mit der nötigen Lust auskommen – das ist die Devise. Alles, was darüber hinausgeht, ist sündliche Lust. Seine oft groteske Mischung von Puritanismus und fast freudianischer Unbefangenheit wird – zumal in ihrer ritualisierten, ja zelebrierten Feierlichkeit – schon zu ihrer Zeit viel angefeindet und auch bewundert. Selbst GOETHE wird vorübergehend vom ursprünglichen der »Brüdergemeinde« fasziniert. Und dennoch, trotz aller verdienstlichen Modernität, als Institution musste seine Sexualpädagogik scheitern. Zum Beispiel wird von ihm eben das versucht, was AUGUSTINUS selbst im alten Rom für unmöglich hielt: die Öffentlichkeit des Beischlafs oder – wie es damals hieß – die Ehe- und Kohabitationsassistenz. Hören wir einen Bericht: »Einst hatte eine ledige Schwester, die zwar geringen Standes war, namens Ulrichs Lies', einen Bruder durchs Los heiraten müssen. Da geschah nun auch die erste *cohabitatio* in des Grafenzimmer in seiner Gegenwart. Das Mensch mochte aber doch etwas einfältig gewesen sein, daher sie es einer gewissen Person, von der sie glaubte, daß sie auch von diesem Geheimnis wüßte und darinnen stünde, was sie aber nicht war, erzählte. ›Ach‹, sagte sie, ›ich habe in des gnädigen Papa – Zinsendorf nämlich – Zimmer meinem Mann beiwohnen müssen, und zwar auf einem Schemelgen hat er mich hergenommen. Ich weiß selbst nicht, wie mir so artlich dabei war‹.«

Wir bringen weitere Details aus den sogenannten *Blauen Kabinettken*, wo die durchs Los füreinander bestimmten Ehepaare unterrichtet und dann *in actu* beobachtet wurden, nicht um die Experimente des Grafen lächerlich zu machen, sondern weil sich dieser zugleich pietistische, mystische, und rationalistische Optimismus selbst *ad absurdum* führt. Grob gesprochen: die religiöse Steuerung zur goldenen Mitte zwischen sündiger Geilheit und psychischer Impotenz – also das Manipulieren des Sünders auf die nötige Lust hin – scheitert notwendig: »Der Laienweber Schnell ist mit seiner Frau eben also eingerichtet worden. Diesem ist es dabei ein bisschen schwer ergangen, ob *defectum nempe erectiones membri virilis*. Und die anwesenden Schwestern hatten genug zu tun, die arme Schwester Schnelling zur Geduld und Leidsamkeit zu bewegen. Er hat es nachhero selbst einigen Brüdern vertraut, die aber das *donum silencii* nicht gehabt.«

Es wurde also geklatscht. Diese »Streiterehen« kamen bald in Verruf. AUGUSTINUS mit seiner so barbarischen Erbsündenlehre war der größere Realist: ihm wäre die säuberliche Trennung von notwendiger und überzähliger Lust höchstens für das erste Menschenpaar im Paradiese – *vor* dem Fall wohlgemerkt – denkbar. Dagegen schien ihm wahrscheinlich, was die heutigen Aufklärer immer wieder erleben müssen, dass die manipulierte Lust so häufig zu physischer Impotenz und zur Frigidität führen kann. Das Paradies ist dem Kirchenvater keine Utopie, es ist ja längst verwirkt.

Die Traktätchenschreiber dagegen sind Utopisten. Sowohl die Schmetterlingsvariante wie die Glas-Wasservariante treffen die dialektische Wirklichkeit des janusköpfigen Menschen nicht. Am schlimmsten aber sind die *kitscheurs* unter den Aufklärern. Diese informieren noch nicht einmal, sondern malen Abziehbildchen einer paradiesischen Utopie; bewohnt von reinen Unschuldslämmern, die die heilige Ehe eingegangen sind, streng getrennt von dem unehelichen und darum geschlechtskranken Gesindel verwerflicher Buhler und Buhlerinnen, über deren schändliches Tun man sich religiös, völkisch oder rassisch, je nachdem, zu entsetzen hat. Ein Pfarrer z. B., der wieder einmal die theologisch so unsaubere Dreieinigkeit von Gott-Staat-Volk in diesem Zusammenhang beschwört, fängt in seinem Traktätchen an, zu schwärmen: »Welch' ein Quell reinster Freude und Glücks für Mann und Frau, wo Liebe im Haus und Frohsinn. Beim Mahl wirkt's Wörtchen zu Hause wie Sonnenstrahl. Wie leuchtet das Auge der Frau, wie belebt sich des Mannes Kraft, wenn beider so grundverschieden Geartete und doch so völlig aufeinander abgestimmte Seelen sich frei in Wahrhaftigkeit und Liebe erschließen, wenn die Kraft eines liebenden Frauengemüts in seiner ganzen Tiefe und Größe sich in immer neuen Überraschungen vor der Seele des Mannes auftut. Das ist der Siegespreis eines keuschen Lebens.«

Gegenüber dieser sexualpädagogisch sogar besonders gefährlichen – weil zu krassesten Enttäuschungen geradezu prädestinierenden – geistlichen Suada neigen wir dazu, ZILLES *Göre* zu beneiden: »Wir brauchen keene Aufklärung nich'. Wir schlafen zu Acht in een Zimmer«. Selbstverständlich ist Promiskuität – also, absolut zügellose Verbindung – auch keine Lösung des Problems. Die sogenannten Naturvölker haben uns ja das Wort »Tabu« vermacht, was heute so gern vergessen wird, so als hätte erst die Zivilisation mit dem Spießbürgertum die Tabus hervorgebracht; ebenso sind die als Vorbild für Natürlichkeit immer wieder zitierten Tiere vom Falter bis zum Bock schon durch die instinktive Steuerung in ihrem Sexualverhalten außerordentlich gezügelt, wie wir wissen. Sie haben ihre Brunftzeiten, respektieren die zur Selektion dienenden Paarungen der stärksten und gesündesten Exemplare, kennen strengere Ritualisierungen als der preußische Offizierscommand und so weiter. Schon die Beobachtung charakteristischer Perversionen von Tieren, die im Zoo unter künstlichen Umweltbedingungen leben, belehrt uns über den Missbrauch des Wortes »Natur« und »natürlich« im Zusammenhang mit dem Menschen. Wenn wir schon von einer Natur des Menschen sprechen wollen, dann höchstens von einer Doppelnatur, in der wir je nachdem ein Verhängnis oder eine Chance erblicken können.

Voraussetzung für jede Art von Aufklärung und Rezeptur *in sexualibus* ist demnach zunächst ein helles Bewusstsein unserer grundsätzlichen Schwierigkeit, Mensch zu sein – also, »weder Engel noch Tier«. Die Sexualität ist freilich ein besonders krasser Fall von *condition humaine*. Verdanken wir doch ihr unsere Entstehung und unseren Fortbestand, unser sublimiertes Glück freilich auch, aber ebenso unseren Überdruss. Das Schamgefühl aber ist eine Art Gewissen, das uns, selbst wenn wir es intellektuell besser wissen möchten, aus der Not unserer menschlichen Situation nicht entlässt. Wenn wir uns zur Schamlosigkeit erziehen, dann schämen wir uns unserer Scham. Wenn wir Tabus abschaffen, dann tabuisieren wir die Tabus – der Zirkel bleibt.

Einzelne Missstände können und sollen wir kurieren, wie wir ja auch trotz unserer Sterblichkeit gegen Krankheiten angehen. Allein: während es eine wissenschaftliche Medizin mit praktischer und begrenzter Zielsetzung gibt, neigen fast alle sexuellen Aufklärer, wie wir gesehen haben, zur Kurpfuscherei, weil sie Symptome kurieren, den Patienten aber im Stich lassen. In Anbetracht dieser Tatsache erscheint es fast wie ein Wunder, dass es irgendwie trotz alledem weitergeht. Schließen wir unseren praktisch vollkommen unergiebigen Rundblick also ohne voreilige Resignation mit dem Autor, mit dem wir begannen: »Im Allgemeinen kommt's wohl auf die Geschichte des Zigeuners hinaus, der behauptete, faustgroße Bienen gezüchtet zu haben. ›Wie‹, fragte man ihn, ›sollen denn so große Bienen durch das kleine Flugloch in den Bienenstock hinein?‹ Antwortete der Zigeuner: ›Quietscht, aber geht‹.«

Anlässe

Entweder-Oder – Eine Hörfolge zum 100. Todestag von Søren Kierkegaard

I.

[Massiv quaderartig die beiden ersten Akkorde = vier Takte aus der *Don Giovanni*-Ouvertüre von Mozart, evtl. verstärken wegen der Wirkung. Nach kurzer Pause: Sprecher A. Das folgende Gespräch über Kierkegaard und seine Komtur-Deutung kann gegebenenfalls mit dem unterlegten D-Dur-Teil der gleichen Ouvertüre untermalt werden – Musik nur ganz leise im Hintergrund bzw. wie im Text angegeben.]

A: Entweder-Oder! [Kleine Pause] Ja, diese beiden Akkordsäulen aus Mozarts *Don Giovanni*-Ouvertüre tragen für mich den Namen »Entweder – Oder«, seitdem ich Søren Kierkegaard kenne. Von ihm weiß ich, daß diese beiden fast makabren Tonquader zum Beginn dieser »heitern Oper« die Ewigkeitsstimme des Komturs, dieses steinernen Gespenstes sind. Sie sind »die mächtige Stimme eines Geistes«, sagt Kierkegaard, »Ernst«, »metaphysische Wahrheit«, die Gegenwelt zur rein sinnlichen Daseinslust und Heiterkeit *Don Giovannis*. Vor dieser Stimme versinkt Don Giovanni in Angst und Verzweiflung.
[Evtl. Musik kurz nach den ersten 4 Akkorden der Ouvertüre einblenden. Zurücknehmen.]
B: Ich glaube auch, daß diese Deutung richtig ist: es ist die Stimme des Komturs, wie er zum Gastmahl erscheint.

Der folgende Essay über Kierkegaard wurde in der szenischen Fassung des Funkmanuskripts belassen. Zum einen ist die teilweise ironisch gebrochene Form des Dialogs für die Thematik essentiell, zum anderen bekommt der Leser auf diese Weise einen Eindruck von den musikalisch-sinnlichen Spielformen, zu denen Ludwig Giesz neigte.

[Evtl.: 2. Aufzug, 16. Auftr. des ital. *Don Giovanni,* Komtur: »Zu dem Mahle, wie du gebeten, bin im Saale ich nun erschienen«, ausblenden.]

A: Und KIERKEGAARD sagt in seinem großartigen Erstlingswerk *Entweder – Oder* hierzu:

> KIERKEGAARD: [aus dem *off*]: Des Geistes Ernst ist so tief, daß er übers Menschliche hinausgeht. Der Donner des Himmels dröhnt in dem feierlichen Ernst seiner Stimme; wie er selbst, so ist auch seine Stimme verklärt, sie scheint nicht einem Menschen anzugehören; er redet nicht: er richtet!

B [zitierend]: »Höre die Mahnung, gar kurz ist die Zeit!«

A: Ja. Verstehen Sie, warum die beiden Akkorde der Ouvertüre für mich »Entweder – Oder« heißen?

B: Wohl weil die Mozartinterpretation KIERKEGAARDS in seinem Werk *Entweder – Oder* steht?

A: Ja, auch deswegen, wir haben es bereits erwähnt. Aber für mich ist dieses »Entweder – Oder« mehr als ein Buchtitel, es ist wie ein Kennwort für KIERKEGAARD und seine Wirkung auf uns. »Ich, den alle Kinder auf der Straße kennen unter dem Namen ›Entweder-Oder‹«, sagt er kurz vor seinem Tode von sich, um dann – wie vorhin der Komtur – fortzufahren:

> KIERKEGAARD [»komturähnlich«, aus dem *off*]: Erwäge, ob du das Zeitliche – oder das Ewige willst!

B: Kurz vor seinem Tode, sagen Sie. [Etwas heiterer] Und heute, genau hundert Jahre nach seinem Tode – KIERKEGAARD starb doch am 11. November 1855? –...

A: Genau.

B: ... heute also [etwas heiter] besucht er uns als steinerner Gast, um die komische Oper unserer Existenz aufzustöbern? Den Sinnentrug, in dem wir uns befinden...

A: Die »Sinnestäuschung«, sagt er.

B: ... die Sinnestäuschung also zu enthüllen? Meinten Sie das so mit dem »Entweder – Oder«?

A: Nicht ganz so makaber, oder ästhetisch gesprochen, nicht ganz so opernhaft. Dazu eignet er sich bestimmt nicht. Er läßt sich überhaupt schlecht »darstellen«...

B [amüsiert]: ... die hagere Gestalt, die berühmten ungleichen Hosenschäfte...

A: Er gibt ein schlechtes Denkmal ab.

B: Kein »olympisches Format«?

A: Nicht nur das. Ich glaube, es liegt tiefer. Ich habe zum Beispiel – um seiner zu gedenken – einen Vortrag zu seinem hundertsten Todestag ausarbeiten wollen, nichts Besonderes.

B: Und?

A: Und dann kam ich nicht über die Einleitung hinaus. Die Hemmung, die ich empfunden habe...

B: Da haben Sie ja das Manuskript. Etwas knapp, wie ich sehe. Wollen Sie es nicht vorlesen?

A: Ach, ich weiß nicht recht, plaudern wir lieber, oder... Na ja, wenn's sein muß. Aber unterbrechen Sie mich bitte ruhig, (knisterndes Manuskript) – es ist wirklich nichts Besonderes herausgekommen.
B: Will ich, will ich. Legen Sie los!
A: Also... [räuspernd]:
[Im Vorleseton, dann natürlich werdend] »Wie NIETZSCHE gehört KIERKEGAARD zu den ›posthum Geborenem‹. Beginnen wir daher mit seinem Tode: Vor hundert Jahren, am 11. November 1855, starb in Kopenhagen der große dänische Schriftsteller SØREN KIERKEGAARD. Vieldeutig wie sein Leben war auch sein Begräbnis. Ganz und gar unfeierlich hatte er zu seinen Lebzeiten das ›Bestehende‹ angegriffen – er nennt die großen Mächte seiner Zeit ›Bestehende‹: Staat, Kirche, Zeitgeist. Und unfeierlich wurde er zur letzten Ruhe bestattet. Sein eigener Bruder, der spätere Bischof, suchte in seiner Leichenrede zwar um Nachsicht beim großen Publikum und vor allem beim Klerus nach. Auch die Einsegnung ging noch normal vonstatten. Aber dann geht es los auf dem Kirchhof. Henrik Lund, der Neffe KIERKEGAARDS, bittet ums Wort. Die Kirche habe sich durch dieses Begräbnisspielen lächerlich und verächtlich gemacht. Die Staatskirche Dänemarks, diese ›große Hure‹...«.
B: ... ein alttestamentarischer Kraftausdruck...
A: ... ja. Diese ›große Hure‹ also »habe gar kein Recht auf seinen Onkel Sören, sie am wenigsten. KIERKEGAARD habe ihre Lauheit ja gerade in den letzten Monaten mit der größten Heftigkeit gegeißelt. Henrik Lund zitierte dann aus der Offenbarung Johannis die Worte: ›Du weißt nicht, daß du elend bist und jämmerlich, arm, blind und bloß. Ich weiß deine Werke, daß du weder warm noch kalt bist. Weil du aber lau bist und weder kalt noch warm, werde ich dich ausspeien aus meinem Munde!‹ Er zitierte noch einige passende Stellen aus den schärfsten Pamphleten, die SØREN KIERKEGAARD unter dem Titel *Der Augenblick* herausgebracht hatte. Und nach diesem dröhnenden *Entweder – Oder* gegen die sogenannte Christenheit verließ eine sehr betretene Trauergemeinde den Kirchhof.
Betreten wie die Trauergemeinde vom 11. November 1855 verhielt sich auch die sogenannte Geistesgeschichte. Bis 1900 war KIERKEGAARD in der Welt außerhalb Dänemarks fast unbekannt geblieben. Er war ein merkwürdiger Outsider, bis die Theologen etwa um die Jahrhundertwende entdeckten, daß KIERKEGAARD mit seinem weltlosen Evangelium mit seinem großen *Entweder – Oder* – entweder ›die Welt‹ oder ›Gott, den Ganz Anderem‹ – ...«.
B: ... die dialektische Theologie, KARL BARTH, EMIL BRUNNER, FRIEDRICH GOGARTEN...
A: ... ja, bis diese entdeckten, daß KIERKEGAARD »eigentlich den Kern der Religion getroffen habe«.
B: Auch die Worte »Existenz« und »existentiell« sind bei den Theologen schon vor einiger Zeit von KIERKEGAARD übernommen worden.
A: Ja, noch bevor es eine »Existenzphilosophie« gab. Dazu komme ich jetzt. »Die Philosophen erkennen, daß das *Bißchen Philosophie* – so heißt auch eines der Werke des Dänen – nicht bloß eine etwas bizarre und arg verklausulierte Polemik am System des großen HEGEL darstellt, sondern sogar moderner ist als all die epigonalen Neukantianer, Hegelianer, Thomisten und

Positivisten. Jetzt wird KIERKEGAARDS einseitige Hinwendung zum einzelnen Menschen, dem ›Selbst‹...«.

B: ... oder auch »Existenz« ...

A: »... ebenso begriffen wie seine gleichzeitige Abwendung von den traditionellen ›objektiven‹ Themen der Philosophie, den unpersönlichen oder überpersönlichen Gegenständen: Natur, Geschichte, Welt, Leben. Beides, die Abkehr von der traditionellen Sicht – vom Idealismus wie vom naturwissenschaftlichen Positivismus – wie die Zuwendung zum Wesen des einzelnen, eben der vielgenannten ›Existenz‹, dies macht den heutigen ›Existentialismus‹, die ›Existenzphilosophie‹ aus...«.

B: KARL JASPERS, MARTIN HEIDEGGER, GABRIEL MARCEL, JEAN-PAUL SARTRE...

A: Ja, und deren Schüler.

B: Übrigens, ich habe einmal eine recht merkwürdige kleine Skizze im Büchlein des verstorbenen französischen Philosophen EMMANOUEL MOUNNIER: *Introduction aux Existentialismes* gesehen, da waren die namhaftesten Richtungen von heute aufgezeichnet als Äste und Zweige eines Baumes, dessen Stamm aber das sehr einprägsame Schild trug: »S.K.«...

A: SØREN KIERKEGAARD?

B: Ja. Aber fahren Sie bitte fort, es ist ja nicht mehr viel.

A [raschelnd]: ... nicht ganz eine Seite. Ich schrieb da: »Was ist es denn, meine Damen und Herren, was KIERKEGAARD zu einer solchen posthumen Bedeutung avancieren ließ, so daß man ihn – je nach Geistesrichtung – fast schon programmmäßig mit NIETZSCHE oder mit KARL MARX in einem Atemzuge zu nennen pflegt? Wenn wir so seine Themen oberflächlich zur Kenntnis nehmen, könnte uns seine rätselhafte Wirkung auf die Gegenwart noch mehr verwundern. Zum Beispiel: ob ein unendlich reflektierender Hegelianer, der seine Verlobung aus nicht ganz einsehbaren und dazu noch einander widersprechenden Gründen rückgängig gemacht hat, ›schuldig oder nichtschuldig‹ sei?

Oder: ob und welcher Unterschied zwischen einem Genie und einem Apostel bestehe. Oder: ob die hegelianisierende Dogmatik des Protestantismus nicht erst durch die Einführung des Begriffs der Angst den Übergang von Adams Unschuld zur Schuld zu erklären vermag? Ob und inwieweit Verzweiflung Sünde sei. Ob die Ehe nicht doch ästhetischer wäre als die romantische Liebelei. Oder das aufregendste Thema KIERKEGAARDS, das ihn bis zum Tode nicht losließ und seinen ganzen Kirchenkampf ausgelöst hatte: ob man das Recht habe, einen im übrigen sehr ehrenwerten dänischen Bischof in einer Gedenkrede einen ›Wahrheitszeugen‹ zu nennen. Dabei sind speziellere Fragen KIERKEGAARDS noch gar nicht berührt: wie die nach der Verschiedenheit von sokratischer und romantischer Ironie, von der Paradoxie des Gottmenschen Jesus Christus und anderes mehr. – Noch verblüffender wird die posthume Wirkung KIERKEGAARDS aber dann, wenn wir die romantische Umständlichkeit, das fast undurchsichtige Spiel mit einer Serie von Pseudonymen berücksichtigen, jenes chinesische Schachtelspiel, wie es KIERKEGAARD selber nennt. Wie gesagt: selbstverständlich ist seine historische Wirkung keineswegs.

Woran also, meine Damen und Herren, liegt es, daß heute Theologie und Philosophie, Zeitkritik, ja noch das Feuilleton des Provinzblattes bewußt-

systematisch oder unbewußt, gleichsam als gesunkenes Kulturgut von Søren Kierkegaard zehren? War es sein prophetischer Blick – er selbst nannte sich einen Sturmvogel oder einen Regenpropheten der in der damals weiß Gott gemütlichen Kleinstadt Kopenhagen bereits die Zeichen des kommenden Zeitalters der Nivellierung entdeckte? Ist es sein Pathos für den ›Einzelnen‹, für Leidenschaft und Innerlichkeit?…«.
So, das ist alles. Bis an diese Stelle bin ich gekommen. Ich wollte weitermachen, aber alles erschien mir wie eine Verfälschung Kierkegaards, – dabei möchte man wenigstens zu seinem hundertsten Todestage etwas von seinem Geiste und Wesen spürbar machen.

B: Können Sie mir knapp sagen, was Sie an der Fortsetzung störte? Fürchteten Sie eine unangebrachte – ich meine damit eine Søren Kierkegaard unangemessene – Feierlichkeit? Wo doch ausgerechnet er sich über den festlich schwitzenden Pastor auf der Kanzel so oft lustig machte.

A: Eigentlich nicht.

B: Mir fällt da gerade Kierkegaards Bewunderung für einen jütländischen Pastor ein, der seiner etwas zu stark ergriffenen Gemeinde die Worte zugerufen haben soll: »Weint nicht, liebe Kinder, – es könnte ja alles gelogen sein!« – Aber nochmals zurück zu meiner Frage an Sie: warum haben Sie das Manuskript nicht fertiggestellt? Sie brachen ja gerade da ab, wo es »zur Sache« kam, wie man sagt.

A: Es ist eigentlich etwas blamabel, wenn ich die Wahrheit gestehe. Ich sage es Ihnen aber doch, weil ich glaube, daß es unser Gespräch fordern könnte. – Also: ich war bis an die Stelle gekommen: »Woran also, meine Damen und Herren, liegt es, …« (jetzt ganz schnell in sich hineinbrummelnd, den Text überfliegen), »… daß heute Theologie, Philosophie, Zeitkritik, ja noch das Feuilleton des Provinzblattes« – usw. usw. (Jetzt deutlich und langsam) Da steht es: »Ist es sein Pathos für den ›Einzelnen‹, für Leidenschaft und Innerlichkeit?« – Und da, beim Worte Innerlichkeit hörte ich – Kierkegaard; lachen Sie nicht: nicht als steinerner Gast kam er, sondern eher leicht spöttisch, wenn auch – »innerlich«. Er sagte das, was er zu Lebzeiten geschrieben hatte:

> Kierkegaard [aus dem *off*]: Ein Ausrufer der Innerlichkeit ist ein sehenswertes Tier. Es ist gar nicht undenkbar, daß ein Dozent die Höflichkeit so weit treibt, daß er *en passant*, in einem Nebensatze von mir sagt, ich verträte die Innerlichkeit. – Ich werde intellektuell ein nicht so kleines Kapital hinterlassen; ach, und ich weiß zugleich, wer mich beerben wird: er, die Gestalt, die mir so ungeheuer zuwider ist: der Dozent, der Professor! Und selbst wenn der Professor dies zu lesen bekäme, es würde doch nicht bewirken, daß das Gewissen ihm schlüge, nein: auch dieses noch würde er – dozieren!

A: Ich fasse das jedenfalls so auf, daß ich mich a. weder feierlich noch b. dozierend mit ihm einlassen dürfe.

B: Da bliebe eigentlich nur noch eine dritte Möglichkeit, die erbauliche nämlich, übrig.

A: Allerdings müßte man noch hinzufügen: erbaulich im Sinne KIERKEG-
AARDS. Denn sonst kommt man beim ergriffen schwitzenden Pastor an, den
KIERKEGAARD so wenig mochte wie den Dozierenden.
B: Freilich. Er hat selbst – und zwar bezeichnenderweise nicht pseudonym – *Erbauliche Reden* geschrieben. Aber unter »erbaulich« will er folgendes verstanden wissen: –
A: ... Im Grunde das, was wir heute »existentiell« nennen.
B: Ja.

> KIERKEGAARD [aus dem *off*]: Man kann ein Ding öfters erkannt und anerkannt, öfters gewollt und versucht haben. Aber, daß dir das Erkannte wirklich zugehört, dir von keiner Macht entrissen werden kann, dessen vergewissert dich erst die tiefe innere Bewegung, die unbeschreibliche Ergriffenheit des Herzens. Nur die Wahrheit, die dich erbaut, ist Wahrheit für dich.

A: »Erbaulich«, »existentiell«, »innerlich« sind für KIERKEGAARD Worte, die dasselbe meinen.
B: Ebenso wie für ihn die Hauptwörter »Innerlichkeit«, »Selbst«, »Existenz« (diese so viel berufene »Existenz«!) identische Bedeutung besitzen. All dies meint eine und dieselbe tiefste Dimension unserer selbst als einzelnen.
A: Die Bibel – und BLAISE PASCAL – nennt es das »Herz«.
B: Darum würde ich auch die Gründe für KIERKEGAARDS Wirkung dort suchen...
A: In seinem Eintreten für – »Innerlichkeit« also?
B: Genau das. Er selbst hat seine Arbeit folgendermaßen umschrieben:

> KIERKEGAARD [langsam aus dem *off*] Die Urschrift der individuellen, humanen Existenzverhältnisse, das Alte, Bekannte, von den Vätern Überlieferte *solo* noch einmal durchlesen, und womöglich auf innerliche Weise. Die Aufgabe ist: sich selbst in seiner Existenz zu verstehen.

A: Zugegeben, das klingt alles etwas allgemein und chiffriert zugleich. Aber das heißt doch wohl: nicht mehr das Unpersönliche am Menschen, die »Natur«, wie man sagt, ist Thema, sondern eben sein Herz, seine Existenz. Auch nicht mehr seine Vernunft, sein Verstand, sondern seine innerste Persönlichkeit.
B: Darum auch der ununterbrochene Appell an den Einzelnen und der gleichzeitige Kampf gegen alle Ablenkung vom Ernst des Einzeldaseins.
A: Ich glaube aber, da muß man sich sehr vorsichtig ausdrücken. Sonst verwechselt man KIERKEGAARDS »Einzelnen« mit dem Typus des »Asozialen« (ADORNO). Denn gerade die engste Bindung des Menschen an den anderen, die Liebe, meint KIERKEGAARD, lasse sich ohne Verwandlung des Menschen in einen innerlichen Einzelnen gar nicht verwirklichen.
B: Es ist notwendig, das zu sagen. Denn häufig genug tut man KIERKEGAARD mit dem Wort »Individualismus« ab. Aber ich möchte noch ergänzend hinzufügen: KIERKEGAARD sieht ausgerechnet in der Liebe sogar die Voraussetzung zum Innerlichwerden, zum Selbstwerden. Darum sein Kampf nicht nur gegen die Vermassung des Daseins, sondern ebenso gegen die romantische Liebelei, gegen jegliche Halbheit.

A: Sagen wir daher vielleicht so: KIERKEGAARD macht beides: zum einen will er aus seinem Leser einen »Einzelnen« machen, der sich selbst verstehen soll. Zum zweiten zeigt er ihm – besonders in den pseudonymen Schriften – die Grenzen der anderen Möglichkeit: bloß Individualist, meinetwegen sehr geistreicher Individualist – aber nicht innerlicher Einzelner, ein Selbst zu sein.

B: Und sein sokratischer Trick, wenn man so sagen darf, war: kein »Ausrufer der Innerlichkeit« zu sein, so ein »sehenswertes Tier«, das ein komischer Selbstwiderspruch wäre – ausrufen heißt ja, sich an die Menge zu wenden. Nein, das soll nicht geschehen. Darum die pseudonyme Verfasserschaft; man soll lesen ohne das Gefühl, ein gewisser SØREN KIERKEGAARD aus Kopenhagen wendet sich an eine Leserschaft, sondern sich dauernd selbst fragen: ist nicht von mir selbst die Rede?

A: Also letztlich die Verwandlung, nicht Belehrung des Lesers ist das Ziel.

B: Ja, Verwandlung in einen ernsten Einzelnen. In diesem Sinne hat KIERKEGAARD den Wunsch geäußert:

> KIERKEGAARD [aus dem *off*]: Die Kategorie »der Einzelne« ist so an meinen Namen geknüpft, daß ich wünschen möchte, man setzte auf mein Grab: »Jener Einzelne«.

A: Also nicht jener »Denker des Einzelnen« und dessen Struktur oder so ähnlich, sondern jener »Einzelne«! Nicht jener Ausrufer der Innerlichkeit – würde ich gerne fortsetzen – sondern jener Innerliche. Nicht jener *Entweder – Oder*-Verfasser, sondern »Ich, der Entweder – Oder«, wie wir schon hörten.

B: Ja, das ist genau das, was wir heutzutage vom existentiellen Denken sagen: ein Denken, das nicht intellektuell bloß Bescheid weiß, sondern den Denkenden verwandelt.

A: Umgekehrt hat dies aber auch die Schwierigkeit, daß wir bei solcher Einheit von Denken und Selbstsein auch nicht *in abstracto* – wie bisher – »über« KIERKEGAARD sprechen können. Wer war er denn eigentlich?, müssen wir fragen. Wie drückte sich in seinem Leben aus, was er dachte? Mit anderen Worten: inwieweit war sein Denken und schriftstellerisches Wirken innerlich, existentiell?

B: Nun, ich glaube, bei keinem zweiten Denker – vielleicht außer SOKRATES – waren Leben und Denken so eine Einheit wie bei SØREN KIERKEGAARD, zumindest aber litt kaum einer so, wenn diese Einheit nicht zu verwirklichen war.

[Kleine Pause]

II.

A: Aber auch sein Leben enthüllt sich uns nicht so ohne weiteres. Sein Ausspruch: »Mein Leben war ein den Menschen unbekanntes großes Leiden« wird einem äußerlichen Blick kaum glaubhaft erscheinen.

B [gemütlich]: Zumindest seine Zeit – die Jahre 1813 bis 1855 – scheint in Dänemark durchaus glücklich gewesen zu sein, so etwas, was wir uns unter der »guten alten Zeit« vorstellen. Es ist die Zeit Andersens, nicht frei von Spitzweg-Zügen.

A: Ja, werden wir historisch: 1789, die Französische Revolution, nachher die napoleonischen Kriege, die für fast ganz Europa das Ende der »guten alten Zeit« bedeutet hatten, waren im alten Kopenhagen kaum zu bemerken gewesen. Da lebte man geruhsam weiter. KIERKEGAARDS Zeitgenossen brauchten sich auch wegen der Schweden nicht allzu viel Gedanken zu machen. Christian der Achte würde schon mit ihnen fertig werden. Christian war in Ordnung, das konnte jeder Bürger selbst fest stellen, wenn er mit seiner Majestät plauderte. In Ordnung war auch alles, was mit dem lieben Gott zusammenhing. Böse Gottesleugner wie bei den Franzosen, diesen Unruhestiftern, hatte man keine im Land, Gott sei Dank. Sonntags die herzquickende Predigt vom Bischof Mynster, werktags liest der Hausvater aus der Postille vor, und alles, einschließlich des Gesindes – dem man den Kopf noch nicht mit Sozialismus und ähnlichen Gottlosigkeiten verdreht hatte – alles spricht das Amen und singt wacker den Choral mit. So vor 140 Jahren, als SØREN KIERKEGAARD geboren wurde. – Wo unser Radio und Fernsehen stehen und unsere Nerven und Gedanken einschläfern, da stand noch die Spieluhr. Gute alte Zeit...

B: Und doch gibt es da ein Ereignis, das ausgerechnet im Geburtsjahr KIERKEGAARDS 1813 eintraf und sehr betroffen machte. Etwas, das wir allzu gut kennen. Inflation! Sollte die scheinbare Ordnung, wenigstens im materiell-ökonomischen Sinne, so unzuverlässig sein?

A: Nebenbei: die KIERKEGAARDS hatten eigentlich nicht zu klagen.

B: Nein, aber... – Obwohl der Vater, der Wollwarenhändler MICHAEL PEDERSEN-KIERKEGAARD, ein großes Geschäft dabei gemacht hatte – bei der Inflation nämlich –, war trotzdem etwas passiert, das stutzig machte. So sehr, daß KIERKEGAARD noch später zwischen dieser Inflation und seiner eigenen Existenz einen Zusammenhang fand:

> KIERKEGAARD [aus dem *off*]: 1813 wurde ich geboren, in dem verrückten Geldjahr, da so mancher andere verrückte Zettel in Zirkulation gesetzt wurde. Und mit so einem Zettel scheint meine Existenz am besten verglichen werden zu können. Es ist etwas an mir, als wäre ich etwas Großes – aber aufgrund der verrückten Konjunktur gelte ich nur wenig.

B: So weit KIERKEGAARD. Aber auch abgesehen von der Inflation ist quasi unterirdisch nicht alles in Ordnung. Der alte KIERKEGAARD, immerhin ein Sechziger bei Sörens Geburt, hatte zwar dank geschickter oder glücklicher Geldspekulation wirtschaftlich nicht zu klagen – aber seine Ruhe hatte er auch nicht. Er konnte zwar sich und seinen Kindern nun alles an Erziehung und an Kultur leisten, besonders seinem Jüngsten: – aber in Ordnung war das Ganze nicht. Dieses Grundgefühl hatte der Vater, und fast instinktiv übertrug es sich auf seinen Sohn.

A: Da ist die Geschichte mit dem Fluch...

B: Ja, KIERKEGAARD deutet es in seinem Tagebuch ganz kurz an: »jenes Schreckliche«...KIERKEGAARD [bewegt]: Jenes Schreckliche mit dem Manne, der einmal als kleiner Junge, als er auf der jütländischen Heide ging und die Schafe hütete und es schlecht hatte und hungerte und verwahrloste, auf einen Hügel stieg und Gott verfluchte, – dieser Mann war nicht imstande, es zu vergessen, da er 82 Jahre alt war.

B: Die scheinbare Ordnung, – das war für den alten KIERKEGAARD vulkanischer Boden. Unter der Überschrift »Die stille Verzweiflung« heißt es in Sörens Buch *Stadien auf dem Lebenswege*:

> KIERKEGAARD [aus dem *off*]: Es waren einmal ein Vater und ein Sohn. Ein Sohn ist gerade wie ein Spiegel, in dem der Vater sich sieht; und für den Sohn ist wiederum der Vater wie ein Spiegel, worin er sich selbst sieht, in der zukünftigen Zeit. Doch betrachteten sie sich selten auf diese Weise, denn die Heiterkeit einer aufgeräumten, lebhaften Unterhaltung war ihr täglicher Umgang. Nun geschah es einige Male, daß der Vater stehen blieb, mit seinem traurigen Gesicht vor seinem Sohne stand, ihn ansah und sagte: »Armes Kind, du gehst in stiller Verzweiflung«. Weiter wurde nie davon gesprochen, wie dies zu verstehen sei, wie wahr es doch sei.

B: Beide, Vater wie Sohn, hatten so ein starkes Gefühl für die Doppelbödigkeit des Daseins, daß sie es sich leisten konnten, nach außen unbefangen, sicher, ja heiter zu wirken und innerlich zutiefst schwermütig zu sein.

A: Wir erkennen so wenigstens das eine: die glückliche »alte Zeit« mit ihren spitzweghaften Zügen galt nicht für SØREN KIERKEGAARD. Nach außen wirkt er heiter ausgelassen:

> KIERKEGAARD [aus dem *off*]: Nie bin ich froh gewesen, und doch hat es immerhin ausgesehen, als ob alle Freude in meiner Begleitung wäre, als ob die leichten Genien der Freude mich umtanzten, – und wenn ich dann an den Menschen vorübereile und so glücklich und so froh wie ein Gott aussehe und die Menschen mich um mein Glück beneiden, dann lache ich. Nie hat sich mein Herz gegen einen Menschen verhärtet, aber immer, gerade dann wenn ich am meisten bewegt bin, habe ich den Schein erweckt, als ob mein Herz verschlossen und jedem Gefühl fremd wäre.

A: Ja, es scheint, als ob des Vaters Fluch auf ihm laste. Entsetzlich war daher für KIERKEGAARD die Enthüllung des Vaters, er nennt sie »das große Erdbeben«:

> KIERKEGAARD [aus dem *off*]: Da war es, daß das große Erdbeben eintraf, die fürchterliche Umwälzung, die mir plötzlich ein neues, unfehlbares Auslegungsgesetz von sämtlichen Phänomenen aufnötigte. Da ahnte ich: – daß meines Vaters hohes Alter nicht ein göttlicher Segen, sondern eher ein Fluch war; daß die hervorragenden geistigen Gaben unserer Familie nur da waren, um einander gegenseitig aufzureiben. Da fühlte ich die Stille des Todes um mich herum zunehmen, wenn ich in meinem Vater einen Unglücklichen sah, der uns alle überleben sollte, ein Grabkreuz auf dem Grabe aller seiner eigenen Hoffnungen. Eine Schuld mußte auf der Familie liegen, eine Strafe Gottes mußte über ihr sein; sie sollte ausgestrichen werden von Gottes gewaltiger Hand, ausgelöscht werden als ein mißglückter Versuch;

und nur zuweilen fand ich ein wenig Linderung in dem Gedanken, daß mein Vater die schweren Pflichten bekommen hatte, uns mit dem Trost der Religion zu beruhigen, uns alle vorzubereiten, so daß doch eine bessere Welt für uns offen stehen sollte, wenn wir auch alles in dieser verlören, wenn die Strafe uns treffen sollte, die die Juden allezeit über ihre Feinde wünschten: daß unser Gedächtnis ganz und gar ausgelöscht sein sollte.

B: Ich finde die Motive dieser religiösen, alttestamentarischen Erschütterung bei KIERKEGAARD in fast sämtlichen Schriften wieder: das Erbeben vor Gott dem Richter, der Gegensatz von Gott und Welt, Sünde und Heiligkeit, Innerem und Äußerem, Leiden als der Widerspruch von beidem...

A: Also den Ernst... *Entweder – Oder*.

B: Der merkwürdige alte Vater in seiner Schwermut erzieht zudem gerade seinen schwächlichen und sensibelsten Jüngsten, Sören, noch besonders streng im Christentum.

KIERKEGAARD [aus dem *off*]: Als Kind wurde ich strenge und ernst im Christentum erzogen, menschlich gesprochen, wahnsinnig erzogen; schon in meiner frühesten Kindheit hatte ich mich an Eindrücken verhoben, unter denen der schwermütige Greis, der sie mir auferlegt hatte, selbst zusammenbrach – ein Kind, wahnwitzig angezogen, einen schwermütigen Greis darzustellen. Ich bin niemals ein Kind gewesen wie andere Kinder.

A: Äußerlich allerdings merkt man davon kaum etwas, ja, er entfernt sich zuweilen sogar vom Christentum. Tagebuchaufzeichnungen, die an den späten NIETZSCHE erinnern, gibt es viele in seiner Studienzeit – obwohl er rückblickend sagt:

KIERKEGAARD [aus dem *off*]: Doch mit dem Christentum gebrochen, oder es aufgegeben, habe ich niemals.

B: Zur gründlichen Selbstbesinnung aber kommt es erst später, wenn es auch schon beim zweiundzwanzigjährigen KIERKEGAARD heißt:

KIERKEGAARD [aus dem *off*]: Was ich will, ist: ins Reine mit mir zu kommen – wissen, was ich tun soll, nicht was ich erkennen soll, außer sofern jedem Handeln ein Erkennen vorausgehen muß. Darauf kommt es an, daß ich meine Bestimmung verstehe: daß ich sehe, was die Gottheit von mir eigentlich will, daß ich tun soll. Es gilt, die Wahrheit zu finden, die Wahrheit ist für mich die Idee, für die ich leben und sterben will.

A: Und trotz seines Theologiestudiums von über zwanzig Semestern, trotz seiner philosophischen Beschäftigungen: – eigentlich ist es nur SOKRATES, in dessen ironischer Existenz KIERKEGAARD zunächst eine solche Idee erkennt. SOKRATES' Ironie ist ihm letzter Ernst, nicht bloß absolute Negativität, wie HEGEL meinte, – auch nicht unverbindliches Weder-Noch wie bei den Romantikern. Die fünfzehnte These, die er bei seinem Doktorexamen zu verteidigen hat, lautet daher bezeichnend genug:

KIERKEGAARD [aus dem *off*]: *Ut a dubitatione philosphia, sic ab ironia vita digna, quae humana vocetur, incipit.*

A: Also, auf deutsch: daß ein Leben, das menschlich genannt zu werden verdiene, mit der Ironie beginne, gleich wie die Philosophie mit dem Zweifel einsetze. Es ist klar, daß da *ironia* nicht snobistische Süffisanz ist, es ist vielmehr die Weise als Selbst zu leben, das – indem es weiß, daß es nichts weiß, erst zu sich und seinem eigentlichen Handeln finden kann. Und SOKRATES' Ironie war solches Helfen bei der Geburt eines Selbst.

B: Von da an stellt KIERKEGAARD all seine Vieldeutigkeit, die bei ihm naturbedingt scheint, in den bewußten Dienst solcher Ironie. Außer seinen *Erbaulichen Reden* ist fast alles, was er schrieb, solche Ironie mit der Hinterabsicht, selbstseiende Leser hervorzubringen. Er, KIERKEGAARD selbst, verschanzt sich hinter pseudonymen Verfassernamen, Herausgeber, nennt die wesentlichsten Bücher mit echt sokratischem Understatement: *Philosophische Brocken – Ein Bißchen Philosophie; Begriff Angst, eine simple psychologische Untersuchung; Entweder – Oder, ein Lebensfragment, A.s Papiere; Stadien auf dem Lebenswege: Studien von Verschiedenen* und so weiter. Dem gibt er dann Mottos wie: »Besser gut gehangen als schlecht verheiratet« oder »Herr, gib uns blöde Augen für Dinge, die nichts taugen, und Augen voller Klarheit in alle Deine Wahrheit!«...

A: ... oder das LICHTENBERG-Wort: »Solche Bücher sind wie Spiegel, wenn ein Affe hineinschaut, kann kein Apostel herausschauen« (ein Wort, das in der Literatur über KIERKEGAARD manchmal übersehen worden ist).

B: Also: mit SOKRATES und der Ironie begann auch SØREN KIERKEGAARDS *vita digna quae humana vocetur.*

A: Ja, mir will scheinen, KIERKEGAARDS eigene Bestimmung, »was Gott will, daß er tue« geht ihm nunmehr auf. Denn in der Dissertation über SOKRATES' Ironie steht der wichtige Satz über den Beruf des griechischen Denkers:

KIERKEGAARD: Er war nicht gekommen, um die Welt zu erlösen, sondern um die Welt zu richten.

A: Und als solchen ironischen Richter soll sich KIERKEGAARD selbst später verstehen, auch von seinen Tagebüchern heißt es:

KIERKEGAARD [aus dem *off*]: Wenn man meine Tagebücher nach meinem Tode herausgeben wollte, könnte man das unter dem Titel tun: »Buch des Richters«.

A: »Bücher des Richters« aber sind auch seine veröffentlichten Schriften.
B: Ja, aber er richtet darin nicht bloß »die andern«, sondern vor allem sich selbst.
A: Und von keiner anderen Lebensphase läßt sich dies so eindeutig behaupten wie von seiner Verlobungsgeschichte...

B: Besser: von seiner Geschichte der Auflösung seiner Verlobung...

A: Wir erwähnten den Vater mit seiner schwermütigen Seele und strengen Erziehung im Christentum; wir erwähnten SOKRATES' geburtshelferisches Richtertum – aber KIERKEGAARD wird er selbst erst durch REGINE OLSEN.

B: Ja, diese ganze höchst komplizierte Angelegenheit ist sehr schwer durchsichtig zu machen. Ich könnte nicht sagen, was es denn eigentlich gewesen sei, was den Bruch der Verlobung für KIERKEGAARD so notwendig erscheinen ließ. Auch die Biographen überzeugen mich nicht, wenn sie runde Ergebnisse auftischen.

A: Lassen wir es KIERKEGAARD selber in *Entweder – Oder* sagen, pardon, den Assessor Wilhelm, wie das Pseudonym des zweiten Bandes heißt:

> KIERKEGAARD [aus dem *off*]: Mancher Mann ist ein Genie geworden, durch ein Mädchen – mancher ist ein Held geworden durch ein Mädchen, mancher ein Dichter durch ein Mädchen, mancher ein Heiliger durch ein Mädchen; doch wurde er kein Genie durch ein Mädchen, das er bekam – mit ihr wurde er nur Kommerzienrat; wurde er kein Held durch ein Mädchen, das er bekam – mit ihr wurde er nur General; wurde er kein Dichter durch das Mädchen, das er bekam – durch sie wurde er nur Vater; wurde er kein Heiliger durch das Mädchen, das er bekam, [jetzt ernster] denn er bekam überhaupt keines, und wollte nur ein einziges haben, und das bekam er nicht, – geradeso wie jeder von den anderen ein Genie, Held, Dichter wurde, durch das Mädchen, das er – nicht bekam.

A: Und so glaube ich, ist es das einzige, was wir von diesem Bruch seiner Verlobung mit REGINE sagen können: KIERKEGAARD wurde KIERKEGAARD durch sie, die er – nicht bekam.

B: Ist das nicht schon zuviel gesagt: denn *er* hatte ja die Verlobung aufgelöst, nicht wahr?

A: Ich wäre auch darin vorsichtiger, zu sagen, er sei es gewesen, der die Verlobung aufgelöst hat. Weltlich-bürgerlich betrachtet haben Sie natürlich recht, aber so einfach war das nicht. Mir scheint dies sehr wichtig, weil damit der größte Teil der pseudonymen Produktion KIERKEGAARDS direkt oder indirekt zusammenhängt. Um ein Bild von der Schwierigkeit des Falles zu bekommen, gestatten Sie, daß ich nur ganz knapp einige Erinnerungen heraufbeschwöre, sozusagen einen Abriß dieser merkwürdigen »Leidensgeschichte«...

[Eine Art Montage versuchen, bei welcher einzelne kurze Szenen rasch abfolgen, der Sprecher A. dazu, als Kommentator, wie nebenbei sprechend, also ohne Teilnahme, während nur die Personen der Szene engagiert sind. – Traumhafte Erinnerungsfetzen.

Zunächst Einblenden von Klavierspiel, – im »Höhere Töchter«-Stil, das heißt nicht ganz genau, leicht gefühlvoll, aber schwierigere Passagen meist ohne Erfolg wiederholend. Vielleicht MOZARTS C-Dur-Sonate, 1. Satz oder aus dem *Don Giovanni*-Klavierauszug. Auch in den folgenden Szenen kann leise – wie »leitmotivisch« für REGINE – diese Klangkulisse unterlegt werden. Die nummerierten Szenen sind wie gesagt montageartig ineinander zu verweben. Der »Kommentator« A. stets »nebenbei«.]

Szene 1.

[Leise Klavier wie oben angegeben]
A: Eigentlich eine ganz unsensationelle Geschichte, wenn sie in Kopenhagen auch – eine Kehrseite der »guten alten Zeit« – als Skandal empfunden worden ist...
[Hervortreten der Musik, dann wieder zurücknehmen]

KIERKEGAARD [ernst, innig]: Reizend war sie, als ich sie zum erstenmal sah, lieb, ja wahrlich lieb in ihrer Hingabe, rührend, im edlen Sinne rührend in ihrem Kummer, nicht ohne Hoheit im letzten Augenblicke der Trennung...
[Klavier etwas hervortreten lassen, dann zurück]
KIERKEGAARD: Ich war für sie entschlossen... am 8. September 40...
[Schritte zweier Menschen, Straße, halten. Öffnen des Tors]
REGINE [leise]: Es ist niemand daheim.
[Treppenaufgang, abblenden. Tonebene eines Zimmers]
KIERKEGAARD: Spiel mir etwas vor, Regine.
[Klavier stärker]
KIERKEGAARD [nach kurzer Zeit des Zuhörens, heftig]: Ach, was kümmert mich jetzt Musik! Sie such ich, Sie habe ich diese zwei Jahre gesucht!
[Jähes Abbrechen des Klavier, Zuklappen]
KIERKEGAARD [andere Tonebene, berichtend]: Der Vater sagte weder ja noch nein, aber er war doch geneigt genug, wie ich sah. Sie sagte: ja.
[Unterlegtes leises Geklimper des gleichen Stückes setzt wieder monoton ein, währenddem:]
KIERKEGAARD [sehr ernst]: Aber dann kam ich wieder zu mir selbst; am andern Tag sah ich, daß ich fehlgegriffen hatte. Ein Pönitierender, wie ich es war: meine *vita ante acta*; meine Schwermut, das war genug. Das war genug, ich habe unbeschreiblich gelitten. Sie schien nichts zu bemerken. Sie wurde im Gegenteil so übermütig:
REGINE [sehr ausgelassen]: Weißt du, ich hab dich nur aus Mitleid genommen, – aber wenn du mich nur aus Gewohnheit besuchst, löse ich die Verlobung auf.
[Unterlegtes Klavier]

Szene 2.

REGINE [sehr traurig]: Du wirst doch nie froh, es kommt für dich auf eins hinaus, ob ich bei dir bin oder nicht...
KIERKEGAARD [wie »innerer Monolog«]: Sie sagte auch einmal:
REGINE [bittend]: Ich werde dich auch nie nach etwas fragen, wenn ich nur bei dir bleiben darf.
KIERKEGAARD [wie zuletzt]: Aber es trat ein göttlicher Protest dazwischen, so verstand ich es. Ich schrieb an sie und sandte ihr den Ring zurück:

[Ernst] Um nicht öfter die Probe zu machen auf etwas, was doch geschehen muß, und was, wenn es geschehen ist, wohl auch die nötige Kraft gibt: so laß es geschehen sein. Vergiß den, der dies schreibt, vergib einem Menschen, der zwar manches vermochte, nicht aber vermochte, ein Mädchen glücklich zu machen...

[Für sich] Eine seidene Schnur zu senden, bedeutet im Osten die Todesstrafe für den Empfänger, einen Ring zu senden, bedeutet hier die Todesstrafe für den, der ihn sendet...

Szene 3.

VATER OLSEN [sehr ernst und entschieden]: Kann ich mit Ihnen reden, es ist wegen meiner Tochter. Es wird ihr Tod, sie ist ganz verzweifelt.
KIERKEGAARD: Ich werde sie schon beruhigen, aber die Sache ist abgemacht.
Vater Olsen (stockend, bewegt): Ich bin ein stolzer Mann – es fällt mir schwer, – aber – ich bitte Sie: – brechen Sie nicht mir ihr!
KIERKEGAARD [innerer Monolog]: Es erschütterte mich. Aber ich ließ mich nicht wankend machen. Ich blieb zum Abendessen und sprach mit ihr, als ich ging.
[Kleine Pause]

Szene 4.

KIERKEGAARD: Sie schrieb mir. Am nächsten Morgen kam ich.
REGINE: Willst du dich nie verheiraten?
KIERKEGAARD [lauter]: Ja, so in zehn Jahren, wenn ich mich ausgetobt habe, dann muß ich so ein junges Blut haben, um mich zu verjüngen.
[Innerer Monolog] Eine notwendige Grausamkeit, es gab für mich nichts anderes, als das Äußerste zu wagen, um ihr womöglich zu Hilfe zu kommen mit einem Betrug, um fortzustoßen, um ihren Stolz wieder anzustacheln. Vermag sie mich zu hassen, nun wohl, so ist sie »erlöst«, menschlich gesprochen. Es wäre erbärmlich gewesen, sie in meine Kümmernisse einzuweihen... Sie zog einen kleinen Zettel mit einem Wort von mir hervor, den sie auf der Brust zu tragen pflegte; den zerriß sie in kleine Stücke:
REGINE [verzweifelt]: So hast du ein grausames Spiel mit mir getrieben!
KIERKEGAARD: Dann sagte sie:
REGINE: Vergib mir, was ich dir zuleide getan habe.
KIERKEGAARD [lauter, zu ihr]: Es wäre an mir, so zu bitten.
REGINE: Versprich mir, daß du an mich denkst.
KIERKEGAARD: Ich verspreche es dir.
REGINE: Küsse mich.

KIERKEGAARD [wieder innerer Monolog]: Das tat ich, aber ohne Leidenschaft. Barmherziger Gott. So schieden wir. Ich verbrachte die Nächte weinend in meinem Bett. Am Tage war ich wie sonst, mutwilliger und witziger denn je. Das war notwendig. Mein Bruder wollte zur Familie gehen und sagen, daß ich kein Schuft sei. [Lauter] Wenn du das tust, jage ich dir eine Kugel durch den Kopf. [Wieder innerer Monolog] Ich reiste nach Berlin. Ich litt sehr und gedachte ihrer jeden Tag. Ich habe es bis heute unbedingt gehalten... [ausblenden]
[Ende der »Leidensgeschichte«-Erinnerungen]

A: In Berlin schreibt KIERKEGAARD *Entweder – Oder*, die vielleicht großartigste Verteidigung der Ehe, wie JASPERS meint, mit der Absicht, sich klar zu werden und REGINE zu helfen, und wenn es sei durch Betrug.
B: Ja, das ist ja der Zweck des *Tagebuchs des Verführers*, abzustoßen. Um aber auf unsere Frage zurückzukommen: das Problem REGINE OLSEN wird sich wohl nie ganz klären lassen. Begnügen wir uns damit, daß KIERKEGAARD dies auch gar nicht wollte, ja sogar zugegeben hat, daß »rein menschlich betrachtet« es sich um eine »Verrücktheit« gehandelt habe – allerdings mit einem guten religiösen Sinn. Darum verzichten wir auf all die psychoanalytischen Patentlösungen.

KIERKEGAARD [aus dem *off*]: Nach meinem Tode soll niemand in meinen Papieren – das ist mein Trost – eine einzige Erklärung finden über das, was eigentlich mein Leben ausgefüllt hat, die Schrift in meinem Innersten finden, die alles erklärt und die oft, was die Welt Bagatellen nennen würde, zu ungeheuer wichtigen Begebenheiten für mich macht und was auch ich für unbedeutend ansehe, wenn ich die heimliche Note wegnehme, die alles erklärt.

A: Und doch scheint mir, können wir sagen, es sei das große *Entweder – Oder*, das Unbedingte, das KIERKEGAARD auch hier zwang, und zwar zu einer existentiellen Einheit von Leben und Werk. Des Vaters Fluch, SOKRATES' Ironie, REGINE OLSENS Liebe: das sind Ursprünge des Lebens und Werks von SØREN KIERKEGAARD.
B: Vielleicht darf ich noch eine »Bagatelle« erwähnen, die von einschneidendster Wirkung war. Es geht um das Witzblatt *Der Korsar* in Kopenhagen. Die Auseinandersetzung mit diesem Witzblatt, menschlich betrachtet tatsächlich sehr unbedeutend, gewinnt für KIERKEGAARD ein Gewicht, das man sich schlecht erklären kann.
A: Doch, ich glaube einen gewissen Anhaltspunkt zu einer psychologischen Erklärung zu haben. Die Sache war doch die, daß der *Korsar*, der bis 1846 KIERKEGAARD stets gelobt hatte, einen Mitarbeiter des Namens MÖLLER hatte, der in einem anderen Blatt KIERKEGAARD angriff. Ich glaube nun nicht wie manche KIERKEGAARD-Forscher, daß KIERKEGAARD in seiner Verfasser-Eitelkeit gekränkt war und deswegen den (vermeintlichen) Fehdehandschuh aufgriff. Nein, in gewisser Hinsicht hängt es mit dem Fall REGINE OLSEN zusammen.

Was war geschehen? MÖLLER hatte eine Karikatur von KIERKEGAARDS pseudonymen Buch *Stadien auf dem Lebensweg* gebracht – eine literarische Karikatur ausgerechnet jener höchst komplizierten Dinge mit REGINE, eine Karikatur, die nicht etwa zu schlecht, sondern eben zu gut ausgefallen war –, und das rief KIERKEGAARD auf den Plan. Ganz im Stil des Pseudonyms Frater TACITURNUS heißt es da:

> C [etwas boshaft kabarettistisch, inneren Monolog karikierend]: Heute vor einem Jahr. So! nun bin ich also verlobt. Niedlich ist sie gewiß; aber der Teufel steckt in so einem kleinen Mädchen: sie kann nicht begreifen, daß ich verlobt sein will und zugleich nicht verlobt sein will, mich entloben will und zugleich nicht entloben will, mich verheiraten will und zugleich nicht verheiraten will. Sie begreift nicht, daß meine Verlobung dialektisch ist: nämlich, daß sie zugleich Liebe und Mangel an Liebe bezeichnet; und nähert sie sich dem Religiösen, so ist sie auch für mich verloren. Sie muß freigemacht werden, denn erst dann wird sie mir gehören; und dann kann sie sich verloben und verheiraten, mit wem sie will, sie ist doch mit mir verheiratet – und so fort bis ins Unendliche...

B: Als Parodie des Frater TACITURNUS sehr gut!
A: KIERKEGAARD war, so scheint mir, tatsächlich an einer sehr empfindlichen Stelle getroffen worden. Zwar hatte nicht der *Korsar* selbst KIERKEGAARD angegriffen, wohl aber ein geheimer Mitarbeiter des *Korsaren*, eben MÖLLER. KIERKEGAARD wird nun sehr heftig – gegen das Witzblatt. Er schreibt im *Vaterland*:

> KIERKEGAARD [aus dem *off*]: Ach, könnte ich doch bald in den *Korsaren* kommen! Es ist in der Tat hart für einen armen Verfasser, in der dänischen Literatur derart hervorgehoben zu sein, daß – angenommen, daß wir Pseudonyme *Einer* sind – er der einzige ist, der dort nicht gescholten wird.

A: Das Witzblatt kommt der Aufforderung, auch ihn zu karikieren, prompt nach, und zwar so gründlich, daß KIERKEGAARD sehr darunter leidet. Auch hier wird ihm die Kleinstadt-»Bagatelle« zu einem Ungeheuerlichen, zu einem Zeichen der Zeit. Er deutet sich sein Leiden in religiösen Kategorien, und – was uns besonders interessiert: er gewinnt die wesentlichsten zeit- und kulturkritischen Einsichten, die KIERKEGAARD zu einem Ausgangspunkt moderner Zeitkritik überhaupt machen.
B: Ja, die religiöse Kategorie des Auserwählten, des Reformators, des Wahrheitszeugen, – aber wir wollen nicht vorgreifen.
A: Man hat freilich zunächst den Eindruck, daß KIERKEGAARD hier eigentlich gegen Windmühlen kämpft, tragikomisch klingt seine – sehr echte – Klage:

> KIERKEGAARD [empört aus dem *off*]
> Wehe, wehe über die Tagespresse! Käme Christus jetzt zur Welt, so nähme er, so wahr ich lebe, nicht Hohepriester aufs Korn, sondern die Journalisten.

Der Pöbel verhöhnt mich, denn was einmal in einem Blatte steht, bedeutet nicht viel, wenn es nicht für alle Pöbelhaften eine Ordre wäre, mich tagein, tagaus auf offener Straße zu verhöhnen, für Schuljungen, freche Studenten, Handelskommis und all das Gesindel, welches die pöbelhafte Literatur aufwühlt. Der vornehme Neid sieht mit Beifall zu und gönnt es mir. Und unter solchen Verhältnissen will man leben oder mag man leben. Ich bin froh, daß ich gehandelt habe. Übrigens ist eine solche nagende Mißhandlung etwas vom Peinlichsten. Alles andere hat ein Ende, aber dies hört nicht auf. Daß, wenn man in der Kirche sitzt, ein paar Lümmel die Frechheit haben, sich neben einen zu setzen und in einem fort seine Hosen anzugaffen und einem im Gespräch zu verhöhnen, welches sie so laut führen, daß man jedes Wort verstehen kann. An so etwas bin ich gewöhnt.

A: Bei allem Respekt vor KIERKEGAARD: der Vorfall mit dem *Korsaren* hatte etwas Komisches. Und doch darf man nicht nur KIERKEGAARDS etwas putzige Aufregung über die selbstbestellten Karikaturen – er darin immer mit ungleich langen Hosenbeinen – festhalten, sondern doch auch die Autorität, die er selbst da noch innehatte. Folgende kleine Szene spielt sich auf der Straße ab zwischen KIERKEGAARD und ausgerechnet dem Redakteur des *Korsaren*, MEÏR ANTON GOLDSCHMIDT:

[Schritte auf der Straße]

KIERKEGAARD: Goldschmidt! Goldschmidt, kommen Sie doch her! [Schritte] Begleiten Sie mich ein Stückchen.
[Gemeinsame Schritte, kleine Pause]
KIERKEGAARD: Sagen Sie mal, haben Sie mich ganz mißverstanden, – ich sagte Ihnen doch, Sie sollten Ihre Korsarentätigkeit aufgeben. Ich sage Ihnen nochmals: Sie müssen weg vom *Korsaren*!
GOLDSCHMIDT [schüchtern, weinerlich]: Daß Sie so über meine Tätigkeit urteilen können und nicht ein Wort davon sagen, daß ich doch *etwas* Talent habe…
KIERKEGAARD [bei sich]: Es war zum Lachen und zum Weinen, wie er dies mit Tränen in den Augen sagte, – wie er ja, was oft bei Leuten dieser Art der Fall ist, leicht gerührt war.

III.

B: Den i-Punkt seiner ganzen Existenz aber stellt für KIERKEGAARD jenes *Entweder-Oder* dar, das wir als seinen Kirchenkampf schon erwähnten. – Mit dem Jahre 1848 hören die großen Publikationen KIERKEGAARDS überhaupt auf.
A: Ja, das ungeheure Werk, das ihn unsterblich machte, ist in etwa fünf bis sechs Jahren entstanden!
B: Und was jetzt noch folgt, ist weniger umfangreich und spitzt sich deutlich zu in Richtung auf den großen Schlag gegen die dänische Staatskirche. Auch

hier ist der Anlaß scheinbar geringfügig: man hatte in einer Rede den verstorbenen Bischof MYNSTER einen »Wahrheitszeugen« genannt, nicht mehr und nicht weniger. Und dies wird für KIERKEGAARD Anlaß zu seinem letzten Kampf. Wiederum heißt es: »*Entweder – Oder*! Keine Programme, kein Gewurstel, keine Halbheit – *Entweder – Oder*! Alle Motive subtilster Dialektik scheinen reduziert auf das eine letzte *Entweder – Oder*. Gott – oder Welt.«
A: Nicht als Missionar tritt KIERKEGAARD auf, sondern als fanatischer Kämpfer für Redlichkeit:

> KIERKEGAARD [mit Hall; ernst aus dem *off*] Ich will Redlichkeit. Will unsere Zeit ehrlich, offen, geradezu sich gegen das Christentum empören und also zu Gott sagen: wir können und wollen uns unter diese Macht nicht beugen! Gut – ich bin dabei. Will man Gott das Eingeständnis machen, daß das ganze Geschlecht die ganze Zeit her sich eine immer weitgehendere Abschwächung des Christentums erlaubte, bis wir zuletzt aus dem Christentum das Gegenteil des neutestamentlichen Christentums gemacht haben, – und daß wir doch gern haben möchten, daß dies für Christentum gelten dürfe – will man das, so bin ich dabei.
> Eines aber will ich nicht: am offiziellen Christentum teilhaben, das durch Vertuschungen und Kunstgriffe sich den Schein des neutestamentlichen Christentums gibt. Für diese Redlichkeit will ich etwas wagen, dagegen sage ich nicht, daß ich für das Christentum etwas wage. Nimm an, ich würde ein Opfer, so würde ich doch nicht ein Opfer für das Christentum, sondern bloß dafür, daß ich Redlichkeit wollte...

A: Der Angriff KIERKEGAARDS gipfelt in den Sätzen:

> KIERKEGAARD [wie eben aus dem *off*] Dadurch, daß du nicht an dem öffentlichen Gottesdienst teilnimmst, wie er jetzt ist, dadurch hast du beständig eine große Schuld weniger: du nimmst nicht daran teil, Gott zum Narren zu halten dadurch, daß man für neutestamentliches Christentum ausgibt, was es doch nicht ist.
> *Entweder – Oder*! Ich, den alle Kinder auf der Straße kennen unter dem Namen ›Entweder – Oder‹, sage dir: nimm ein Brechmittel, mach, daß du aus der Halbheit herauskommst. Ewig wirst du nicht bereuen, daß du auf meine Rede achtest. Erwäge: ob du das Zeitliche willst – oder das Ewige!

[Die vier Takte *Don Giovanni*-Ouvertüre]

A: Mitten im heftigsten Kampf bricht KIERKEGAARD zusammen. Er weiß sich einig mit Gott, er stirbt an einer Krankheit, die keiner kennt, sein letztes Erbe vom Vater ist gerade noch ausreichend zu einem bürgerlichen Begräbnis. Er widmet seine Schriftstellerei dem Vater und REGINE, nimmt von Kirchenkampf kein Wort zurück und stirbt friedlich, kindlich gelöst, in der Vorfreude darüber, daß er auf einer Wolke sitzen könnte, um ununterbrochen Halleluja, Halleluja zu rufen. Er glaubte zu wissen, woran er starb: an der Sehnsucht nach der Ewigkeit.
[Musik: MOZART, *Zauberflöte*: »Bald prangt...«]

Zum 75. Geburtstag von
Prof. Dr. Karl Jaspers

Heute vor 75 Jahren wurde der Philosoph Karl Jaspers in Oldenburg geboren. Geburtstage, auch runde, sind eigentlich sehr private Angelegenheiten und es gibt nur wenige Zeitgenossen – und deren Anzahl schrumpft in bedrückender Schnelligkeit –, denen zu gratulieren eine öffentliche Pflicht ist. Pflicht freilich nicht im Sinne unpersönlicher Unterwerfung vor einem unpersönlichen Imperativ. Das wäre leere Gebärde, wie sie wohl Prominenzen gegenüber am Platz sein mag, weltläufigen Autoritäten gegenüber, die die Masse begafft, heute im Sprechchor bejubelt und morgen vergisst. Anders ist dagegen das Gefühl dankbarer Verpflichtung großen Menschen gegenüber, deren Werk uns als Einzelne innerlich trifft und vielleicht sogar verwandelt. Jaspers weltweite Geltung und Autorität darf nicht darüber hinwegtäuschen, dass der Bereich, in dem er wirken will, eigentlich das Privateste ist und das Stillste, nämlich die Unklarheit und helle bemühte Seele des je Einzelnen – die vielberufene Existenz, wie man seit Kierkegaard sagt.

So legt der große Philosoph Jaspers durchaus Wert auf die Tatsache, keine Schüler zu haben, sondern bestenfalls Einzelne, die sich selbst zu folgen vermögen. Und was ihn selbst angeht, so gelten die Worte, die er zum Gedächtnis seines Lehrers Max Weber sprach: »Einen großen Mann ehrt man, indem man seine Werke sich zu eigen macht und in seiner Idee zu arbeiten versucht«. Und solch stille Wirkung will auch Jaspers Hauptwerk – seine dreibändige *Philosophie* – ausüben. »Mein Philosophieren«, sagt er, »hält sich für wahr in dem Maße, als es Kommunikation fördert«. Insofern erscheint es fast paradox, dass ein Philosophieren, das Schulbildung seinem Wesen nach verwirft, zur öffentlichen Geltung kommt.

Dogmatische Existenzialisten von heute, die übrigens alle viel von Jaspers gelernt haben, lösten Schulen oder wenigstens Bewegungen aus; sie werden aber von Jaspers selbst gerade deswegen für Verkehrungen des existenziellen

Denkens gehalten. Er will keine Lehrgebäude errichten, die in selbstherrlicher Logik und Methodik ganz allgemein imponieren, sondern als Einzelne dem je Einzelnen selbst hilfreich sein. Aber, so mag der Einwand lauten, ist das nicht wissenschaftsfeindliche Mystik und Esoterik, vage Erbaulichkeit, die bloß unverbindliche Stimmungen auslöst? Nein, man könnte sogar, um das Besondere von KARL JASPERS Philosophien gegenüber anderen zeitgenössischen Existenzphilosophen hervorzuheben, sagen, JASPERS ist eigentlich der wissenschaftsfreundlichste von allen und auch der Einzige, der als wissenschaftlicher Forscher gearbeitet und zu höchstem Rang gekommen ist.

Er kam erst ziemlich spät zur Philosophie. Als sein Hauptwerk erschien, war er fast 50 Jahre alt. Vorauf gingen seine psychiatrischen Arbeiten, insbesondere seine 1913 erschienene *Allgemeine Psychopathologie*. Und manche seiner zahllosen Hörer werden sich erinnern, dass der Philosoph dem jungen Studenten, der hochgestimmt aus seiner Vorlesung kam, um den verehrten Lehrer mitzuteilen, er sei fest entschlossen, Philosophie zu studieren und sonst nichts, schlicht erwiderte, Philosophie könne man nicht lernen, sondern nur philosophieren. Im Übrigen aber riete er, JASPERS, jedem Studenten eine Wissenschaft gründlich zu treiben. Er habe es selber so gehalten.

Nein, JASPERS ist kein Feind der Wissenschaft im Namen einer »Innerlichkeitsmystik« im stillen Kämmerlein. Aber er erkennt die Grenzen rein positivistischer Wissenschaftlichkeit, die zur Weltanschauung und Lebenseinstellung wird. Und darin war JASPERS schon zur Zeit seiner wissenschaftlichen Tätigkeit als Mediziner Philosoph. Dadurch, dass er gerade aufgrund breitesten Wissens auf seinem Fachgebiete und souveräner Beherrschung der Methoden das Wissbare abgrenzte vom Nichtwissbaren bzw. mit letztmöglicher Sauberkeit die Grenzen verschiedener Methoden ausfindig machte. In diesem Sinne feiert er schon sehr früh MAX WEBER, den Soziologen, als Philosophen, weil WEBER als Fachwissenschaftler bei allem besessenen Wissen wollen oder vielmehr gerade deswegen ein helles Grenzbewusstsein besaß.

So begreifen wir erst, wieso der erste Band [der *Philosophie*][1] von JASPERS' Existenzphilosophie gar nicht von menschlicher Innerlichkeit und Selbstsein handelt, sondern von der Welt, die Gegenstand wissenschaftlicher Forschung ist. *Philosophische Weltorientierung*, so betitelt sich dieser Band, und legt die Grundvoraussetzungen frei, auf denen Wissenschaft erst möglich wird. JASPERS überspringt also keineswegs den Bereich des welthaft Vorhandenen, vielmehr durchdringt er es tief, um wie KANT die Möglichkeit wissenschaftliche Erkenntnis überhaupt zu begründen.

Solche Durchdringung aber ist Philosophie. Philosophie ist nicht nur nicht wissenschaftsfeindlich oder indifferent, sondern vielmehr das »Gewissen« der Wissenschaft. Deswegen ist sie Mahnerin da, wo wissenschaftliche Weltauslegungen sich ohne Selbstkritik zu einer vermeintlich grenzenlosen Totalansicht verabsolutieren. Dies ist nicht nur da der Fall, wo sich eine partielle Wissen-

---

[1] Anmerkung der Herausgeber.

schaft mit ihrer relativ richtigen Methode dogmatisch als die einzige Weltsicht aufspielt, sondern ebenso in den verschiedenen »Ismen«, die samt und sonders als Verabsolutierungen eines partiell Richtigen zu deuten sind. JASPERS zeigt uns in diesem Zusammenhang sozusagen die Genealogie solcher einseitiger Weltanschauungen und Ideologien, die sich ja bekanntlich oft auf ihre vermeintliche Wissenschaftlichkeit berufen.

Aber JASPERS zeigt noch mehr: Seit seiner *Psychologie der Weltanschauungen* (1919) deckt er auch den Ursprung solcher sich verabsolutierender Gesamtentwürfe auf, den er in einem bestimmten Menschentum findet. Indem so JASPERS nicht nur Lehr- und Weltanschauungsgebäude in ihrer Objektivität analysiert, sondern auch immer wieder nach dem Menschen fragt, der sie hervorbringt bzw. der sich in ihnen versteht, gewinnt er jene Dimension, deren »Erhellung« zu seinen wohl originalsten Leistungen gehört – die »menschliche Existenz«. Während bei seiner Philosophie des Welterkennens und der Totalentwürfe von Weltanschauungen vor allem KANTS *Kritiken* wegweisend waren, werden dem im engeren Sinne des Wortes Existenzphilosophen JASPERS die großen »Analytiker des Einzelnen«, KIERKEGAARD und NIETZSCHE, unersetzlich. KIERKEGAARDS „Psychologie der Existenz" und NIETZSCHES große Psychologie des Selbst oder des »Schaffenden«, wie es im *Zarathustra* heißt, werden angeeignet und im zweiten Band des Hauptwerks *Existenzerhellung* systematisch durchdacht.

Die dritte kantische Idee neben Welt und Seele, nämlich Gott, ist JASPERS' Thema des dritten Bandes, der *Metaphysik*. Es ist nicht etwa eine Ontologie alten Stils, was wir hier zu suchen haben, noch eine Theologie bzw. Religionsphilosophie, sondern eine Deutung, der in den genannten Disziplinen unzureichend anvisierten Transzendenzbezüge. JASPERS bleibt auch hier im Bereich kritischer Philosophie. Er verkündet nicht, sondern versteht, wie Existenz sich zu dem ganz Anderen Gottes, des Seins oder wie man es nenne, verhält. Auch in diesem Band belehrt JASPERS nicht, sondern macht den Einzelnen offen für »Grenzerfahrungen«, die er sich in seinem dumpfen, normalen Alltag verstellt.

Offener Horizont, dieser ausgezeichnete Titel der Festschrift zu JASPERS 70. Geburtstag, charakterisiert vortrefflich das Werk sowohl des Forschers als auch des Philosophen, während seine existenzialistischen Kollegen samt und sonders eine geschlossene Philosophie vertreten. Sie verschreiben sich einer einzigen Methode, z. B. der Phänomenologie. Sie verkapseln sich solipsistisch in eine spezifische Stimmung, z. B. »verdammte Freiheitsangst«, »heroische Entschlossenheit«, »katholische Seinszuversicht« und dergleichen mehr. JASPERS dagegen wirkt befreiend, eben offen. Vor allem auch gegenüber der Freiheit des Mitmenschen.

Unvergleichlich schön ist z. B. seine Art, auf mitmenschliche Kritik einzugehen. Ein Punkt, da selbst Philosophen des Mitseins und der *coexistence* intolerant werden. Nachzulesen als Anhang des Bandes KARL JASPERS' (deutsche Ausgabe), der von PAUL A. SCHILP in Amerika herausgegebenen

Reihe *Library of Living Philosophers*, erschienen im KOHLHAMMER VERLAG, Stuttgart 1957. Wie JASPERS hier auf seine Kritiker eingeht, sie, mit einem DILTHEY-Wort zu sagen, »besser versteht, als sie sich selbst verstehen«, das ist tiefste Rechtfertigung des Wortes »*offener Horizont*«. Aber auch im Dialog mit der philosophischen Tradition, beginnend mit den Vorsokratikern bzw. den großen asiatischen Denkern und Weisen, zeigt sich diese Offenheit. Während wir bei JASPERS nichts von dem übersteigerten Selbstgefühl merken, das auf Schritt und Tritt Destruktionen abendländischer Metaphysik vornehmen möchte, um selbst »anfänglich« zu wirken. Die Monographien über *Descartes, Nietzsche, Schelling* sowie die vor kurzem erschienen *Großen Philosophen* bekunden ein Maximum an einfühlsamem Verstehen auch noch des Fremdesten. Das Ziel ist ein möglichst ebenbürtiger Dialog quer durch Raum und Zeit aufgrund des verbindenden Menschlichen. So erscheint uns eigentlich dieses »Offene«, im besten Sinne Humane und Universale, als tiefster Grund dafür, dass JASPERS schon zu Lebzeiten wie ein Klassiker wirkt. Sein Sinn für Maß, für das »Verlässliche« – eines seiner Lieblingswörter – lässt hitzige Polemiken um seine Werke irgendwie deplatziert erscheinen.

Seine Aktualität: Kein großes Thema unseres Alltags, von der Atombombe bis zur Entmythologisierung, lässt ihn kalt. Seine Aktualität ist eine unaufdringliche und stille. Uns erscheint schon das Gratulieren durch den Äther fast zu laut. Deswegen seien zum Schluss seine eigenen Worte zitiert, die er in seiner philosophischen Autobiographie über sein so jung gebliebenes Alter schreibt:

> »Ein Rückblick auf das eigene Leben, zumal im Alter, bringt eine zweideutige Verfassung. Es ist, als ob man etwas abschlösse, was noch im Gange ist. Es liegt in der Philosophie, dass sie, je wahrer sie wird, desto weniger in der Zeit sich rundet und sich vollenden kann. Alt geworden fühlt der Denkende sich weniger als je vollendet. KANT hat gesagt, wenn wir gerade so weit sind, dass wir erst anfangen können, dann müssen wir abtreten und die Sache wieder dem ABC-Schützen überlassen. Das Bewusstsein bewegt, das Wesentliche noch nicht gesagt, das Entscheidende, das sich ankündigt, noch nicht gefunden zu haben. Das sich Erweitern der Vernunft ist nicht eingeschlossen in den biologischen Lebenskreis. Man kann in die für das Alter paradoxe Stimmung geraten, der Blick öffne sich aufgrund der geistigen Erfahrungen in neue Weiten«.

Zum Tode von Karl Jaspers

Sprecher: Guten Abend, meine Damen und Herren. Sie haben sicher Verständnis dafür, dass diese Sendung heute nicht die ursprünglich vorgesehenen Beiträge enthält. Gestern starb in Basel – 86-jährig – Karl Jaspers. Eine Sendung aus Heidelberg, wo der Philosoph viele Jahre gelebt hat, und aus einem Hause, wo er 1946 den ersten Vortrag der noch heute laufenden Reihe *Lebendige Wissenschaft* gehalten hat, ist wohl der richtige Ort für eine Würdigung dieses Mannes. Jaspers hat, wir werden es nachher hören, keine philosophische Schule im eigentlichen Sinne begründet. Dennoch hat er alle, die seine Schüler waren, geprägt und die Erinnerung, die sie an ihren großen Lehrer haben, ist nicht erst durch die Nachricht von seinem Tode verklärt worden. Zwei von Jaspers' Schülern, die heute in verschiedenen Sprachräumen Philosophie lehren, sprechen heute Abend. Die Genfer Philosophin Jeanne Hersch und der Heidelberger Philosoph Ludwig Giesz. Zunächst schildert Jeanne Hersch ihr erstes Zusammentreffen mit Karl Jaspers. Wir haben ihre Ausführungen einer Rede entnommen, die Jeanne Hersch vor wenigen Jahren gehalten hat.

Jeanne Hersch: Als ich 18 Jahre alt war, kam ich durch Zufall nach Heidelberg, um Deutsch zu lernen. Es war mein erstes Semester außerhalb des Elternhauses und da ich damals in Genf Latein als Hauptfach hatte, nahm ich in Heidelberg an einem Latein-Seminar teil. Vergils *Georgica* wurden da gelesen und ich kann mich erinnern, wie stundenlang folgende Frage erörtert wurde: »Am Anfang des ersten Buches werden eine Reihe Götter beim Namen angerufen«, und dann kommt: »und sie alle Götter und Göttinnen«. Da fragte man sich, ob der Ausdruck »sie alle« die früher erwähnten Gottheiten auch noch mit einschloss, oder ob es nur auf die anderen noch nicht erwähnten zu beziehen war. Dabei zählte ich die Wolken, die ich durch das Fenster am Himmel vorbeiziehen sah.

Eines Tages begegnete ich in der schönen alten Mensa, wo früher der Stall gewesen war, einem Mädchen, das mich fragte: »Haben Sie Jaspers schon gehört?« Sie selbst ging von Zeit zu Zeit hin. Ich antwortete: »Nein, wer ist er?« Sie sagte leicht: »Gehen Sie mal hin, es ist interessant«. Ich ging. Die Vorlesung fand in der alten Aula statt. Da hörte ich zum ersten Mal diese mir unbekannte deutsche Sprache des Nordens mit dem durchsichtig klaren »s-t, s-p; Sprechen, Stehen«. Da sah ich zum ersten Mal sich diese Hand erheben, diese lange Hand – zwei Finger gestreckt, zwei zurückgefalten –, die für immer für mich wie zum Zeichen wurde, dass in der Philosophie das Gesagte noch nicht das Gesagte sei.

Von Philosophie hatte ich damals kaum eine Ahnung. Deutsch konnte ich schlecht. Ich verstand von der Vorlesung fast nichts. Nur eines war mir klar: es gab hier was zu verstehen. Ich bat einen Studenten, mir den Anfang der Vorlesung, den ich in den ersten Wochen versäumt hatte, zusammenzufassen. Er konnte zufällig Französisch. Und er wunderte sich zu sehen, dass ich die Sätze, die er auszusprechen begann, beendigen konnte. »Haben Sie schon etwas darüber gelesen?«, fragte er. Nach einigen Tagen war JASPERS' Vorlesung so sehr ins Zentrum meines Lebens und meiner Freude gerückt, dass ich beschloss, den Versuch zu machen, auch im Seminar dabei zu sein. JASPERS las damals mit den Studenten HEGELS *Ästhetik*. Alle behaupteten, es sei ungemein schwierig; sie selbst kämen kaum mit dem Lesen von einer Sitzung zur nächsten nach. Aber ich wollte versuchen. Mit größter Mühe fand ich jemanden, der willig war, mir HEGELS Band nur für eine Nacht zu leihen, damit ich sehen könne, ob diese Sprache für mich überhaupt verständlich war. Ich erinnere mich noch, wie ich mich abends unter der Lampe in meinem Zimmer niedersetzte und versuchte, mit größter Anspannung zu lesen – es war mühsam. Nach einer halben Stunde war ich aber eher optimistisch – mühsam, aber es geht.

Als ich dann mich aber mit geschlossenem Buch erinnern wollte, was ich darin gelesen hatte, merkte ich verzweifelt, dass ich davon keine Ahnung hatte. Ich versuchte wieder. Diesmal zwang ich mich, den Inhalt jedes Abschnittes auf Französisch schriftlich zusammenzufassen. Und so setzte ich die Arbeit bis zu späten Stunden fort.

Am nächsten Tag klopfte ich vor dem Seminar an die Tür des Dozentenzimmers. Als die Tür sich aufmachte, musste ich höher und höher blicken, bis ich JASPERS' Kopf erreichte. Und ich erklärte, ich sei französischer Sprache, verstehe wenig, könne im Seminar auf keinen Fall eine Arbeit abgeben oder mitsprechen. Ich hätte nur den Wunsch, still dabei sitzen zu dürfen. JASPERS aber riet ab. Es sei zu spät im Semester, ich würde nicht viel davon haben, es lohne sich nicht. Ich nahm Abschied, entschuldigte mich und ging zur Tür; da muss meine Enttäuschung sichtbar gewesen sein, denn JASPERS sagte noch im letzten Augenblick: »Aber wenn Sie trotzdem wollen, können Sie kommen«. Ich ging und blieb dort.

Ein Drittel eines Jahrhunderts ist seitdem verflossen. Für die Art und Weise, wie sein Werk spätere Zeiten ansprechen wird, ist es nicht gleichgültig, dass er es fertiggebracht hat, der Voraussage der Ärzte, die ihm, als er 20 Jahre alt war, keine Zukunft gönnten, zu trotzen. Dass er die Kunst des Zusammenlebens mit der Krankheit so vollkommen lernte, und es trotzdem verstand, eines der größten und wichtigsten Werke unserer Zeit zu schreiben. Und alle Krisen, die sein Vaterland, Europa, die Welt und die ganze Epoche bis auf den Grund erschütterten, zu erleben, indem er in jeder neuen Lage die unbiegsame Klarheit des Blickes und die Festigkeit der Entscheidung bewahrte. Seine Philosophie - wie die eines SOKRATES, SPINOZAS, KANTS – lehnt sich nicht an einen erlebten Augenblick, sondern an die Anstrengung eines Lebens und an den Stil, der sich daraus ergibt.

Sprecher: Nach JEANNE HERSCH schildert nun LUDWIG GIESZ, wie er zu KARL JASPERS fand.

LUDWIG GIESZ: 1931 hatte ich als Pennäle drunten im Balkan zum ersten Mal den Namen des Dr. med. KARL JASPERS' gehört. Wir lasen das Jubiläumsbändchen Nr. 1000 des Verlags WALTHER DE GRUYTER mit dem Titel: *Die geistige Situation der Zeit*. Zum gründlichen Studium fehlte natürlich jede Voraussetzung. Aber einiges setzte sich dennoch fest im trotzigen Kopf, dass der »Einzelne« im »Massenzeitalter« bedroht wäre durch die anonymen Mächte der »Apparate«, dass »Rationalisierung« und »Mechanisierung« der Epoche, in der wir lebten, tiefer reiche, als mit dem Schlagwort »Industrialisierung« angedeutet wird. Kurzum: als Schüler und Heranwachsende mit Lebensangst ist ja alles gewissermaßen kurzum. Es kommt auf das einzelne »Selbstsein«, auf »Innerlichkeit« an, ob man Mensch bleibe bei allem zivilisatorischen Fortschritt. Pubertäre Lebensangst, wie gesagt, und Krisenphilosophie des Zeitkritikers JASPERS' überlappten sich und wurden selbstverständlich.

Wenige Jahre später kam ich als Theologiestudent nach Heidelberg. Dass man JASPERS gehört haben müsse, brauchte mir keiner zu sagen. Unvergesslich schon die erste Vorlesung: es war da nicht von der *geistigen Situation der Zeit* die Rede; aber die imposante, hohe Gestalt des Philosophen, die statt des deutschen Grußes beim Eintreten in den Hörsaal 6 der *Neuen Universität* eine lästige Fliege zu verscheuchen schien – sich dann gleich in *medias res* begab und Sokrates und Christus verglich – diese »großen Einzelnen«. Alles das war verständlich gesprochen, der Abstand von zweitausend und mehr Jahren schnurrte zusammen zur Gleichzeitigkeit; kein Bildungsschnickschnack, sondern Botschaft, Aufruf, »Appell« – *mea res agitur*.

Ich selbst war angesprochen, und alle Hörer als sie selbst. Gewiss, man lernte eine Menge an Information, aber darauf kam es nicht an. Man vergaß, braver *studiosus* zu sein und sich den Stoff zu notieren. War das die von Theologen normalerweise so gefürchtete Philosophie? Gewiss, die klare Terminologie war akademisch, der Aufbau der Darstellung durchsichtig und dennoch: es war ganz anders als bei den Theologen. Die norddeutsche, unpathetische Vortragsweise war gar nicht erbaulich und dennoch gingen Vokabeln wie »Möglichkeit« – der Vortragende sagte »Möchlichkeit« – »Transzendenz«, »Existenz« unter die Haut. Erst einige Semester später habe ich mich nicht mehr geschämt, so dilettantisch, also rein subjektiv-persönlich JASPERS »angeeignet« zu haben; mehr und mehr erkannte ich, dass es geradezu JASPERS' Pointe gewesen ist, so zu wirken.

»Mein Philosophieren hält sich für wahr in dem Maße, als es Kommunikation fördert«, so heißt es im *Vorwort* zu seinem Hauptwerk, der dreibändigen *Philosophie*. Ferner begriff ich, dass JASPERS keine philosophische Schule bilden wollte. Er sagte mir nach drei Semestern, ich solle doch lieber die großen Philosophen studieren, als seine Vorlesungen und Seminare zu besuchen, es käme ja doch nichts Neues mehr. Da JASPERS wusste, dass ich mich als Theologe intensiv mit KIERKEGAARD, der ja auch ihn – wie er in seiner philosophischen Autobiographie schrieb – »erleuchtete«, eingelassen hatte, sagte er oft mit verschmitztem, aber keineswegs verletzendem Humor: »Was meinen Sie, würde KIERKEGAARD zu dieser Frage geantwortet haben?« Vorlaut und unbefangen antwortete ich und wurde ernst genommen. Das kam mir insoweit zugute, als ich JASPERS im traurigen Jahr seiner Zwangsemeritierung eine Doktorarbeit vorlegte über KIERKEGAARD – eine Arbeit, die eigentlich nichts anderes war als ein kritischer Dialog mit dem Doktorvater selbst, dessen Seminar über *Krankheit zum Tode* von KIERKEGAARD ich in dieser Dissertation kritisierte und meines Erachtens ergänzte, und zwar - wie ich heute noch glaube - in seinem Sinne. In seinem Sinne nannte ich diese Broschüre auch eine KIERKEGAARD-»Aneignung«. Sein Urteil war so unprofessoral wie nur möglich. Er habe die Arbeit mit seiner Frau zusammen gelesen und fände, dass es sich um ein Gespräch nur mit ihm, JASPERS handele. Also, nichts für die Fakultät, obschon von ihm im obligaten Gutachten wärmstens empfohlen. Allerdings dürfe ich nicht Theologe bleiben, sollte ja nicht dem Rat eines heute überaus prominent gewordenen Hamburger Theologen folgen und etwa, so riet dieser wackere Gottesmann, »mit geschlossenen Augen ins Amt«. Nun, JASPERS hat den Ausschlag gegeben und auch da in meinem Lebensweg die Richtung gewiesen. Unvergesslich bleibt mir auch die letzte Stunde, die JASPERS bereits um seine Emeritierung durch die Nazis wissend so schloss: »Unsere Vorlesung über *philosophische Logik* ist zu Ende, aber nicht fertig. Nehmen Sie, meine Damen und Herren« – nie sagte er Kameraden, wie dazu mal üblich – »nehmen Sie dies als ein Symbol für das Philosophieren überhaupt: es hört nie auf«.

Sprecher: Nach den persönlichen Erinnerungen wird LUDWIG GIESZ nun die Bedeutung des Philosophen JASPERS für die Philosophie der Gegenwart analysieren.

LUDWIG GIESZ: Ganz im Gegensatz zu seinem berühmten Freiburger Kollegen MARTIN HEIDEGGER ist JASPERS durch keine Schule hervorgetreten. Beide Philosophen werden entgegen ihrem eigenen Willen als »Existenz-« bzw. »Existenzialphilosophen« katalogisiert. HEIDEGGER wird darüber hinaus als Begründer des »Existenzialismus« bezeichnet, auch dies gegen seinen Willen. Heiliger ist der Jüngere; sein Hauptwerk *Sein und Zeit* (1927) setzt JASPERS' philosophischen Erstling *Psychologie der Weltanschauungen* (1919) bereits voraus. Beide Werke haben viele sachliche, nicht aber methodische Gemeinsamkeiten.

JASPERS' großes Vorbild war MAX WEBER, den er in einer Denkschrift den vielleicht einzigen Philosophen nennt, weil MAX WEBER maximale Wissenschaftlichkeit mit hellstem Wissen um die Grenzen seines Faches verbunden habe. Überhaupt war JASPERS stets bemüht, bei aller erbaulichen Wirkung, die er auslösen mochte, ähnlich wie PLATO die Mathematik, Wissenschaft als Voraussetzung jeglichen Philosophierens – ich möchte medizinisch sagen – zu verschreiben. Es war keine Koketterie von ihm, wenn er gerne nebenbei in Parenthese bemerkte, »als alter Mediziner möchte ich sagen« und so weiter, oder wenn er sich mit Genugtuung als Dr. med. bekannte. Wenn KARL JASPERS überhaupt schulbildend war, so bestimmt mehr als Psychiater denn als Philosoph. Seine *Allgemeine Psychopathologie* (1913) ist noch heute ein Standardwerk.

Anders HEIDEGGER: zunächst »Neukantianer« und RICKERT-»Schüler«, dann Phänomenologe (HUSSERL – schelersche Richtung) ist er der geborene Systematiker. Auch seine spätere »Kehre« soll nicht darüber hinwegtäuschen; *Sein und Zeit* erschienen 1927, degradiert – so manche Kritiker JASPERS' – den älteren Anreger zu einem bloßen Aphoristiker. HEIDEGGER ist auf Ontologie aus. Er will nicht bloß »Kommunikation« fördern, sondern scharfsinnig auf dem Umweg über eine vorläufige »Daseinshermeneutik« die uralte Seinsfrage stellen und wenigstens den Horizont, innerhalb dessen die Lösung liegt, genau abstecken. Dagegen ist JASPERS' »Existenzerhellung« zwar ungemein anregend, aber kein System. HEIDEGGER kann man lernen, tradieren, kurzum: Heideggerianer werden. JASPERS aber erblickt in HEIDEGGERS fast dogmatischem System einen Abfall von der »Philosophie der Existenz«. Unter Berufung auf KANT und KIERKEGAARD ist JASPERS auf die »Schwebe des Mitgeteilten« bedacht, nicht aber auf objektiv zu erlernende Wissbarkeiten. Denn mit KANT unterscheidet JASPERS sehr scharf zwischen Wissenschaft und Philosophie. Philosophie ist JASPERS niemals ein geschlossenes Lehrgebäude, sondern ein Weg zum vernünftigen Selbstwerden. Und wie KIERKEGAARD das System – bei KIERKEGAARD ist in der Regel HEGEL damit gemeint – als gotteslästerliche Anmaßung verwirft, so ist JASPERS mit NIETZSCHE der Meinung, dass das System in der Philosophie ein Zeichen mangelnder Rechtschaffenheit sei.

Wissenschaftliche Richtigkeiten und philosophische Wahrheiten dürften nicht miteinander verwechselt werden. In seiner »philosophischen Logik« – deren über tausend Seiten starker erster Band *Von der Wahrheit* erschienen ist – bemüht sich JASPERS zwar ohne System, aber doch systematisch, um eine Art – ja sagen wir – »existenzieller Kritik der reinen Vernunft« mit der Absicht, maximale Wissenschaftlichkeit für die Wissenschaft, aber letzte »Redlichkeit« für Philosophie voneinander abzuheben.

Auch der Nichtphilosoph wird mit Recht vermuten, dass bei JASPERS Philosophie keine *Philosophy of Science*, Grundlagenforschung und dergleichen mehr sein könne, sondern eher einen »sittlichen« Anspruch an die sich denkend orientierende Existenz des Einzelnen meint. Also, eine Art »Gewissen« der Wissenschaft, nicht aber eine Grundlegung dieser. An dieser Stelle wird auch die heutige Polemik gegen JASPERS ausfindig zu machen sein. *Erstens* ist JASPERS geisteswissenschaftlich orientiert als Methodologe. Ihm entgehe die Bedeutung der modernen, logistischen und mathematischen Logik und Methodologie. *Zweitens* wird die Bedeutung von JASPERS' Werk, sofern man geistesgeschichtliche Prophezeiungen wagen darf, wohl in die Richtung der schelerschen, philosophischen Anthropologie abgedrängt werden, was freilich keine Abwertung zu sein braucht. Umgekehrt ist HEIDEGGER zwar schulbildend wichtiger geworden als JASPERS. Aber die alte Philosophie HEIDEGGERS – Stichwort »Kehre« – wird wohl ebenso wenig wie JASPERS dem modernen mathematisch-naturwissenschaftlichen Forschen der Philosophen angloamerikanischer Provenienz förderlich sein. Allerdings wäre – System hin, System her – weder JASPERS' noch HEIDEGGERS sogenannter »Existenzialismus« damit überholt. Denn die Ausklammerung des Menschen – oder sagen wir besser – der Existenz, durch ausschließliche Hinwendung zu einem objektiven Exaktheitsideal, wie es die Mathematik zum Beispiel darstellt, riefe JASPERS' und HEIDEGGERS »Appelle« erneut auf den Plan. Man vergesse nicht, dass es zwar nachweislichen Fortschritt in der Wissenschaftsgeschichte gibt, während die Philosophie vielleicht heute noch nicht weiter ist als zu PLATOS Zeiten.

Sprecher: Soweit LUDWIG GIESZ über JASPERS' Philosophie in der Gegenwart. Dass für JASPERS Philosophieren und Versuche in die Politik hineinzuwirken, sich nicht ausschlossen, das haben zumindest im letzten Jahrzehnt seines Lebens sehr viele Menschen als Wahrheit, manche als eine unbequeme Wahrheit erfahren. JEANNE HERSCH deutet jetzt die politische Seite seines Werkes:

JEANNE HERSCH: Was die Welt ist und sein wird, hängt noch immer auch von der Freiheit ab, die sich in dieser Welt verwirklichen kann. Je weniger menschliche Entscheidungen sich auf eine unpersönliche, deduktive oder technische Notwendigkeit wissenschaftlicher Art berufen können, desto klarer wird ihre absolute Verbindlichkeit in jeder konkreten Lage für denjenigen, der sie trifft.

»Wille«, »Wahl«, »Glaube« sind wie Eide der Existenz vor der »Transzendenz« und dadurch wie metaphysische »Chiffren des Seins«, das sie als einzige Wurzel jeder Unbedingtheit erst ermöglichte. So sind freie Akte bei

JASPERS in der äußersten Spannung zwischen der »Transzendenz«, der sie die Absolutheit ihrer Entscheidung schulden, und den konkreten Umständen, unter denen diese sich geschichtlich verwirklichen.

Keine begriffliche oder technische Brücke kann diese beiden Ebenen verbinden. Auf der Ebene der Umstände verlangt der freie Akt die größtmögliche Klarheit, Kenntnis und Kritik faktischer Tatsachen und Auskünfte, Gebrauch aller vorhandenen Methoden, die es erlauben, den Blick zu erweitern, Ursachen und mögliche oder wahrscheinliche Folgen zu denken, damit die wahren Möglichkeiten im richtigen Licht gesehen werden.

Dieselbe Verbindlichkeit, die »Existenz« an »Transzendenz« bindet, verlangt das genaueste Lesen, im unerbittlichsten Licht der geschichtlichen Umgebung eines »Entschlusses«. Daher bei JASPERS die Abwehr gegen jede Verschleierung, jedes Monopol des Wissens, das ein Privileg einiger großen Eingeweihten, denen die vielen nur zu glauben und trauen hätten, jeder Propaganda oder Lüge, wie wohlwollend auch und mit Leid beladen sie sein könnten. Wenn es aber um eine Wahrheit geht, die nicht als Ergebnis aufgezwungen werden soll, sondern die sich in der Art der Auseinandersetzung selbst verwirklicht, dann würde jede Niederlage des Einzelnen das existenzielle Suchen des »Anderen« lähmen und die Bedingungen der Wahrheit vernichten. Die Freiheit darf durch keine Institution, keine politische oder religiöse Institution, erstickt oder vermindert werden. Im Gegenteil: jede Institution findet erst ihre Rechtfertigung in den Möglichkeiten, die sie für diese Freiheit sichert.

Hier liegt bei JASPERS das ständige Kriterium seiner politischen Stellungnahmen, hier die tiefste absolute Wurzel seines Widerstandes gegen jeden totalitären Versuch. Und wenn er nichts von einem Anarchisten in sich hat, wenn er die Notwendigkeit der »Autorität« so stark betont, so ist der Weiler, die metaphysische Freiheit nicht im Bereich der Worte oder der Literatur, sondern in dem der Konkretesten, in der Geschichte zu treffenden »Entschlüssen« verteidigt. Und da hat er gesehen, dass Freiheit ohne »Autorität« in menschlichen Gesellschaften Selbstvernichtung der Freiheit bedeutet.

Aus Sorge für die Freiheit hat JASPERS kurz vor HITLERS Machtübernahme die ernsteste Warnung gegeben; er sah, dass eine entleerte, substanzlose, abstrakte Freiheit keinen Angriff der Gewalt, keiner Versuchung der feigen Abdankung widerstehen konnte. Nach den Jahren des Schweigens und der Gefahr unter HITLERS Herrschaft hielt er gleich nach der Niederlage jene erstaunliche Vorlesung über die *Schuldfrage*.

Mitten in den Ruinen des Reichs und der Städte machte er sich gerade an die dringendste Arbeit. Das »klare Sehen« ohne Wohlgefallen und ohne Masochismus dessen, was getan worden war, damit dann wahre Freiheit wieder möglich werde. Nirgends sieht man vielleicht eindrucksvoller, welche Art von Beziehungen zwischen dem existenziellen Drang zur »Transzendenz« und dem unerbittlichen »Suchen nach Klarheit« besteht, bei dem jede Verschleierung, jede Lüge, jede politische oder ethische Strategie verweigert wird, um nur das gelten zu lassen, was wahr ist. Unter demselben Geschichtspunkt der Freiheit hat auch JASPERS in den letzten Jahren mutig und gegen den Strom die nationale Wiedervereinigung des geteilten Deutschlands der gewichtigeren Sorge um die Freiheit der Menschen unterstellt.

Der nationale Staat ist als solcher unwichtig. Was zählt, ist die echte Tradition der Freiheit für konkrete menschliche Wesen. Man wird bei JASPERS kein Programm einer politischen Strategie oder eines politischen Programms finden. Was so aussieht, macht nur anschaulicher, was Grundbedeutung und Grundnorm jeder Politik und jeder Strategie sein sollte: der absolute Wert der Möglichkeiten der Freiheit. Manche haben in Deutschland geglaubt, JASPERS habe dadurch sein Vaterland verleugnet.

Im Gegenteil: niemand hat eine tiefere »Treue« als er für ein bestimmtes Deutschland gehegt, von dem er etwas im kleinen Schweizer Basel wiederzuerkennen glaubte; ein vielfaches, unterschiedenes Deutschland, das seine Verschiedenheit, seine lokalen und alltäglichen Verwurzelungen zu schätzen wusste, als der für die menschliche Freiheit und ihre Möglichkeiten fruchtbarste Boden. Immer tapfer gegen den Strom, immer das lügenhafte Pathos der Ritter des ewigen Friedens verachtend, weigerte sich JASPERS zur einseitigen Abschaffung der Atomrüstung und zum Frieden um jeden Preis aufzurufen. Im Gegenteil: er sprach nicht – wie seine Gegner behauptet haben – für die Bombe, sondern für den wahren Frieden, der nur ein supranationaler Rechtszustand sein kann. Und er sprach für die Freiheit, die sich weigert, aus Furcht vor einer künftigen Apokalypse sich selbst jetzt schon aufzugeben, und heute wie immer ihren Anspruch erhebt, jeweils in der gegebenen Lage ihre Entschlüsse zu fassen.

Nicht nur so hat KARL JASPERS seine Philosophie ins Konkrete des Lebens übertragen und verwirklicht. Er hat unter den großen Philosophen der Vergangenheit verstehend, deutend, aneignend, wie mit existenziellen Freunden in Ehrfurcht und Auseinandersetzung gelebt und er hat sie uns alle großzügig geschenkt.

Sprecher: Zum Tode KARL JASPERS' hörten Sie aus Heidelberg eine Sendung, in der zwei Schüler des Philosophen sprachen, JEANNE HERSCH von der Universität Genf und LUDWIG GIESZ von der Universität Heidelberg.

Nachwort zur 1. und 2. Auflage

Der Titel dieses Buches stammt vom Autor selbst, der die ersten sechs der hier publizierten Beiträge unter der Überschrift »Philosophische Spaziergänge« im Jahre 1967 im Süddeutschen Rundfunk vortrug. Eine leichte Überarbeitung dieser Texte für den Druck erwies sich als notwendig, da sie für den Funk mit verteilten Rollen aufbereitet waren. Die Textrevision hat sich aber darauf beschränkt, nur die für das Funkmedium notwendigen technischen Anweisungen zu tilgen. Sprache und Stil des Autors blieben davon unberührt.

Auch bei den anderen Vorlagen handelt es sich um Manuskripte, die auf verschiedene Jahre verteilt in der Zeit von 1953 bis 1966 im Hörfunk vorgetragen wurden. Mit Ausnahme des Beitrages über WILHELM BUSCH erübrigte sich hier eine entsprechende Überarbeitung, weil sie von vornherein monologisch verfaßt waren. Der Text über SØREN KIERKEGAARD wurde in der ursprünglichen Funkfassung belassen, da er in weitaus größerem Ausmaß szenisch komponiert ist als alle anderen. Zudem ergibt sich dadurch die Möglichkeit, auch den anderen GIESZ, den Dramaturgen und Regisseur des in Szene gesetzten Gedankens kennenzulernen.

LUDWIG GIESZ ist nur einseitig beschrieben, wenn man daran erinnert, daß er als Professor an der Universität Heidelberg Philosophie lehrte, und daß die in diesem Band von ihm versammelten Philosophen auch die vornehmlichen Themen seiner Lehrtätigkeit ausmachten. Er selbst begründete den Titel für die hier im ersten Teil publizierten Beiträge folgendermaßen: »Spaziergänge deshalb, weil ich dabei gleichsam neben meiner amtlichen Tätigkeit und deren normaler ›Marschrichtung‹ sozusagen geistig flanierend und stets zu kürzerem philosophischen Plausch mit mir etwas unbekannteren Köpfen der Philosophiegeschichte bereit, auf sehr originelle Persönlichkeiten gestoßen bin. Für Sie, verehrte Mitbewohner, hat dies den Vorteil, daß wir – Sie und ich – *al pari* ins Gespräch kommen«.

Die »originellen Persönlichkeiten«, die der *Flaneur* gleichsam nebenbei in scharfsinnige und brilliante Dialoge verwickelt, waren ihm zugleich die wichtigsten Ratgeber und Wegweiser. Es handelt sich durchweg mehr oder weniger um Ausnahmeerscheinungen, die ihre Exzeptionalität, ja Extravaganz niemals verleugnen mußten, um dennoch höchste philosophiegeschichtliche Bedeutung zu erlangen. Das Verhältnis, das GIESZ zu ihnen einnimmt, darf man als das einer respektvollen Kollegialität bezeichnen. GIESZ gelingt es, einerseits verständlich zu machen, warum die hier vorgestellten Köpfe vom offiziellen Lehrbetrieb der Philosophie eher stiefmütterlich behandelt wurden und werden, und andererseits bewußt werden zu lassen, daß dies sträflichen Verlustmeldungen gleichkommt. Es sind Sonderlinge, die er uns vorstellt, Außenseiter, Ironiker, Skeptiker, Zetetiker, Weltweise, Systemgegner, oft in mehreren Disziplinen zu Hause – außer der Philosophie gar noch in der Theologie –, und dadurch gelegentlich auch wiederum zwischen allen Stühlen sitzend. Es ist, als hätte er sich unter den Anarchen die gescheitesten und souveränsten, und – die frömmsten herausgesucht.

Bei aller Gleichbehandlung, die GIESZ seinen Gesprächspartnern zuteil werden läßt, gibt es doch einen *primus inter pares*. Mit ihm – über dessen Liebes- und Freiheitsbegriff GIESZ als 21jähriger in Heidelberg bei KARL JASPERS promovierte – verband ihn zeitlebens eine besondere Nähe: SØREN KIERKEGAARD. Die belassene szenische Darstellung des ihm gewidmeten Beitrags mag davon einiges dokumentieren. Für GIESZ war SØREN KIERKEGAARD der eigentliche – und im Grunde der einzige – Philosoph und Theologe der Existenz. Ihn verstand er weniger als authentische Quelle der vielerlei Spielarten und Ableger von »Existentialismen« oder »Existenzphilosophien« des 20. Jahrhunderts, sondern vielmehr als Kulminationspunkt einer ideengeschichtlichen Entwicklung, die in den anderen aufgeführten Denkern ihre wichtigsten und wesentlichen Vorfahren hatte.

Dem Leser wird auffallen, daß GIESZ gelegentlich kierkegaardsche Einsichten wie hermeneutische Schlüssel benutzt, um damit von den Gedanken geistiger ›Vorfahren‹, sei es der Spätantike, des Humanismus, der Reformation oder der Aufklärung, eine direkte Linie bis zur Gegenwart zu ziehen. Charakteristisch für GIESZ ist dabei eine ihm wie auch KIERKEGAARD gleichermaßen eigentümliche und stilbestimmende Synthese aus Ironie und Ernst. BOETHIUS' Frage etwa nach der Kraft, der Würde und der Kompetenz der Wahrheit der Philosophie, die menschliche Seele zu trösten, wird nicht ohne sichtliches Vergnügen der christlichen Idee von der Seelentröstung kirchlich-dogmatischer Provenienz entgegengehalten – gerade weil es um den Ernst des Trostes geht. Ähnlich steht es etwa mit ERASMUS VON ROTTERDAM, der ebenso wie BOETHIUS oder KIERKEGAARD ohnehin als geistiges Eigentum zweier so verwandter und doch so heterogener Disziplinen gilt, der Philosophie und der Theologie, deren Spannungsverhältnis im übrigen alle Beiträge von GIESZ durchzieht. Das »Lob der Torheit«, und damit ein durch die Säkularität und Liberalität der Renaissance geläuterter gleichsam weitläufiger

Paulinismus wird der kompromißlosen und bitterernsten Paulussukzession LUTHERS geradezu antithetisch gegenübergestellt.

Die drei unter dem Titel »Von den Schwierigkeiten des Glücks« versammelten Essays zählen zu jenem Typ literarisch-philosophischer Exkursionen, wie die »Spaziergänge« auch. GIESZ hatte ursprünglich vor, sie zusammen mit den beiden anderen Aufsätzen über WILHELM BUSCH und SØREN KIERKEGAARD unter dem jetzigen Buchtitel zu veröffentlichen. Die für diesen zweiten Teil des Buches gewählte Überschrift »Von den Schwierigkeiten des Glücks« geht ebenfalls auf den Autor selbst zurück: es handelt sich um eine Frühfassung des Beitragstitels über SCHOPENHAUER, der hier an dritter Stelle abgedruckt wird. Diese drei Essays verbindet überdies der aphoristische Stil der in ihnen vorgestellten Denker. Darin sind sie Vorbilder nicht nur für den Autor, sondern gerade auch für den letzten im Kontext der »Spaziergänge« vorgestellten Philosophen: FRIEDRICH NIETZSCHE. Neben KIERKEGAARD war er es, der GIESZ, zumindest unter den Philosophen des 19. Jahrhunderts, am intensivsten geprägt haben dürfte. Es ist vor allem das »Märchen für alle und keinen«, NIETZSCHES *Zarathustra* also, das GIESZ seiner Deutung von NIETZSCHES Philosophie im ganzen zugrunde legte, über das er sich schon früh, als 25-jähriger, einschlägig habilitierte, und dessen postnihilistische Radikalität den deutschen Kontrapunkt zum dänischen *cantus firmus* des sokratischen Jesusjüngers KIERKEGAARD ausmacht. Für GIESZ waren Dionysos und der Gekreuzigte niemals wirkliche Feinde. Zeigt er doch, daß, läßt man sie nur ganz zum Zuge kommen, es gar nicht so schwierig ist, sie, scheinbar müßig, in tiefe und leidenschaftliche Gespräche zu verwickeln.

Der dritte Teil der Beiträge ist »Homo ridens« betitelt, nicht allein, weil hier vom Lachen und vom Komischen bzw. von einem der größten Sarkasten unter den deutschen Verseschmieden die Rede ist; vielmehr plante GIESZ unter diesem Titel eine weitere Monographie, zu der es vor seinem Tode nicht mehr kam. Der Beitrag »Das Komische in der Philosophie« stellt so etwas wie den Aufriß zu diesem Thema dar: es handelt sich um die Grundzüge einer Anthropologie des Lachens. Vieles verdankt sich Anregungen von HENRI BERGSON und HELMUTH PLESSNER, aber auch der modernen Verhaltensforschung. Und die Analyse des Lachens als einer leibseelischen »Grenzsituation« des Menschen ist zudem Einsichten, zu denen GIESZ durch seinen Lehrer KARL JASPERS angeregt wurde, verpflichtet. Doch die »Anthropologie«, die für die besondere Bedeutung des Lachens leitend ist, läßt sich am ehesten anhand aller anderen Aufsätze belegen oder entfalten: vornehmlich diejenigen EPIKURS, PASCALS und LICHTENBERGS. Sie werden durch den Dialog mit den jeweils anderen neu beleuchtet und provozieren den Leser zu engagierten Stellungnahmen.

GIESZ ist unter anderem durch seine einschlägigen Analysen zur Phänomenologie des Kitsches im Zusammenhang von Arbeiten über anthropologische Ästhetik ebensosehr außerhalb der Kathederphilosophie wie innerhalb ihrer Grenzen und Konventionen bekannt und berühmt:

vornehmlich in der Kunstwissenschaft und in der Literaturwissenschaft. Auch dies spiegelt die Außenseiterrolle wieder, die sowohl die Auswahl seiner Themen bzw. Bundesgenossen aus der Geschichte des Denkens, als auch seinen eigenen Stil souveräner Ironie prägt. Philosophische Schriftsteller, die akademische Gelehrsamkeit, hermeneutische Kraft und ideengeschichtliche Kompetenz auf authentische Weise mit literarischem Esprit verbinden, sind im deutschen Sprachraum äußerst rar: eben »Ausnahmen«. GIESZ war ein rumänischer Abiturient, der in schweren Jahren in Deutschland Philosophie und Theologie u. a. bei RUDOLF BULTMANN und KARL JASPERS studierte, und dem gerade in diesen Zeiten demonstriert wurde, wie man damals hierzulande mit unangepaßten Einzelgängern zu verfahren gewohnt war: seine für die bis 1945 herrschende *raison* inakzeptable NIETZSCHE-Deutung brachte ihm trotz gelungener Habilitation Lehrverbot in Deutschland ein, eine Maßnahme, die erst längere Zeit nach dem Kriege revidiert wurde. GIESZ blieb sich treu, wie der vorliegende Band dokumentieren mag.

Enno Rudolph

Editorische Notiz

Die Zitationsweise von Giesz wurde weitgehend so belassen, wie sie sich in den Manuskripten fand. Daraus erklären sich auch gelegentliche Zitatcollagen, die Giesz sich erlaubte, um nur die für den Zusammenhang wesentlichen Textstellen zu Gehör zu bringen.

An dieser Stelle sei dem Verlag, insbesondere Herrn Dr. Bernd Lutz herzlich gedankt für die Aufnahme dieses Bandes in sein Verlagsprogramm. Besonderer Dank gebührt darüberhinaus Herrn Hartmut Kuhlmann, ohne dessen kompetente und intensive Arbeit an der Aufbereitung der Texte diese Ausgabe nicht zustande gekommen wäre.

Enno Rudolph

Quellenverzeichnis

Epikur – Das Glück der Freundschaft
  Privater Nachlass Ludwig Giesz', und: Unternehmensarchiv SWR: *Epikur – Das Glück der Freundschaft*, 06. Juli 1967, W0999835.
Seneca – Vom Glück der Resignation
  Privater Nachlass Ludwig Giesz', und: Unternehmensarchiv SWR: *Seneca – vom Glück der Resignation*, 13. Juli 1967, W0999838.
Boethius – … daß Wahrheit trösten kann
  Privater Nachlass Ludwig Giesz', und: Unternehmensarchiv SWR: *Boethius – daß Wahrheit trösten kann*, 20. Juli 1967, W0999843.
Erasmus – Von der Schwierigkeit, in heroischen Zeiten Kosmopolit zu sein
  Privater Nachlass Ludwig Giesz', und: Unternehmensarchiv SWR: *Erasmus – Von der Schwierigkeit, in heroischen Zeiten Kosmopolit zu sein*, 03. August 1967, W0999845.
Francis Bacon – Der Kaufmann des Lichts
  Privater Nachlass Ludwig Giesz', und: Unternehmensarchiv SWR: *Francis Bacon – Der Kaufmann des Lichts*, 03. August 1967, W0999846.
Voltaire – … aber ich habe die Feder
  Unternehmensarchiv SWR: *…aber ich habe die Feder*, 26. August 1955, W0999506.
Kierkegaard – Der Spion Gottes
  Unternehmensarchiv SWR: *Hörfolge um Sören Kierkegaard. Der Spion Gottes*, 15. April 1953, W0999588.
Nietzsche – Die große Gesundheit
  Privater Nachlass Ludwig Giesz', und: Unternehmensarchiv SWR: *Nietzsche – die große Gesundheit*, 21. September 1967, W0999860.
Weder Engel, noch Tier – Zur „Anthropologie" Pascals
  Privater Nachlass Ludwig Giesz', und: Unternehmensarchiv SWR: *Über das Menschenbild bei Pascal. Ein Schilfrohr, das denkt*, 11. April 1955, W0999585.
Weder leugnen, noch glauben – Georg Christoph Lichtenberg und die Religion
  Privater Nachlass Ludwig Giesz', und: Unternehmensarchiv SWR: *Weder leugnen, noch glauben*, 05. Juli 1957, W0999570.

Das Glück ist ein schwierig Ding – Bemerkungen zum Fall SCHOPENHAUER
  Privater Nachlass LUDWIG GIESZ', und: Unternehmensarchiv HR: *Von den Schwierigkeiten des Glücks*, 01. Januar 1967, K001961757.
Sauer verdiente Weltbetrachtung – Aus WILHELM BUSCHS Altersweisheit
  Privater Nachlass LUDWIG GIESZ', und: Unternehmensarchiv SWR: *Aus Wilhelm Buschs Altersweisheit. Sauer verdiente Weltbetrachtung*, 26. Juni 1955, W0999594.
Das Komische und die Philosophie
  Privater Nachlass LUDWIG GIESZ'
Was ist Kitsch?
  GIESZ, LUDWIG: *Was ist Kitsch?*, in: *Deutsche Literatur im zwanzigsten Jahrhundert. Gestalten und Strukturen. Zwanzig Darstellungen*, hrsg. von H. FRIEDMANN u. O. MANN, Heidelberg 1956, S. 150–163.
Der kitschige Mensch
  Unternehmensarchiv SWR: *Der kitschige Mensch*, 12. August 1959, W0998769.
Der »Kitsch-Mensch« als Tourist
  GIESZ, LUDWIG: *Der »Kitsch-Mensch« als Tourist*, in: *Der Kitsch*, hrsg. von GILLO DORFLES, Tübingen 1969, S. 156–172.
Um den avantgardistischen Film: Die Heidelberger Filmkunsttage 1951
  GIESZ, LUDWIG: *Um den avantgardistischen Film. Die Heidelberger Filmkunsttage 1951*, in: *Das literarische Deutschland* II/16 (vom 20. August 1951), S. 4.
Zur Idee einer »Subjektiven Kamera«
  GIESZ, LUDWIG: *Zur Idee einer »Subjektiven Kamera«*, in: *Die neue Ordnung. Zeitschrift für Religion, Kultur, Gesellschaft* (Juni 1952, Heft No. 3) (Ausgabe: S. 277–280 und 380 ff.).
Über Spiel und Ernst
  GIESZ, LUDWIG: *Über Spiel und Ernst*, in: *Medium Aevum Vivum. Festschrift für Walther Bulst*, H. R. JAUSS & D. SCHALLER (Hrsg.), Heidelberg 1960, S. 340–352.
Von Pontius zu Pilatus
  GIESZ, LUDWIG: *Von Pontius zu Pilatus*, in: *Das Kunstwerk* (Heft 3), Baden-Baden 1951, S. 67.
Kritik: Über SIMONE DE BEAUVOIR: Liebe als Freiheit (1951)
  GIESZ, LUDWIG: *Liebe als Freiheit*, in: *Das literarische Deutschland* II/19 (05.10.1951), S. 10
Genauso wie die Schmetterlinge
  Unternehmensarchiv HR: *Genauso wie die Schmetterlinge. Zum Thema: Saubere Aufklärung*, 25. Juni 1966, K007663422.
Entweder – Oder – Eine Hörfolge zum hundertsten Todestag von SØREN KIERKEGAARD
  Privater Nachlass LUDWIG GIESZ', und: Unternehmensarchiv SWR: *Entweder – Oder*, 12. November 1955, W0999509.
Zum 75. Geburtstag von PROF. DR. KARL JASPERS
  Unternehmensarchiv SWR: *Zum 75. Geburtstag von Prof. Dr. Karl Jaspers*, 23. Februar 1958, W0998460.
Zum Tode von KARL JASPERS
  Unternehmensarchiv SWR: *Zum Tode von Karl Jaspers*, 27. Februar 1969, W0997417.

GPSR Compliance

The European Union's (EU) General Product Safety Regulation (GPSR) is a set of rules that requires consumer products to be safe and our obligations to ensure this.

If you have any concerns about our products, you can contact us on ProductSafety@springernature.com

In case Publisher is established outside the EU, the EU authorized representative is:

Springer Nature Customer Service Center GmbH
Europaplatz 3
69115 Heidelberg, Germany

Batch number: 08150990

Printed by Printforce, the Netherlands